THE HISTORY OF BRAZIL

巴西通史

刘文龙 万 瑜／著

目录

第一章 自然条件、印第安人及葡萄牙人渐进式殖民化

页码	内容
1	绪言
6	一、自然条件和印第安人
9	二、从东北沿海到东南沿海：葡萄牙人最早的殖民活动
21	三、圣保罗：捕奴队的远征及其向中西部的扩张
33	四、南部巴西：欧洲移民拓殖地区
40	五、米纳斯吉拉斯：从黄金钻石热转向农业开发
46	六、中部巴西：有待开发的腹地
51	七、巴西东北部：经济文化发展迟缓的干旱地域
57	八、亚马孙盆地：17世纪下半期葡萄牙人启动的殖民化
70	作者点评

第二章 从殖民地向巴西帝国的过渡

页码	内容
71	一、巴西单一初级产品出口经济模式的形成
80	二、殖民地的政治依附性和社会不平等
87	三、巴西民族的形成与国家观念的孕育
93	四、独立运动
107	作者点评

第三章 巴西帝国（1825—1889）

页码	内容
108	一、佩德罗一世的专制统治及其退位
114	二、19世纪30年代和40年代：共和派起义与民众斗争高潮期
125	三、奴隶制危机与巴拉圭战争
132	四、奴隶制的废除与共和国的建立
136	作者点评

第四章 第一共和国时期（1889—1930）：现代化进程的启动与社会危机

页码	内容
137	一、转型时期的经济与社会变迁

141	二、1891年《宪法》与政治骚动
147	三、卡奴多斯农民战争、工人运动及尉官派斗争
154	四、早熟的城市化与城市民俗文化
162	作者点评

第五章　从瓦加斯威权主义体制到第二次世界大战后民主政治

163	一、替代进口工业化的启动与瓦加斯的崛起
171	二、1930年革命及其政治经济后果
183	三、"新国家"政治体制的兴亡
187	四、战后民主政治体制
198	五、内地开发与新首都巴西利亚的建设
203	作者点评

第六章　军人独裁政权与"巴西经济奇迹"

204	一、军人独裁统治与左翼激进派的武装斗争
216	二、向民主体制的转型
226	三、从"巴西经济奇迹"到金融危机爆发
234	作者点评

第七章　政治民主化与社会经济文化

235	一、政治民主化的初期历程
242	二、国家经济与社会发展及其问题
251	三、精神生活与文化创造：文化民族主义与世界主义倾向共存
269	作者点评

第八章　卢拉的社会改革及其大国梦

| 270 | 一、卢拉政府的中左温和改革路线 |
| 284 | 二、大国梦与巴西外交活动 |

| 298 | 三、卢拉执政时期的中巴关系 |
| 305 | 作者点评 |

第九章 罗塞夫政府下的巴西：发展与难题

306	一、罗塞夫政府的经济社会改革及其艰难性
314	二、"互惠多样"的巴西外交与巴中关系
321	三、罗塞夫蝉联总统后的巴西新政局
326	作者点评

327 主要参考文献

第一章 自然条件、印第安人及葡萄牙人渐进式殖民化

绪　言

巴西联邦共和国位于南美洲东部，东濒南大西洋，其面积为8 547 403平方公里，是拉丁美洲最大的国家，也是世界第五大国，地缘政治的现实使之在国际舞台上不得不发挥重要作用。其国土从东部的大西洋延伸到西部的安第斯山脉，从北部的圭亚那高原扩展到南部的拉普拉塔河流域，其大部分领土位于热带地区。巴西总人口为2.028亿（据巴西地理统计局2014年8月29日的统计），其中白种人约占55%，各种混血种人约占37%，黑人约占8%，多数居民信奉天主教。

上述数据表明，巴西是一个地大物博、人口众多的重要国家。尽管如此，在近代世界史上，巴西只不过是法国人、荷兰人和英国人追求财富的目标。此后，正如美国学者所指出的，"虽然在19世纪和20世纪的绝大部分时间中，巴西所吸引的仅仅是有限的、零星的来自美国的关注，但第二次世界大战后的岁月见证了人们对北美洲地区越来越多的兴趣和关注，在这个世纪里，美国对巴西的投资急速增长。到20世纪50年代末，巴西不仅在西半球而且在全球范围内发挥重要作用，这种趋势变得越来越明显"。

在地理大发现之后，由于自然环境和土著人文条件的不同，以及殖民国家葡萄牙的经济和政治实力有限，所以巴西与全洲的西班牙殖民地相比，其最早的经济开发模式和殖民地控制体制有着明显的差异。在16世纪期间，葡萄牙和西班牙在美洲的殖民活动形成了鲜明的对照："西班牙以有

力的扫荡和无休止的精力,在一个半大陆从事殖民。而葡萄牙在巴西的大西洋沿海地带的那一串不相连接的殖民地,却没有呈现为一幅足与比拟的图景。"上述差别的主要原因还在于:葡萄牙从一开始就把它的重要力量倾注在它在非洲和亚洲开展的商业殖民活动上。事实上,它从这些殖民地所榨取的财富远多于它从美洲所获得的一切,这就导致葡萄牙早期对巴西的漠视。此外,巴西的印第安人并没有创造出富有魅力的文化,且无诱人的物质财富,而这正是促使西班牙人转而去探测和征服南北美洲内地的主要原因。因此,葡萄牙君主在发现巴西后,对南美洲的大西洋沿岸长期持有漫不经心的态度。此后,在各种因素作用下,葡萄牙采取渐进式殖民活动,经过200多年的努力,才实现对巴西全境的有效控制,在政治体制方面,葡萄牙国王于1534年在巴西实行都督辖区制(Capitania),也就是将巴西从亚马孙河口到圣维森特划分为15个都督辖区,分给12名都督负责开发。规定其为都督世袭领地,但仍属王室产业,都督须向葡萄牙国王纳贡。实际上,相当于实行"王家土地私人承包制"。

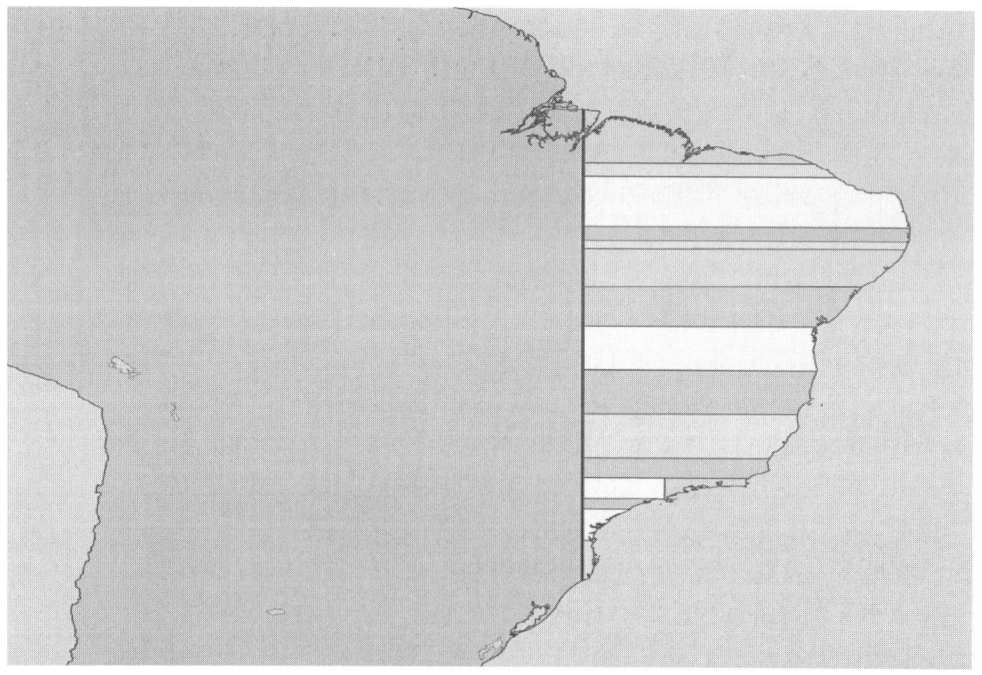

1534年巴西都督辖区

第一章 自然条件、印第安人及葡萄牙人渐进式殖民化

在此，我们有必要回顾一下葡萄牙人发现、占领及开发巴西沿海地区的过程。1493年，在哥伦布从美洲返回欧洲不久，西班牙君主便采取必要的措施来保障对所发现的土地的一切权利。他们求助于出生在西班牙的教皇亚历山大六世，请求他为其上述意图作出良好的安排。同年他们获得了教皇圣谕：准许西班牙取得位于亚速尔群岛和佛得角各岛以西100列瓜（约合560公里）的全部领土，因此西班牙获得了一次辉煌的外交胜利。显然，教皇没有考虑到葡萄牙人，葡萄牙国王约翰二世提出其相应的抗议，指出两国应启动一系列谈判，直到最终达成协议。1494年，按照著名的《托尔德西里亚斯条约》，约翰二世承认西班牙对西部各地区的权利，然而划界线从佛得角各岛以西的100列瓜移至374列瓜（约合2 084公里）；同时，条约承认了位于所述界线以东的土地和海洋属于葡萄牙的势力范围。这一划分影响深远：它在以后的日子提醒人们，该条约承认葡萄牙对美洲某些地区首先是巴西拥有权利。

但是，在条约签订后，葡萄牙人并未及时动员人力物力去占有东面的任何土地，直到哥伦布于1498年发现南美洲，平松沿着巴西北部海岸线航行后，葡萄牙才声称对这片土地的权利。据记载，达·伽马从1498年起就带领船队绕过好望角，以期找到前往东印度的航海路线。在航行期间，他借助东北信风驶往印度，但是船只多次偏向西方，正是这一自然条件后来协助葡萄牙人发现巴西。达·伽马的航行将东西方连接起来，同时带来了丰厚的回报。通过远征，他带回里斯本的货物是原始成本的6倍多。在达·伽马返航后的几十年间，葡萄牙专注于与东方的贸易。在曼努埃尔一世统治时期（1495—1521），王国的商业利益和国家利益紧密联系在一起，葡萄牙人力图在非洲和亚洲海岸建立起商业据点，而不是殖民帝国，吸引他们远征的是贸易而非殖民。当时，里斯本和其他港口成为三大洲贸易流通的巨大仓库，这样在16世纪，葡萄牙人成功地建立了一个全球性的贸易帝国，并从其中获取了丰厚的回报。

达·伽马

1500年，曼努埃尔一世命令佩德罗·阿尔瓦雷斯·卡布拉尔（约1467—1520）带领一支载有1 200人，由13艘船只组成的舰队沿着达·伽马发现的航线驶往印度。1500年3月8日，舰队从特茹河口出发，但是航行途中遇到风暴，不知不觉中航向西方，没想到却到达了今巴西的帕斯库亚山附近的海岸；4月22日，舰队在其北面约65公里处，即南纬17度的一个地方靠岸。登陆后，船员们开始探测，卡布拉尔宣布这个新发现的"岛屿"归他管辖。他花了一周的时间考察该海岸。不久，他就派遣一艘船回国申报占领这片土地。尽管当时并没有为该地命名，但是这一发现标志着巴西正式编年史的开端。

卡布拉尔把该地称为"耶稣受难的十字架之地"（Terra de vera cruz），但是这一名称并未得到普及，很快被"巴西木之地"（Terra do Brazil）这一名称取而代之。在西欧，按照"Brasil"的发音，也有人把它写成Brasill、Brasily、Brasile，等等。在中世纪的欧洲，这个词一般是用来称呼染色木料的，而巴西沿海正是出产这种木料的地方，一开始它是巴西输出的唯一产品。按照该词的历史和寓意，葡萄牙人就把他们在南美洲所发现并占有的土地称作"巴

葡萄牙人佩德罗1500年登陆巴西

第一章 ● 自然条件、印第安人及葡萄牙人渐进式殖民化

佩德罗·阿尔瓦雷斯·卡布拉尔

巴西木

西"。在殖民时代早期,他们一直认为巴西木是具有最大价值的经济产品。

据美国学者的史料,早在1503年就有一批葡萄牙商人(其中不少人是遭受迫害的犹太人)移居巴西,有些人在王室特许下输出染色木料。在新发现的巴西沿海一带,还有一批被卡布拉尔遗弃的罪犯之类的人,其中有些人娶印第安女子为妻,成为多妾的部落酋长。他们之中突出的人物是卡拉马鲁,后来他受到巴伊亚地区的印第安人的尊崇。此外,还有若奥·拉马略,他在巴西的南方也有很大的影响,并且像卡拉马鲁一样,后来协助葡萄牙人在这些地区进行殖民活动。

此后,新发现的土地——巴西持续不断地吸引着葡萄牙人和其他欧洲人前去冒险、发现、定居和开发,他们甚至把这片新土地视为人间天堂。据描述,当时欧洲人十分喜爱这片处女地:"(这里)让人如此喜爱,如果能够正确耕种,这里能够长出任何东西。"1560年,一位耶稣会教士在给大主教教区的回信中充满深情地赞美这片南美洲的土地,"假如地球上有天堂的话,我认为它一定在巴西"。后来,同时代的一位编年史家曾预言,"这片土地有能力成为一个伟大的帝国"。

一、自然条件和印第安人

就像欧美学者所述,巴西的历史是在一个巨大的舞台上展开的,它的国土面积几乎占南美洲的一半,是世界上国土面积第五大国家。其大部分领土是由圭亚那高地和巴西高地这两个广阔的高原组成的。这些高地由前寒武纪的岩石构成,有些高地上覆盖着沉积岩层,特别是砂岩和石灰岩。巴西沿东海岸耸立着一道面临大西洋的陡峭崖壁,名叫马尔山,在巴西的东北部,其名为博尔博雷马崖壁,在其后就是博尔博雷马高原。在这些高地上,结晶岩的基岩出露,地貌呈缓波状起伏。在南部几个州,地面耸立为一系列崖壁,分隔着高原。在巴西的西部,亚马孙盆地是该国最广阔的低地区域。巴拉那—乌拉圭低地只有一小部分在巴西境内,它只是沿西南边境的一条狭窄边缘,其季节性泛滥的区域在马托格罗索州被称为潘培纳尔。在全国其余地区,低地只限于马尔山和大洋之间的狭窄平原和为数不多的河谷。

巴西绝大部分地区处于热带,具有多种类型的热带气候。整个亚马孙属于湿润的热带气候,但是降雨量和各季节的雨量强度在盆地的各部分是有差异的。大西洋沿岸属于湿润热带气候;里约热内卢以南,从副热带气候过渡到温带气候;巴西高地的气候因高度而得到调节,其大多数地区常年有明显的干季;巴西东北部的内地,从米纳斯吉拉斯州北部到塞阿拉和北里奥格兰德两州的沿海呈现为半干燥地区,不仅雨量少,且每年变化极大,故称之为"干旱的多角地";只有巴西南方的一些州属于温带气候,从巴拉那州北部起会出现霜冻。

由于土地广阔、气候多样化,巴西生长有多种多样的森林,从亚马孙盆地的雨林一直到南方温带的南美杉林或巴拉那松林。干旱的多角地的植被是旱生林,这是一种旱生灌木林地,通常

巴西(深色部分)

第一章 ● 自然条件、印第安人及葡萄牙人渐进式殖民化

称之为卡汀珈。在巴西高地的许多地方以及亚马孙盆地的一部分和南方的一部分地区,森林的覆盖是不连续的;在森林和空旷的草原之间,植物覆盖有着各种不同的渐变类型。显然巴西基本上是一个热带国家,西方某些学者试图以气候决定论来解释巴西的不够发达——他们认为热带环境不利于经济发展,比如,热带气候利于疾病流行;热带土壤肥力易被耗竭——但是历史事实早已表明,从殖民地初期起,巴西的经济开发模式就不合理,这才是其欠发达的主要原因之一。

如前所述,巴西的土著人并没有创造出丰富的物质财富和了不起的文化,这使得葡萄牙人从一开始就漠视这片土地。据估计,在地理发现年代(1500年),在巴西居住的印第安人约有200万人到400万人之间。沿海一带生活着图皮人(Tupis)部落,他们的语言和文化表现出明显的亲缘关系。而每个部落面对欧洲人的态度却是不同的。直到16世纪末,葡萄牙人殖民化的进展还完全取决于其与土著人的关系。甚至到19世纪初期,有部分地区仍由自由印第安人控制,因此它们不可能成为欧洲人的殖民地。直到19世纪中期,欧洲人才成功地把最后一批土著人驱赶到巴西内地,或者将进行抵抗的印第安人灭绝,因为他们不可能接受欧洲化。但是,至今人们仍能觉察到在利用种植的作物和在人口密度及其特点方面,图皮人与其他族人有巨大差异,这可以被理解为在文化演进过程中土著人具有影响力。

亚马孙雨林

木薯

尽管图皮人是定居的农耕者,但是他们十分倾向于搬迁其村庄,在多数情况下,他们大规模地放弃原有的村庄,而通过长途搬迁,最终定居在离其原住土地遥远的地方。妇女们主要负责用锄头耕作,男人们则从事打猎和捕鱼,以及采集野生果实;他们居住在村庄,其茅屋组成密集的住房群,经常由栅栏围绕起来。由于采取易耗尽地力的耕种方式,其土地仅几年就地力枯竭,因此必须将其村庄迁移到另一地方。在热带雨林中男子负责平整新的地面,他们用小的石斧极其艰难地劳动。人们首先种植木薯,然后再种玉米、菜豆、花生、甘薯和棉花。棉花被用来制作一系列东西之外,还被用来制作吊床。男子一般都是优秀的水手,他们在沿海一带敢于乘坐独木舟进行远距离划行。

从16世纪初期起,法国商人惯于在巴西沿海一带进行有规律的旅行,有理由推测,早在卡布拉尔来到之前他们就已进行这种旅行,这一情况可以在1503—1523年之间,法国人是在沿海平原发挥文化影响的唯一欧洲要素中得到印证,因为他们懂得如何赢得印第安人的友谊。其代理人定居在印第安人村庄,逐渐适应了土著人的生活方式,这样有些人甚至慢慢地变成"食人生番"。法国男子与印第安女子所生的印欧混血种人数是十分可观的,这些被称作"马梅卢科"的人(Mamelucos)因其野蛮状况而特别令人生畏。

事实上,图皮人友好地接纳了法国人,而后来却激烈抵抗葡萄牙人,这一现象可用两国代理人的不同经济态度来解释。当葡萄牙人企图设立种植园并把印第安人变为奴隶之时,法国人并不想从本质上改变土著人的生活方式。法国人寻找染色木料、棉花、胡椒、鹦鹉、猕猴和鸟的羽毛,他们只是用斧子、小刀、剪刀、火器等来交换这一切东西。这样,从一开始法国人就对沿海图皮人的物质文化发挥了深刻的影响,给土著人带来了某些好处。比如,输入的斧子让印第安人易于在热带雨林耕耘。同用无刃的小石斧在热带雨林中进行艰辛的劳动相比较,使用铁斧无疑轻松多了。同样,火器的获得和使用,无论对于打猎还是战争,都带来了显而易见的便利。

第一章 ● 自然条件、印第安人及葡萄牙人渐进式殖民化

在整个法国影响时期,有关地区并没有建立新的村镇。商人的代理人生活在印第安村庄,他们的生活下降到土著人水准,在物质文化上受到后者相当大的影响。1532年左右,葡萄牙人也出现在沿海一带,他们马上开始驱逐法国人,约在16世纪末葡萄牙人完全占有了上述地区。

二、从东北沿海到东南沿海:葡萄牙人最早的殖民活动

葡萄牙国王在1531年着手将其占有的土地划分成被称为世袭"都督辖区"的15个行政区,它们的界线仅在沿海地区标明,可向内地延伸;他把这些行政区按照条款授予12名葡萄牙贵族。而这些贵族几乎享有无限度的民事和刑事管辖权,包括征收赋税的权利。他们甚至可以把贸易权利交给外国人,让后者在巴西和葡萄牙之间经营商业。接受赠授的贵族被称为"受赠人"(donatarios)。实际上,这一制度确定了巴西的封建形式,由此,葡萄牙人开启了殖民化进程。

从一开始,葡萄牙人的经济观念就完全不同于法国人,因而在地区面貌方面,导致了影响极其深远的变革,确实染色木料贸易仍在进行中,但是对于葡萄牙人来说,殖民地的经济吸引力首要在于提供种植甘蔗的可能性。早在15世纪期间,葡萄牙人便将甘蔗种植引入大西洋上的马德拉群岛、亚速尔群岛和佛得角,它们曾成为全欧洲最重要的蔗糖供应地。1517年,土耳其人征服了叙利亚和埃及之后,叙利亚和埃及不再是蔗糖的供应者,因此这一商品的价格在欧洲一路飙升,这就使得葡萄牙人认为在美洲种植甘蔗值得一试。

葡萄牙殖民者持有的这一经济设想付诸实施了,这一切就很快导致巴西沿海地区经济文化发展的转向。热带雨林必须被砍掉,以腾出空间来建设甘蔗种植园。在新开垦的土地上拒绝劳动的土著人或被灭绝或遭驱逐,而黑人奴隶承担了印第安人不接受的工作。一切利益集中在甘蔗种植上的这一现实,决定了形成中的新村镇的社会结构,以及农村或城镇居民的特征。现今仍有必要回忆一下当时的蔗糖业发展,以便理解现代巴西的文化形态。很快葡萄牙人察觉到,与当时能生产蔗糖的任何其他国家相比,巴西所具有的自然条件更加有利于种植甘蔗,因为在所有种植甘蔗的地方都需要借助灌溉,并且地力易耗尽的土地要求有规律的施肥。相反,在巴西沿海平原种植甘蔗既不需要灌溉也不用施肥,然而其产量却很高。在伊

列乌斯都督辖区的新垦殖土地是第一批令人满意的开发中的种植园地，因为葡萄牙人成功地同图皮尼金人（tupiniquin）建立了友好关系。但是，来自内地好战的艾摩雷人入侵沿海地区时驱逐了图皮尼金人，并且破坏了葡萄牙人的新垦殖园地。该都督辖区的兴盛第一时期宣告终结。与此同时，伯南布哥已经开始种植甘蔗。16世纪末，在这个都督辖区约有4 000—5 000名黑人奴隶；近旁还有许多印第安人在50座甘蔗大庄园劳动。这种生意的利润是十分丰厚的，仅一季甘蔗的收成价值就经常超过购买整个庄园的价格。

葡萄牙的这种经济制度要求形成定住人口的居住区，在每个都督辖区，殖民化开启了城镇中心的建设进程。这些居住区的功能都是千篇一律的，因此这种单一性便逐渐构成了其居民区的基本特征。由于殖民者总是带着武装船队来到目的地，所以必须寻找一个良好的停泊之地，这就决定了新的居民点的设置地。此外，也由于印第安人几乎总是采取敌对态度，所以迫使殖民者将居住点建立在海岸边，其目的是在遭到攻击的情况下，让居民能够迅速获得支援，但是，尽管构筑了防御工事，几乎所有的居民点还是都被突袭的土著人攻陷过。后来，在建立新的城镇时，他们经常变换设置地。直到现今，在许多城市附近，人们还能看到所谓城镇的遗迹。

在万圣巴伊亚地区的圣萨尔瓦多历史中就存在这种殖民地古城的一个典型。该城镇形成于巴西被划分为15个行政区之后不久。它被视为巴伊亚都督辖区的首府，拥有巨大的防御工事，其中居住有殖民者家庭，还有士兵。人们一开始便在周围地区砍伐热带雨林，并大范围种植甘蔗。在此过程中，引来了居住在巴西沿海的图皮南巴族印第安人破坏新垦殖地并且围城，但是葡萄牙殖民者并没有为这种困境所阻挠。在将近

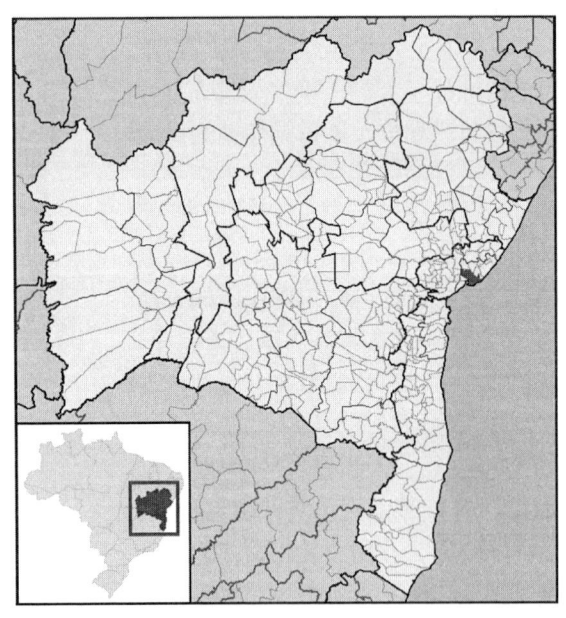

巴伊亚地区圣萨尔瓦多

第一章 自然条件、印第安人及葡萄牙人渐进式殖民化

80年间,殖民者能依赖外部提供的口粮,因为在巴伊亚都督辖区,这一时期也有平和阶段,人们可从外部向城内提供必需品,使之能坚持相当长的时间。但是,面对印第安人的压力,殖民者最终被迫撤退,不得不放弃该城镇。

欲将巴伊亚殖民地化的第二次尝试是由葡萄牙政府本身推动的。1549年,载有450名殖民者和600名士兵的一支舰队抵达港口,这次行动的首领也是由全巴西的总督任命的,因此建立在维拉贝拉(Vila velha)附近的新城镇从一开始便具有巴西首府的特征。以后每年有一支舰队抵达这里,以增援当地的农耕者和城镇居民。面对葡萄牙人一直不断增长的军事力量,图皮南巴人不可能抵抗很长时间,一些没有变成奴隶的印第安人就逃到内地避难,在那里他们建成了很多新的村庄。1560—1580年,大量的图皮南巴人出现在帕拉和帕拉伊巴的领土上和圣路易斯·马拉尼昂岛上,他们可能是在葡萄牙人的压力下逃离巴伊亚都督辖区的印第安人。这种移民规模是很大的,以下事实可以证明,到1612年,已定居在马拉尼昂的人数已达1万或1.2万人。在同一时期其他一些都督辖区也在持续驱逐印第安人,并在部分地区系统地将土著人灭绝,而以输入的黑人奴隶取而代之。确实,在塞古罗港和伊列乌斯都督辖区图皮印第安人的灭绝,给葡萄牙人带来了始料未及和影响深远的后果,因为随着定居的图皮人抵抗的弱化,图皮人的敌人,或者说南美洲内地的艾摩雷族印第安人,从1560年开始前进到巴西沿海地带。他们与图皮人不同,艾摩雷族印第安人不是农耕者,而是游牧狩猎者,特别好战,且都是优秀的弓箭射手。1589年,他们不仅完全灭绝最后残余的一批图皮人,而且杀死了数百名葡萄牙人和近3 000名黑奴,因此造成伊列乌斯和塞古罗港两个都督辖区的巨大损失,并使之变为一片废墟。这些游牧印第安人比定居的图皮人更难以捕捉或灭绝,直到19世纪前半期,他们都给北部的达斯贡塔斯河与南部的帕拉伊巴河之间的沿海平原的经济发展带来了严重的障碍。

除了塞古罗港和伊列乌斯两个都督辖区之外,巴西沿海平原已达到较高水平的经济繁荣,这样该地区的面貌经受了巨大的改变。特别是在巴伊亚四周,大面积的热带雨林已被砍伐殆尽,而辽阔的耕地已覆盖了全境。一座座大庄园建有地产主的宽敞房屋、糖厂、教堂和奴隶的茅屋,它们宛如一个个小城镇。土著人的村庄已经消失,而仅存少数奴隶和一些印第安人避难于耶稣会的传教区。对这些印第安人幸存者,人们惯常把他们称作

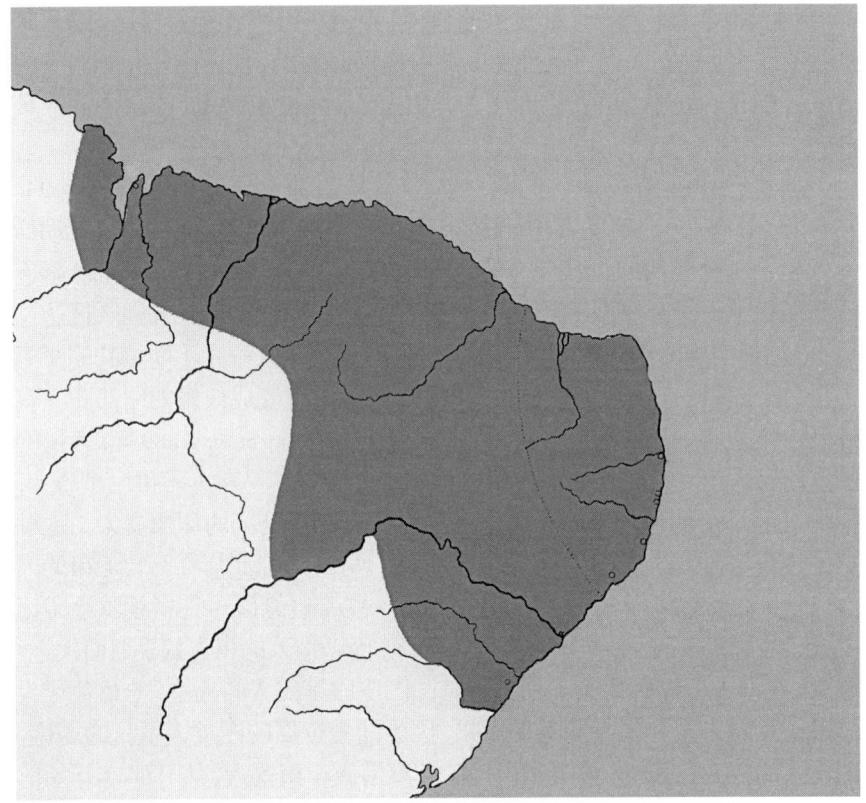

荷兰人占领的巴西

"马梅卢科人"（mamelucos），也就是印欧混血种人。还有许多葡萄牙人和黑人的混血种人，人们称之为"穆拉托人"（mulatos）。黑人奴隶和印欧混血种人构成了劳动人口，与此同时，作为社会上层的葡萄牙人掌控了大庄园和政府。由于在欧洲市场糖价持续居高不下，这个高等阶层有机会积攒巨大财富，这样他们得以成功地渡过后来的危机。

1629—1654年，沿海平原的北部被荷兰人占领，人们可以感受到该地区的新的文化影响。很快，荷兰人的活动引起了整个巴西经济的普遍破产。在伯南布哥都督辖区各城市的发展中，人们可觉察到最为强烈的荷兰文化的影响。在荷兰人来到时，奥林达是该都督辖区的首府，而累西腓只不过是一个小村镇，位于城南数公里处的沙滩上。但是，1629年奥林达被荷兰人完全毁坏，其大部分居民搬迁到累西腓。在那里，荷兰人设立了他

第一章 自然条件、印第安人及葡萄牙人渐进式殖民化

们的大本营。经过几年时间,这个无足轻重的小村镇迅速成长,直到建设成面积广大且拥有豪华楼宇的城市,完全侵蚀了老城奥林达——在荷兰人集中打击下该城已不可能恢复原状。在毛里科·德拿骚总督掌控下,累西腓扩展到安东尼奥拜斯的附近岛屿上,而奥林达的教堂和修道院废墟中的建筑材料成为新城的建材。到20世纪70年代,累西腓的人口迅速增长,拥有近80万居民,已经成为巴西的第三大城市。在其方圆50公里范围内,居民已建成许多甘蔗种植园;同时累西腓是所有公路的终点,还担负着伯南布哥都督辖区的全部运输,包括方圆750公里的地域。奥林达(仅有6万居民),殖民地最早兴建的最重要的老城,这时已退化为累西腓居民的浴场疗养地。

荷兰人对北部沿海平原的征服,在本质上是一场军事活动,因此该城镇的大多数居民仍然是葡萄牙人及其黑人奴隶;同时大部分种植园和蔗糖厂仍然掌握在葡萄牙人手中,荷兰人仅占有少数几个。在这些条件下葡萄牙人毫不迟疑地发动暴动,而荷兰人庄园的运作费用开始上涨,因为后者必须在每座庄园内设置一支小型警备队,以保护糖厂和庄稼地。农业普遍遭受衰退,以至于沿海平原的荷兰人居民已不可能为自己的消费生产必需品,这样他们必须从欧洲输入一切日用品。在荷兰人撤退后,经济状况开始恢复常态。在这一定居地区,无论是在农村,还是在城镇,非洲人从此开始占多数。因为1758年耶稣会教士被驱逐出境后,已皈依天主教的印第安人也就被剥夺了教会的最后保护,其人数逐渐减少。

在沿海平原的北部,特别是在巴伊亚的圣萨尔瓦多和伯南布哥,经过殖民地时代,已经聚集了大量人口。1823年,巴伊亚及其周围地区,所谓的"雷贡卡沃"(Reconcavo)就拥有20万以上居民,其中11.5万人就住在城市中。白人已很少居留下来,因为非洲人血统已经渗透到最古老的葡萄牙人家庭。而社会结构尚未经受某

葡萄牙人及黑人奴隶

巴西耶稣会教士传教

种变化，只有大庄园主构成少数富有的高等阶层，他们的生存是以黑人奴隶大众为基础的。直到1889年实现奴隶解放之时，巴西尚未发生大规模的经济革命，因为一切甘蔗种植及其收益都是以奴隶劳动为基础的。许多获得解放的奴隶成群地脱离大庄园，分散到热带雨林中，只有在那里他们才能生产维持生存的必需品。其后果是生产大量减少。

巴伊亚南部地区几乎没有被殖民地化。只有戈亚雅卡塞斯原野的大草原被葡萄牙人牢牢地掌握在手中，他们利用这些土地饲养牲畜。在帕拉伊巴河与达斯贡塔斯河之间，有一个地区在殖民时期越来越失去吸引力。自从沿海图皮人的抵抗消失后，游牧艾摩雷人不仅驱逐葡萄牙人，而且也驱赶所有定居的土著人。少数葡萄牙人在非常靠近海岸的贫穷的村庄中坚持了下来。不过即使在那里他们也面临着持续的危险，因为为防止袭击而修建的防御工事很少，且防御作用不大。正是因为沿海平原的这一部分在殖民时期几乎完全恢复到自然状态，所以到现代时期，这一地区能以独特的方式发展，它人烟稀少，为大规模移民提供了巨大的可能性——与北

第一章 ● 自然条件、印第安人及葡萄牙人渐进式殖民化

方不同,那里已有着大量的黑人人口——居首位的是圣埃斯皮里图地区,欧洲移民的到来推动了它的现代发展。

1813年,第一次试验得以进行。当时来自亚速尔群岛的一批葡萄牙人定居在离维多利亚城并不远的维亚纳,其目的是把艾摩雷人推向内地。1847年,也是在靠近维多利亚的地方,德国移民试图实现土地拓殖化,这也是很重要的事件。这些德国移民在海拔200—300米高度的马尔山的山脚下定居,并由此逐渐下坡拓殖,只是在最后几年才移居在真正的沿海平原上。由于同巴西东部的多塞河与帕尔多河之间博托库多族印第安人比邻并有直接接触,这些德国人开始砍伐热带雨林,他们逐渐适应了新的环境,并扎根在热带地区。在他们之后,1855年又来了一批瑞士人。3个最古老的拓殖地:圣伊莎贝尔、诺沃河拓殖地和圣莱奥波尔迪纳,逐渐成为德国移民的垦殖地中心。19世纪80年代,最后一批欧洲移民来到巴西。但是,当数百名波兰人同他们聚集在一起时,自然繁殖十分迅速,估计这些德国移民的后代人数达到约3万人。拓殖化推动了圣埃斯皮里图的经济生活,因为德国移民比土著人更能开展各种经济活动,他们的生产除了满足自己的需求之外,还有多余的产品,这样很快就有了可供输出的货物,活跃了市场。新的自然环境不可能不影响到他们的生活方式,事实上它迫使他们改变了自己的古老习惯。如今其主要食物是木薯和黑菜豆,但是他们只生产用于出口的咖啡。他们渐渐放弃犁地的集约耕作制,而形成锄地耕作,实施耗尽地力的独特开发方式。即对土地从不施肥,而是在持续不间断地耕作约15年之后,将土地肥力耗尽,并很快购置廉价的新地块。

1877—1895年,意大利移民显得比德国人更重要,因为前者到来的人数更多,占用了更加广阔的土地面积,在北部其居住范围越过了多塞河。他们的到来在经济体制方面没有产生任何变革,因为他们仍然采用跟德国人一样的方式继续生产,但是在数量上很快就超越了德国人。

在更北部的多塞河和吉基里卡河之间,地区文化面貌的发展是以其他形式实现的。这里也由德国移民启动了新的开拓活动。1818年有少数人定居下来,但是大部分人是在1847年穆古里拓殖地建成后才来到的。然而,这些垦殖者人数并不多,也没有随之出现大规模的移民。在巴伊亚周围,古老而稠密的土著人同黑人和混血种人一起通过吸收少数德国垦殖者,共同开发该地区的经济。在这部分沿海平原地区,可可逐渐成为最重

要的作物,因为这里有多黏土、炎热而湿润的气候和微弱的气流流动,这一切特别适于可可种植。这一作物大多数被种植于大庄园。经过5—10年的生长之后,可可树便可提供第一批果实,此后仍能在20年、50年甚至100年完好地提供果实。巴西的可可产量的90%,也就是世界产量的15%—20%,来自这一海岸平原,即所谓的可可海岸。这片土地如此适宜于可可种植,以至于它比其他任何作物都能提供更大的利益。正是由于这个理由,这个地区明显的单一作物发展到如此地步:到现代,一切食物都必须依靠进口,比如,蔬菜得从圣保罗的日本人大菜园用冷藏汽船运送过来,牛奶得来自丹麦、荷兰和美国。这样,直到19世纪初这一可可产区仍留在自由印第安人手中。而到了现代,它逐渐成为整个沿海平原最有价值的地区,其主要产品可可,当时已占据殖民时代甘蔗的相应地位。

综上所述,可以推断:整个海岸平原可划分为4个地区,随着岁月的流转,它们已发展成独特的文化形态:

一是达斯贡塔斯河的北部。从地理大发现时代起,其景观就不间断地处在欧洲文化的影响下。其后果是稠密的人口,其中大多数是黑人,他们生活在几个世纪以来受传统所制约的经济形态之下。从殖民时代起就成为主要产品的蔗糖,这时在出口方面已丧失了其重要性,只提供给日益增长的国内市场。

二是从达斯贡塔斯河南部直到多塞河。它伸展在沿海平原,迟至19世纪初才从巴伊亚和伯南布哥周围的古老文化地区变为新的拓殖地。在这里可可逐渐成为主要产品,并更多用于出口。与北部人口稠密的地区相比,它的人口相对较少。

三是在多塞河与圣埃斯皮里图州的南部界限之间。欧洲拓殖者,特别是德国人和意大利人,对于地区面貌的发展具有决定性影响。

四是极南部,或者说多斯戈亚伊塔卡塞斯古老原野。其在文化发展进程中,相似于北方。这里人们可以感觉到从殖民时代初期起直到现代,其甘蔗种植业一直很重要。

1502年1月,葡萄牙人安德列斯·贡萨尔维斯发现了弗里奥角以西的一个小海湾,但是他误认为它是一条大河的出口,因此将它命名为"里约热内卢"(原意为"一月之河")。当人们确认在这个小海湾没有任何大河的入海口时,其古老的本土名称"瓜纳巴拉湾"重新普遍流传。而"里约热内卢"则成为巴西昔日首都的名称。它仍然坐落在海湾的西岸,内陆耸立着

第一章　自然条件、印第安人及葡萄牙人渐进式殖民化

海拔2 000米以上的马尔山,通过断断续续长满浓密树林的斜坡,可以到达大海。此外,同一片海岸平原突起许多孤立而陡峭的山头,属于马尔山脉的突出山峰,如近400米高的"潘德阿祖卡尔"山和704米高的"科尔科瓦杜"山已成为里约热内卢的象征。

在瓜纳巴拉湾,16世纪法国人不仅从事同印第安人的贸易,而且于1555年在一座岛上建起了一家设防的商号,1557年它还得到来自宗主国的300名殖民者的增援。但是4年之后葡萄牙人定居在该海湾,迫使法国人移居到陆地上,并最终被他们全部驱逐出去。葡萄牙人的第一个城镇圣塞瓦斯蒂安的里约热内卢,于1564年建在维尔梅拉海滩上,但是不久之后便迁至一座孤立的小山冈上,它可以掌控海湾,并能提供更好的防卫环境。最终,这座山冈也不适于长期定居,因为当热带雨林的保护性植被被砍伐后,产生冲积土层深度大滑坡,因此该城镇不得不重新搬迁到狭窄的沿海平原上。后来在扩展城区范围时,人们就注意了不将山冈包括在城市化范围内,而是利用小山上的泥土来填平洼地,使之可以种植树木。通过这些工作,最早开始拓殖化的莫罗卡斯特洛山头和其他多座小山头已完全被削为平地;一些被保留下来的孤立小山冈则不再种植作物,而是像原来未拓殖前一样,被热带雨林所覆盖。在城市周围,从殖民时代初期起就创建了蔗糖厂,同时耶稣会教士将图皮印第安人聚集在5个大型传教区。同样,在北部,大量输入的黑人奴隶,给大庄园提供了劳动力,给城镇居民提供了仆人,这样,到19世纪初黑人已占城市人口的60%。

1690年,人们从圣保罗出发,在米纳斯吉拉斯发现了金矿,人们开始着手采矿业,并给采矿者提供一切生活必需品。当时里约热内卢还是一个小村镇,1701年刚建成一条新路,是通往北面的一条道路,同米纳斯吉拉斯矿区相通,该城镇建在矿区口,或者说,在通向内地富矿区的入口,通过这条路,稻米、菜豆、蔗糖和其他食物等,特别是黑奴,被运送到各个采矿点。这样,由于里约热内卢骤然成为对内地的物资供应地区,该城由此上升为一个巨大的商业中心和奴隶市场。巴西经济的重心移向南方,这一状况的第一个后果是1763年葡萄牙殖民地政府从巴伊亚迁至里约热内卢。但是,在一段时间内,巴伊亚仍然是活动最多的城市。只是当葡萄牙王室从里斯本搬迁到里约热内卢后,里约热内卢的霸权才开始扩散开来。在葡萄牙王室驻在里约热内卢期间(1808—1821年),近2.5万名葡萄牙人的到

米纳斯吉拉斯

来,增加了该城的人口,使它不仅足以赶上巴伊亚居民的人数,而且在经济重要性方面也赢得领先地位。里约热内卢的人口迅速增长;政府大楼在短时间内建起;同时新的居民区向周围扩展;在同一时期还开始形成一个"城邦";与此同时,老的居民区越来越演变为一个纯粹的商业中心。但是,随着时代的推移,里约热内卢的现代工业不可能与圣保罗竞争。

  里约热内卢城市文明的发展,并没有照顾到其各农村郊区的均衡发展,更有甚者,在海岸平原的邻近地区开始出现文化倒退趋势。由于人口流失,蔗糖业破产,多沼泽的平原已丧失了它的经济重要性,同时马尔山的斜坡,在殖民地时代被认为是没有什么价值的,在其诸多的原因中还有一个重要的原因是它的交通障碍。人们便越来越多地种植咖啡。19世纪中期,人们开始修建铁路,其主要用途是运输所收获的咖啡。19世纪末,里约热内卢通过铁路同东南部的米纳斯吉拉斯及欧鲁普雷图连接起来,当时后者是州首府。1897年州首府从欧鲁普雷图迁至贝洛奥里藏特,后者很快在1910年通过一条窄轨铁路同里约热内卢连接起来,到1930年,窄轨变为宽轨。现今载货卡车承担着向里约热内卢运送大部分商品的任务。铁路网

第一章 自然条件、印第安人及葡萄牙人渐进式殖民化

巴西咖啡农场（1885年）

的相应扩展逐渐被公路网所超越。此外，里约热内卢同内地的联系中，空中交通也特别重要，后来，为建设巴西利亚，水泥、稻米等巨大吨位的货物都是通过空运转送的。

在马尔山海拔800米处由德国拓殖者创建的皮特罗普利斯垦殖地（1947年拥有4.6万居民），成为首选的夏季避暑地和气候性休养地。这片远离海岸的内陆土地，气候不太炎热，且更为干燥，到现代被称为"特雷莎城邦"（Teresopolis），逐渐成为豪华的住宅区。到20世纪中期，人们流向瓜纳巴拉湾北部的平原，在那里他们定居下来种植柑橘和蔬菜。面对迅速增长的人口（1927年仅有175万人，到20世纪中后期已达300万以上），里约热内卢布兰科大街附近的交易中心几乎不够用了，它已从住宅区的两面延伸出去。一些小山头已被削为平地，沿海小河已被堵死，并且热带低湿地的丛林已消失。连接海滩的宽阔的大道上车流不息。如今城内陆地上已建起一长排现代摩天楼，但是也仍然残留着50个街区，就是所谓的"贫民窟"（法维拉斯，favelas），拥有35万居民，这些街区位于多树木的小山斜坡上，一部分紧挨着最漂亮的住宅区。在这些"贫民窟"居住着很多

贫民窟法维拉斯

巴西耶稣像

来自农村的移民,但是也有罪犯和妓女。这里缺少卫生设施,如可饮用水和管道;也没有学校。但是这里的地产主向城市贫民收取相当多的租金。富人住宅区和贫民窟街区之间的鲜明对照、尚可承受的热带气候、纯净的大自然,都给里约热内卢打上了独特的印记。

由于里约热内卢在全国拥有重要的政治和文化影响力,为庆祝独立100周年,教会在科尔多瓦山山顶建起了高达38米的耶稣基督像,他俯瞰全城,与远处海滩落差有710米,成为2007年全球投票选出的新世界七大奇迹之一。

第一章 自然条件、印第安人及葡萄牙人渐进式殖民化

三、圣保罗：捕奴队的远征及其向中西部的扩张

老的都督辖区圣维森特和圣阿马罗后来合并为圣保罗，它们是巴西东海岸的最南部地区，在岁月的流转中这个都督辖区的发展采用了独特形式。如今很难对圣保罗从地理学角度来确定其界限。既没有形态学标准，也没有独特的气候或植物用来确定其界限，只能说圣保罗应被视为一个独特的文化景观区，它被包含在巴西大山地之内。从殖民时代初期起，在圣保罗都督辖区就开始发展出一种文化景观，它不同于弗里奥角以北东海岸古老居住地区的基本特点。在圣保罗，葡萄牙人的殖民化首次深入到狭窄海岸平原内陆的山地。从初期起，就逐渐形成了葡萄牙人与土著人的混血种人群体，也就是被称作"马梅卢科人"的印欧混血种人。他们被誉为"十分强悍者"，是一些特别无畏和强壮的人，其冒险精神有助于大规模地推进发现和探索巴西的最偏远地区，正是他们给该地整个景观带来了自己特有的外貌。但是，圣保罗人的文化影响并没有局限在他们自己的土地上，在里约热内卢的初期殖民化中，他们成为葡萄牙人的合作者，在老的各沿海都督辖区和遥远的马托格罗索的穷乡僻壤，他们发现了丰富的矿产。这样，现代的米纳斯吉拉斯、戈亚斯、马托格罗索和巴拉那各州组成了当时的圣保罗。但是，这些新加入的领土的发展被导向其他方向，一省又一省地分离出去，而最后只剩下目前面积较小的圣保罗州。其目前的面积相当于老的圣维森特都督辖区，而真正的圣保罗文化类型土地面积为24.7万平方公里。此外，现代的社会和经济发展有助于加强它的地区特色，现今它作为一个同类

马梅卢科女性

型文化区与其周围景观存在明显的差异。

从自然地理结构来说，圣保罗只不过是巴西山地的一个部分，它向东倾斜，从山地到狭窄的沿海平原是陡峭的下坡结构，在马尔山，最高的高地达到800米左右，由此地面向西逐渐下降到300米或400米。它沿着最大的坡度向下排水，也就是说，所有的河流都向西流向巴拉那河。

在最古老的土地上，前寒武纪的片麻岩和花岗岩在马尔山露出地面。当这些古老的结晶岩石解体时，它们形成了浓重的红色地表，这就是圣保罗整个东部的特点。再向内地，从第一个台阶开始，出现砂岩高原，在一些孤立的高地它被巴拉那河的一些支流切割开来，这些高地在经济上特别重要。这里可能是第三纪时期的辉绿岩露出地面。人们在覆盖着熔岩的砂岩上开凿出道路。同砂岩形成对照，辉绿岩在解体时产生了轻薄而湿润的地面，形成暗色的肥沃的红色石灰土（terra roxa）。

圣保罗的气候主要是温带的冬季干燥气候，但是在沿海平原接近热带气候。在东部，温度的季节性摇摆是无足轻重的：圣保罗城一般在6度到7度之间；桑托斯一般在5—6度之间。但是在内地，温差增大：坎皮纳斯一般在12度左右。冬季南方寒潮的分支可推进到圣保罗，从而产生冰冻。在东部马尔山斜坡上降水量特别大，阿尔托－达塞拉铁路站区域年平均降雨量达3 700毫米；1960年最高达4 160毫米。但是向内地逐渐减少，圣保罗约达1 300毫米。高原上几乎总是在夏季降雨，但是在马尔山和沿海平原冬季也是多雨的。由于这些条件，沿海地带覆盖着茂盛的热带雨林（其中富有附生植物），并几乎具有热带气候特点。相反，在高原上树林与开阔地交错展开。在现代农业结构改变之前，2/7的面积为树林所覆盖，而5/7的土地是大草原甚至是牧草丰盛地。现今大面积的树林已消失，取而代之的是大农场。圣保罗的森林向西延伸到巴拉那河，它们明显具有湿润性特点。而河流以西地区生长着马托格罗索的干旱性植物。人们难以理解：为什么在两个地貌完全不同的地区之间这条分界线是如此明显？也许以下事实可以解释这种现象：马托格罗索大草原经常发生大火，大火终止于巴拉那河岸，所以，西岸的植物是在此影响下逐渐成长起来的，而东岸树木的生长并没有受到上述大火的影响。

从文化景观的发展来说。沿海平原和内地广大地区居住着瓜拉尼印第安人。就像他们的同胞巴西东海岸以北地区的图皮人一样，瓜拉尼印第安人居住在巨大而密集的村庄，除了捕鱼和打猎之外，还种植多种作物，特

第一章 ● 自然条件、印第安人及葡萄牙人渐进式殖民化

别是玉米。如果我们想了解这两大部族的土著人具有的物质文化上的巨大相似性,那就有必要深入到有关问题的某些细节。在定居的图皮人中间也生活着一些杰斯人部落,但他们是没有长期定居地的游牧采集者和狩猎者。

由于葡萄牙人在新大陆所占领土地的再划分,国王将一块块土地授予私人业主,1534年,把最初名叫圣维森特的辖区分派给马丁·阿方索·德索萨,其界限仅在沿海地带确定,但同时允许将其边界向内地无限延伸。德索萨在东印度早已积累了巨额财富,当他迁移至新大陆时,赢得更多金钱的愿望仍是其行动动力。当时一批已婚的殖民者跟随他来到巴西。1536年,他在沿海平原的一个小岛上建起了拥有防御工事的圣维森特殖民地,至今它仍作为桑托斯城的郊区而存在。为了能站稳脚跟,他们必须将图皮部落驱逐出去。不久之后,他们在圣维森特附近建起了康塞孔殖民地。从一开始,殖民者与土著人相处并没有多少麻烦。当地的盖萨卡赛人(Gaizacazes)主要以打猎和捕鱼维持生计,因此他们和葡萄牙人基本上相安无事。圣保罗的第一次甘蔗种植试验获得了非凡的成果,同时在其他方面该都督辖区也取得了令人满意的进步,所以很快他们可以向北方的各都督辖区的各大庄园供应蔗糖。起初,这块殖民地的繁荣是以沿海平原的甘蔗种植为基础的,而内地高原尚未带来很多利益。

1554年,耶稣会教士在高原上的皮拉蒂宁加原野创建了圣保罗学院,此外在其周围还建立了4个大型的皈依基督教的印第安人村落:圣保罗、圣地亚哥、圣若奥和圣埃斯皮里图。耶稣会教士修筑的从海岸到高原的道路,在随后几个世纪逐渐成为极其重要的贸易通道。通过其教义问答式传教实践,耶稣

马丁·阿方索·德索萨

会教士剥夺了大庄园的劳动力,这样圣保罗人不得不去猎捕奴隶,并且这种行动扩展到越来越远的地区。1609—1623年,巴拉圭的耶稣会教士也在拉瓜伊拉,或者说在巴拉那巴内马与依瓜库之间的巴拉那河东岸地区,建立了11座巨大的传教村落。这些传教区特别引起了圣保罗人的贪婪,从而造成了以下后果:1628年,在南美洲西班牙和葡萄牙的殖民化活动的对立利益集团之间产生了第一次冲突。据说,仅1628—1630年,圣保罗人就盗捕了6万多传教区的印第安人,把他们贩卖为奴。最终,耶稣会教士已无法抵御这些捕奴者,因而不得不在1631年放弃拉瓜伊拉的各个传教区。他们伴随着1.5万名印第安人,向西南地区行进,在那里把这些避难者分散到巴拉那河与乌拉圭河的更加安全的各个传教区。不久之后圣保罗人也破坏了尚未被废弃的西班牙人的两座小城:瓜伊拉皇家城和维利亚里卡。这些事件的发生逐步终止了圣保罗人向西拓展的企图。然而,圣保罗人必须进行越来越远的长征,以便成功实现其猎捕奴隶的计划,因此随后这些捕奴队甚至侵扰到亚马孙河更加偏僻的地区,以便为沿海地区的大庄园主抓捕到奴隶。1640年,当时的耶稣会教士成功地释放了奴隶制下的印第安人,这种做法激起了圣保罗人的愤怒,并最终将耶稣会教士驱逐出圣保罗都督辖区;然而,数年之后,按照葡萄牙国王敕旨,圣保罗人不得不准许这些教士重返故地。对财富的渴求仍然刺激着精力充沛的圣保罗人将其捕奴活动扩展到其都督辖区以外的很远地区。17世纪中期,人们可以看到,一批又一批的圣保罗人活动于现今的米纳斯吉拉斯境内,那里的金矿就是被他们发现的。1718年,他们再次发现了马托格罗索的库亚巴含金土矿床。

这样,圣保罗人的巡行和冒险的天性使之在殖民时代的头250年分散到葡萄牙人领地的所有地区。纯种土著人口在圣保罗已完全消失,因为落入"马梅卢科人"之手的印第安人染上了从欧洲输

逃跑的奴隶

第一章 自然条件、印第安人及葡萄牙人渐进式殖民化

入的疾病,并且为了不在大庄园里受苦受难,他们都躲避到耶稣会教士的大的传教村落。19世纪初,圣保罗都督辖区已陷入极为贫困的境地:他们已不可能以自己的收入来支付行政开支;每年需要相当多的补贴;他们的农业已破产。确实,人们仍然种植甘蔗和玉米,但是已不可能生产足够的东西以供出口。它的经济逐渐相似于拉普拉塔河的潘帕斯草原经济。在开阔的土地上以极其粗犷的方式饲养牲畜;与此同时,多树林地区则缺少经济上的重要性。全国大部分土地落入少数大庄园主之手,他们掌控着巨大的畜牧企业,但劳动者极少,在一个大型庄园,数千头牲畜由1个工头领导4—6名放牧者在草场上自行放养。他们足以应付各种事务。大庄园仅输出皮革和干肉,而干肉是北方人口较多的城市如里约热内卢、巴伊亚或伯南布哥消费很多的食物。

实际上,17世纪和18世纪圣保罗人向中西部的扩张,在许多方面表现为继承了葡萄牙人在世界各地的冒险精神,他们的活动构成了巴西早期的扩张史。从其冒险者队伍的种族成分来看,他们的构成是十分复杂的,除了马梅卢科人之外,还有马松博人(巴西土生白人)、黑白混血种人、其他印欧混血种人,以及黑人。他们组成了一支支冒险者队伍,就是所谓的圣保罗捕奴队,亦被称为"旗队"(bandeinantes),该词源自葡萄牙语中的"旗帜"(bandeira)一词。按照其词源来看,在中世纪的葡萄牙,一面旗帜代表一个连的士兵,这些士兵都由一面鲜明的旗帜调遣。在巴西,圣保罗捕奴队采用了这个术语,并扩大其含义,表示他们要远征内地,一支支"旗队"离开正在开发的沿海地区,深入内陆去寻找财富和权力,捕捉印第安人和逃亡黑奴作奴隶,探测贵金属和新土地,并希望得到葡萄牙国王的嘉奖。

美国历史学家 E.布拉德福德·伯恩斯深刻地分析了圣保罗捕奴队远征

旗队成员多明戈

的意义:"旗队"通过开辟交通运输路线,发现了广阔的内地,提供了有关区域的地理学信息,此外,他们平定或屠杀了怀有敌意的印第安人。作为这些探险活动的成果,他们展开了各种经济活动,为葡萄牙带来了新的财富,黄金、钻石、牲畜是内地提供给殖民者的新财源。显然,"旗队的活动也促进了巴西的统一。从17世纪起,巴西开始出现明显的人口流动,几个世纪以来,它加强了民族统一。与沿海地区人口的集聚相比,内陆地区人口从一个地区迁移到另一地区时更加自由,水路和陆路盘结交错,成为将殖民地联合在一起的有效交通网,米纳斯吉拉斯、戈亚斯、马托格罗索的矿山,吸引着整个海岸线上的人们,并使他们混杂在一起。离开了与欧洲有纽带关系的沿海地区,到达内陆干旱地区的人们很快融入巴西的广袤地域中。为了适应这里的地形和气候,他们被迫改变了欧洲或者类似欧洲的生活方式。他们从印第安人那里借鉴了很多东西,与外界的隔绝使他们变成巴西人,巴西也将领土的扩张归功于这些旗队。

19世纪初,几乎所有的人口都居住在已得到开发的狭窄的沿海地带,在殖民地初期这里就开始种植甘蔗。而内地的高原人口仍然稀少,这让一些富有洞察力的观察家,特别是斯皮克·依马蒂乌斯感到其经济前景是黯淡的,因为他们认为不仅棉花、甘蔗或木薯收成不佳,而且在"圣保罗气温带上的咖啡也不好"。1808年,整个都督辖区的居民总数仅增加到20万人,其中3万人居住在圣保罗首府及其周围地区。

在19世纪最初几十年,在帕拉伊巴河谷已开始种植咖啡。这片天然的谷地在里约热内卢与圣保罗之间延伸500公里,其南部抬升为马尔山,而其北部曼提凯腊山突起为伊塔蒂亚亚峰(Itatiaia),其高度为2 800米。这片谷地的底部海拔高度在500—700米之间,其宽度断断续续地扩展为30公里。帕拉伊巴河谷内有一条缓慢的溪流。在现代,在河谷内已被砍伐的热带雨林的土地上,已创建了第一批大型咖啡庄园,它们越来越多地扩展到山坡上。19世纪90年代,帕拉伊巴河谷已成为巴西咖啡的主要生产地。不过1888年的废除奴隶制和地力耗竭,造成了这一地区的经济破产。如今这里只有庄园主豪华宅邸的废墟和已毁坏的奴隶住房。其上都长满了杂草,这一切使人们回想起昔日的财富。过去的咖啡园已被牧场、稻田和菜园所取代。此外,从1946年起,在沃尔塔雷东达建起了一座现代钢铁铸造厂,它采用输入的煤炭,利用了米纳斯吉拉斯的矿石。

第一章 自然条件、印第安人及葡萄牙人渐进式殖民化

咖啡运输

然而，过去的事实已经证明，圣保罗的土壤不仅特别适宜于种植咖啡，而且该地气候也十分有利于咖啡的生长。当帕拉伊巴河谷咖啡园似乎出现破产倾向时，世界市场的需求却增加了，因为欧洲的工业化扩大使得此种产品的生产看上去是有利可图的，从此，在巴西，圣保罗的发展开始具有较高的经济上的重要性。

种植咖啡必须在干旱季节燃烧掉树林，以便在雨季初期在苗床上种植咖啡幼株。咖啡的成长期是其最需要潮湿环境的时期，这时咖啡树要得到当地较大的自然降水量。虽然这一地区全年其余时间并不完全无雨，但是也有足够干燥的时间，以保证可靠的收成，并让咖啡颗粒干化。虽然冬季是温暖的，但是季节的变化是相当明显的，在咖啡生长的决定性阶段，它可以使得咖啡树集中开花，使其果实成熟。只有过分频繁冰冻的地域不利于种植咖啡树。在世界其他地区，可能存在某一条件更加适宜于种植咖啡树

的情况,但是没有一个地方能像圣保罗这样,同时给这种作物提供如此广阔的土地、这样好的土壤和气候条件。因此,毫不奇怪,面对世界市场的良好前景,圣保罗人作出了强有力的反应,特别是在1885—1900年这一时期,他们极大地扩张了咖啡园。当圣保罗的地力刚一耗竭,他们就把巴拉那的邻近地区建成为巴西咖啡生产的标准中心。

　　导向咖啡种植的专门方针造成了巴西现代文化景观十分独特的变化。沿海平原拥有殖民时期古老的城镇和高原东部古老的耕地,但是在内地开发时它已丧失了经济上的重要性,其含有红色石灰土的不规则地块嵌在仅蕴藏有辉绿岩矿层的地面上。然而,这些地块早已不是闲置的了,因为从殖民时代起它们就被控制在有着古老根基的圣保罗人家族手中,这些家族是不会放弃其地产所有权的。由于咖啡园优良地块的价格在飞快上涨,事实上对这些土地的需求也在快速增长,所以传统地主、名流的财富也在同样飞快地增加。后来,新兴的咖啡业主为了支付大型咖啡园的设施装备和烘干机器的费用,不得不向富有的地主借款,这样后者又拥有了贷款支配权。与此同时,畜牧场迅速转变为现代咖啡园,随后它们逐渐构成了最重要类型的农村小镇。每个孤立的咖啡园旁边都有一座牧场主的房屋和服务于一个小村庄的简单设施,村中居住着劳动者的家庭。

　　当咖啡种植扩展时,人们开始感到缺少劳动力,甚至咖啡园的周围地区也不可能提供人数充足的劳力。17世纪圣保罗人遗弃了其不毛之地,以便去富裕的米纳斯吉拉斯山地打工,但现今许多米纳斯吉拉斯的劳动者移居到圣保罗。尽管如此,劳动力仍然不够,牧场主不得不很快作出努力,以获得外国劳动力。1847年,也就是在1888年奴隶解放之前很多年,他们实践了第一个意图:引进德国劳动力,这批德国人的经济和社会状况是不值得羡慕的。其引进的一切事务都是由牧场主负责,他提前给劳动者支付旅费,条件是劳动者要以在牧场劳动所得的报酬偿还上述费用,由于在这种情况下全家都是债务承担者,所以这些移民的生存状况同黑奴差不多,因此不得不在劳动中与黑奴竞争。1870年,圣保罗州本身更有力地推动移民行动,从此,移民潮流自由涌至。最终,在奴隶制度废除之时,自由劳动者人数增加,圣保罗的经济并没有因此受到负面影响。后来,其人口构成发生迅速转变。1872年,在总共83.7万居民中,有62%的人口仍然是黑人和黑白混血种人。而从1890年起,每年来到圣保罗的移民在10万人以上,其中大部分是意大利人,其人数很快就超过了本地人口。因为圣保罗州在

第一章 ● 自然条件、印第安人及葡萄牙人渐进式殖民化

推动移民潮时偏重于引入整个家庭,所以圣保罗的欧洲移民重返祖国的人数较美洲其他地区的规模要小。1890年,圣保罗的总人口达到140万人,1900年增至230万人,1920年为450万人,1953年为980万人,1960年达到1 290万人。

这一庞大的新人群逐渐组成了外国农民小村落,他们只能生活在自己的一块土地上,除此之外,没有任何地方让他们有机会扎下根来。这样就出现一批小村镇,如德国人村落新弗里堡(Nova Friburg)、瑞士人村落新海尔维蒂亚(Nova Helvetia)。又如美洲人镇(Vila Americana),它是在南北战争之后,由来自美国南部各州的移民创建的。后来由于土地价格飞涨,已不可能创建新的移民村落了。人口的社会结构仍然具有贵族—资本家主导的特征,像过去一样,少数圣保罗人构成了地主阶级,而移民群体成为农村无产阶级。由于得不到土地,农村雇工人口一直处于流动状态,在收获工作完成后,他们聚集到城市以寻找一份工作,而来年再去其他庄园打工。

由于劳动者大量汇集,种植咖啡树的面积迅速扩展,1907—1928年,其数量增加了两倍。人们毫无顾忌地烧毁热带雨林。过去覆盖着树林的地方,如今生长着一排排高5米左右的咖啡灌木。这一排排咖啡树不间断地排列在高原上,因为那里很少有经常冰冻的很深的山谷。在20世纪前期,咖啡生产增长到令人吃惊的地步,世界市场已没有能力吸收其产品。1901年,发生了第一次咖啡危机。生产过剩造成了价格下跌。但是,圣保罗作为咖啡生产地的地位是强有力的,因为国家通过一些稳定措施,如囤积产品和禁止建立新的咖啡园,来支撑世界市场的价格。第一次世界大战后,供应再次过剩,1930—1937年,经济危机开始之时,人们焚烧了大量咖啡。但是,由巴西人为支撑价格而作出的牺牲,却推动了拉丁美洲其他国家、非洲和亚洲国家增加它们的咖啡生产。然而,在第二次世界大战后,世界咖啡市场的需求是如此巨大,以至于不仅全部产品卖完了,而且在某些时期还维持了高价位。为了避免价格再次下跌,1958年,美洲咖啡生产国首先组成集团;次年,世界所有的咖啡生产国成功地达成协议,以把世界市场上过多的咖啡供应下调到适度的水平。世界市场上40%的咖啡仍然来自巴西,虽然从其质量看,桑托斯的咖啡同中美洲和哥伦比亚的产品相比较,并不令人满意。

咖啡单一作物的发展也要求改善运输工具。耶稣会教士曾经修筑了连接圣保罗与沿海地区的一条道路,从而克服了马尔山陡峭和多雨的问

题。但是，在内地人们只有借助小道将牲口赶往城市。现代的铁路网清楚地证明，大自然给铁路延伸带来了许多困难。为了让铁路爬上马尔山，必须克服多种技术和财政方面的巨大困难。所以最终，除了一条公路外，只有一条铁路线连接高原与海岸。相反，在高原上却有着向各个方向延伸的密集的道路网，这些线路已通往北方、东北方和东南方，有直达车通往米纳斯吉拉斯。里约热内卢和普拉塔地区各城市，还有一条跨国铁路，从圣保罗出发，通往巴拉圭。

在现代经济发展的影响下，各城镇也不得不进行变革。整个地区逐步出现了大量的小城镇中心，但是古老的圣保罗首府继续保留着其突出地位，并成功地凸显其重要性，成为州政府和行政机构的所在地。它之所以成长为南美洲第二大城市，是由多种原因促成的。在咖啡热时代初期，即1870—1890年，人们把圣保罗变为世界咖啡生产的主要地区，是拥有3.2万居民的城市，当时只是一个简朴的小镇，但是它很快成为咖啡之都，所有产品都在那里交易。新来的移民雇工可以免费寄宿在客栈，直到他们能找到工作的地方。在咖啡收获之后，他们所有人仍能回到圣保罗城市，可以签下其他劳动合同。其中主要移民是意大利人，他们很快把圣保罗变为一座"意大利人的城市"。在19世纪90年代，城市老区已不能满足人口迅速增长的需要。城市周围地区大量的棚屋把郊区分割成一个个棚户区，从而形成新的郊区。庄园主中的新富人将其府邸建在城市北面的埃利塞斯田原街区，但是到19世纪末它变为一片废墟。而在伊亨诺波利斯街区出现了一个富人区，它一直维持到1925年。住宅区也开始改变其面貌，因为由宽敞的花园环绕的广大地产消失了，它们让位给中产阶级居住的高楼大厦。当时庄园主、商人和富有的实业家居住在美洲大街和府第街区，如"美洲花园"小区。为模仿这个小区，一系列花园小区被创建起来。在埃利赛斯田原街区，早已成废墟的各个豪华建筑物和已

移民巴西的意大利人

第一章 ● 自然条件、印第安人及葡萄牙人渐进式殖民化

废弃的花园以及公园都记录了圣保罗的辉煌时代,那时它是咖啡园主的京城。到现代,它已衰退,只有穷人、乞丐、寄宿者和廉价妓女才在那里居住,他们几乎都过着十分贫困的生活,是名副其实的贫民窟的居民。

20世纪初,圣保罗同里约热内卢相比较,仍是一个无足轻重的城镇,但是欧洲的经济发展继续影响着圣保罗的演变。工业化时代的欧洲居民购买力的增长,在第一次世界大战之前几十年曾经给圣保罗的城市面貌打上烙印。圣保罗逐渐成为世界咖啡大市场,而桑托斯是其港口,这两座城市成功地维持着这些重要的功能。但是,第一次世界大战缩减了咖啡出口,从而解放了生产力和资本,同时,由于长期缺少来自欧洲的消费品的进口,于是本土的工业化就被推动了,它以静悄悄的方式,在国家保护主义税收的庇护下得到发展。世界经济危机加速了这种发展,在20世纪40年代末圣保罗已成为整个南美洲生产能力最大的工业中心。

各家工业企业偏爱于建在城市的西、南和北部地区。本国的棉花为纺织业提供了原料。同样,食品、橡胶、鞋子、家具、烟草和饮料工业都是采用本国原料加工的。巴西的纺织产品甚至成功地销售到拉丁美洲其他国家。而化学、金属、机器工业的状况不大有利,因为这些产品只在巴西国内才能销售,并且依赖进口原料,维修也很困难。就像整个拉丁美洲一样,电力供应呈现出大范围的困难。对木材的广泛需求已破坏了广大森林地区的生态,然而,到20世纪中期,巴西所需热能的一半是以木头为基本燃料的。马尔山几个世纪没有得到开发利用。到现代仍然为浓密的热带雨林所覆盖,交通阻塞,仍然是个几乎无法逾越的障碍。但是由于山区的高降水量,马尔山作为水利资源而具有新的经济功能。从南部的里奥格兰德,直到北部的巴伊亚已修建了多座水电站。从1926年起,圣保罗就拥有了位于马尔山脚下桑托斯附近的一座大型水电站。但是,到20世纪中后期,可利用的水力资源逐渐短缺。电力消费的限制在增大,因为公共大楼、居民家庭和工厂(拥有40多万工人)的需求持续增加,圣保罗,同巴西其他地方一样,缺少充足的煤炭和石油以修建火力发电厂。显然,单靠水电站供应电力也是相当危险的,在缺少雨水的几个月水库的水位相当低,供电不足常常引发紧急情况。在1955—1958年,无论是在圣保罗还是在里约热内卢,电力供应出现了灾难性状况。1955年大水库水量仅达到其容水量的20%,到10月和11月下了大暴雨才排除了旱情。在圣保罗,除了咖啡种植和各式各样的农业之外,对于发展中的工业来说,电力供应的无保障造成了日益严重

的困难。况且，电力供应只是阻碍大都市迅速发展的问题之一。生活资料运输、水的供应和排放也发生了困难。比都市发展更早出现的土地投机和买空投机倾向也是毗连郊区拓殖化的原因。尽管在上述都市周围存在相当多的可支配地块，但是地产业主仍然希望抬高价格。市郊的最远界线已距离市中心35公里，从安切塔大道到桑托斯（30万居民）的65公里路程，汽车来往最为密集，因为后者不仅是圣保罗的港口，而且是大都市居民最为看重的休闲中心之一。

在1920年左右，平房是圣保罗城市的主要建筑，而3—4层的楼房则是罕见的。1929年，第一座26层摩天大楼建成了，过了数年它仍是唯一的高楼。但是此后又建起了多座，甚至坐落在桑托斯的海滩上，那里同里约热内卢的海湾一样，绵延着一长排极高的建筑物。

到20世纪后期，圣保罗人口持续增长，很快这座城市也担心起里约热内卢所遇到的困境，而里约热内卢已将其相当多的功能转让给新的首都巴西利亚。圣保罗建有三所大学，正孕育着新的文化生活。

第一次世界大战后，通过农村的垦殖化，西部的大森林开始被开发。地主和土地交易公司参与了投机，以便把地块出售给小垦殖者来赢利。但是，在老的已开发的咖啡园地区，当20世纪40年代咖啡价格崩溃时，地产主也准备把地块出让给小垦殖者。这样在这些地区同样实现了内部垦殖化。然而，殖民时期的大庄园制却作为一种后果而保持下来，尽管农村人口趋向迁移到都市，剩下人数已很稀少。但是，作物已多样化了，咖啡园面积减少了，同时其他一些作物种植增多了，比如棉花种植，垦殖者认为能够迅速盈利。其种植面积从1931年的4.1万公顷增至1935年的40.4万公顷。到20世纪中后期，圣保罗已是巴西最重要的棉花产区。在朝鲜战争时期棉花种植面积扩大很多，但是从1952年到1954年又不得不缩减约40%。圣保罗的稻田面积在整个巴西也是名列前茅的。小农场主增加了玉米的种植面积，而在城市周围扩展了水果特别是柑橘和菠萝的种植。在圣保罗的西部和西北部，意大利人成功地开展了小型的葡萄栽培和酿酒业。他们照料得很好的大葡萄园就像景观之岛，引起人们的关注，这一行业迅速扩展。以圣罗克市政管辖区为例，1933年仅有800株葡萄秧，而1950年达到350万株。除此之外，还有沿海平原的香蕉园。到20世纪中后期桑托斯不仅是世界上最重要的咖啡港口之一，而且也成为出口香蕉的港口。巴西的柑橘生产仅在美国之后。在巴西各州中，圣保罗重新成为

第一章 ● 自然条件、印第安人及葡萄牙人渐进式殖民化

重要的香蕉和柑橘生产地。虽然它仍然是咖啡的主要生产地,但是它已开始向多样化的农业转变。

在老的圣保罗都督辖区的漫长历史末期,我们可以看到,咖啡种植对于现代文化景观的形成是决定性的。现代人口的种族构成,其社会结构、城乡人口共同生活形式和人口之间的交往,是其早期十分独特的经济发展的最终产物。殖民时代初期,是在沿海平原发展甘蔗种植的时期。随后是在高原上饲养牲畜占主导地位的时代。随后开始了咖啡种植的发展,它特别依赖于适宜的土壤,或红色石灰土的存在,和有利的气候条件。随着咖啡单一种植放慢步伐,农业开始趋向多样化,圣保罗启动了工业化,这使它变为整个南美洲的一座经济名城。

四、南部巴西:欧洲移民拓殖地区

圣保罗南部与巴拉那州(20万平方公里,1960年有约410万居民)、圣卡塔琳娜州(9.5万平方公里,1960年有约210万居民)和南里奥格兰德州的北部毗邻。这些就是我们所称的"南部巴西"的所有土地,它同阿根廷、乌拉圭和巴拉圭接壤。作为自然地域,南部巴西主要区分为西、南和东部。其北部与圣保罗毗连,并不存在自然界限。在巴拉圭,陡峭的阿蒙贝高原边缘形成其西部边界。这一边缘高约海拔300—400米,沿着其斜坡绝大多数覆盖着森林。南部边界由吉拉尔山构成,或者说面向潘帕低地的巴西高原斜坡,同时它也是北部森林地区和南部潘帕大草原之间的界限。这一地域的社会和文化仅一部分取决于南部巴西独特的自然条件特点,其首要原因是它以人口的种族和社会结构为基础。从南部巴西的人口特点来看,可将其确定和区分为一个文化区域,因为它体现了南美洲的一种独特景观:人口大多数是由小农业主构成的,他们来自欧洲,拥有自己的土地。同这些社会条件相反,在其南面(拉潘帕)和北面(圣保罗),国家的大部分土地掌握在祖传的大庄园主手中,同时绝大多数现代移民并没有自己的土地产业。在西部,也就是说在巴拉圭低地和在科连特斯,人口的优势要素在于瓜拉尼族印第安人的后裔和印欧混血种人。因此,把南部巴西同所有其他毗邻地区区分开来的首要因素在于:它是由来源于欧洲的独立农民居住的。至于其地质结构,南部巴西形成巴西高原的一部分,面向大西洋有一个陡峭的斜坡,这就是上文所述的马尔

山。在南部这个高原的边缘平均高度升至800—1 000米,通过一段不长的距离,可抵达附近海岸。向北,马尔山更高些,在巴拉那州平均高度达到1 600—1 700米。

只是在北部地区和东部边缘的最高处,巴西盾状结晶岩石露出地面,在该地域的其余部分,土地表面由红色沙质土构成,其上覆盖着三叠纪熔岩,形成了地球上最大的火山岩覆盖区,其厚度约600米。镶嵌着的凝灰岩、多沙土厚地层和碎石结构充分表明,火山岩层是很长时期积累而成的。覆盖层是在轻度倾斜的坡地上,这是由结晶岩地下层拱起造成的。因此,南部巴西形成了渐次上升的高原景观。

从圣卡塔琳娜州起,上述覆盖层形成了马尔山斜坡,同样在南里奥格兰德州吉拉尔山也是如此。总之,整个南部巴西构成了一个巨大的高原,其陡峭的坡度,所谓的山地,在西部和南部下降为低地,向东面对海岸平

马尔山脉"上帝之指"

第一章 ● 自然条件、印第安人及葡萄牙人渐进式殖民化

原和大洋。向北,地理景观没有形态学上的界限。南部巴西的土壤十分肥沃。

在内地,特别是在边缘地区,高原被多条河流冲得支离破碎,从而转变为山地或丘陵,就像在圣保罗,在南部巴西也是如此,主要的分水线都位于马尔山附近的极东部。水流沿着高原的斜坡向西排出,也就是说,向着上巴拉那河和乌拉圭河排出,十分坚固的玄武岩层使水流形成了许多瀑布。在高原边缘,最初形成的巴拉那河瀑布已逐渐受到缓冲,这是因为岩层受到回流水的侵蚀。到现代,在伊瓜苏形成了世界上最壮观的瀑布之一。对于内河航行和区域发展来说,这些河流没有起到多少重要作用,因为无论是巴拉那河还是乌拉圭河其主流及支流经常受到瀑布或湍流的阻断。马尔山的各条河流都是可通航的,但是在沿海平原地区其下游河道比较狭窄。只有在南部沿着吉拉尔山的陡峭山坡流动的雅库伊河流入靠近阿雷格里港的帕托斯湖,该河下游120公里的河段是可通航的。从北面流入帕托斯湖的其他大多数河流组成了内河航道,不仅最早的德国移民正是沿着这些河流而来,而且它们对于今天人员的往来,货物贸易都发挥着重要作用。

南部巴西的气候以不太过分的炎热和潮湿为主,尽管存在差异十分明显的炎热季节和寒冷季节,但是冬季仍然十分温暖。在内陆年降水量也是不多的,少于1 000毫米;然而,在一些边缘地区降水量特别大。其全年雨水分布是不均匀的,像圣保罗一样存在十分明显的夏季雨水期。在上述气候条件下,南部巴西的大部分地区是一个多森林地域,尽管也有广阔的原野。马尔山覆盖着湿润、四季常青的森林,虽然其植物种类不大丰富,但仍类似于热带雨林,同本地域西部所见的森林特点十分相似。也就是在上巴拉那河、乌拉圭河上游和米西奥内斯的阿根廷境内,因为温度普遍都很高,造成了这一带几乎全是热带的植物。吉拉尔山的阔叶林中生长有丰富的附生物,它们细密交织,还有竹子荞,具有亚热带特点。但是向内陆,藤本植物和附生植物逐渐消失,植物与温带湿润森林的特点相一致。在内陆森林的中间和旁边也有大块的空旷地,长期以来尚未制定出指导分配这些林地和空地的政策。这些原野月降水量在1 500—1 750毫米之间,与阿根廷的潘帕斯相似。南部巴西的原野也是有潜力的林地。

从南部近500米到北部1 000米处,植被从多雨水森林转变为以南美杉为主。南美杉是巴西唯一的松柏纲树木。由于其强烈的松脂气味,让人觉

得它已不是一种热带植物。当拓殖化推进后，大部分南美杉森林被砍伐或烧毁，以便将地块改造为新的牧场。人们偏爱将南美杉当作木柴。由于没有人想到重新绿化，这种古老而美丽的树木已经日益减少。南美杉在沙质土里生长得最好。南方的南美杉林中经常夹种着灌木状巴拉圭茶树，这样就又形成了巴拉圭茶树密林。

  瓜拉尼族印第安人早在史前时期已有用巴拉圭茶树叶煮水喝的习惯，相似于中国人喝茶，后来在殖民时期它成为智利、秘鲁、南部巴西和拉普拉塔地区的民族饮料。耶稣会教士是在其巴拉圭传教区组织正规开发巴拉圭茶的第一批人，他们以售茶的盈利向西班牙王室交纳所欠税收。19世纪初，此种茶叶每年出口达5万担（一担在西班牙合46公斤）。在现代，南部巴西每年生产12.4万吨巴拉圭茶，而用于出口的仅4 000—8 000吨。起初，人们无序地开发种植巴拉圭茶。对于南部巴西的欧洲垦殖者来说，巴拉圭茶显得极其重要，特别是在最初几年，当时耕耘的新地还没有足够的收成，而巴拉圭茶是一种很快可以收获的产品，且一直拥有可靠的市场。由于同样的理由，耶稣会教士也开始种植这一作物。到现代，这些新种植的作物已逐步扩展到很大规模。

  再来说说居民。西部的亚热带雨水森林里，就像马尔山和沿海狭窄的平原上的森林一样，最早居住着瓜拉尼族—图皮族印第安人，这里就像其他地方一样，这些土著人住在大型村庄里，是作物种植者、捕鱼者和猎人。在吉拉尔山和该地域的腹地，生活着数支吉斯人的集团部落，他们是游牧的猎人和捕鱼者。然而，金冈人，上述集团中人数众多的一支部落，他们占据了巴拉那州的领土，从事种植、制作陶器及编织工作，这一切可能是受其邻居瓜拉尼人的影响。

  从最初的殖民时期起，葡萄牙人便无情地追捕定居的瓜拉尼族—图皮族印第安人，强迫他们作为奴隶为种植园提供劳动力。因此，沿海的印第安人最早消失。西部瓜拉尼人起初得到耶稣会教士的保护，但是最终面对葡萄牙人的迫害不得不屈服。同样，在圣保罗西部瓜拉尼人之中的耶稣会传教区和乌拉圭东部的传教区都遭到葡萄牙人的破坏，变为一片废墟。1828年，最后一批老的传教区中的瓜拉尼人遗弃其土地，定居在西面乌拉圭的另一侧。在现代，与来源于欧洲的众多移民相比较，印第安人的人数是无足轻重的。

  从殖民时代地域的发展上来看，起初欧洲文化影响深入到该地域，是

第一章 ● 自然条件、印第安人及葡萄牙人渐进式殖民化

从不同的两侧和在基本不同的两种制度的基础上实现的。从西面耶稣会传教士十分深入地渗透到南部巴西,很快其大部分传教区设置在这片区域。其活动特别集中在教义回答方面,这对土著人的文化和定居方式产生了巨大的影响。而欧洲人方面没有进行任何殖民化;相反,耶稣会教士坚持维持其完全独立的传教区。但是,到了1631年,面对圣保罗人的强力推进,他们不得不放弃在拉瓜伊拉的最后两个传教区。而1750年西班牙和葡萄牙之间的边界条约,使之丧失了在巴拉圭东部的残余权势,尽管1762年该条约被废除。最后,到1767年,耶稣会教士遭到驱逐,终结了他们从西部推进地区殖民化的一切努力。这样,耶稣会仅剩下狭窄的沿海平原和南部潘帕地区作为其重新渗透的基地。在欧洲人殖民化再次扩展到这个地区西部区域之前,耶稣会已经在此度过了两个世纪,该区域耶稣会传教区已逐渐衰败和消亡。殖民时期,葡萄牙人仅限于将沿海平原的狭窄地带殖民化。在最初几年,拓殖者主要在圣卡塔琳娜岛安营扎寨。由此启程沿着一条极其艰难的道路,可以到达巴拉圭的耶稣会传教区。1850年左右,在该岛上居住着大约2万人,其中5 000多人是黑人。到18世纪末,南部巴西内地仍是一片处女地。起初,圣保罗人猎捕印第安人作奴隶,这种活动几乎灭绝了土著人部落。在某些地区,有着开阔的原野,人们以原始的方式小规模地饲养牲畜;尚未有人深入到森林里。同邻近的潘帕地区相比较,南部巴西是一个人口极为稀少的贫穷地区。在沿海,葡萄牙人和黑人只不过是以极其原始和耗竭地力的方式来开发土地。人们还完全不知道犁的使用。在砍掉了树木或焚烧过的未开垦的土地上,人们主要种植玉米、菜豆、木薯、稻米和甘蔗;小麦和黑麦是人们所不知道的粮食。居民主要依靠鱼和牛肉生活。

到18世纪末,现代拓殖化开始了,从此这一活动持续扩展到该地域的大部分地区,尽管起初汇集的移民十分稀少。就像在南美洲的其他地区,比如门多萨或圣埃斯皮里图,来自亚速尔群岛的葡萄牙人开始这场运动,不久随之而来的是德国拓殖者。对于南部巴西作为一个文化区域的发展,后者的汇集是有着决定性作用的。圣累奥波多拓殖地建于1824年,它位于潘帕的岸边,群山之间的土地,逐步成为德国人进行垦殖化最重要的起点。起初,这些德国拓殖者发展经济的方式同巴西人没有任何本质上的差别,由于没有任何有特殊价值的土地,他们也从事使用锄头的、耗竭地力的种植。特别是他们种植土著人古老的作物:玉米、木薯和菜豆。后来,德国移

民逐渐成功地改进劳动工具，引进了犁。但是，当时地力已经耗竭，土地普遍成为休闲地。这样，不得不采用轮耕制来取代土地的更换，尽管人们尚不懂得有条理地施肥。一开始，各拓殖地几乎全部位于吉拉尔山斜坡上的森林地带。德国拓殖者也是第一批开垦林地的系统耕耘者，虽然他们几乎总是占据了南部巴西最好的土地，而这些土地又是由葡萄牙人遗弃给印第安人的。除了农业之外，德国移民还饲养牲畜，特别是养猪，其各种产品，腌猪肉和板油，在巴西其他地区拥有很好的市场。

  从南方移民而来的集团，其人数并不多，他们通过平整南部巴西的山地，成功地占有了一些地块。从1824年到1853年，来到南里奥格兰德的德国人约7 500名，但是随后这些移民以非凡的方式使人口倍增。到1940年，估计德国裔居民已有52万人。定居在南部巴西的第一批拓殖者在德国属于最贫穷的农民阶级，但是在其新的祖国，他们大部分人达到了一定富裕的层次，某些人甚至积累了财富。拓殖者在其定居的地块上建起了第一批茅屋，后来建造了宽敞的砖瓦房屋。到现代，其后裔都过着丰衣足食的生活，他们还经常享受乡村风格的简单娱乐活动。在农村县镇，他们继续讲德语，同时生活在城市的大部分人已同葡语巴西人群体融为一体。在南部巴西，垦殖者不可能像在美国那样，从一开始就作为独立的垦殖者定居在自有的土地上，而是由巴西地产主组织移民进行拓殖化。巴西政府是第一个创设和组织移民居住的垦殖区的单位，在所述的垦殖区中最为古老的是在南里奥格兰德的圣累奥波多（1824年），它位于归王室所有的土地区域内；还有圣佩德罗—德阿尔坎塔拉（1825年），在德斯特罗以西，位于圣卡塔琳娜州境内；这两个垦殖地都是由德国移民居住的。此外，19世纪中期创建了几个欧洲拓殖化的独特会社，设置了所谓的"会社拓殖区"，其部分设在政府地块上，部分是在个人购置的土地上。最终，有一些资本家从事独自核算的垦殖化，从而创办了私营拓殖地。他们均向垦殖者提供一块矩形地块，名叫"拓殖地"，其较短的一边有着一条通向森林的平坦道路，这条路就是测量地块的基本线。起初，在南里奥格兰德供给一名拓殖者的一份土地，大约为77公顷，但是后来随着土地价格的增加，每份减为48公顷。这样，逐渐构成一种村镇主导的形式，或者说，沿着一条道路设有多个农场。德国人向南部巴西的移民一直持续到1858年，当时颁布了普鲁士部长冯·德·赫特的一项法令，由于并不了解实际状况，所以他禁止向巴西移民。在这段很短的时期内，德国垦殖者占有的土地得到扩展，不仅在圣累

第一章 ● 自然条件、印第安人及葡萄牙人渐进式殖民化

奥波多,而且在圣卡塔琳娜州都有垦殖地,1850年在那里建有卢曼努私人垦殖地,1851年又有堂娜·弗朗西斯卡垦殖地,由此德国人的村镇分散到巴拉那。

当德国移民减少时,来自其他欧洲国家的移民继续着垦殖化事业。首先是意大利人、波兰人和葡萄牙人,他们是来到南部巴西人数最多的。这些垦殖者及其后裔持续地把文化边界向西部和西北部推进。在阿雷格里港的北面已实现垦殖的古老地区,德国裔的人口在各个城乡占优势;而在巴拉那的新开发地区和在南部巴西的西部地区居住着更多的葡萄牙人、意大利人和波兰人。

到20世纪中期,在平整土地基础上的垦殖化已深入到极西北部。到1953年,仅在一家英国土地开发公司的12 360平方公里的地域已有50万人定居下来,其中有许多德国人。在圣保罗以西500公里的隆德里纳是一家英国土地开发公司总部所在地,它已变为新的咖啡园区的中心。1959年这座新城已拥有10多万居民。人们修筑多条道路,并建成与圣保罗铁路的交接点。同时,文化边界已前进到森林区,并涌现出多座新的城市中心。许多咖啡园主发财致富,而英国资本家的企业也取得了巨大成就。当圣保罗的咖啡生产减少时,巴拉那州的生产却大规模增长。到现代,巴拉那已成为巴西咖啡最大的出口地。1959—1960年,圣保罗向各港口供应了1 550万袋咖啡,每袋60公斤。与此同时,巴拉那的供给达到1 950万袋。

继德国人之后而来的大多数移民也成功地获得了自己的地产,这样,他们很快形成拥有不动产的农村人口。由此可见,垦殖化所采取的形式,使得现代南部巴西所具有的基本特点,不同于圣保罗和拉潘帕的毗邻地区。由于移民的混杂性,大量的文化交流成为可能,他们在房屋建造形式、植物种植、风俗习惯方面都交汇在一起。在有组织的垦殖化影响下,在所有地区,占优势的是拥有自己土地的单个农场。只是1877年来到巴拉那的一批沃尔加的德国人,既不放弃他们所习惯的农村社区形式,又坚持采用密集居住形式。起初,人们感到南部巴西的农产品很难找到市场,但是各城市的增长,尤其是通往巴西其他地区的交通运输体系的改善,使该地经济状况稳定下来。在老的移民安置地区,位于港湾的阿雷格里港,处于一条200公里长的长条陆地之上,它逐渐成为一座主要城市,不仅是南部巴西地区的港口,而且也是连接拉潘帕的港口。到20世纪中后期,在其64万居民中,德国后裔约占10%,许多工厂加工农产品,此外还有其他工业,包括

纺织业。

密西昂奈斯（Misiones）曾是处在耶稣会教士影响下的古老地域阿根廷的一部分，它的现代开发比邻近南部巴西的森林区启动晚很多。其开发主要由大庄园主、投机者和银行家参与。在19世纪最后几十年，特别是在20世纪第一次大战之后，许多德国人作为垦殖者投身到那里。只要垦殖化试验是以合作形式组织的，那么他们一般都是以失败告终。相反，在巴西的老的德国人拓殖地的移民都取得了很大的成就，因为他们在森林区拓殖化方面拥有几代人的经验。许多人来自阿根廷的拓殖者大军，他们通过深入到热带雨林，在焚烧树林后耕耘地块，以便使用锄头和美洲土著使用的尖木棍种植玉米、木薯和菜豆，这些农产品主要用于自己消费，后来烟草成为首要的贸易产品。

19世纪末，巴拉圭地域开始种植马黛茶（也称巴拉圭茶树），第一次世界大战后，这一作物还扩展到阿根廷各传教区。有一段时期，在南美洲，马黛茶销售所产生的利润是相当大的。但是到了20世纪40年代，其生产过剩，于是价格狂跌到很低水平。从此，为了摆脱经济困难，人们开始种植桐树，并从第二次世界大战起，通过种植中国茶试图促进产品出口，但是直到60年代，巴西茶并没有大规模地进入世界市场。

从亚松森向东直到伊瓜苏瀑布的铁路线竣工，为巴拉圭部分地域现代垦殖化开启了发展进程，而伊瓜苏成为巴西在巴拉那河上的一座桥梁，构成同巴西铁路网的交接点。同一方向也修筑了一条公路，是汽车从亚松森通往大西洋的第一条道路。这两条交通线便于进入肥沃的森林地区。1961年，日本一家垦殖公司在这些热带雨林的中心地区获得了10万公顷土地，连同期限为30年的移民特许权，这样每年可以让3 500名垦殖者定居。因此，日本人成为这一开放地域新交通设施的首批受益者。如果他们利用所准予的份额，那么日本人很快就会超过德裔垦殖者人数，后者是巴拉圭人数最多的少数民族。

五、米纳斯吉拉斯：从黄金钻石热转向农业开发

从自然条件来说，米纳斯吉拉斯的界限不是在广阔的巴西山地随意划定的。这一地域拥有58.2万平方公里的面积，1960年人口已达960万人。全地区独特的地域特点可归因于其经济文化发展过程。米纳斯吉拉斯这一名

第一章　自然条件、印第安人及葡萄牙人渐进式殖民化

称（Minas Generales）原意为"总的矿场"，其因发现一个特别丰富多样的矿产区吸引了无数移民。到现代，居民越来越多地从事农业和牲畜饲养业，并且这种经济活动已经大大地扩展到古老矿区界限之外很远的地方。

形态学。在圣保罗东部，结晶体岩石高原只是形成一条比较狭窄的地带，在这一地域的整个东半部，晶体岩石层露出地面。新升高的古老的主干山峰在高原上被剥蚀，其中最高者达2 884米，并使这一地域的南部和东部呈现出更鲜明的地貌。在东面，马尔山的陡峭边缘划定了上述高原。在西面和北面其高度下降，但是大部分地面高度仍在1 000米以上。

朝向内地，在古老的结晶体"台座"上不协调地铺展着密集皱褶的沉积物（米纳斯地层）——一种太古代转化储存物，其残余部分保存在米纳斯中心地区、巴伊亚的北部，特别是埃斯平阿索山。但是在下层古生代储存物覆盖之前，米纳斯地层的主要皱褶已存在，其背斜拱顶因一个平坦的平面而处于相对水平状态，而伊塔科卢米坚硬的石英岩凸出为一级级梯阶。在新石炭纪时期，巴西高原的大部分被大陆冰冻覆盖。古生代平川重新被三叠纪时期红色砂岩不协调地覆盖着。卵石和岩石，其基础富有风化的多面体卵石，是长期干旱平整时期地球表面被拉平的迹象。中生代横向砂岩层，至多是轻微地倾斜，并形成高原。因此，这个地域构成如下：东部是结晶体岩石的主干山脉。内地是古老皱褶，后来被拉平的山脉。在西部特别是在矿场三角是三叠纪砂岩高原。在西部各矿场，这些砂岩都被熔岩穿过，而后者覆盖在沉积物表面，爆发的火山口的填充物是同南非钻石的母石（la roca madre）完全相同的物质。

米纳斯吉拉斯的大部分地区都是经由圣弗朗西斯科河排水的。河水冲开一个岩石不太坚硬的地区，流向北方，与海岸平行，直到该地域之外。它的另一段河道经过一个大拐弯，走向东南方，河水流入大西洋。按照其水量，它是全洲第三大河。中段河道可以通航，大约在1 500公里，这使它更为重要，因为它不仅可用于地域内交通，而且连接邻近北部的巴伊亚地区。在可通航的南部极点，皮拉波拉湍急地，从里约热内卢出发的火车也可抵达这里。在其下游河流中有花岗岩，从而形成了山涧、急流和瀑布，因此无法通过这一段河道航行到沿海地区。南部和西部，或者说矿场三角，向巴拉那河排水。直接流向东部大西洋的多条河流构成了面积不大的蓄水库。在马尔山地区所有的河流都是在很深的风化的山谷中流动，河流湍急，不可通航。只有多塞河与吉基蒂诺纳河借助倒回水侵蚀，流向内陆高

原东部边缘很远的地方,成功地扩展了它们的蓄水作用。米纳斯吉拉斯的各水系为水力发电提供了巨大的可能性。由于缺乏含碳矿产,所以水力发电发挥了重要作用。

这里的气候是以干燥冬季为特征的。整个地域的年降水量约在1 000—2 000毫米之间,集中在夏季(11月—次年4月)。一般情况下,降水呈现为猛烈的暴雨伴随着冰雹,典型的热带极点降雨,频繁地发生在上午和夜晚。人们推测,这可能是来自东南部上升风雨降水的一部分。可能与西北方向气候变得更加干燥有关。实际上,在该地域的南部,年降水量特别大(巴巴塞纳:1 306毫米;茹伊斯迪福拉:1 579毫米;乌贝拉巴:1 643毫米)。

由于全地域都比较高,所以在冬季经常出现零度以下的气温。在欧鲁普雷图(1 100米)有时会下雪。而在内地最高的原野,人们只能在有完全遮盖的地方种植某些作物,如咖啡树、甘蔗或木薯。然而,全年温度波动的幅度不大,如在热带地区乌贝拉巴(760米),其最热的月份,22.8℃,最冷的月份,18.4℃。巴巴塞纳(1 143米),最热的月份19.8℃,最冷的月份13.8℃。特奥菲洛-奥托尼(319米),最热的月份,25.5℃,最冷的月份,19.8℃。

在植物方面,人们发现在原野与潮湿的森林之间形成十分鲜明的对照。从马尔山起,森林越来越多地分布在西部山地。这样,在米纳斯的东部和南部构成了主导的植物群体,虽然这里不大潮湿的山地森林不如马尔山潮湿森林那样繁茂。此外,在人类活动的影响下,森林植物已遭受很大破坏,因为在其生长地区已经建成了现代最密集的垦殖化中心。这些植物一旦被毁坏,山地森林就很难得到完全的修复。原野主要占据该州的西部和北部。其名称就指明了各种植物的形态,然而,它们都显示出一种旱生植物特征。开阔的原野完全没有木本植物,占优势的是禾本科植物或其他草类及小灌木丛。在闭塞的原野和乱石滩上形成细密的杂草丛。西北部的落叶林也从北方侵入进来。

在前葡萄牙人地域,人只是发挥十分次要的作用,因为土著人数很少,而他们处于很原始的文化状态。看上去原野荒无人烟,仅在该地域的森林区居住着极少数印第安人,他们属于吉斯人集团,被沿海的图皮人冠以一个群体名称:"塔普雅人"(tapuya),换言之,就是"敌人"。其中最为人熟悉和最为重要的部落是波托古多人,或艾摩雷人,他们不懂得种植,也没有长期的定居地,而是在南部和东南部的森林里依靠打猎和采集植物为生。

第一章 自然条件、印第安人及葡萄牙人渐进式殖民化

他们不懂制作陶器、纺纱织布以及造船,其主要武器是弓箭,他们以此来捕鱼和打猎,同时妇女采集植物和抓小动物。他们的建筑仅限于修筑十分原始的栖身处。因此,人们推测,这些印第安人对于该地域几乎没有任何影响力。在西方人征服之前,图皮人曾从沿海驱赶他们,但是,很快葡萄牙人破坏了沿海图皮人的势力范围,艾摩雷人实现了反征服,至少收复了失地的一部分。随着米纳斯吉拉斯殖民化的推进,土著人口迅速减少。虽然成年印第安人并未被强迫作劳工,但是他们的孩子被当作奴隶,按照惯例,他们被迫作家庭奴仆。在印第安人试图进行抗拒的地方,他们都被残忍地灭绝,或被武力猎捕;或者欧洲人让他们穿上死于传染病者的衣服,使时疫在印第安人中间流行。

欧洲人进入该地域时,马尔山难以进入的森林构成了天然屏障,把该地域同沿海葡萄牙人古老的殖民地分隔开来。早在16世纪就有人多次试图利用沿海河流向内陆推进,但是他们所有的企图全都以失败告终。在卡布拉尔发现巴西沿海之后,经过了173年,第一批欧洲人才成功地进入拥有如此丰富的金属矿床的这个地域。1673年,流传于圣保罗的某些谣言称,在一些地方藏有宝石矿床,这就促使某些人组织了对米纳斯吉拉斯的第一次远征,就像在其他地方一样。南方的圣保罗人对该地域进行了探察。在17世纪末和18世纪头10年,他们在米纳斯的南部发现了大量的黄金富矿。这涉及同米纳斯地层相联系的河流含金沉积物和原生代矿藏。这些发现导致一股黄金热潮,吸引来许多移民。首先是圣保罗人,他们停止猎捕奴隶,转而从事采矿业。同时也有很多葡萄牙人加入淘金队伍。人们从里约热内卢通过森林覆盖的山地,开辟出一条小道,上述城市周围的人得以来到这个新发现的含金地区。起初,人们试图让印第安人作劳工,但结果不如人意,印第安人很快因过分劳累而惨死。这样不得不从里约热内卢输入黑人奴隶。在最丰富的矿场附近形成了采矿者的驻营地,比如1711年建立的维拉里卡(Vila Rica),后来叫做欧鲁普雷图(Ouro Preto)。所有这些新城镇全部位于圣弗朗西斯科河、多塞河与格朗德河的源头地区比较狭小的地域。正是这一地域,人们一开始便把它叫作米纳斯吉拉斯。1720年,此地人口已聚集很多,该地被提升为都督辖区,名为"米纳斯吉拉斯",其界限几乎同现今的州相一致。确实,这些矿场区的经济和居住点的迅速发展是依靠与巴西境内其他地区互补来实现的。最受影响的是甘蔗种植园,因为米纳斯吉拉斯对劳动力不断增长的需求造成了黑奴价格上涨。1750年,

黄金生产规模达到顶点。8万人,也就是说,其全部人口的1/3在矿场工作。但是,此后开始下降,按照冯·埃斯奇韦吉的资料,1814年有在开发淘金处337个和228个原生代矿场,有1.2万人从事有关的采矿活动。据有关文献记录,所述时期当地开采黄金的面积超过200万平方公里。葡萄牙为确保采金的利益,设立了铸金所,禁止金粉在市面上流通,且规定每年上缴的税金不得少于1 500公斤黄金。从1824年起,外国资本特别是英国资本参与开发金矿。企业数量持续减少,但是它们都处于更好的管理状况。直到现代还有个别的淘金者仍在那里碰运气。

然而,在含金土地的财富减少之前,1727年人们发现了在弗里奥山次生代矿床上的头等钻石,结果形成了一个孤立的新的文化地域,它以钻石矿场为中心。到1733年,丰富的巴西钻石带来了欧洲市场上钻石价格的大幅下跌,这种钻石价格逐渐降至过去价格的1/4。为了保证垄断,该州开始负责管理钻石生产,但是葡萄牙政府颁布的过于激烈的隔绝该地区的措施,对老的采矿者的后代实施严厉限制,最终使钻石生产反而变为该地域经济发展的障碍,而不是其优势。到现代,巴西钻石在世界市场上,同南非产品相比,已缺少竞争力。

由于该地域的经济发展从其初期起就完全依赖采矿业,鉴于其收益很高,而土著居民又不可能充当劳动力,所以黑人奴隶开始被输入。约在1860年,这里黑奴人数已达到31.8万人,几乎是其全部人口的1/4。此外,还有相当多的黑白混血种人,这样,纯欧洲血统的居民成为全部人口中的少数群体。在以采矿为主的年代,采矿者在巴西人中逐渐成为特别强有力和富有进取精神的典型。因此,人们毫不奇怪,当殖民政府的压制还仅仅限于约束其采矿活动之时,就在米纳斯吉拉斯激起了1789年第一次暴动的火花,其目标当时是让该地域,以后是让所有的葡萄牙殖民地摆脱宗主国。

随着采矿业衰落已成定局,农业和畜牧业得到推进,因为大部分人口开始定居在所述的采矿区域之外。由于在发现黄金之后便很快实现了大规模垦殖化,那里原先并不存在任何更加古老的殖民村镇,在如此大量的移民抵达后,没有人可以掌控土地,因此矿场尚未形成大庄园主的上层社会阶层。相反,在米纳斯吉拉斯形成了同垦殖化相似的状况:很快开始分派土地,并出现了拥有自己土地的自主小农场主,他们人数众多。

从一开始,采矿者带动的农业能够在比圣保罗更为坚实的基础上得到发展,而不会犯下仅限于种植一种作物的错误。这里的人们同时关注农

第一章 ● 自然条件、印第安人及葡萄牙人渐进式殖民化

业和畜牧业,他们以一种农业和畜牧业混合的经济取代耗竭地力的原始种植。玉米、蔗糖和咖啡逐渐成为市场的主要产品,无论是在采矿区域还是在联邦首都的更大范围,它们都很好销。由于拥有如此良好的条件,在此后150年间,人口迅速增长,到20世纪中后期米纳斯吉拉斯已拥有960万居民。在现代时期它已成功地扩大了铁路网,其线路分布于全境,首先是连接了巴西全国各州。贝洛奥里藏特通过铁路同里约热内卢、圣保罗和巴伊亚的交通畅行无阻。由于这些措施,农产品销售持续得到越来越便利的条件,尽管在改善运输条件方面还有许多工作要做。很久之前,其文化边界便同古老的矿场区域不一致,其边界向北延伸,并且越出森林地区,把广阔的原野包括在内。北部的开阔地比南部的森林区更加易于垦殖化。在饲养牲畜之后可以毫无障碍地就近开发农业。

同圣保罗和南部巴西相比,米纳斯吉拉斯利用欧洲移民垦殖化,并没有取得同样的规模。茹伊斯迪福拉的德国垦殖地是在从南至北的普遍垦殖化运动进程中创建的。希望找到进入该地域的一条新路径的想法,促成了在穆古里河地区创建垦殖地,在那里,同圣埃斯皮里图和巴伊亚毗邻的各地区,德国垦殖者试图修筑一条新的交通线。这一设想取得了很好的成果。因此从1898年起一条路基狭窄的铁路连接了该垦殖地的中心,也就是小城特奥菲洛-奥托尼(Teofilo Otoni:320米高度,1950年有2万居民),在巴伊亚沿海建有一座加拉维拉斯桥。1950年建成一条公路,通过这座城市可以从里约热内卢到达巴伊亚的圣萨尔瓦多。

18世纪中期开始一些地域实现从采矿业向农业经济体系的转换,这对于唯独依赖采矿业的各城市,特别是对于首府来说,产生了严重的后果。欧鲁普雷图曾作为一个典型的采矿场,建在海拔1 100米的高地上,离伊塔科卢米山(Serra do Itacolumi)的最高地并不远。这座山城的建筑多为巴洛克风格,狭窄的街道随地形的高低而起伏,它经历了几百年的风雨而完好地保存下来。在其最兴旺时期,只是由于其周围拥有丰富的含金土,其居民人数曾达到约4万人。但是,当采矿业开始衰落之时,该城市也开始丧失其重要性。在19世纪初,当葡萄牙朝廷为躲避拿破仑的攻击而避难于巴西之时,有人曾想到里约热内卢和巴伊亚旁边的欧鲁普雷图,有可能成为王室驻足地。确实,在随后的时代,欧鲁普雷图仍然是米纳斯吉拉斯的首府,但是它的经济重要性持续下降。其部分地域是难以通行的地势,对农业没有多大价值,对于像米纳斯吉拉斯那样的一个农业州首府来说是不大适宜

的。此外,还应指出一个问题,就是它在多山地区获取生活资料和饮水方面存在多种困难。这就完全阻碍了它从一个古老的采矿业城市转变为现代大都市和州首府。它在多年之前就已不再建筑任何新的房屋了。最终,整座城市被当作一座历史纪念碑而受到文化保护。1980年,该城被联合国教科文组织列入世界文化遗产名录。

因此,如果米纳斯吉拉斯开始进行新首府的建造,那也是合乎逻辑的。1897年,新首府贝洛奥里藏特(Belo Horizonte)建在半山腰上。同欧鲁普雷图相比,这座新城在交通方面具有无可比拟的优越性。现代铁路网把该城同里约热内卢、圣保罗、多塞河、西部的圣弗朗西斯科河上游以及北部连接了起来。从一开始这座新首府就是按照便于它发展为一座大城市的原则规划的。无疑,地理环境高度利于它达到这一目标。虽然在1930年,它还只有6万居民,但是到1960年,已增长到70万人左右。

在米纳斯吉拉斯,采矿业仍有一定的重要性。比如,19世纪末就已开发的矿层中存有锰矿。这些矿场十分广阔,因此米纳斯吉拉斯成为世界上锰矿产品最重要的供应者之一。此外,该州还有一种巨大的经济矿藏,那就是南部丰富的铁矿石。不过直到20世纪中后期,人们才开始进行有利可图的开发,尽管他们早就知道铁矿石的存在。

六、中部巴西:有待开发的腹地

中部巴西包括马托格罗索州(120万平方公里)、戈亚斯州(62.2万平方公里)和亚马孙南部及格拉奥帕拉(Grao Para)。欧洲文化边界像一枚戒指,环绕着内地的这个山脉地区。只有若干边缘地区进行了拓殖化,内地的大部分地区长期未从科学方面加以探测和考察。

类似于米纳斯吉拉斯的开发,人们从南部来实现对戈亚斯和马托格罗索的垦殖化。两地采取同一开发方式的原因是一致的,那就是几乎同时,人们在两地发现了丰富的金矿。在这两个地域,第一批探测者都是圣保罗人。但是,戈亚斯和马托格罗索都远离巴西最早实现开发和人口最为稠密的地域,这样,它们被广阔的无人居住的土地所阻隔,只能在较小范围,同老的已开发的文化地域没有交通联系的情况下,单独发展文化区域。尽管在深层次上,其文化发展同米纳斯吉拉斯相似,并且几乎同时起步,但是中部巴西仍然处于初级阶段。新的文化地域构成的过程在米纳斯吉拉斯实际上已告

第一章 ● 自然条件、印第安人及葡萄牙人渐进式殖民化

结束,这样,中部巴西的独特性就在于其大部分山地长期处在自然状态。

山区的古老核心在于已结晶成片岩的太古代岩石。它们在戈亚斯的南部和马托格罗索的西北部露出地面。这里的地表形成一种剥蚀后的平原,现代的侵蚀已转变为一种所谓的"薄片"山地。这些内陆高原,主要由砂岩、砾岩和石灰岩构成,由于某些沉积物十分坚固,所以呈现出常见的地层台阶。这在巴西山地的其他地区也是十分典型的。比如:在东部和东北部、戈亚斯和米纳斯吉拉斯之间的界线就是沿着地层台阶划分的;朝向巴拉圭河流域、莫霍斯平原,还有部分朝向亚马孙盆地的中部巴西边界,都是由三叠纪地层台阶构成的。

高原的坡度普遍是向北倾斜的,这对于河流体系的构成具有决定性作用。在地平线地层复合体之内,特别是在覆盖层与结晶体基础的接触地区,岩石的变化一直使大量水流沿着河流的坡度汇集。在巴西高原,河流进入亚马孙河流域的新近沉积物地区,形成了阻断航行的瀑布。马代拉河一度也遇到瀑布,看上去是后成构造,在流经低地之后它又重新穿越山地的支脉。

再看气候与植物方面,在该地域的南部,温度的曲线显示出全面的热带特点;比如,库亚巴年温差仅在摄氏 3.5 度。从亚马孙河低地生长起的热带雨林十分广阔。它们一直扩展到巴西高原的边缘,伴随着深入到内陆的河流,成为一条森林地带。在西部,沿着奇基托斯群山的斜坡,密密麻麻地分布着热带雨林。它们就像一条腰带一样环绕着群山,上升到 600 米的高度。潮湿的热带雨林的扩展表明,多雨的热带气候还主导着中部巴西的极北部。然而,越向内地,降水量便越集中在炎热季节。不过面临干旱的冬季,人们也会遇到一种十分明显的雨水时节。随着雨水分布的变化,植物也发生变化,北部和西部的边缘热带雨林趋于消失,出现了开阔的原野和荆棘草丛,因为气候限制了植物的种类,这清楚地表明干旱的影响。关于植物的不同组合及其分布地区的差异,人们知之甚少。马托格罗索,原意为厚密的草木,这个名称导致一个错觉,其实它并不涉及"浓密的热带雨林",相反,在这个地域占优势的是大草原和低矮山头。

中部巴西人口稀少,且其经济看上去尚未开发,但是人们的活动对于大草原气候区的植物已产生了明显的影响。干旱时节完全干枯的植物的燃烧在森林中到处蔓延。这在一些地区造成生态变化,因为大火烧死了小动物和蜂蛇,为新的植物腾出了原野。在持续燃烧的影响下,森林的突出

部分后撤,在其原有空间,大草原得到扩展。巴拉那河的两岸形成奇怪的反差:其西岸是大草原和半沙漠地带,而东岸则是热带雨林,就像人们发现马托格罗索与圣保罗界线两侧的状况一样,这不能只归咎于气候原因。显然,宽阔的河流终止了来自干旱内地的火灾,构成一个过渡区,建立起一条十分鲜明的植物学边界。

只有中部巴西南部的边缘地区才显现出欧洲文明的影响。直到现代,几乎整个地域都处在进展十分缓慢的欧洲文化边界之外。确实,在该地域腹地,殖民时代猎捕奴隶造成了土著人口的大量死亡;到现代,白人施加的压力也造成一些印第安人部落迁徙他处。但是,这一切还不足以改变前葡萄牙文化时代留在该地域的基本特点。现今,还存在土著人口的一些重要部落,他们成功地逃避了欧洲文明的间接影响。

中部巴西的大部分印第安人属于以下一些大部落:阿拉瓦克人、图皮人、吉斯人和加勒比人。还有一些孤立的大部落是生活在阿拉瓜亚河谷和欣古河的卡拉雅斯人,在上巴拉圭和阿拉瓜亚河源头之间的波罗罗人,和在欣古河源头周围的特鲁买斯人。在所有这些部落中只有波罗罗人是游牧狩猎者和采集者。他们不懂得种植,这样其文化就与米纳斯吉拉斯原始的吉斯人相近。同吉斯人一样,波罗罗人没有长期的定居地,也不懂得使用吊床。中部巴西的大部分吉斯人比东部的吉斯人有更高的文化水平,因为尽管他们仍然是狩猎者和采集者,但是他们已从事耕作,从而转变为定居者。然而,其文化仍低于图皮人或阿拉瓦克人,或低于苏亚人和卡亚博人。后者拥有一种严格的部落组织,高度发达的制陶技术、织造技艺和修建坚固房屋的工艺;此外,他们是优良的独木舟建造者和出色的航行者。除波罗罗人外,所有这些部落不仅采集植物和野生果实,而且会用栽种棍种植主要作物玉米和木薯,以及次要作物甘薯和棉花。木薯的种植迫使印第安人主要生活在林中空地上,这就使之迁居至开阔空地。只有在有森林的地方,土地才含有充足的水分,才可以播种木薯,原野不适于这种作物。原先人们用小石斧砍伐树林,而到现代,几乎所有的印第安人都使用钢铁制作的斧头。干旱时节燃烧砍下的树枝,将其灰烬当作土地肥料。而树的主干仍留在原地,并在它们的空隙之间种植木薯。经过近3年的生长,就可以收获了。一般耕耘过的森林土地只能提供两次收成,因此,种植这种作物就迫使印第安人在同一地方定居约6年。由于新耕耘的土地靠近原先的种植地,所以许多年来播种木薯的土地仍然

第一章 ● 自然条件、印第安人及葡萄牙人渐进式殖民化

位于其定居地附近,这样印第安人认为值得细心地建造房屋。由于鱼是其每天的重要食物,所以印第安人一般还定居在河流附近。中部巴西的土著人没有引入牲畜饲养,尽管在其所有的村庄惯常有许多驯养的动物。在欧洲人来到巴西后,印第安人开始有欧洲种的家畜,如鸡、猪、狗、猫等,但是他们不吃家畜的肉。

1670年之前,圣保罗人曼努埃尔·科雷亚第一次深入到现今的戈亚斯州,其目的是猎捕印第安人作奴隶。之后圣保罗人带回了许多印第安人奴隶,但直到1722年,他们仍未发现头等金矿。1726年,人们发现了现今戈亚斯城附近的含金富矿。从此,戈亚斯的黄金吸引了许多移民,就像过去到米纳斯吉拉斯的淘金人群一样。但是,淘金者的人数比它少得多,因为矿场的收益也少得多。然而,很快戈亚斯同圣保罗分离,1744年,它成为一个独立的都督辖区。位于第一个河流淘金场旁边的驻营地中形成了一个村落,它在1736年变为"戈亚斯的博亚比利亚",1818年它被授予城市的特权。戈亚斯曾有着与欧鲁普雷图一样的命运。它也是在第一波淘金热中建成的,处于矿场地区的中心位置,在那时条件十分优越。随着戈亚斯州的持续发展,戈亚斯城的地理位置并不逊于欧鲁普雷图。因此,在东南120

印第安奴隶

公里处，在很高的海拔高度建立了它的新首府，这样它就能免受疟疾的烦扰。1941年，戈亚尼亚一批十分现代化的行政大楼耸立在原先荒无人烟的山头上，不过直到1960年戈亚斯的新首府仅有8万多居民。

20世纪60年代初，在戈亚尼亚东北面仅200公里，离里约热内卢的直线距离900公里处，在海拔1 500米的高度，联邦新首都巴西利亚建成了，这座新都市的兴建是出自其他理由。"我们应当掌控我们的国家，从而向西进军，蔑视海洋。巴西利亚的建立意味着向内地进军。在我们土地的心脏我们创造一个强大的中心，它将影响到我们的生活和进步"。巴西总统在其1957年新年咨文中解释建立新首都的原因时，是这样说明的。

在戈亚斯，当金矿枯竭之后，人们不得不从事农业，但是这一新的经济模式并没有达到米纳斯吉拉斯那样的规模。这里移民人数很少，采矿业的迅速衰落迫使大部分居民去其他地区寻找工作。留居的人口大多数是印欧混血种人，他们主要以最原始的方式从事牲畜饲养业，因为戈亚斯不像米纳斯吉拉斯那样靠近拥有巨大消费力的市场。即使到现代戈亚斯贝拉仍不可能同巴西的铁路网相连接。

由于远离老的文化地域，人们便以相类似但更为艰难的方式，力图实现马托格罗索（1960年有95万居民），或者说，中部巴西的文化发展。17世纪在这个地区，圣保罗人也是因为猎捕印第安人作奴隶而成为第一批探测者。1718年，圣保罗人也是库亚巴的金矿的发现者。但是，马托格罗索高原的这个矿区位于比戈亚斯矿区更加隔绝的地方，它同过去已经垦殖化的文化地域的联系被一个广阔的荒无人烟的地区所阻断。因此，成功深入这个地区的淘金者比到戈亚斯的人更加稀少。1727年，库亚巴垦殖地创建，后来它逐步成为马托格罗索或新米纳斯（Minas Novas）新都督辖区的首府（1749年设置）。对于库亚巴的采矿者来说，遥远的圣保罗仍然是一切必需品甚至食物的供应基地。圣保罗人曾经采用图皮印第安人的方法旅行于这片不适于居住的土地。就像印第安人一样，他们首先划独木舟下行于蒂埃特河，直到巴拉那河，之后至帕尔多河。其后必须从陆地将独木舟搬运至塔瓜里河的源头，接着继续行至巴拉圭河，最后上行至圣洛伦库河及库亚巴河。沿着这些极其艰辛的路线，并持续处于印第安人的攻击之下，圣保罗人进行人员和货物的运输。但是，1734年，在马托格罗索地区发现了新的金矿之后，它们吸引了许多批寻找黄金者，这些人持续深入到内地，圣保罗和更加遥远的矿区之间的这条交通线终于中断。1742年，葡萄牙人马努埃尔·费利克斯·德利马乘坐船只沿着瓜波雷河与马代拉河下行,顺利抵达帕拉,说明这条路线可到达新的基地。从1749年起,每年启程去帕拉的大型河流航运,经过10个月的旅程抵达马托格罗索,这样在随后的30年间帕拉终于成为马托格罗索及其主要垦殖地比拉贝拉的供应基地。然而,从1780年起,敌对的印第安人开始骚扰河道路线,这样,比拉贝拉不得不重新求助于圣保罗和里约热内卢的供给。马托格罗索都督辖区的居民开始慢慢放弃采矿业而从事畜牧业。与此同时,戈亚斯的居民向后面即东面方向进行垦殖,试图将其开发地区同圣保罗连接在一起。

到现代,圣保罗借助一条铁路而同马托格罗索南部联系起来。马托格罗索和戈亚斯的老矿区的北部亦即中部巴西的大部分地区不仅没有受到欧洲人的垦殖,而且仍然是自由印第安人的领土;过去受到垦殖的采矿场的某些地区也不得不被弃置。比拉贝拉,这个曾经的富矿区的首府,到现代已无人居住,几乎变成一片废墟;库亚巴(海拔220米,1950年有2.5万居民),在1875年巴拉圭战争结束后,巴拉圭河内河航行自由得以实现,才有些许复兴的前景;至于科仑巴,它只是依靠库亚巴才取得一定的繁荣。

七、巴西东北部:经济文化发展迟缓的干旱地域

巴西东北部,从其文化的基本特点来看,是很容易加以确定的,但是很难以准确的方式来指出其地埋轮廓。在葡萄牙人开始沿着海岸探测巴西之时,在潮湿的热带雨林与位于圣罗克角南部的沿海地区之间插有一片干旱地域的现象引人注意。那里存在十分突出的干旱现象,造成东北部的独特性,但是这一现象主要发生在不规则的干旱时节,即所谓的旱季,因此这一地域的探测和垦殖化必然是在不同于圣罗克角以南的沿海环境中进行的。一方面,在东北部没有任何可借助的浓密的热带雨林阻挡垦殖向内地的推进;另一方面,因为干旱,这里没有像南方那样有利的环境来创办大型种植园,因此,没有必要引进黑人奴隶。从最初年代起,葡萄牙人就开始深入到内地山区,在那里从事牲畜饲养。在他们与印第安人的相处过程中,出现了印欧混血种人。这样,在殖民时代初期就形成了一个精力充沛,且有进取精神的混血种族。其因贵族血统成分而十分相似于大牧场的古老地区的贵族。内地居民分为以大庄园主或大牧场主为主的少数人的高等社会阶层和缺少农村产业的以牧牛为主的大众阶层。至于对东北部内地

的探测，圣保罗人比东北人更胜一筹。猎捕奴隶的圣保罗人在最初时期从南部深入到穷乡僻壤，以便贩卖他们的"猎物"，这样就开辟了从内地通向东北沿海垦殖地的第一批道路。后来东北部的半沙漠地带人也同圣保罗人一起参与巨大的巴西帝国新地区的探测活动。但是，由于流入大量的欧洲移民，圣保罗的人口经受了激烈的变化，东北部直到现代时期仍然保持着它的殖民时代的特点。现今这个地区是一个独特的文化地域，其特点是由其自然环境决定的。

与从圣罗克角到里约热内卢的东部海岸一样，东北部沿海地域也伸展着40—60公里宽的第三纪岩石平原，在有些地方，特别是在圣路易斯·马拉尼昂港口地带明显加宽。朝向内地，沿海平原同巴西的古老结晶体山岳相连，上升为200—300米高的台阶。在沿海平原的内陆突起有孤立的结晶体山冈，此外还有二叠纪和三叠纪沉积物形成的某些标记性山丘。在塞阿拉和皮奥伊之间分界区域，这两者共处在地层一个宏伟的台阶上，即所谓的"伊比亚帕巴"，它位于结晶体沿海平原上，高度升至800米。由此外表地层朝西降低。各条河流沿着地表的倾斜度流向东北面。然而，圣弗朗西斯科河却不同，其中上游是流向东北面，而其下游由于水流汇集和改道，却明显地拐弯流向东南方。如果没有保罗·阿方索湍急处所形成的障碍阻断其下游航道，那么作为一条可通航的大河，它的经济价值是巨大的。这条有着3 000公里长的河流发源于米纳斯吉拉斯的潮湿山地。其他河道也拥有巨大水量，特别是在雨季，但是在干旱时节，它们几乎枯竭。最宽阔的蓄水地区是帕奈巴河区，很低矮的分水岭将它同圣弗朗西斯科河水系分隔开来。不过一条铁路又很容易地把两条河流连接了起来。

东北部气候具有完全热带特征，高温及其波动曲线表明。其每月平均温度为摄氏25度或26度，这样的小幅度波动，使人们难以区分热季和冷季。尽管如此，内陆的热带温度比亚马孙地区更高，但是由于空气比较干燥，所以并没有给人带来多大麻烦。基萨达附近，相对平均湿度在58%，月均最大湿度为83%，最低为44%。空气的干燥与气温的很少波动，阻止了露水的形成。另一方面，由于相对湿度很低，所以蒸发十分迅速。

东北部的降水完全不规则，但雨季和旱季之间的区分还是十分明显的。人们把旱季叫作"夏天"，而把雨季称作"冬天"。在正常年份，6月到次年1月，内地处于干旱状态。但是，每一年的降水不仅量有变化，而且没有一定的周期性，每年各个月份降水量的分布差别也很大。此外，不同地

第一章 自然条件、印第安人及葡萄牙人渐进式殖民化

方,降水的间隔期变化也很大。最后还应指出,降雨经常十分猛烈,因此它所造成的损失大于收益。特别是在不正常年份,当降雨稀少或极端猛烈时,同时又在不当时令,就会产生干旱。干旱频率决定了东北部整个经济的特点。福塔莱萨和位于更为内地的巴图里特山在正常年份最大的降水量为1 600毫米。在东部,半干旱地区延伸到阿拉卡茹和圣罗克角之间,直到海洋上。干旱地区的全部面积约在65万—95万平方公里,拥有的居民为700万—1 350万人。

在这种气候的影响下,生长的植物主要是旱生植物,只在山地才有灌木丛,也就是生长在亚马孙热带雨林与马尔山潮湿树林之间过渡地区的潮湿树林。但是,甚至在沿海地带也缺少潮湿树林和热带低湿地的丛林,帕奈巴河与帕拉伊巴河之间旱生植物生长到海边。此外,大面积的热带雨林受到人为破坏,它们或被砍伐或被焚烧,在最好的情况下,在原先的地方生长出一种次生代植物,但是远没有原生植物那么繁茂。

最重要的植物群是卡汀珈旱生林,惯常可再将它们划分为拜萨、高大和内地卡汀珈旱生林。这种旱生林基本上代表了东北部特色植物。它所分布的地区正在这个地域内,其覆盖范围约占东北部全部面积的2/3。卡汀珈旱生林的主要植物类型是招人喜爱的簇生植物。其中有殖民时代的巴西木,大戟科、仙人掌科植物。地面几乎都被凤梨科和仙人掌科植物所覆盖。这种植物群体形成了十分密集的旱地树林,它们的特点是由干旱决定的。大多数树木都丧失了枝叶,但是由于空气十分干燥,落叶并不产生腐殖土。初雨之后,植物突然改变了面貌,在短时间内覆盖着繁茂的绿叶。对于经济来说,内地是没有多大价值的,因为干旱时节完全没有牧草来喂养牲畜。开阔地并不怎么广阔,也就是说,原野中,能由禾本科植物和其他草类提供优良牧草的地方并不多。这并不是说,在东北部,这一切就是原始植物形式,而是说,极有可能正是开发或焚烧造成了上述生态环境。在很多地方,这些原野完全为卡汀珈旱生林所环绕,但是人们又不可能发现在旱生林环绕中原野存在的自然原因。

同南部巴西情况一样,在更为潮湿的沿海地区生活着图皮人农耕者,其文化相近于东部巴西沿海平原的土著文化。而在干旱的内地,居住着一批批人数很少的吉斯族游牧印第安人。在东北部,是由法国商人首先输入欧洲文化影响的。他们在这里的活动延续了很长时间,甚至到17世纪还有余风。

法国人被驱逐出位于圣罗克与里约热内卢之间的沿海地域之后,他们多次安营扎寨于东北部。1594年,法国人在拉伊拉格朗德(la Ilha Grande)创建圣路易斯,即现今的圣路易斯·马拉尼昂(1950年,包括其郊区有8万居民),企图使这个居民点成为其东北部占领地的中心。在1611年,还有500名法国垦殖者抵达那里,次年建成圣路易斯堡。同巴西沿海任何其他地区相比较,东北部是葡萄牙人将它弃于法国商人和垦殖者之手时间最长的一个地区。1536年葡萄牙人为在那里站稳脚跟而进行的第一次尝试失败之后,以后几次也都以失败告终。直到1603年,他们还是不可能进行新的垦殖活动。但是当时他们从帕拉伊巴河谷出发,成功地在瓜里巴河入海口建立新里斯本垦殖地。但是,很快,由于垦殖者开始组织猎捕奴隶,所以这个地方也受到印第安人的破坏,而后者起初曾表现得对葡萄牙人很忠诚。直到9年之后,葡萄牙人才在东北部站稳脚跟。当时他们建立了福塔莱萨拥有防御工事的垦殖地(1960年有51.5万居民),是现今塞阿拉州首府和该州的贸易中心。

圣路易斯(1665年)

第一章 自然条件、印第安人及葡萄牙人渐进式殖民化

由于葡萄牙人持续得到其东部沿海各垦殖地的支援,其军队毫不迟疑地掌握了局势,这样法国人被迫在1615年撤出东北部。只有小部分垦殖者宁愿留在这个地区,他们在以后的岁月逐渐融入巴西社会。

在葡萄牙人殖民化时期,除了被荷兰人短暂占领的时期(1641年到1644年),他们开创大种植园制,尽管最终并没有取得类似东部沿海地区所取得的良好成果。就像在其他地区一样,在经济环境变化时这里的印第安人也不可能生存下来。没有被新的混血种族所吸收的印第安人落入猎捕奴隶者之手,他们因被迫在大牧场当苦力而惨死,因为印第安人并不习惯于此种工作,且受到主人残酷的虐待。直到19世纪中期,大部分人口仍然生活在沿海地区,只是从那时起人们才进行内地的开拓。这一垦殖化运动的推动者并不是欧洲移民,而是由沿海地域人口自然增长提供的垦殖者,他们沿着河流、铁路和道路深入到内地。无论如何,甘蔗大种植园从未达到十分巨大的规模,黑人奴隶的输入也没有像在南部巴西沿海平原那样达到很重要的程度。因此,现今黑人在塞阿拉州人口所占的比例很少,而该州是东北部最典型的地区,同时其居民的流动明显影响了东北部和东南部人口的总数。同巴西东部沿海地域相对照,白人与印第安人的混血种人形成了东北部主要人口。由于干旱不断,带来严重的经济危机,人口增长经常受到抑制。它使大量人口迁移出去。不仅迫使人们从干旱地域迁往沿海或山地更为湿润的地区,而且迁往该州以外的邻近地区。仅在1877年到1879年就有近15万人从塞阿拉州移民他地,人们惯常将他们称作"被鞭打者"或"撤离者"。据说,1951—1953年干旱时期,有50万人迁出,而在20世纪前期总移民人数达到500万—1 000万人。可以说,美洲其他地区都无法承受如此大规模的移民。

在亚马孙地区的探测和开发中,东北部发挥了特别重要的作用,因为从该地区迁出的大部分劳动者开始了提取橡胶的工作。但是,干旱并不是造成大规模移民的唯一原因,流行病曾造成了大量人员死亡和迁出。

同样的自然条件在时光流转中激发出多种经济形式。内地是广阔的适合畜牧业的土地,其收益完全依靠雨水,并且仅在正常年景其天然的优良牧场才够用。人们不可能组织畜群周期性迁移,因为山地降水量一旦增多,就会布满农田,没有可用于放牧的空地,所以,每当突然发生干旱,只能任凭牲畜大量死亡。牧场主和牧牛人生活在内地很孤寂的地方,因此在相似于殖民时代潘帕草原的环境下形成了一批骑手居民。他们思考经济问

题的方式,完全是同人口稠密的山地和沿海地区的农耕者的方针相对立的。然而,东北部牧业主的典范并没有因此发展起来,因为在放牧地域也存在农耕者生活的更为潮湿的山地。此外,农耕者的生存比牧业主更为可靠。因为干旱给牧业主造成的损失更加严重。同时与从不缺少优良牧场的潘帕草原的高乔人自视为大老,瞧不起靠以农活养家的农耕者不同,巴西东北部的牧牛者在情况紧急时期不得不寻求农耕者的帮助,因为缺水时牲畜会大批死亡。然而,在歉收年景本地的农业也不可能满足人口的全部生存需求,因此必须从外部输入口粮。农业的开发使山地缺少森林的保护,水土流失已拉响了警报。然而人们仍然期待借助水库和灌溉工程改善生活条件,以便让居民人数增加两倍或3倍。在塞阿拉州的南部的恰帕拉·德阿拉伊山冈(960米),伊比亚帕巴台阶东部的最高点,形成了一个巨大的地下蓄水库。它被泉水浇灌的一条绿色林带所环绕。在那里,在卡汀珈旱生林中生活着25万农耕者。在伊比亚帕巴台阶脚下,由于地形低洼,易获雨水浇灌,一个连接成片的农业地区延伸着。作物的耕种一部分靠雨季的雨水,另一部分靠条条小溪。

  这一地区重要的出口品是棉花,因为这种作物能够很好地抗旱。在美国南北战争时期,由于其棉花生产受到严重的损害,因此巴西东北部的棉田能得到大规模的扩展。但是,在内地种植棉花的方法极其原始;在许多地区人们简单地把这种植株种在山冈上,形成一种草木丛,在30年间人们可以多次收获其纤维。只有在沿海,人们才将这种作物种植在广阔的农田中。由于这种不规则的种植方法,产品的质量参差不齐,影响了它的销售。在坎皮纳斯周围人们还种植剑麻。

  综上,这个地域的发展完全是在自然而独特的环境影响下进行的。到现代时期,多座巨大的水库已建成,用来保护农业,至少可以抵御干旱。每次干旱都使该地域的经济和文化发展丧失几十年的成果。在干旱年代牲畜数量明显减少,需要很长时间来恢复。同时,人口(1957年接近1 350万人)明显趋于下降,其部分原因是流行病造成人员大量死亡,还有一个原因,就是大批人迁移出去。当然最终借助充足的活力和大自然的再生能力,人们不仅战胜了逆境,而且继续取得进步,尽管这种进步十分缓慢。

  从20世纪40年代起,东北部的棉花生产就减少了。但是第二次世界大战后,矿业得到积极发展,尤其是博尔博雷马高原向美国工业供应各

第一章 ● 自然条件、印第安人及葡萄牙人渐进式殖民化

种矿产品。人们在至少1.5万平方公里的地区发现了钨矿,它有可能是巴西最大的钨矿。同时,这里也可开采放射性矿物、瓷土、片岩、黄金和宝石。到20世纪60年代,东北部的地下财富尚未被充分勘探出来,就像累西腓附近的磷酸盐矿那样。由此看来,虽然东北部动用一切抗旱措施仅取得有限成果,但丰富的矿产有可能造福于东北人,给他们提供最大的经济保障。

在圣弗朗西斯科河的湍急处和保罗·阿方索瀑布,筑有一座堤坝进行截流,从而形成了一个大水库。从1957年起,水电站向若奥佩索亚、萨尔瓦多等沿海城市提供电力,也向内地的坎皮纳格朗德供电。短时间内,坎皮纳格朗德这个小村庄变成一座拥有10万居民、有活力的城市,成为帕拉伊巴的内地都市。由于拥有快速增长的工业,这座城市成为商业中心,并向广大内地供应商品。在那里,棉花被去除棉籽,并被压缩成棉包。在这个广大的地域,汽车销售和修理业务发挥着重要的作用。同坎皮纳格朗德相比较,相同规模的沿海城市纳塔尔在经济上没有多少重要性,虽然纳塔尔也在发展,但是该城的增长并不能特别归因于本身的人口增长,而主要归因于内地逃离者的汇集,因为内地遭遇了严重干旱。因此,纳塔尔城郊特别广阔。

总之,东北部的人口经济状况到20世纪60年代是可以承受的,因为这个地域只占巴西全国面积的很小部分,但是国内的移居者时常表现出对社会的不满情绪。

八、亚马孙盆地:17世纪下半期葡萄牙人启动的殖民化

从其形态学方面来看,亚马孙平原与圭亚那和巴西山地,以及安第斯山界线分明;相反,同马莫雷平原与奥里诺科平原界线不清。"亚马孙盆地只不过是一片平原,而不同之处仅在于植物的种类"。植被是一个地域的决定性因素,并标志一种分界,因为面对北方和南方平原的大草原,亚马孙盆地分布着多雨的热带雨林。这样,盆地是以低地和多雨的热带雨林相结合的地貌为特征的。

亚马孙盆地的形成始于十分久远的时期,其古生代海相沉积物可以证明这一点。那么亚马孙的古生代和中生代海相是否是大西洋的一个小海

湾，或是太平洋的一部分，或者最终是否是从太平洋向大西洋扩展。从其目前形式看，亚马孙是古生代地层主导的宏观盆地，其中第三纪时期直到更新世存在一个宏大的大陆湖。就像为寻找石油而进行的毫无成果的钻探所表明的，在马瑙斯南部，湖泊的沉积物达到800米厚，并且朝着平原的边缘缩减，并最终使古生代地层露出地面。人们尚未完全搞清楚，为什么河床深度达到近100米。主要河流没有聚积成任何三角洲，相反，亚马孙河的潮淹区表明其入海口地区只不过是一个盆地。

各条河流几乎总是伴随有淤积土低矮平原，在其上面形成稍高的自然沙洲。在这些淤积土平原上，河湾处形成许多小湖或形成沙洲后面的沼泽。在涨水时节淤积土平原有规则地被淹没，但是通常被淹的平原全部面积并不像有些夸张的报道所说的那么广大。亚马孙河淤积土平原，比密西西比河的更狭窄一些，仅约占亚马孙河流域总面积的10%，淤积土平原完全凸出于陆地，河流涨潮时节有些是干燥的。陆地表面并不像淤积土平原那样平坦，而是被河流撕出一条条痕迹，构成高低起伏的波浪状低地，那里排水通畅，因而不可能像淤积土平原那样形成大小不一的湖泊。无论是陆地还是淤积土平原都是由松散的沉积物、泥沙构成的，在高湿度和高温度的影响下，它们的表面明显发生了变化。这样，在陆地之上形成一层表土，它们通过颜色、质地和化学构成而区别于地面表层下的物质。

亚马孙水系是世界上最为广大的，有大小支流1 000多条，其中1 000公里以上的20多条；蓄水面积约为700万平方公里。每年注入大西洋的水量占世界所有河流注入海洋总水量的15%左右。亚马孙河全长为6 437公里。欣古汇合处不远的上行河段，亚马孙河的平均宽度已达11公里，在奥比杜斯峡道（亚马孙峡谷），河宽1 900米，比新奥尔良附近的密西西比河更加宽阔。在距入海口1 700公里的地方，按照平均纵断面，河流深度为83米，在有些地区水面扩展到25公里以上。由于缺少准确的大地测量数据，还不能估计坡度。据一份资料，离出海口3 100公里处，到塔巴廷加（Tabatinga）确定海拔高度为82米。亚马孙河的总水量巨大到海水不能超越河水，因为潮水不能进入潮淹区，但是潮水可以沿河上溯到入海口的500公里处。在这段距离，随着海水的涨潮和退潮，河面上升和下降，被海潮拦截的河水形成一种惊人的巨浪。只有主要的河流，也就是亚马孙河本身，连同下游的瓦利亚加河构成一条长5 000公里以上的航道。而支流的可航性只有在真正的亚马孙河流域才能持续，因为在河流流出巴西或圭

第一章 自然条件、印第安人及葡萄牙人渐进式殖民化

亚那山地的地方,坚硬的岩石露出水面,形成湍流或瀑布,阻断了航行。顺流而下时,所有的船只都行驶于亚马孙河的主要支流,以便利用顺流;但是,逆流而上时,船只则利用旁系支流,因其水流更为缓慢。在淤积土平原的淤积土地上每条河都发展出复杂的水系,形成多条支流,其河道连续变化,逐渐形成多个河曲。在边缘浅滩,当河道水流相碰撞时,在更为古老的沉积物中产生了切口,并积存了从其他地方携带而来的各种物质。图皮印第安人采用特别的术语来区别不同类型的河流,其中很多术语沿用至今,比如巴拉-河(para-rio)、巴拉那-河的支流(parana-brazo)、巴拉那-瓜苏-河的主要支流(parana-guazu-brazo principal de rio)、伊加拉佩-小河(igarape-rio pequeño)。亚马孙水系至今仍然保留着自然状态。没有任何堤坝试图拦截和调整其水流,没有任何切口影响其水流过程,也没有一座水电站来利用其水能。在西面,其分界线距离太平洋仅130公里,人们曾经从其源头之一将水引至秘鲁沿海的沙漠中,事实上这丝毫没有影响到亚马孙河的总水量。

整个水系的水量周期性波动,其规律明显受以下因素影响:水流汇集的法则取决于雨水分布完全不同的地区所具有的环境。在亚马孙河下游,水平面的正常升降为6—8米;在马瑙斯附近,是7—13米;在马代拉河上游,为10—14米;在普鲁斯河,达到17米。当水面上升时,水充满了淤积土平原各处的大小湖泊,带有大量淤积物的洪水明显阻滞了河水的上涨。从南部汇入亚马孙河的各条大河对于主要河流的涨水施加了最大的影响。在10月,贝尼、阿格雷、茹鲁阿和乌卡雅利各条河水面开始上升。结果,在11月,在巴西和秘鲁的边界地区主要河流上涨,在12月,在奥比杜斯附近河水上升。6月初,亚马孙河达到其最高水平面;从此时起河水开始回落。在5月,马拉尼昂、茹鲁阿、普鲁斯和马代拉河上游已出现其最低水位,同时中段亚马孙河的水位持续上升。主要河流的最低水位从未达到各条支流的水平,因为南部各条支流水位下降时,北面各条支流开始上升,其原因在于:在亚马孙河的南部和北部,降水分布在一年的不同时段。确实,北面各条支流的水量不如南部的那么大;然而涨水时节充满淤积土平原的各个湖泊的蓄水,在枯水期重新流入各条支流,这些水足以不让它们的水位过分低于主要河流。从水流带来的各种漂浮物的来源、数量和种类看,不同河流的水色是多种多样的。水质透明的河流,如:塔帕茹斯河和欣古河只是挟带少量的巴西中部大团的漂浮物流向主要河道。相反,内格罗

河（Negro）是富有植物泥土物质的典型河流之一，其名称Negro，指黑色，就是这一事实的体现。从安第斯山流来明净的河流，如：马代拉河、普鲁斯河、茹鲁阿河及亚马孙河本身。

亚马孙的气候是以一年四季普遍高温和年降雨量充沛为特征的。虽然其大部分主要处于赤道地区，但是其气候呈现出许多变异。到20世纪中期才设置的少数气象站只有几年进行持续观察，尚不能提供充分的资料来对气候进行全面的判断。在3月至6月，从马莫雷平原吹来凉爽的风，它一直影响到主要河流地区。从东部和东北部吹来的大西洋的风也深入到亚马孙流域的内地，这就使之避免产生极端高温。一般来说，气温波动不大，降雨量最大的几个月是最凉爽的时间。空气相对湿度普遍很高，在贝伦数年平均湿度为88%，2月的平均数达到94%。每年降雨量的分布是不一致的，在东部的贝伦，9月、10月和11月雨量最小。在奥比杜斯，7月到11月雨量不大。与此同时，在东南部的阿雷河地区，6月和7月是最干旱的月份。在特费有两个最大降雨量时期：2月到6月为最大的雨季，11月到次年1月是较小的雨季。因此，降雨量的分布不能简单地以气象学上的一条赤道图表为依据。降雨一般在下午和夜间进行，经常伴有雷电。在贝伦，估计有暴风雨的天数每年为250天到280天；在奥比杜斯为140天。

亚马孙地区几乎到处都充满着潮湿和炎热，这使热带雨林的发展达到陆地上的极致。由于既无旱季又无低温打断植物的生长，此地常见的是树型木本植物，其品种数量是极多的。有人估计该地区有4万种植物。各种植物的独特发展也达到惊人的地步。因为有许多品种的树木，其主干达到50米或以上的高度。由于气候缺少决定枝叶变化的节奏，所以枝叶是以十分不同的形式生长的。有许多种植物是常绿的，也就是说，需要很长时间来改变枝叶。另一些品种无间断地生长，然后在重新抽出新枝之前几天其叶子才凋零。一种落叶树的典型特例就是巴西三叶胶属树，它周期性地抽出新枝叶，而毫不理会恒定的温度和湿度。这涉及这些树木在其他气候环境中所形成的一种惯性，它们在与热带雨林其他植物的共生中保留了原有特点。到20世纪后期，热带雨林中有价值的木材尚未用于经济目的。在该地区劳动力价格十分昂贵，以至于1910年乌德拉－马莫雷铁路公司，不得不从澳大利亚进口枕木，以便穿过富有合适木材的热带雨林将铁路延伸到远方。这样，这些树木仍然是巴西几乎没有触动的一笔经济储备。

第一章 ● 自然条件、印第安人及葡萄牙人渐进式殖民化

植物倾向于寻求阳光和雨林中的湿润空气,多种爬蔓植物缘树而上,以便在高处开花。一些禾本科植物在爬蔓植物中,给雨林带来十分独特的面貌,使雨林变得很难深入。各地湿度并不一样高,无数附生植物不可能全部生存下来,雨林比藤本植物丛的特点要更多。在部分地方有动物,特别是鸟类和猴子,它们到处散布种子,借助粪便甚至把种子带到很高的树枝上;另一些附生植物的种子生有翼瓣,使之在空间漂浮,直至风把它们吹落到某些干燥的枝条上。

淤积土平原上的植物周期性地被水淹。由于树木不高,特别是布满浓密的草木丛,所以不同于热带多雨的雨林,沼泽树林主要由低矮树木和灌木构成,此外还经常被大草原所阻断。这种开阔地或水淹原野不同于较高的原野,后者处于陆地上,并且一直被热带多雨的雨林所环绕。马代拉河岸边、乌梅塔附近西部原野,9个月的平均气温为摄氏25度,降雨量约为2 400毫米;另外3个月稍微炎热些,并不潮湿,总共降雨量为140毫米。但是,这种降雨量的周期性并不足以解释,在亚马孙雨林环境中这些开阔地的存在。有人甚至怀疑亚马孙原野存在的价值,因为在将其利用为密集型牧场之前,需要对土地和植被进行大量的平整和铲除工作。

对于亚马孙热带雨林的界线,人们还存在意见分歧,因为由不同的作者绘制的地图差别很大。

亚马孙雨林的动物群缺少大体型哺乳纲动物,因为其最大的代表是貘。野猪以群体形式出现,水獭生活在河岸边。无论是黑色美洲豹还是斑点豹都在浓密的雨林中游荡。各种类型的鳄威胁着牲畜。大小不一的猴子生活在树上。其中有吼猴,它们的嗥叫声引人关注,对于垦殖者来说,它们是一种灾害,因为它们经常破坏其作物。小体型动物有老鼠。虫类有白蚁、蚂蚁、成群出没的蚊子,其中蚊子会传播黄热病和疟疾,是最可怕的虫子。据估计,亚马孙地区有1 200多种哺乳和爬行类动物。

各条河中有鱼、龟和海豚,其中鱼类约有3 000种,它们都是财富。土著人很看重淡水海牛肉,它是水中无攻击性的哺乳纲动物,长达3米。此外,人们将这种动物放养到圭亚那的灌溉和排水系统,因为海牛可以帮助垦殖者保持水渠清洁,除去水生植物。最大体型的河鱼是"皮拉鲁库"鱼,长达2米,是种凶猛的鱼,威胁人和动物的安全。

当猎捕不具经济重要性之时,捕鱼一般是用原始方法进行的,如用鱼叉、弓箭、木杆、鱼笼、毒药,甚至用炸药,但较少用渔网。然而,直到20世纪

60年代,亚马孙的渔民们的主要食物尚未满足自己的需求,而是从外部输入罐头。有人专门从事捕龟,因为其中大多数是巨龟,体重达到50公斤,另一种重要食品是龟蛋。但是,在人们尚未完全搞清楚亚马孙动物的经济价值之前,缺少合理利用它的基础。

在这一地域,在相近自然条件的影响下,土著居民已发展了十分相似的经济形式,尽管他们的语言存在明显的差异。撇开一些例外,多种作物是形成亚马孙地区人类生活的基础。此外,他们还捕鱼,而打猎活动很少。人们种植玉米、甘薯、菜豆和水果树。到现代,香蕉树的种植已很普遍,它可能是一种输入作物。最重要的作物是木薯,印第安人已学会从其块茎中提取毒物。木薯种植的主导作用使得土著人采取一种富有特色的生活方式,迫使他们在一段时间内定居某地,直到已播种的土地地力耗竭,他们又转移他处,耕耘新土地,开始新生活。雨林的茂盛不能简单地推断出亚马孙地区土地的农业价值。自然状态营养物质的新陈代谢是在腐殖土层与雨林之间进行的,因为迅速衰落的植物转变为腐殖土。但是,随后作物的耕种在自然体系中是一个过度消耗地力的过程,因为土地不仅被人为剥夺了营养物质,而且被暴露在强烈的阳光下反复辐射,同时受到暴雨的直接冲击。在极端情况下,作物使得土地贫瘠,而只有苗圃或新栽种的作物旁边有乔木才能阻止土地退化。

地力的迅速耗竭也引起印第安人定居地的变化。这种定居地一般由一座或几座茅屋组成。定居地的转换是沿着河岸进行的。土著人采用木筏、皮质小船和大树干制成的独木舟搬家。

欧洲人开始了对亚马孙地区的占领。1539年,西班牙征服者之一贡萨洛·皮萨罗(1502—1548)从厄瓜多尔的基多出发,开始对安第斯山东部低地进行完全有组织的远征。但是,这次远征的人员遭受巨大损失,其成就几乎是零。后来一小批远征队员在弗朗西斯科·德奥雷利亚纳(1511—1546)带领下,被纳波河与尔后的亚马孙河水流挟带而行,经过8个月的探险之旅,终于到达大西洋。这样,西班牙探险者于1542年发现了亚马孙河。德奥雷利亚纳提供了夸张的关于该地域财富和古怪的印第安部落的消息。他说自己在探险的河岸边遇到了希腊神话中的亚马孙女武士,因此人们把该河叫作"亚马孙河"。二十年之后,西班牙人再次有组织地大规模远征亚马孙流域。1560年佩德罗·德乌尔苏亚从利马出发,沿着瓦利亚加河航行而下。这支远征队的幸存者于1561年登上委内瑞拉沿海的马加里

第一章 ● 自然条件、印第安人及葡萄牙人渐进式殖民化

塔岛。人们从未搞清楚这批人是为了去卡西基亚里及奥里诺科而走的内格罗河这条路线,还是沿着亚马孙河直到其入海口,以便经海上抵达马加里塔岛。

经过这两次探险活动,人们终于掌握了亚马孙地区水文地理学的一般特点,但是通过这种方式而获得的有关这个地域的情报,并没有马上吸引葡萄牙人和西班牙人。直到17世纪两国尚未开始作出努力,将其文化影响扩展到亚马孙河流域。实际上西班牙人并没有从西面向前推进,而葡萄牙人也没有从亚马孙河入海口向前进。到16世纪末只有少数几个僧侣作为传教士曾经从基多深入到亚马孙地区。1622年,方济各会教士在普图马约河流域、阿瓜里科河和纳波河开启其天主教传教事业。与此同时,1619年西班牙人在安第斯山脚下、蓬戈·德曼塞里切河下游创建了博尔哈的圣方济各会垦殖地,后来它成为耶稣会广大的传教区的中心。

多年之后(1633年)耶稣会教士开始将其活动从其在基多和昆卡的各学校扩展到亚马孙河上游地区,就是所谓的迈纳斯省。耶稣会教士必须克服的障碍有许多。一方面,同中部安第斯山各学校的交通联系极其困难;另一方面,他们必须克服数量极多的土著语言障碍。在迈纳斯的耶稣会传教区,印第安人讲39种不同的语言。耶稣会传教士仅在最初几年同其邻居葡萄牙人的关系是友好的,因为圣保罗捕奴者的入侵很快开始骚扰传教士的活动。在亚马孙水系上游地区的西班牙人与在下游地区的葡萄牙人,在1638年实现了第一次接触,当时博尔哈的两名耶稣会教士顺河而下航行到帕拉的葡萄牙人垦殖地。在其返回时,葡萄牙人头领佩德罗·特赛拉陪同他们按其首次远征路线逆河而上直到基多。在沿着纳波河航线返回时,这名头领已为葡萄牙占据了亚马孙河流域的大部分地区,从而把阿瓜里科河与纳波河的汇合处确定为边界点(1639年)。这是在亚马孙地区建立葡萄牙和西班牙边界的第一次尝试。

在130年间,耶稣会传教士在亚马孙河上游地区先后创建了80多个传教区(即reducciones,印第安人居留地),其中有一些只不过同时是居住地和拓殖地。但是,这里就像在美洲其他地区一样,自由印第安人聚集在密集的大型村庄,极大地损害了他们的身心。这些村庄很快出现了流行病,造成皈依天主教的印第安人成批死亡。由于耶稣会教士一直成功地成为印第安人新的核心力量,他们才有可能一直坚持传教活动。在最后百年间,耶稣会教士不得不新建皈依地区来弥补其损失。1656年,有13个传教

区，拥有近1.5万名皈依的印第安人。直到1768年耶稣会教士被驱逐出迈纳斯地区，他们掌控了32个传教区，但是印第安天主教徒人数同百年前差不多，仅约1.5万人。在那个时代，6个传教区中有一个比较独特，就是塞贝罗斯人（los xeveros）的康塞普西翁广阔的村庄，它拥有2 000人，是在德国耶稣会教士领导下运转的。由于耶稣会教士被驱逐，传教区村庄开始荒废。印第安人重新采用其古老的习俗，尔后分散到热带雨林中。1865年，博尔哈完全被遗弃，成为一片废墟。确实，1855年，有人试图在该地创建一个垦殖地，但是到现代，热带雨林重新覆盖了被开拓的土地；只有某些种植的作物表明，在过去的年代，那里曾经是人们生活的村庄。

耶稣会教士并不仅从事传教活动，而且也对其所生活的地域进行探察活动。比如，德国耶稣会教士萨穆埃尔·弗里茨在其作为地区传教士期间还绘制了亚马孙地区的地形学平面图（1684—1727年），在此基础上他勾画出了该河整个流域的第一份正确的地图。

从东部对亚马孙地区的探测，几乎是与西班牙人从西部推进同时进行的。第一批殖民者是荷兰人，他们建起了库鲁帕、纳萨乌和奥拉尼亚堡，这些成为他们同土著人进行交流、贸易的支撑点。1615年，葡萄牙人成功地把法国人驱逐出东北部，并在圣路易斯·多马拉尼昂定居下来，同年他们开始将其影响扩展到亚马孙河入海口地区，从而创建了圣玛利亚·德贝伦·德格兰-帕拉。葡萄牙人缺少奴隶，他们就毫不迟疑地挑起对土著人的激烈斗争。他们破坏了印第安人村庄，并把后者带到南部巴西的甘蔗种植园。1623年葡萄牙人成功驱逐了荷兰、法国和英国的商人。这些人曾经占据着亚马孙河入海口地区一些加固的商铺。随后这整个地区全部处在葡萄牙文化影响之下。许多垦殖者，其中的大多数来自亚速尔群岛，先后定居在新的帕拉都督辖区。此后几年间，贝伦最终成为葡萄牙人对亚马孙河流域进行远征的出发点，许多捕奴队由此地派出，他们走遍了这个地域中最为遥远的地方。在18世纪前半期，圣保罗捕奴队曾沿着托甘丁斯河与马代拉河向下行走于亚马孙河地区。这种掠夺性的远征队一直活动到18世纪中期，广泛地造成这个地域的荒无人烟。葡萄牙人推进的殖民化一直是沿着这些河流进行的。商人、传教士和猎捕奴隶者先行。在他们之后，垦殖者定居下来，他们的住房比已遭驱逐的印第安人的茅屋好不了多少。

18世纪，通过这种方式，沿着主要河流，从库鲁帕出发，直到1780年，

第一章 自然条件、印第安人及葡萄牙人渐进式殖民化

在西班牙占有领土边界创建的圣弗朗西斯科·萨维尔·德塔瓦丁加堡垒，建立了一系列葡萄牙人村镇。从帕拉、托坎廷戈斯河上游直到阿拉瓜约河的入海口延伸着第二系列村镇。其他几条河流，马代拉河与瓜波雷河，作为帕拉和比拉贝拉之间贸易的航道，很快具有了明显的重要性，因为在1750年到1780年期间，马托格罗索省正是通过这条航道，获得了所有的商品和生活物资。然而，在深层次，葡萄牙人并不让这个地域拥有很多经济重要性，特别是在1758年之后，因为当时已禁止印第安人奴隶制。此外，完全失败的垦殖化尝试也不少。

同前葡萄牙人殖民时期相比较，亚马孙地区居民的经济生活没有经受多少变化。无论是印第安人还是白人、黑人和混血种人，其主要的生活方式是依赖于捕鱼和打猎，尽管他们在雨林中的空地也种植木薯和玉米，在大型种植园种植甘蔗和可可，其产品最终是为了出口。19世纪前半期，亚马孙河下游地区的大庄园每年出口20万公斤蔗糖。在淤积土平原更高的地区，可可生长得最好，这样，在该地域，这种土地所植的新作物可以生产出大量产品，以供出口。在入海口地区的原野上人们主要饲养牲畜，从而使广阔马拉若岛畜牧业得到大规模的发展。1820年，那里有100多万匹马。但是，随后几年开始流行所谓"臀部两侧坏死"的流行病，不少马匹在短时间内急剧地病死。这样人们不得不用阉牛作为坐骑。在亚马孙其他畜牧业地区，在大水灾之后出现了流行病，得克萨斯口蹄疫攻击反刍动物，臀部两侧坏死病袭击马匹，牲畜大量减少。从初期起，猪的饲养就扩展到该地域的所有地区，但是在任何地方都没有达到大规模的地步。到现代，在淤积土平原的许多地方牧有牛群，而在发生洪水时，人们就将牛群赶到"陆地"原野上游牧。这些一般是本地牲畜，但其时已有输入的瘤牛交错在一起。亚马孙地区占优势的畜牧区仍然是马拉若岛。

19世纪后半期，亚马孙流域骤然获得巨大的经济重要性，从而开启了其文化发展的新阶段。在发现美洲之前很久，土著人就已懂得从多种树木上，或者说从热带雨林的树木主干中提取并制造凝固胶乳橡胶。欧洲人曾认为这种富有弹性的物质是一种奇特的东西，直到1823年成功地将它们融化合成并制作成防水衣物。1842年橡胶硫化加工方法被掌握，借此知晓如何在温度变化时保持橡胶不变性，这两项技术使得橡胶成为世界市场上最为重要的原料商品。从此橡胶消费持续增加，这样，在半个世纪中其强劲的需求和上涨的价格对于亚马孙地区的文化演变发挥了极其重要的作用。

产出胶乳的主要树木属于三叶橡胶树属。巴西三叶橡胶树产出"帕拉树胶"或者说头等橡胶,而其他品种的产品是质量较次的。为提取三叶橡胶树橡胶,橡胶工先得从树上割胶,以便一天之后收集胶乳,随后热气凝固。每个劳动者每天开采约120—180棵树,他们把产品运送到位于河岸边的主人家中。因此,这种橡胶树在一定程度上带来了定居生活。相反,收集次等树胶的橡胶工并不需要从树上割胶,而是砍树取胶,这就使之一直过着流动的生活。

整个亚马孙地区,都通过开发野生橡胶树进行橡胶生产。但是,没有人考虑过进行人工种植或推动这种原料生产,因为该地区稀少的劳动力甚至还不足以开发野生的橡胶树林。1890—1913年,从邻近巴西的各地域,特别是从干旱的东北部,以及从玻利维亚、哥伦比亚和欧洲,很多移民来到这里。该地域人口增加十分明显,据估计超过50万人。他们分布到各个城市,在所有的河流地区出现了橡胶工,他们在已开发过的更为偏僻的地方寻找新的橡胶树林,从而远离行政当局的监控。在那些地方,他们有可能以不人道的方式强迫印第安人进行繁重和有损健康的劳动。据有关资料,在普图马约河地区生产4 000吨橡胶付出了3万名印第安人的生命。

橡胶开采始于该地域更易于通行的地方,然后逐渐从入海口地区向内地延伸。1870年,在马德雷·德迪奥斯河流域发现了三叶橡胶树,其开发马上被启动。19世纪末,有数千名割胶工工作于阿克雷河与马德雷·德迪奥斯河地区。橡胶的运输和各种货物的输入在亚马孙河流域这个十分偏僻的地区都碰到了巨大的困难。产品的一部分借助土著搬运工运至玻利维亚高原,随后由骡子背负着继续运往港口。尽管从贝尼河与马莫雷河汇合处直到圣安东尼奥河下游不利于一切汽船通航,并且每年在大瀑布地区或湍急处损失了许多载货船只及其船员,但大部分货物仍在马德雷·德迪奥斯河上装船运出。对船员的需求越来越迫切,这就造成了发往马德雷·德迪奥斯河地区的货物不得不在圣安东尼奥储存多月,等待人员和其他运输条件齐备。只有从贝洛港起,马代拉河瀑布下游,才拥有可靠的运输手段,因为不仅内河轮船能够抵达该港,而且这里可以通航万吨跨洋轮船。也只有像橡胶这样有价值的产品才能够负担得起如此高昂的运输费用(每吨运费为2 000—2 500美元)。在20世纪头10年为了让橡胶生意能非凡赢利,有人提出一种想法,投入巨资修筑一条铁路,以便绕过河流的湍急处,解决橡胶运输问题。尽管早在1878年相似的意图已遭失败,但

第一章 自然条件、印第安人及葡萄牙人渐进式殖民化

是1907年铁路建设仍重新启动,到1913年以很多人员损失为代价,建成了一条363公里长的铁路线。但是,在铁路开通的同时,开始了橡胶世界的危机。

橡胶生产仍然持续增长,从1840年的380吨,增至1912年的4.3万吨;后由此明显回落(1940年为1.86万吨);但是在第二次世界大战期间再次上升到2.98万吨;1960年达到3.1万吨。比产量的影响更为重要的是价格的缩减。同世界橡胶生产相比较,巴西橡胶生产的重要性已经下降。

在1893年,亚马孙地区仍供应世界橡胶产量的61%。然而,与此同时,东印度各地的大型种植园区生长有三叶橡胶树,它们每年提供大量产品。这样到1925年,亚马孙地区的份额还不到世界产量的5%。对亚马孙经济来说,更为灾难性的打击是由于种植园生产过剩而引起的大跌价。从1910年到1915年,橡胶价格缩减了1/6,1932年减至其原先价格的1/6。1945年,亨利·福特出售其在塔帕若斯河下游的三叶橡胶树种植园,因为尽管在20年间他投入巨资,但是并没有取得其渴望的成果,特别是没有必需的劳动力。到现代,这些大种植园逐渐变为一片废墟。巴西仅占世界橡胶生产的1%—2%,甚至满足不了其国内需求。

面对危机,亚马孙地区经济完全没有准备,因而其后果是极其严重的。几十年间居民都唯独习惯于依赖橡胶交易而生活,完全放弃了农业和畜牧业。没有蔗糖可以出口,而可可幼树也已被草木丛所覆盖,除了橡胶他们已没有任何其他产品。过去种植的玉米也已被人遗忘,这样居民只能依靠从美国进口大量玉米而生活。唯一能马上收到的东西是帕拉胡桃,因为这种果实来自亚马孙地区经济中最重要的野生胡桃树。这是南美洲长得最高的树,在亚马孙河流域陆地,它们生长在远离河流的高地上,成片地分布,除了胡鲁亚河上游地区。其成熟的果实重近一公斤,到1月末它们从树上脱落。采集的收益不尽相同,因为有时其收获是过去的一倍。在帕拉这个地方,到现代,胡桃是一种很有价值的出口产品。

然而,帕拉胡桃的采集并不足以减缓亚马孙地区居民痛苦的经济状况,他们开始大批向外迁移。少数橡胶工宁愿留在原地,从事自给自足的农业,因为仅靠商业利润不足以获得所输入的生活必需品。然而,在城市,人们足以感受到橡胶危机所带来的困境。所有这些城市的创建,及其急速的发展,都源于橡胶生意所产生的巨额利润。城市人口成倍增长,城市所有的特点都在极短的时间内形成。19世纪中期,贝伦还是一座有着狭窄街

道的葡萄牙人小城,后来一下子成为一个重要的进出口港口;1960年拥有40万人口,设有不少科学调查研究机构。在现代,建有第一批摩天大楼的这座城市仍然是亚马孙地区最重要的港口之一,并且修筑有联系联邦首都巴西利亚的公路。葡萄牙人的古堡,内格罗河的圣若泽在殖民时代变为内格罗河的小城巴拉,也就是现今的马瑙斯。1839年,也就是说,在开始橡胶交易之前,该地仅有4 000个居民。此后开始快速增长,到1960年已拥有17.5万人口。1877年,这里开启了去欧洲的第一条轮船航线。现在,在城市面貌方面,人们到处可以察觉到20世纪中后期这种非凡的经济发展的痕迹。狭窄的街道和差劲的石铺路面使人回忆起过去的贫穷。之后,城市开始建造一些豪华大厦,其中有一座剧院……但是这时富裕生活突然中止。当危机突然爆发时,这一切几乎尚未结束,但破产已经开始了。现今人们可看到泥潭草地的一边修筑有一条条大道。人们对城市的主导印象是"一切尚未结束",到处可以发现这座城市的发展曾经受到严重的挫折。1956年开始运转的一家黄麻纤维纺织厂可能是经济重建的第一个迹象。

亚马孙地区的秘鲁地方首府是伊基托斯,距离河流入海口3 670公里。1851年,这个地方只是个约有200个居民的小渔村。这批人口的一半最早是从博尔哈逃亡过来的,因为他们数年前曾受到印第安人的攻击。由于橡胶贸易,伊基托斯这个小村子快速提升为城市,1960年拥有5.6万人口。秘鲁多艘内河轮船在该城注册,它们运载本地货物,以把它们转船到亚马孙河或跨洋轮船上。从伊基托斯,内河轮船也可沿着乌卡亚利河上行至普卡尔帕。由此一条道路经过廷戈-马里亚和万纳科,而直达利马。

地区其他城市都有相似的发展,并且只有很少的增长。当时看起来离马代拉河交汇口不远的伊塔夸蒂亚拉逐渐成为一个重要的港口,因为1910年在那里设置马代拉-马莫雷铁路公司的中心办事处。跨洋轮船经常靠港;大型商号开设仓库;城市化的大型工程已经实施。但是,最终铁路建成后,公司将其办事处迁至贝洛港,这一做法就决定了伊塔夸蒂亚拉的命运,它很快衰败。圣安东尼奥,马代拉河的第一个湍急处下游的小城,过去作为内河轮船的终点有一定的重要性,因为玻利维亚橡胶在那里装上亚马孙河的轮船。但是建成后的铁路线直达河的下游6公里处的贝洛港,这样,该地承担了圣安东尼奥的职能。借此,贝洛港最终成为一座很整洁的小城,它替代圣安东尼奥和伊塔夸蒂亚拉实现了发展。

第一章 ● 自然条件、印第安人及葡萄牙人渐进式殖民化

如前所述,橡胶时代的高潮仅带来该地域十分有限的经济重要性,为推动密集的文化发展而作出的一点努力几乎仅仅有利于几座城市。相反,居民已明显减少,同时白人和混血种人的农业和畜牧业已趋于破产。总之,可以说其单一产品经济的短暂繁荣是到头了,它无法促进了亚马孙河流域向一个文化地域转变。

到现代,部分领土处于亚马孙河流域的6个南美洲国家,没有一个国家成功地从经济方面发展亚马孙地域。作物种植业和畜牧业仅限于满足地域内消费,少量出口仅限于野生产品,如橡胶、帕拉胡桃和木材。此外,这种艰辛劳动所得产品的利润主要有利于从事该种产品贸易的商人。

从安第斯各国进入亚马孙地区还十分困难。尽管已设置了空中航线,并修建了几条跨越安第斯山的公路,但是利马和伊基托斯之间的货物交流大部分仍是通过巴拿马运河进行的,而厄瓜多尔东部的产品只能输出国外。除此之外,海关界限也阻碍了地域内的贸易交流。但是,对于亚马孙地区的经济发展来说,土地所有制问题也是另一个障碍,因为那里存在极多的大庄园,其中有些大庄园面积超过100万公顷,只在马代拉河下游与塔帕若斯河之间一块约23.6万平方公里的地区,创建有一批小型田庄。1943年,那里建成了第一批三叶橡胶树小型种植园,约2 000个,其人口增加到11.15万人。此外,在伊塔夸蒂亚拉与桑塔仁之间,一批日本移民在周期性水淹的淤积土平原上成功地引种了黄麻,这样该地第一次得到利用,其生产顺利增长。尽管可可是亚马孙地区的产品,但是在该地域所种植的可可树仅占巴西全部数量的2%。

在秘鲁跨安第斯山公路附近有一个新的小型文化绿洲,它就是从西部开拓的廷戈-马里亚垦殖地。对比亚马孙地区巨大的农业潜力,它仅算是十分有限的拓殖地,这一切仅表明在这个地域蕴含有极大的经济可能性。亚马孙河的巴西部分拥有160万平方公里的面积,到1943年,只有其中83平方公里种植了作物,总共拥有36片已耕地。除此之外,这些已耕地主要位于"陆地"的已很贫瘠的土地上,人们因担心水淹而避开肥沃的淤积土平原。到现代,亚马孙河巨大的流域,约300万平方公里的面积拥有200万人口。1960年,其中160万人居住在帕拉流域,包括该河的入海口地区。但是,从1920年到1940年,这片土地上的人口减少了4%,一些人迁移到城市中心。

亚马孙河及其各条支流仍然是这个地域最重要的运输线和出入口,牺

牲了许多人的生命而建成的马代拉－马莫雷铁路，已经丧失了其竣工之前被赋予的职能，因为此后橡胶时代的高潮期已结束。极东北部一个新的经济要素——锰矿石出现了。人们将其从内地运往马卡帕。

作者点评：

由于巴西国土十分辽阔，各地的自然条件极其多样复杂，所以欧美的地理学家一般将它划分为几个大的地域来加以研究。本书则基本按照德国学者奥斯卡·施密德（Oscar Schmieder）的见解，基于不同的自然环境，葡萄牙人在各地域推进殖民化的时间顺序，以及后续的经济发展特点，将巴西划分为七大地域，并分别研究各地域葡萄牙人推行的殖民化进程。

经过3个世纪的殖民统治、经济开发、领土扩张、社会融合，最终葡萄牙人给巴西留下了一笔殖民地遗产：首先，逐步形成一个幅员辽阔、政治统一的国土，并在这片领土上孕育了一个多种族混居和混血的巴西民族。这个新民族将在南美洲东部创造一个新兴国家。其次，葡萄牙人将自己的语言、宗教和制度强加给殖民地。经过长期的潜移默化，葡萄牙语和罗马天主教在这一地区一直占据主导地位，同时其各种制度尽管被改为不同的名称，且发生过一些浅显的变化，但是其影响至今犹存。再次，葡萄牙人强加给当地一种依附性经济体系：面向外部市场，周期性地生产单一的初级产品，因此殖民地经济严重依赖欧洲市场、资本以及非洲提供的劳动力。实际上，这种经济发展模式长期阻碍了巴西现代化进程的启动。

第二章 从殖民地向巴西帝国的过渡

一、巴西单一初级产品出口经济模式的形成

从巴西殖民时期早期起,在葡萄牙殖民者、商人及其政府的主导下,逐步形成了一种全球性经济运作模式:其主要的农作物和牲畜品种均从外部引进,采用外来的生产技术,利用非洲黑人奴隶作为基本劳动力,在不同时期主要向西欧输出其单一的初级产品,促使资金在欧洲、非洲、亚洲和南美洲殖民地之间流动,其大部分经济成果由葡萄牙及西欧强国占有。正如美国学者所指出的,"尽管有非凡的潜力,巴西经济发展从未出现多样化。在一定程度上,它从一开始就是而且后来一直都是以出口为导向,把大量的资金、技术、劳动力和土地用于销往国外的产品上"。显然,这种经济模式仅有利于葡萄牙最大化地掠夺殖民地财富,而不利于巴西的生存和发展。

巴西早期大规模生产并出口的蔗糖便是这一模式的典型一例。16世纪前期,当葡萄牙人开始在巴西东部沿海进行拓殖时,就把海外作物甘蔗引种到南美洲殖民地。据有关史料,约在8世纪,甘蔗由阿拉伯人传入地中海地区,由此这种作物遍及西西里岛、西班牙南部和葡萄牙的阿尔加维,向北直至科英布拉。此后葡萄牙人又将甘蔗种植推广到海外的马德拉群岛,且在15世纪从该岛向欧洲出口蔗糖。在马德拉,人们仍然利用欧洲人的方法种植甘蔗,灌溉农地,建成小型种植园。而在非洲西海岸之外的圣多美,葡萄牙建成了第二个蔗糖殖民地。由于该岛位于大西洋几内亚湾,为热带雨林气候,所以甘蔗地不需要灌溉,在大庄园中由非洲奴隶耕种即可。这

样,葡萄牙人就把圣多美岛上形成的这种甘蔗种植园形式带到了巴西。这一切表明,巴西的甘蔗种植园制是葡萄牙人从大西洋彼岸移入的一种成功的农业制度。

甘蔗种植园又被称为"糖厂"(engenhos),实际上这个词是指包括甘蔗种植地、甘蔗压榨厂和制糖厂在内的一种综合企业。它的土地面积广大,原是国王或殖民地地方长官作为酬劳赠给个人的授地。但是,种植园本身只占这种大地产的一部分。因此,各种植园之间一般相隔很远。这样授地开发受到三个因素的限制:交通便利的程度、劳动力是否充足、压榨设备的能力。

在巴西殖民时期,大地产主,实际上就是种植园主,他们是拥有绝对权力的族长,管理着家人、仆人、奴隶甚至邻居。据描述,"庄园庞大的规模、孤立于官员的管辖之外以及地方官员的软弱无能都加强了他的权力,此外,庄园牧师和当地教区牧师像卫星一般围绕着他,借助着天主教的声望,他进一步扩大了自己的权力。由于'大房子'自然是庄园活动的焦点,从房屋的封闭式阳台望去,族长可以俯瞰他的土地,听取请求,通常还会开庭并且进行裁决"。由此可见,大庄园-大种植园形成了一种半封建和半资本型的社会组织。随着甘蔗种植园沿着东北沿海的伯南布哥到东南的圣保罗海岸的不断发展,上述生产组织形式成为大庄园-大种植园中最典型的模式。约从1530年到1560年,制糖业已具有明显的特征:首先,在种植园劳动的都是奴隶。殖民初期,葡萄牙人强迫印第安人充当劳动力,然而仍无法满足对劳动力的需求,因为印第安人居民人数很少,且经常逃避到内地。正是在这种情况下,圣保罗人组成"旗队"捕捉印第安人作奴隶,但是这种做法仍然满足不了种植园对劳动力的需求。这样,葡萄牙人转向非洲,从非洲贩运黑人奴隶。其次,由于缺少劳动力,大种植园不可能充分利用土地,因此它们将大部分土地闲置着,这就大量浪费了土地资源,影响殖民地经济开发。再次,大种植园强调种植单一作物,坚持出口导向和过分依赖西欧国家的市场。

从殖民活动一开始,葡萄牙人就把印第安人当作主要劳动力,由于越来越大的开发压力,所以人数不多的印第安人被强制为葡萄牙人服劳役。他们在河流沿岸为殖民者划独木舟,在内陆做向导,在土地上为新来者种植、照料和收获甘蔗、烟草及棉花,实际上"他们是新殖民地的财富创造工具,就这点而言,他们对欧洲人来说是必不可少的"。但是,从天主教会扩

第二章 从殖民地向巴西帝国的过渡

张的需要出发,葡萄牙国王不希望奴役印第安人,而是打算让帝国境内的印第安人成为皈依天主教的臣民。与此同时,罗马教皇同意正视葡萄牙人的领土需求,这就使得国王必须为印第安人的基督教化和文明化承担重要责任。因此,国王以巨大代价派遣传教士向印第安人传播天主教教义,并要求他们居住在教会和国王保护下的村庄里。耶稣会是最有组织、最富有战斗性的教团。其教士远赴南美洲殖民地护卫着印第安人,并坚定地推行国王的意志。然而,种植园主派代表到法庭辩护,他们强调土著人的野蛮和懒惰,只有强制他们他们才工作。

据有关史料记载,历任葡王对耶稣会汇报的案例中印第安人遭到的恶劣待遇持同情态度。比如,早在1511年,国王曼努埃尔一世就提出任何人都不得伤害其印第安臣民,违者将受到惩罚。国王若昂三世在给巴西第一任总督的指示中,提倡以公正、谅解和宽容之心对待印第安人。尽管如此,葡王们却允许奴役那些反抗殖民者的印第安人,这就为殖民者奴役土著人提供了权柄。正是在这一背景下,殖民者都大言不惭地宣称,其印第安奴隶都是从"正义之战"中抓获的。

在巴西种植园主的巨大压力下,1611年葡王腓力三世改变自己的"所有的印第安人都生而自由"的观念,允许奴役战俘,这使殖民者更加明目张胆地实施奴隶制。正是在残酷的奴役制下,印第安人或是大量死亡,或是逃往内陆,这种情势迫使种植园主寻求新的劳动力来源。

葡萄牙人很快把非洲作为其所需要的大量劳动力的来源地。由于早在1433年葡萄牙人就把黑人输入本国,到了16世纪中期他们已经十分熟悉非洲西海岸及其居民,所以这时就开始把大批黑人贩运到巴西作奴隶。在非洲西海岸与巴西东海岸之间的航海路线形成后,越过大西洋,非洲黑人便被源源不断地输送到南美洲。这样,在巴西、非洲和西欧之间便形成了一种洲际性贸易关系。葡萄牙人在巴西将本地产品蔗糖、烟草、木薯、豆类、面粉等运往非洲,以换取黑人奴隶,以及在较小程度上换取棕榈油、大

曼努埃尔一世

贩运到巴西的非洲黑奴

米、象牙、黄金和亚洲产品。据有关资料估计,安哥拉与巴西之间的贸易额非常巨大,前者实际上成为后者的一个属地。葡萄牙史学家雅伊梅·科尔特桑(Jaime Cortesao)认为,17—18世纪期间,安哥拉是巴西一个讲葡萄牙语的省。1658—1666年两名葡裔巴西人若昂·费尔南德斯·维埃拉(Joao Fernandes Vieira)和安德烈·维达尔·德内格雷罗斯(Andre Vidal De Negreiros)先后担任安哥拉总督。在18世纪末,仅里约热内卢的商人一年就派遣24艘商船前往非洲的葡属殖民地。除了这一直接贸易路线之外,还有其他贸易路线,其中最著名的是所谓的三角航线,以葡萄牙与荷兰为主的欧洲6国把欧洲货物运往非洲,把非洲奴隶运往巴西,再把巴西蔗糖运往欧洲。正是在这种洲际贸易的格局下,成千上万名非洲奴隶被一批批地贩运到巴西。据美国学者的估计,3个世纪以来,横渡大西洋到达巴西的幸存奴隶人数约为360万人,其相关的具体估计数字为:16世纪10万人,17世纪60万人,18世纪130万人,19世纪160万人。由此看来,葡萄牙人贩运到巴西的黑人数量远多于他们在巴西所捕捉到的印第安人的数量。

据欧美学者的调查资料,巴西黑奴的非洲来源地是很不相同的,他们来自几内亚、达荷美、尼日利亚、加纳、佛得角、圣多美、安哥拉、刚果、莫桑

第二章 从殖民地向巴西帝国的过渡

比克以及非洲其他地区。同时黑奴来源也很复杂,因为巴西黑人奴隶之间存在混血,而且还存在黑人与白人及印第安人的不同种族通婚。此外,1890年巴西政府命令销毁了很多与奴隶制度有关的官方记录,所以有关研究者很难断定黑人的确切来源地。美国学者根据现存的一份巴西有关非洲文化的研究,确定了三个为巴西社会作出卓越贡献的黑人群体:第一个是以约鲁巴人和达荷美人占主导的苏丹人群体,他们来自现为利比里亚、尼日利亚、加纳和达荷美的非洲地区。尽管他们分散于巴西各地,但约鲁巴人主要集中在巴伊亚;达荷美人主要生活在巴伊亚和马拉尼昂。第二个为巴西作出贡献的群体是信仰伊斯兰教的几内亚—苏丹人群体,其中最著名的豪萨人主要分布于巴伊亚,他们恪守伊斯兰教的严格戒律。其中一些人懂得阿拉伯语,具备多种技能,比如黄金采掘技术。第三个为巴西经济发展作出贡献的群体是来自安哥拉、刚果和莫桑比克的班图人,他们主要分布在里约热内卢和米纳斯吉拉斯。他们具有很强的适应能力,具有制造金属品、编织物品和制作陶器的技艺,也会饲养牲畜和耕种土地。

班图人

然而,蔗糖经济即使在早期也只吸引了少数欧洲移民。除了一些有权势和资本的少数人能搞到土地和劳动力而开办糖厂之外,甘蔗种植园并没有使多少人发财致富。从葡萄牙前往蔗糖殖民地的移民以男人为主,他们与印第安人和非洲黑人相处在一起。这样,来自三大洲的不同种族在东北部逐渐融合在一起,开始形成种族宽容的巴西传统。绝大多数人口都居住在农村,仅形成少数城镇,其中突出的有行政中心和蔗糖输出港口萨尔瓦多和累西腓。16世纪和17世纪初,当葡萄牙几乎垄断了对欧洲的蔗糖供应时,巴西东北部的蔗糖种植和制作业曾经繁荣过一段时期。此后制糖业开始衰落。17世纪20年代,荷兰人开始入侵东北部,这就引起了反荷的游击战，在战争期间甘蔗种植园普遍受到破坏。但是，荷兰人在巴西学到了制糖技术，并把有关知识技术带到西印度群岛。从17世纪中期起，东北部的种植园经济很难同西印度群岛竞争，因为后者地理位置优越，它们离欧洲更近。因此，巴西发展进程中的甘蔗"繁荣期"终结。然而，正是这一蔗糖经济周期将巴西纳入全球资本主义经济发展轨道，并确定了它的单一初级产品出口模式。

在蔗糖经济衰落后，17世纪末，金矿的发现开始了巴西经济史上的第二个"繁荣期"，引起了一次较大的淘金热潮，并逐步开发了广阔的内地。持续到18世纪的淘金热是短暂的，却对巴西的发展施加了长期的影响。金矿的开发除了给巴西和欧洲增加一定的财富之外，还吸引了大批欧洲移民，这就导致里约热内卢城市的兴起，并推动葡萄牙人的影响及其居民点向内地伸展。埃斯平阿索山、戈亚斯和库亚巴金矿区的村镇逐步扩展为现今的米纳斯吉拉斯州、戈亚斯州和马托格罗索州的核心地区。同时，这些矿区的村镇又成为"旗队"进一步探险的基地。到了18世纪30年代，从库亚巴出发的远征队深入到亚马孙盆地。由于巴西人到处寻找黄金，且圣保罗捕奴队员四处远征，葡萄牙王室得以有力地提出要求占领现今巴西内地的广大地区。

淘金热

第二章 从殖民地向巴西帝国的过渡

如前所述,巴西的蔗糖经济是其发展的第一个阶段,采金业是其发展的第二个阶段。而甘蔗种植业和采金业都迫切需要驮畜,同时居民需要肉食——牛肉,因此葡萄牙人和印欧混血种人很早就在甘蔗种植园和黄金矿区的边缘饲养了牛,由此兴起了养牛业。早在1531—1533年,马蒂姆·阿丰索·德索萨就把牛引进巴西;此后,1549年托梅·德索萨又引进更多的牛;后来葡萄牙人定期输入牛群。最早的养牛中心是圣维森、巴伊亚和伯南布哥。到16世纪后半期,从巴伊亚到伯南布哥之间的狭长海岸地带形成了很多养牛场。随着养牛业的发展,对于人口稀少的巴西边远地区来说,畜牧业是一种比较理想的土地利用方式。它只需要少量的劳动力,同时牛在不同的气候条件下能生存下来,牛肉能食用,而生皮成为很值钱的出口品。然而,早期兴起的养牛业兼有巴西和欧洲的特色,它起源于伊比利亚半岛,其一整套做法,如牧牛人套索、打烙印和赶集牛群的方法都是从欧洲传入的。

实际上,巴西拥有发展畜牧业的很多有利条件,如:土地很多,气候条件多样而适宜,混血种人和后来的黑人都可以充当牧牛人。这样,在殖民时期,牧牛业曾经成为巴西两个地区的主要经济活动:其一是东北部的内地,其二是圣保罗以南位于巴拉那河、乌拉圭河和大海之间的各个平原地区。这些地区后来被冠以不同的名称,如:圣佩德罗-多南里奥格兰德、东岸(乌拉圭河的东岸)或瓦卡里亚斯多马尔(滨海的牧牛场)等。

在东北部,殖民地初期牛饲养于沿海平原,但是随着甘蔗种植业的扩大,牧牛业便转移到内地博尔博雷马高原,最后到达内陆的干燥平原。由于自然条件适宜,牛群生长迅速,到18世纪初估计有80万头牛游牧于圣弗朗西斯科河以北的卡汀珈旱生林地;此外,在巴伊亚和圣弗朗西斯科河谷还有50万头牛。实际上,这些牛都是葡萄牙牛的原种后代,但在内地复杂的环境中,它们发展成为体型较小却很强悍和近乎野生的牲畜了。

与此同时,在巴西南方的瓦卡里亚斯多马尔,牧牛业却通过另一种途径得以发展,那里的牛群是从殖民地早期耶稣会传教区逃出来的牛的后代。这些牛群漫游于几乎荒寂的肥沃湿润的土地上。它们快速生长繁殖,到17世纪末,据估计,牛的头数已达400多万头。在那里,人口稀少的西班牙人、葡萄牙人和印欧混血种人猎捕牛群。他们剥取牛皮用以出口,而将牛的躯体弃置于地上任其腐烂。但到18世纪，由于米纳斯吉拉斯掀起淘金热，这个地域的居民不再猎捕野牛，而是忙于占有土地和畜群，这样南方也开始出现牧场，印欧混血的高乔人充当牧牛人。生牛皮继续大量出口，牛群也被赶往北方。当时人们也开始大规模养骡，它们被用于矿场和海岸之间的货物运输。简言之，巴西的牧牛业是伴随着蔗糖业和采金业的"繁荣"而发展起来的"副业"。不过后来，部分巴西人在经济衰落时也依靠养牛来维持生计。

到了19世纪，咖啡又成为巴西经济的支柱。据说，早在18世纪初，咖啡这一作物就已移植到美洲，成为法属殖民地圣多明各的一种重要出口产品，而在牙买加、中美洲和巴西的里约热内卢四周的山谷只有少量种植。只是到了19世纪前期，咖啡成为欧洲和北美洲的一种大众化饮料后，咖啡生产才得以快速发展。仅在美国，在1821—1844年期间，按人口计算，巴西所产咖啡的年平均消费量就从28.35克增至2.27公斤。这种对咖啡的爱好和消费的增加，促使这一作物的种植扩展到巴西东南部，从里约热内卢州到巴拉那州。咖啡种植也吸引了大量欧洲移民的流入，他们不少人因此而发财致富。同时咖啡出口所积累的资本，被用于建设圣保罗城以及资助巴西初期工业化。

300年殖民地时期形成的经济模式给巴西带来十分不利的后果。首先，造成巴西严重依赖单一初级产品的出口：如果一种产品在国际市场卖得好，那么殖民地就会繁荣；反之，殖民地就会陷于萧条和困境，这样外部的需求决定着殖民地的兴衰。其次，葡萄牙主宰殖民地，而巴西无权决定自己的经济命运。在开发殖民地的自然产品时，"葡裔巴西人并没有取得显著的效益，他们采用随意、过时且低效的方法开发单一自然产品，直到世界上其他急于分沾利润的地区通过采用更有效的方法在生产和销售上都超过他们。经过一番踌躇后，那时巴西人顶着巨大的经济压力又转向另一种自然产品"。显然，这种运作方式迫使巴西人长期延续效益低下的单一产品出口模式。再次，葡萄牙政府以各种手段控制经济活动，阻碍巴西本地经济的发展。葡萄牙少数官僚垄断一些商品贸易，阻碍巴西人经营某些商品，这就损害了殖民地的利益。此外，政府强加名目繁多、形式各异的苛捐杂税，不择手段地搜刮民脂民膏，使得殖民地民众承受巨大的经济压力。实际上，葡萄牙希望占有巴西生产的各种产品，并将其多余产品卖给其他欧洲国家。因此，巴西被认为是葡萄牙财富的源泉。王室官员把殖民地看

第二章 从殖民地向巴西帝国的过渡

作一头巨大的"奶牛",它能给王室、宗主国,尤其是能给被派往美洲的官员带来取之不尽的利益。

在经济控制和占有方面,17世纪末和18世纪,葡萄牙王室对巴西的黄金钻石生产的控制和独占便是典型实例。

在巴西采金潮形成后,葡王马上开征"五一税":政府对开采出来的黄金征收20%的税;同时尽管政府严密防范,但仍阻止不了采金者的走私和逃税,王室设置了一个复杂的官僚机构来保证五一税的缴纳并杜绝黄金走私。此后,当米纳斯吉拉斯黄金矿产趋向枯竭之时,在矿场又发现了钻石,这一消息于1729年报告给王室。殖民政府马上将这一地区隔离开来,同时为了保护有限的市场,对以帝菇库为中心的钻石区实行严格管理。1771年,为了杜绝走私并维持高价,庞巴尔侯爵把矿场直接置于国王控制之下。18世纪期间,合法开采的黄金约有200万磅,相当于当时世界产量的80%。但是黄金对巴西发展贡献不大,因为大部分黄金和钻石都经过葡萄牙而流到西欧人特别是英国人手中,后者又把工业品卖给葡萄牙人。实际上,巴西的黄金为英国的工业化提供了资金。

几百年的殖民地经济史表明,葡萄牙王室主导的这种单一初级产品出口经济发展模式是不可持续的。到18世纪后期,经济停滞加剧了巴西各地社会的不满情绪。金矿枯竭、出口下降、蔗糖销售趋缓、收益锐减。就在这一时期,英属北美殖民地的独立斗争中断了北美和欧洲的传统贸易;1791年海地爆发的黑奴起义阻断了欧洲所需的蔗糖供应的来源,这就给巴西的初级产品出口提供了短暂的机会。但是,这一时期经济起伏不定的状况已清楚表明,巴西的出口经济受到巴西人无法控制的欧洲市场波动的影响,这就进一步显示出殖民地经济的脆弱性。

庞巴尔侯爵

海地革命——圣多明各之战

二、殖民地的政治依附性和社会不平等

  作为殖民地，巴西只是横跨欧洲、美洲、非洲和亚洲的葡萄牙帝国的一部分，葡王将反映宗主国利益、欧洲经验和帝国总目标的政治控制体制强加给巴西。由于其蔗糖业带来持续增长的利润和随后黄金和钻石开采产生巨额财富，巴西在帝国内的经济和政治地位逐步上升。然而，正如美国学者所指出的，"在1807年布拉干萨王室将宫廷从里斯本迁至里约热内卢之前，葡萄牙仍然没有管理巴西的专门法律和体制来表明它是庞大帝国内部的一个单独的、独特的或享有特权的实体"。实际上，在近3个世纪期间，管理巴西的政治体制逐步演变：1549年，总督，作为国王的代表，领导中央政府开始行使有限的权力。1646年，葡王把巴西提升为公国，此后王位的继承人一般被称为"巴西王子"。1720年，控制巴西政府的主要官员都被授予"总督"称号。最终，摄政王若昂在1815年将巴西提升为王国，

第二章 从殖民地向巴西帝国的过渡

从此在理论上,在葡萄牙帝国的框架内把巴西提高到与葡萄牙平等的政治地位。

16世纪中期起,总督代表国王管理殖民地。当"受赠人"(领主)制度逐渐衰落后,国王派遣了一名总督对各殖民地实施集中管理,其具体职责是确保合理征收所有的赋税,执行国王所代表的公平正义,在军事上做好驱逐侵略者的准备。

但是,到了16世纪70年代末,葡萄牙本国发生了改朝换代的变故,这使得西班牙于1580年开始统治这个国家。此前,即1578年葡王塞巴斯蒂昂(1557—1578年在位)去世后没有后嗣,这导致葡萄牙落入红衣主教恩里克的手中。而在红衣主教的支持下,西班牙国王费利佩二世登上了葡国王位。尽管当时有人反对,但是阿尔瓦公爵以强有力的讨伐迅速予以扑灭。按照1580年签订的一项协定,西班牙、葡萄牙两国王位合二为一。据此,葡萄牙放弃巴西而把它让给西班牙,同时也承认亚洲的菲律宾群岛属于西班牙管辖。但是,据美国学者的观点,"巴西作为西班牙统治下的一个殖民地,对它的主要发展路线并没有多大影响,西班牙未曾控制南方的活跃的圣保罗人"。

然而,1580年巴西转移到西班牙手中,使得该殖民地的沿海防卫处于松懈状态,因此其他欧洲强国殖民者,特别是法国人与荷兰人更加觊觎巴西东海岸地区。他们采取行动,力图夺取土地,以建立殖民地。早在1580年之前,法国的海盗就在巴西东北部沿海进行袭击掠夺,在亚马孙河沿海地区与法国之间搞过贸易活动。1584年以后葡萄牙人为了击退法国海盗,派遣远征队北上,在塞阿拉、北里奥格兰德和帕拉伊巴确定了自己的管治权。但是,由于本国受到西班牙占领的掣肘,葡萄牙人在1610年不得不采取克制态度,眼看着法国政府把亚马孙河以南沿海的一块狭长土地赏授给拉瓦迪埃勒(Ravadiere)。两年后这个殖民者头目将队伍安置在亚马孙河入海口的马拉若岛,并且派人前往内地探察。面对法国人的活动,葡萄牙人在巴西人和印第安人的协助下,及时攻击了这支法国殖民队伍,并迫使它撤退。1621年葡萄牙人在亚马孙河南部创建了一个新的都督辖区:马拉尼昂。

另一个欧洲殖民强国荷兰从17世纪初开始了对南美洲的争夺和殖民活动。1600年后,荷兰的海盗和商人对加勒比海地区的西班牙殖民地进行侵扰活动。1613年圭亚那在海岸设立了一个哨所。1621年荷兰批准组建荷兰西印度公司，它拥有修建炮台、与土著人签订条约，发展同南美洲各地贸易、袭击和劫掠西班牙航运船只的广泛权力。这样，荷兰西印度公司就把巴西东北面的凸出部分作为推行其南美洲殖民事业的基地。

1624年荷兰人发动攻击，并夺取巴伊亚，但次年失守。3年后，他们重新夺取了巴伊亚，这为1630年占领伯南布哥铺平了道路。经过7年的战争，荷兰人在该地区站稳了脚跟，并于1637年派拿骚亲王莫里斯去管治。借助各种手段，他把荷兰势力从巴伊亚扩张到马拉尼昂河。在荷兰占领地区莫里斯推行自由贸易、奖励农业发展、容许宗教自由，甚至试图建立代议制政体。从此，荷兰人在巴西东北部的这些地区保持着政治和经济方面的影响力。

1640年葡萄牙的民族主义运动经过长期斗争，终于推翻了西班牙的统治，在法国的支持下布拉干萨家族登上王位。葡萄牙的新君主若昂四世同意签订条约，试图承认荷兰对巴西所占土地的所有权，借此来加强本国的防卫力量。葡王对巴西权利的漠视，以及巴西人对荷兰新教的敌视态度，此外，本地巴西商人强烈不满荷兰人对贸易的垄断，这些因素促使胡安·费尔南德斯·德维埃拉领导伯南布哥居民的反荷斗争。经过14年不断进行的游击战争，再加上荷兰因同克伦威尔统治时期的英国发生更大冲

荷兰人攻击巴伊亚

第二章 从殖民地向巴西帝国的过渡

突而终告屈服,最后荷兰人被迫从伯南布哥的大部分地区撤出。正是在这一背景下,1661年荷兰同葡萄牙签订新条约,同意放弃荷兰对巴西的一切领土要求。正如美国学者所评述的,"本地巴西人反抗荷兰的胜利,则加强了北方的本土爱国观念。自此以后,他们继续表现着进取精神和独立精神"。

如前所述,葡萄牙对巴西采用的是渐进的殖民化方式,其过程持续了两个多世纪,直到18世纪中期巴西殖民统治的行政体制和主要方针才基本固定下来。随着巴西内地矿产的发现和开采,来自南美洲的财富源源不断地流入葡萄牙,使该国统治者日益腐败,挥霍无度。特别是葡王若昂五世(1706—1750)过着荒淫无耻的生活,不断地把金钱花在情妇身上,花费巨资建造一座凡尔赛宫式的宫殿。葡国朝廷的腐败堕落已使国家陷于绝境。除此之外,按照1703年"梅图恩条约",葡萄牙为英国商品开放本国和巴西口岸,这使巴西本身因葡王的无能而蒙受巨大损失。同时该条约使葡英结成联盟关系,导致葡萄牙的殖民地处于法国攻击威胁之下。

正是在上述的情势下,1750年,新的葡王若泽一世决意要重新树立王室权威。为了实施他的复兴计划,葡王依靠庞巴尔侯爵推行改革措施。针对巴西的政治、经济和社会现状,他采取三方面改革措施:行政建制上的改革、商业改革和社会改革。

首先,庞巴尔对殖民政府机构作了激烈的变革,他设置了一批司法委员会,以便通过民事法庭来削弱教会法庭的作用,这样可以较快地解决地方上的民事诉讼。在巴西还设立两所高等法院,一所于1757年设在东北部的巴伊亚,另一所设在东南部的里约热内卢,其上诉案件可递送到里斯本审结。庞巴尔为了减少行政上的混乱和提高行政管理职能,革除了9个"领主"。此外,马拉尼昂在西班牙统治时期曾划归里斯本直接管辖,现在重新归并于巴西的行政系统。

若昂五世

在葡萄牙与西班牙争夺拉普拉塔地区的冲突激化之后,南里奥格兰德改制为都督辖区。在18世纪后期,由于巴西南部和中部地区的人口增长和经济迅速发展,特别是米纳斯吉拉斯、里约热内卢、圣保罗和圣埃斯皮里图,输出大量的矿产品、烟叶、畜产品、木材和其他原料,它们在经济上的重要性明显超过了巴伊亚和东北部的产糖地区。此外,葡萄牙在拉普拉塔地区同西班牙的利害冲突日益尖锐,这就要求把巴西的政治中心迁移到东南部。最终于1763年,殖民地的都城由巴伊亚迁到里约热内卢,同时确立巴西副王衔总督辖区,这一切表明庞巴尔的中央集权措施达到了高峰。

其次,在商业和贸易方面,1755年组建由庞巴尔的兄弟主持的"宏伟巴拉和马拉尼昂通用公司",它得到了在亚马孙地区的沿海一带垄断巴西贸易的权力。此外,第二家公司1759年组成,即"伯南布哥和巴伊亚公司"。这两家公司都给巴西带来了新的资本,削弱了英国贸易的影响力,并促进了本地棉花、大米和奴隶贸易的扩大。但在庞巴尔离职后,这两家公司因当地商人反对葡萄牙人的垄断而被废。

再次,在社会改革方面,庞巴尔的最激烈的措施,是在1759年将耶稣会教士驱逐出巴西和葡萄牙。两个多世纪以来,耶稣会凭借其强有力的战斗精神不仅在巴西控制了很大规模的经济活动,积累了巨额财富,而且在此基础上拥有相当的政治权力和社会影响力。但是如今这个教团直接听命于罗马教廷,而并不服从葡萄牙朝廷。实际上,耶稣会教士长期控制了其广大传教区内所产出的木材、皮革和蔗糖的输出,还借助其传教区而控制了同印第安人的贸易。耶稣会的这些垄断活动,损害了本地巴西人的利益,圣保罗、马拉尼昂和巴拉的市政会议曾向葡萄牙提出抗议。此外,巴西人还曾针对耶稣会的控制发起反抗活动。而庞巴尔驱逐耶稣会教士的公开理由是:该教团拒绝同葡萄牙政府合作,以履行1750年"马德里条约"中适用于7个教区的条款。

驱逐令执行后,国王派遣人员去接管耶稣会的产业。同时内地的耶稣会传教区因而变得空空荡荡的,原先集中在其中的印第安人又回到了原野或雨林。面对这一情况,庞巴尔于1758年通过一道命令,规定废除奴役印第安人的一切形式,而此前两年殖民政府就已经解放了马拉尼昂的印第安人。庞巴尔还任命了治理印第安人市镇和移民点的官员,其中不少市镇和居住地是从耶稣会教士手中接管的。但是,在现实生活中印第安人却逃脱不了被奴役的厄运:他们被强行调拨为工资雇佣者,而雇主们却千方百计

第二章 从殖民地向巴西帝国的过渡

地规避支付工资,由此形成了劳役偿债制;如果印第安人奋起反抗,奴隶制便接踵而至。正如美国学者所指出的,庞巴尔的社会改革开创了"伟大的巴西思想",把一切等级和肤色结合在以绝对平等为立足点的一个政治团体中。但是,随着葡王的去世,随着庞巴尔的去职和放逐,他在巴西的改革活动最终以失败而告终。

历史事实表明,经过近300年的殖民统治,巴西形成了极不合理的社会等级制度,正如秘鲁学者所描述的,"葡萄牙人在巴西是少数,但他们却蔑视构成人口多数的黑人、穆拉托人、梅斯蒂索人和印第安人。人的社会地位取决于拥有多少土地和奴隶。最高的政治、经济、军事和教会职务都掌握在葡萄牙出生的白人手中,在巴西出生的葡萄牙人(马赞博人),如同西班牙美洲的克里奥尔人一样,随着时间的推移数量上已超过在大西洋彼岸出生的白人。到18世纪,大部分庄园主和矿场主都是马赞博人"。这样,"在社会金字塔的等级上,白人处于最高层,尽管他们之中的大部分经济也并不富裕。其次一等级是马梅卢科人和穆拉托人,其中一些(实际上只是极少数)也积攒了钱财并取得社会地位。再往下则是从几个种族混血以及他们再混血中出生的巴西人:肤色越黑、社会地位越低。再往下是获得自由的黑奴,最底层则是黑奴或印第安人奴隶"。

这种极不平等的社会必然会引起不同肤色居民,特别是有色人种的不满和反抗。17世纪,由于荷兰人占领伯南布哥而引起了社会和经济的混乱,所以许多黑人利用这一时机从甘蔗种植园逃跑到伯南布哥内地,以寻求自己的独立和自由生活。到1633年,聚集到那里的数千黑人奴隶创建了多个居民点,他们不仅接纳被奴役的兄弟们,而且袭击葡萄牙人的市镇。经过十多年的共同斗争,1650年逃亡黑奴联合组建了名称为"帕尔马雷斯共和国"的松散联盟。黑人们选举了甘加·赞巴(Ganga Zamba,意为君主),作为国家首脑,首都设于马卡科(Macaco),建立了司法制度,还把土地分配给个人。除此之外,他们还同邻近的印第安人居民点和沿海一带的葡萄牙人通商。到1660年,其人口已达3万人,居民信奉非洲的原始宗教,多数人从事农业生产,并组建有一支近万人的军队。1643—1645年,荷兰殖民军曾两次出兵讨伐;后来巴伊亚和伯南布哥的葡萄牙殖民当局也派兵攻打黑人据点,都以失败告终。最后,在1695年,葡军6 000人,并得到圣保罗人的增援,展开围剿。双方激战数月,黑人终因武器低劣而遭受重大伤亡,马卡科被敌人占领。在瓦解阶段,成千黑人宁愿自杀而不愿被重新套上奴隶枷锁。两年后,黑人最后一座堡垒被毁,"帕尔马雷斯"终告灭亡。

18世纪初期在巴西东北部又爆发了所谓的"兜售客商(Mascates,是巴西人对葡萄牙特权垄断商人的贬称)战争"。这是殖民地各阶层民众反抗葡萄牙统治的又一次斗争。当时,蔗糖出口持续下降,葡萄牙人垄断贸易,与此同时进口品价格飞涨,北部几个都督辖区实施征课赋税,这一切造成伯南布哥的原来首府奥林达的本地巴西人强烈不满,由于不少人趋于破产,同时又欠累西腓的葡萄牙商人很多债务,在这一背景下他们坚决抵制宗主国政府要把累西腓升级为首府的做法,这就导致了伯南布哥的内战。1710—1711年,该地的巴西种植园主被葡萄牙殖民军击败,这就是所谓的"兜售客商战争"的结局。从此累西腓取代奥林达成为东北部的重要港口城市。

18世纪末在米纳斯吉拉斯又发生了反对葡萄牙殖民统治的密谋活动。当时该地的矿业趋于衰落,但是1788年殖民地政府却下令提前征收人头税,并且追讨过去所欠税款,这一切引起了当地民众的强烈不满。正是在这种山雨欲来风满楼的背景下,有影响的知识分子组织了"米纳斯密谋

米纳斯密谋社

社"，其成员中有位牙科医生，名叫若泽·达席尔瓦·沙维尔，绰号为"拔牙者"(Tiradentes)，他是密谋活动的策划者之一。该组织成员主要有知识分子和下级军官。他们主张独立，建立共和国，让黑人获得自由，兴建工厂和采用印刷机，还要开办一所大学。但是，由于组织不善，且缺乏民众支持，因此该密谋社迅速遭到镇压，成员遭到逮捕或流放；1792年若泽·达席尔瓦·沙维尔被处死。然而，这次密谋却产生了直接效果：殖民地政府结束了对食盐生产的垄断，并降低了赋税。其更深远的意义是，"米纳斯密谋社标志着巴西共和制运动的开始——这是恰好一世纪之后才实现的"。

此外，在欧洲启蒙思潮的影响下，不少巴西民众的思想中产生了反对专制政权和争取自由的主张，这就激发了一些年轻人策划另一些密谋活动。比如，1798年的巴伊亚密谋。其主角是一名23岁的士兵卢卡斯·丹塔斯·多阿莫里姆·托雷斯，他在密谋失败后被捕。面对法官，他慷慨陈辞："我们需要一个能够自由呼吸的共和国，因为我们生活压抑，因为我们是有色人种，因为我们不能进步。假如有一个共和国的话，那将会人人平等。"丹塔斯只是1798年在萨尔瓦多被逮捕的反国王的密谋者之一，密谋者们基本上是平民，其中有士兵、工匠、技工和大量裁缝，所以这场运动被称为"裁缝起义"。

三、巴西民族的形成与国家观念的孕育

到19世纪初期，在幅员辽阔、自然条件千差万别的巴西领土上，经过近300年的殖民时期，逐步形成了由各个不同肤色和种族居民构成的一个巴西民族，其中主要有印第安人、葡萄牙人、黑人，以及通过长期混居而产生的不同种族相互融合而成的各个混血种人如穆拉托人、马梅卢科人、帕尔多人等。此外，还有大量的欧洲移民，他们推动了人口的迅速增长，使得种族类别更加复杂。按照亚历山大·冯·洪堡在1825年做出的估计，巴西的人口总数约为400万人，其中几乎一半是奴隶；各种混血种人和印第安人略超过100万人，其余为白人。还有资料表明，从19世纪后期起，外国移民人数快速增长。从1864—1935年，迁入的移民达到417万多人，主要包括意大利人、葡萄牙人、西班牙人、德国人、奥地利人和日本人。来源不同的各种族居民经过长期的混居生活和经济开发活动，逐步融合成为一个巴西民族共同体。他们有着官方语言葡萄牙语，有近90%的人信仰天主教，共

同创造了绚丽多彩、热情奔放的巴西文化。各种族人都为此作出了贡献。

美国学者E.布拉德福德·伯恩斯认为，在巴西形成早期，起极其重要作用的是土著人图皮部落。尽管他们处于初级发展的农业社会，但是图皮人为初来乍到的欧洲人提供了基本食物和栖身之地；为巴西早期的社会文化发展作出了贡献。16世纪初，图皮人部落形成了一种松散的社会，他们的村落一般坐落在河岸边。图皮人聚居在巨大的茅屋中，其中有吊床，整个大家庭或亲族多达百人住在一起。伯恩斯描述说，"大部分部落至少有一个名义上的酋长，某些部落则只在战时承认领袖，少数部落似乎没有领袖这一概念，通常萨满或术士是部落中最重要、最有权力的人物。他们同灵魂谈心，给予忠告，开出药方。宗教中充满了善与恶的圣灵"。实际上，图皮人部落从未超越初期的文明阶段，根本无法与美洲同时代的阿兹特克、玛雅与印加的卓越文明相比拟。图皮人的农业只达到初级水平。然而，图皮人种植的主要作物木薯，以及其他作物玉米、豆类、山药、胡椒、甘薯、棉花、烟叶、菠萝等，为人类的生存提供了基本条件。除此之外，图皮人原始的生活习俗为巴西的社会文化增添了不少奇异色彩。实际上巴西炎热的热带气候使得土著人衣着很少，甚至赤身裸体。这样，图皮人发展了独特的人体的装饰艺术，他们在身体上画满了精美的几何图形，其鼻、唇、耳上镶嵌了石制或木制手工艺品。热带雨林中各种鸟类的彩色羽毛成为身体的装饰品。这一切使得初来的欧洲人认为土著人过着田园诗般的淳朴生活。因此，巴西的第一个编年史作者佩罗·巴斯·德卡米尼亚在葡王面前惊叹道："陛下，亚当本人的稚气也无法与这些人相比"。

在近现代巴西民族的形成和成长过程中，占主导地位的是葡萄牙人，他们的种族和文化宽容态度在一定的历史阶段起到了决定性作用。秘鲁学者欧亨尼奥·陈－罗德里格斯认为，"美洲葡萄牙领地中的种族关系，从一开始就比新大陆任何其他欧洲领地良好。因此，从很早就开始了混血过程"。对于葡萄牙人的种族宽容，学者认为是有其历史根源的，"巴西的种族宽容不是偶然的，它有着源于葡萄牙的漫长历史。在伊比利亚半岛上，葡萄牙人摆脱阿拉伯人的控制而获得独立的时间大大早于西班牙，所以与摩尔人和睦共处的时间长于西班牙人。随着时间的推移，关于黑肤女貌的传奇故事便流传开来……传统上承认奴隶的权利，包括获得解放的权利。这种政策可能与葡萄牙人性情温和有密切关系，而运用到巴西以后，又得到了进一步的扩大和推广"。正是在这种不同种族混居和相互宽容的背景下,早在殖民时期巴西就已形成了数百万个种族混血的后裔,如:穆拉托人(黑人与白人)、马梅卢科人(葡萄牙人与印第安人)、卡富索人(黑人与印第安人)和帕尔多人(多种血统的人)。此外,殖民时期各种族混血的传统和习惯得到法律保障,并得到了社会的遵守。比如,庄园主的黑白混血种子女生下来就是自由人;无论是主人的非婚生子女,还是与主人地位相同的白人兄弟的后裔都能接受较好的教育。

正如秘鲁学者所指出的,在1888年废除奴隶制之后,最强有力的种族藩篱已渐趋瓦解。从此,偏见、歧视和隔离与其说表现在种族方面,还不如说主要表现在社会和经济领域,或者说,贫富差别。在巴西很早就出现有色人种(黑人、黑白混血种人和印欧混血种人)出身的作家、军人、航海家、政府职员和宗教人士。不过,在现实生活中,种族偏见依然存在,这表现在就业等方面。黑人是巴西民族大家庭中重要的组成部分。如前所述,早在殖民时期,为了补充迫切需要的劳动力,葡萄牙殖民者持续不断地把非洲黑人贩运到巴西作奴隶。据估计,数百年间约有360万人输入巴西。黑奴在文化上比巴西土著人略胜一筹,有些黑人甚至能用阿拉伯语交谈和用阿拉伯文书写。由于黑人原先就是在炎热的气候条件下生活和劳动,所以他们很多人很快就适应了巴西的自然环境,并成为殖民地经济开发和发展的劳动主力军。

黑人为巴西国家版图的定型、经济开发、独特的文化习俗形成发挥了重要作用。非洲的牧人来到新大陆,成为巴西熟练的牛仔,他们跟随圣保罗人驱赶着牛群逐渐深入内地。这些远征活动成为葡萄牙殖民当局以后占有有关领土的依据,实际帮助巴西人占领了富饶的南美洲大草原。据史料记载,17世纪后期,巴西人和葡萄牙人在将法国人与荷兰人逐出巴西的东北部之后,开始向亚马孙河谷推进。此外,他们在南部以圣保罗为基地对邻近的拉普拉塔地区的西班牙殖民地进行渗透。上述扩张活动的急先锋是圣保罗人,他们成群结队地向西进军、举着队旗,且由家属和黑人奴隶伴随。这些人作为探险者,开辟了进入内地的路径,达到圣弗朗西斯科河的源头。他们发现了米纳斯吉拉斯、戈亚斯和马托格罗索的丰富金矿。他们向巴西南部进军时携带了牛和马,发现了内地的沃土之后,有些人便转业务农,为移民定居在从圣保罗到乌拉圭的广大地区铺平了道路。从政治上说,他们的扩张活动使葡萄牙得以成功地获得分界线以外原先由西班牙占有的南方和西方的土地。

黑人为巴西经济的开发和成长作出了重要贡献。在发现金矿后,黑人奴隶被运往米纳斯吉拉斯去开采金矿,从而给18世纪的葡萄牙及其美洲殖民地创造了巨大财富。美国学者指出:"从种植园到矿山,黑人协助将美洲的原料产品运送到港口,其他黑人则将拉丁美洲的财富装进轮船,运往欧洲市场。"巴西第一位黑人历史学家曼努埃尔·盖里诺(1851—1923)曾以简洁而准确的文字述评了黑人对美洲发展的多种贡献:"无论何人,只要看一看本国历史,都将证实黑人对保卫国家领土、推动农矿业、开发内地以及对独立运动、家庭生活和通过他们完成的许多有关国家发展的活动所具有的价值和作出的贡献。在他们宽厚的肩背上承担着社会、文化以及物质发展的重任……黑人现在仍是国家财富的主要生产者。许多财富就是由这一长期受蹂躏、遭屠杀的种族创造的,这足以证实他们的非凡勇猛。公正的历史必将尊崇并赞赏黑人300多年来为这个国家所作出的贡献。事实上,是黑人使巴西得到了发展。"

除此之外,黑人为巴西艺术文化特色的形成作出了突出贡献。比如,巴西音乐的特点是葡萄牙人和土著人的音乐成分中加入了非洲黑人音乐

巴西音乐中的非洲黑人要素

要素，从而形成一种独特的杂交型音乐。每年在里约热内卢的狂欢节期间，极具观赏性的乐队用小提琴、曼陀林、吉他和非洲小鼓演奏，激发起群众的狂热情绪，造成如醉如狂的喧闹场面，突出表现黑人的奔放性格及其文化特征。在巴西通俗音乐特别是在拜物教活动音乐中，非洲黑人和美洲印第安人成分与天主教仪式融为一体，其场景十分奇特。

经过漫长的多种族混居，以及不同种族的通婚和混血的历史过程，18世纪末到19世纪初，巴西的知识精英已经意识到正在形成中的巴西民族的多种族的独特性。早在1822年巴西代表便在葡萄牙国会中用乡土主义来描述巴西民族的现实状况。比如：来自巴伊亚的议员在葡萄牙国会的一篇演说就明确地阐述了多种族构成了巴西民族及其历史作用："穆拉托人、卡布拉斯人和克里奥尔人，印第安人、马梅卢科人、美斯蒂索人都是我们民族一员，他们都是葡萄牙人，他们都是光荣和重要的公民。透过历史我们可以看到他们对巴西的重要性，他们守卫着巴西，在农业、经济和艺术方面为巴西的繁荣辛勤劳作着。那些种族中出现了很多伟大的英雄……他们是葡萄牙公民、葡萄牙人或巴西人的后裔，即使他们是私生子。无论他们的肤色怎样，无论他们的社会地位高低，他们都生在巴西。"确实，作为一个新兴民族，从16世纪中后期起巴西人就已在南美洲东部繁衍生息，这个民族是印第安人、欧洲人和非洲人的种族结合体，随着这片广大地区的经济和社会的发展，一批巴西精英渴望重新塑造同葡萄牙的关系，由此他们进一步产生了独立意识。到19世纪初，在内外各种因素作用下，这片葡属美洲殖民地便开始向民族国家转变。

实际上，早在17世纪，生活在巴西的一些欧洲知识精英就已自觉地思考他们所生活的这片土地的社会和政治含义。比如，1618年安布罗西奥·费尔南德斯·布兰当在《伟大的巴西对话录》中首次试图定义或解释巴西。他在文中表现出对这片土地的热爱，而谴责那些来到巴西进行剥削且衣锦还乡的伊比利亚半岛人。1627年，巴西土著人、方济各会教士维森特·多萨尔瓦多撰写了第一部巴西史，他热情地赞美自己的祖国巴西优越的地理位置、幅员广阔的国土、利润丰厚的蔗糖业，还有最重要的，其巨大的发展潜力。这两部著作表明，早在殖民地前期巴西知识精英就在深入思考自己所居住和劳作的土地的独特性，这种本土主义观念将影响到未来的独立思想和运动的形成和发展。大约一个世纪后，在巴伊亚布道的耶稣会教士若昂·安东尼奥·安东列奥尼于1711年在里斯本出版了名为《巴西文化和财富》的书，大力颂扬巴西，称赞它的富饶，结果葡萄牙王室迅速加以查禁。

如果说，17世纪和18世纪初少数精英已有志于巴西问题的思考和研究，那么从18世纪中后期起各种学会的出现则说明众多知识分子热忱和执著地调查研究巴西各种问题，这就十分有利于有关巴西国家观念的传播和形成。在上述时期各种学会主要在萨尔瓦多和里约热内卢建立和繁荣起来，比如：巴西忘却学会（萨尔瓦多，1724—1725）、幸福学会（里约热内卢，1730—1740）、选举学会（里约热内卢，1786—1790）、巴西复兴学会（萨尔瓦多，1758—1760）、科学学会（里约热内卢，1772—1779）和社会文学学会（里约热内卢，1786—1790）。这些学会不仅公开讨论从欧洲传播过来的各种思想，而且也介绍和辩论各种观点；一些学者还致力于巴西环境和植物的研究，并主张改进巴西农业和自然资源的开发。美国学者认为，与同一时期西欧国家的学会一样，巴西的各种学会探索和研究那些能推动人们去利用和适应周围环境的实用知识。借此，人们更加充分地认识到巴西所拥有的潜在财富；通过认识和赞扬自己所生活的土地上的财富，众多知识分子推动了本土主义观念的形成和扩散。通过学会的讨论、演讲和辩论，巴西知识分子逐渐改变了某些传统观念，而树立新型的思想："从感觉比欧洲人低下到与欧洲人平等，甚至比欧洲人更优越，这样一种深刻的心理变化。"除此之外，新建的图书馆、教育机构、文学沙龙以及1808年启用的印刷机都有助于逐步强化巴西人的新思维。

到19世纪初，殖民地思想界的主要特点之一就是巴西知识精英对其自身及其美丽家园的自豪感日益增强。由于巴西人曾将其国土比作天堂，所以弗兰西斯科·德圣卡洛斯于1819年发表的长诗《亚松森》把巴西描写得与天堂一样美好。此外，在1822年葡萄牙国会中有位巴西代表公开赞美自己的祖国："没有一个巴西人不夸耀自己国土的巨大资源，没有一个巴西人不为巴西成为地球上第一潜力大国而自豪。"因此，早在殖民时代末期巴西所拥有的巨大资源和潜力就成为巴西民族主义成长的重要支撑。

事实上，19世纪初，巴西人口已经超过葡萄牙，出口额约占帝国的3/4，并且巴西知识精英已公开宣称，巴西的经济潜力远远超过帝国版图内任何其他地区。在土地面积上，与巴西相比，葡萄牙相形见绌。然而，1808年葡萄牙王室在受到法国军队攻击后仓皇迁往里约热内卢，这一事件使得巴西的独立思潮暂时退潮。但是，当1821年国王返回里斯本，巴西与葡萄牙分离的问题又被推到显要位置。

在独立运动拉开序幕之前，大多数知识精英已基本形成本土主义观念，但是很多人希望通过政治和经济改革来推动巴西实现繁荣富强，而不是借助激烈的革命手段。比如，从里斯本回国的巴西人若泽·若阿金·达库尼亚·德阿泽雷多·科蒂尼奥（Jose Joapuin Da Cunha Da Azeredo Coutinho）写了三篇文章来评论葡萄牙帝国的经济。尽管他提出了很多对巴西经济影响深远的改革，但是他并不赞成通过帝国内非改革的方式来进行。因此，他和同时代的大多数人一样，既不宣扬革命也不鼓吹独立，而是走一条经济改革的道路。

四、独立运动

在巴西，种植园奴隶制给整个社会生活，打上了深深的烙印。黑人奴隶反抗残暴压迫构成了社会斗争的重要内容。然而，巴西奴隶制也掺和到葡萄牙人移植到美洲的封建关系制度之中。因此，巴西的各种社会关系构成了各种封建制度；它们与形成于南美洲的奴隶制混合在一起。随着时间的推移，特别是在贸易领域，又得到资产阶级某些准则的补充。奴隶主与奴隶之间的关系具有以下基础：主人对奴隶的剥削拥有无限权力。当殖民地存在奴隶制之时，小土地主和大部分自由居民对大庄园主（基本上是种植园主和大牧场主）的经济依赖，有时相似于奴隶对奴隶主的依附，具有完全依附性的过渡形式。同西班牙和法国殖民地一样，在巴西也形成了一种血统制。这种制度是由出生地（宗主国还是殖民地）、社会地位（自由民还是奴隶、富人还是穷人、贵族还是平民）和肤色（或者说不同种族混血程度）等因素构成的。

18世纪中期，葡萄牙已丧失了相当多的殖民地，并最终严重依附于英国。这种形势从其国家普遍衰退方面能找到原因：君主制阻碍了新的生产力的发展。实际上葡萄牙已变为三流国家。当时，其美洲殖民地却在发展，并且已变成葡萄牙朝廷的主要财富来源。所有的葡属殖民地进口货物的80%以上都是来自巴西；而葡萄牙本身输入货物近50%，也是来自其南美殖民地。在黄金和钻石热时期，人们都离开了种植园，蔗糖生产开始衰落，但是此后这一部门重新增长。18世纪末，人们越来越多地大规模种植棉花、咖啡和巴拉圭茶，并且增加了天然染料的生产；开始创办第一批铁器工场和纺织工厂，开发含硝矿场；同时捕鲸业渐趋重要。然而，在巴西进步的道路上横亘着奴隶制。奴隶劳动的生产效率有限，并且被剥夺了对其劳动合理化的鼓励。但是，由于受到来自欧洲的需求的刺激，各大种植园仍然在经济上是赢利的。事实上，巴西的进步受到其殖民地地位的严重制约。

葡萄牙并不关心殖民地居民的需要，而当蔗糖、棉花和其他初级产品好销时，它给巴西经济强加了狭窄的专业化。在这种情势下，它同时准许在殖民地高价销售葡萄牙商品或购买其他欧洲国家的产品。巴西的对外贸易是由葡萄牙商人垄断的，并且圈划了一定的港口。一切贸易必须承担很高的关税率。拥有最大需求的商品贸易（肥皂、盐、烟叶和其他商品）是由王家垄断的，企业主无论生产何种成品都得支付各种捐税。同葡萄牙制造业业主和商人进行竞争的任何活动都是受到禁止的。殖民地几乎所有重要官职都是由出生于葡萄牙的白人占据着。他们轻视出生于巴西的所有人，特别是蔑视"有色"人种。司法程序以缓慢和弊端而闻名于世。天主教会决定严格控制教育体系，并禁止研究自然科学和精确科学，以及各种外国语言。巴西在殖民地时期没有任何高等教育设施。

18世纪末，葡萄牙朝廷十分害怕美国独立和法国大革命的影响扩展到巴西，因此更加严厉地控制殖民地。正是在这些阴暗年代，"拔牙者"死于绞刑架上。葡萄牙君主拥有足够的力量来镇压巴西的密谋者，但是其最危险的敌人并不在遥远的美洲，而是在其国土附近。为了逃避已深入到葡萄牙国土的拿破仑军队的攻击，1807年11月29日葡萄牙政府从里斯本逃往巴西。次年，1月21日，在英国舰队的保护下，葡王及其朝廷官员抵达其美洲殖民地，3月在里约热内卢安营扎寨。葡萄牙政府落户巴西最终带来了一系列革新：1808年1月28日，向其他国家开放贸易港口；4月10日颁布法令，给予企业主在一切工业部门行动的自由；10月12日，巴西银行开业；后来又颁布法律鼓励移民，并采取措施改善运输和交通。

这些急剧的变革取决于多个理由。葡萄牙朝廷、达官贵人、各级官员和公务员需要大量的工业品和其他商品，因为现在宗主国已不可能提供这些东西。滞留在巴西的统治者不得不关心本地统治阶级的利益。同时，英国所施加的压力也具有很大的作用，巴西市场开放之后，英国承诺保证在美洲地区的葡萄牙朝廷的安全。

这些革新措施不仅影响到行政机构体制，而且涉及经济和文化生活：

第二章 从殖民地向巴西帝国的过渡

巴西开办了一家政府印刷厂，开始发行报纸和杂志，并进口各种图书，创建剧院、国家图书馆和博物馆、植物园、军事和海军学院、艺术研究院、化学实验中心、医药学校、医院和其他机构。居留在巴西的葡萄牙朝廷有助于国家的巩固及其政治的中央集权化、国内市场的发展和人口增长。1815年12月16日，巴西在形式上转变为葡萄牙、巴西和阿尔加维（Algarve，葡萄牙南部地区）联合王国的拥有平等权利的一部分。

这一切变化催生了巴西人的梦想：巴西不再是一个殖民地，而是拥有平等权利的王国一部分。但是，随着时间的流逝，他们确信其梦想只是一种空想，因为由一批新法规准许而开办的一些企业负担着相当多的捐税。巴西居民必须承担无数的王室花费，以及行政机构和军队的费用。什一税跟过去一样征收，工业、贸易和其他活动必须缴纳各种赋税。然而，港口的开放给巴西经济带来积极的成果。

英国利用葡萄牙政府的软弱地位，迫使葡萄牙国王签订两项条约（1810年和1812年），其中规定，对英国商品征收其价值15%的关税，而同时对其他国家的商品征收24%的关税，甚至对葡萄牙商品也征收16%的关税。在巴西英国公民享有所谓的治外法权制度，不服从任何巴西司法机构的判决，而受英国法律的支配，同时葡萄牙法律是无效的。在巴西市场，英国的垄断将巴西置于依附地位，仅是其工业的主要供应者，从而使得本地工业举步维艰，它们难以承受英国人的竞争，被拖到困境。预算赤字迫使葡萄牙政府向英国借款，这就更增加了巴西对英国的依赖。

居留在里约热内卢的葡萄牙王室以很多新的负担压得巴西难以承受。官员的寄生生活、索贿和官僚主义引起了人们的不满。同国王一起逃到巴西的葡萄牙人占据了领导职位，他们为其出身、欧洲习俗和皮肤白皙而骄傲，这些人不仅傲慢地对待黑人、土著人、黑白混血种人和印欧混血种人，而且也轻视出生于巴西的白人。对于现存秩序持有日益增长的不满情绪的巴西人，在1816年特别强烈地感觉到国家已进入战争状态。

到1816年，现实情况已清楚表明，在粉碎其东岸殖民地（乌拉圭）起义方面，西班牙表现得软弱无力，若昂六世政府认定此时是夺取这块西属殖民地的时机。实际上，西班牙没有条件进行抵抗。然而，乌拉圭的爱国者阻断了葡萄牙军队的进军道路。只是在付出了巨大的代价之后，葡萄牙人才得以占领这块西属殖民地，并于1821年宣布将它并入巴西，名称为"西斯布拉丁省"（Provincia Cisplatina），意为"拉普拉塔河以北之地"。然而，其统治只停留在形式上：葡萄牙人的控制仅限于蒙得维的亚和其他几座城市，那里驻扎有葡萄牙军队，而乌拉圭草原的广大领土继续控制在爱国者政权手中。

占领不屈服的东岸给巴西政府带来不少麻烦：公共财政资金趋于枯竭，招募兵员遇到巨大困难，等等。西属美洲爱国者斗争的榜样和巴西普遍不满的情绪，激发了独立派运动，并引起革命运动的展开。1817年3月6日，在伯南布哥省升起了共和派起义的旗帜。次日在该省首府累西腓，一个临时委员会创建了，它废除了最令人憎恨的赋税和葡萄牙人在商业领域享受的贸易垄断和其他一些特权。同时禁止葡萄牙船只出港。它还组成一支舰队来加强防卫，提高士兵的薪金，并派遣使者去其他国家购置武器和招募志愿兵。新政府宣布建立共和国，废除议院特权，并开始鼓励非教会的教育。在有关奴隶制问题上，这个临时委员会十分关注起义的西属美洲殖民地的样板，但是并没有进一步迈开步伐。当时大种植园主渴望掌握政权，宣布反对君主制，支持独立，但是他们决不同意损害其地产繁荣的基础：奴隶制。然而，本地的资产阶级有志于最终废除这一制度。事实上这一阶级依附于大庄园主，他们既无力量也无本钱推动反对奴隶制。同时，一些商人和企业主本身也都普遍是奴隶的主人。如果废除奴隶制，自由公民中的这支新军将参与社会生活，新生的资产阶级代表对此都感到恐惧。

在得知伯南布哥的起义消息后，王室马上动员一切力量，试图一举加以扑灭。一支舰队被派往反叛省份，以封锁其海岸。由于海上和地面受到封锁，又得不到原先所期待的美国和布宜诺斯艾利斯的援助，共和派被迫放弃城市（5月20日），然后停止抵抗。伯南布哥起义遭到扼杀，其参与者受到镇压，领导人被处决。尽管失败，但是伯南布哥起义，及其对邻近各省的影响对葡萄牙君主制是一个打击，显示了王室在殖民地地位的脆弱性。

1820年8月，在葡萄牙爆发了自由主义者领导的革命，他们召开了停止已久的议会，指令巴西派遣69名代表，葡萄牙派遣100名代表与会。葡萄牙革命军人集团要求若昂立即返回里斯本。1821年4月26日，国王若昂六世启程去欧洲，而将其长子佩德罗王子（1798—1834，出生于里斯本）留在巴西作为摄政王。据说，父子告别时若昂建议："佩德罗，我担心巴西可能会脱离葡萄牙，如果那样的话，把王冠戴在自己的头上而不要让它落入一个冒险者手里。"正是在这一时期，在巴西，人们急切地想知道葡萄牙议会所制定的新宪法将如何确定巴西的地位。然而，所通过的宪法没有提及

第二章 ● 从殖民地向巴西帝国的过渡

若昂六世

佩德罗王子

巴西。巴西人认为,葡萄牙议会的立场表明它无意关心巴西的利益,这一判断增加了独立派的人数。

巴西争取独立运动的重要性就是,全国几乎所有自由民都参与这一斗争,除了葡萄牙人及其追随者。巴西的大庄园主和商人以及制造业和工场业主,还有遭受宗主国压迫的城乡老的居民都表明支持独立。巴西自由民讨论的唯一问题是关于政府形式的问题,以及同葡萄牙的关系,具体包括以下方面:是否同葡萄牙结盟,或与之完全断绝关系;实行君主制还是共和制。因此人们并不是在讨论独立本身的问题。在这种状况下,国内的主导力量大庄园主十分易于掌控运动的方向。

然而,独立派阵营尽管基本上聚集了全国所有的自由民,但是它并不稳固,并因严重的政治分歧而发生分裂。大庄园主和大商人基本上支持建立君主制,或者说,如果能依靠葡萄牙人,在一定程度上扩大其经济和政治活动的范围,那么他们就会屈从于君主制。在米纳斯吉拉斯和伯南布哥,共和派运动比较强大。该运动依靠1789年和1817年支持共和制的起义传统,并以西班牙语美洲爱国者斗争为榜样,因此,这两省的大庄园主和资产阶级在共和制方面逐渐取得了经济和政治行动广泛自由的可能性。他们敌视葡萄牙人,并构成了最接近摄政王的圈子,且占据着国家行政机构和对外贸易的关键位置,其共和派的倾向变得更加有力。在君主制拥护者与共和派之间存在的政治分歧,是同各省的利益联系在一起的。这一切孕育了分裂倾向,它们的分裂威胁着国家,并且使主张与葡萄牙分离的队伍破裂。此外,各地的种植园主与资产阶级、沿海各城市制造业业主与商人之间存在的矛盾,也构成了分离主义者队伍统一的障碍。

在巴西最重要的葡萄牙驻军巴伊亚的驻军公开宣称,拥护葡萄牙的政权,并且实际上切断了南方各省同北方各省之间的交流,以武力迫使北方各省承认里斯本的权威。此外,独立派运动的追随者既没有一个领导中心,也没有给予协助的组织,如果有它们存在的话,那么就能暂时团结各种力量。1808—1822年,由独立派拥护者伊波利托·达科斯塔在伦敦发行的《巴西邮报》十分激进,然而,它不可能成为上述中心。该报在巴西传播,但是其印数有限且其传送距离漫长,阻碍了它变为一种现实力量。在里约热内卢发行的《反光镜》报纸也不可能扮演促成统一的角色,它只是表达了人数有限的一个群体的观点。共济会成员宣布支持独立,但是他们具有秘密结社特点,在社会中形成相当封闭的组织,因为它是由社会中高等阶层的少数人组合而成的。

驻扎在巴西主要城镇中心的葡萄牙军队内部在一定程度上含有拥护独立的力量,然而,这些军队数量较少。并且葡萄牙没有能力向巴西派遣更为重要的武装力量。这一切为以下形势创造了条件:避免残酷的武力对抗,这就与西班牙、法国和英国的美洲殖民地情况形成鲜明对照。这种情势阻碍了参与斗争的不同阶级和集团的代表达到其最终目标:通过暴力实现独立。同时对于大庄园主来说,这代表了维持其影响力和话语权的可能性。争取独立的少数斗士,甚至是最坚定者都没有提出废除奴隶制。在最好的情况下,当时不少人讲到将来逐步予以废除。另一方面,奴隶在争取自由的斗争同时,也进行争取独立的斗争,但是两者并未结合在一起。然而,在邻近的西班牙美洲殖民地两者都是在决定性阶段平行进行的。因为在这方面害怕奴隶大军起到巨大作用,本地资产阶级失去了强有力的同盟者,也就是更为激进的运动的潜在参与者。同时,这一状况有可能使大庄园主保持其主导地位,亦即保留其在独立运动中的支配权。大庄园主的主导权给运动抹上了保守派的色彩。很显然,奴隶制拥护者害怕民众反对压迫的斗争,特别是黑奴反对奴隶制的斗争。巴西争取独立运动的特点之一在于,许多人希望平和地解决这一问题;希望当局承诺制定一部宪法;希望摄政王留在巴西,同时使之象征独立的实现;希望巴西同葡萄牙处于形式上的平等,并作为联合王国的一部分,且希望保持将巴西视为葡萄牙帝国中心的习惯。

同时,世界商品市场的需求也影响巴西独立派运动。不仅巴西本身资本主义关系发展薄弱,而且其经济主要导向世界商品市场。同这一市场的紧密联系构成了滋养和刺激巴西独立斗争的一个外部要素。这种斗争反映了存在于巴西奴隶制经济同西部欧洲之间的紧密联系,并构成了世界经济发展总进程的一部分。

1821年12月9日,当巴西人得知葡萄牙议会颁布的两项新法令,相信巴西能从葡萄牙那里获得独立的那些人的希望落空了。按照第一项法令,巴西被划分成几个省,每个省直接隶属于里斯本,撤销全国所有的中央政权机构。国家和军事领导权,同船舶生产一样,应由葡萄牙掌控和实施。第二项法令规定,摄政王立即返回宗主国,这就迅速剥夺了巴西自治权的最后一批标志。

民众的抗议运动可能导致巴西宣布独立,它不仅无视葡萄牙议会的意愿,而且也用不着王子的参与。王子保持着观望的立场,他可能威胁断绝联结巴西同葡萄牙以及同布拉干萨王朝的最后纽带,当其父王去世后这个王朝家族的首领就应是佩德罗。里斯本宪制议会甚至以王子必须完成学业为借口,命令佩德罗返回葡萄牙。由巴西共济会会员的大统领若泽·博尼法西奥·达安德拉达－席尔瓦(1765—1838)领导的巴西自由派表示反对,并促成里约热内卢市政会议主席借助公开仪式,请求佩德罗拒绝服从里斯本议会不准他宣布巴西独立的命令。王子接受了这一请求,并决定不返回葡萄牙。1822年1月9日,由于摄政王回答"我留下",这一天便以"我留日"的名字而载入史册。若泽·博尼法西奥因其爱国行动而被许多巴西人尊称为"祖国之父"。除此之外,出生于奥地利,1817年到达里约热内卢同佩德罗结婚的克利奥波迪娜公主也为巴西的独立运动作出了积极的贡献。她如鼓励摄政王脱离葡萄牙,领导巴西走向独立。1822年9月,当佩德罗去圣保罗旅行时,公主在写给王子的信中激励他:"巴西在您的领导下,将成为一个伟大的国家。巴西希望您成为其君主……佩德罗,这是您一生中最重要的时刻……全巴西在支持您。"

独立派运动取得了其第一个成果。佩德罗留在巴西,因此,国家暂时保持了自治地位。在这种条件下,实际上保留了君主制。此外,大多数巴西庄园主都为维持君主制和保持同葡萄牙的决定性联系而积极活动。王家政权及同葡萄牙的联盟（在巴西独立成为事实之时），对于大庄园主来说，是保证其特权和在爆发民众起义之时获得军事援助的基础，并在一定程度上也可能因此而得到报酬性职位和爵位。与此同时，对于同葡萄牙人相联系的大商人来说，向朝廷提供商品是有利可图的。大庄园主在地方自治行政机构中所拥有的统治权和殖民地大多数居民对大庄园主的依赖性，在很大程度上决定了争取独立运动的拥护君主制的特点。

1月11日，也就是王子决定留在巴西后，驻扎在里约热内卢的葡萄牙军队走出其军营，欲以武力强迫巴西人服从议会的法令。作为回应，由土著人、城市民兵和首都市民组成的军事别动队拿起武器，聚集在圣安纳军事阵地，它靠近葡萄牙士兵的必经之路。葡萄牙军官在看到巴西人的坚定决心和人数优势后，同意撤走其部队，并承诺在最适宜时机将军队撤回葡萄牙。

而佩德罗王子的政府急切地采取措施，阻止民众力量进一步发展。其以王子名义发布的声明向巴西人灌输以下主张：巴西完全独立是有害的，有必要同葡萄牙结盟；同时表示，关注有关的巴西人阶层的利益，注意到民众情绪高涨的情况。因此1月16日，王子组成了第一个以出生于巴西的人物为首脑的政府，此人就是若泽·博尼法西奥·达安德拉达-席尔瓦。

新政府首脑出生于桑托斯城。曾在葡萄牙著名的科英布拉大学接受教育，并且是一位杰出的自然科学家，曾接触到法国启蒙学者的理想学说。在法国干涉葡萄牙时期，他曾站在法国一边参与战争。1819年，博尼法西奥回国，在巴西他积极参加支持独立的运动。他曾梦想改善不屈的土著人的生活状况，认为废除奴隶贸易，并在以后废除奴隶制是不可避免的。但是，他并不主张借助民众的支持，通过革命道路而

若泽·博尼法西奥·达安德拉达-席尔瓦

第二章 从殖民地向巴西帝国的过渡

实现这些变革。他曾害怕法国大革命的激进主义。他出身于贵族和大庄园主家庭,又是王室认可的官员,博尼法西奥不可能突破其阶级的思想意识框架。此外,他是一个坚定的君主制拥护者。其政治观念引导他通过王室逐步引进改良措施而进行改良。然而,同时他是一位爱国者。在葡萄牙进行革命之后,他认为变革时机已经来临:其祖国应该拥有并实施同宗主国一样的权利。独立(如果在同葡萄牙结盟的架构下获得)和君主制就是博尼法西奥的纲领,当时他已被授予政府权力。

1822年1月21日,新政府发布一项法令:在巴西政府尚未获得里斯本承认之前,禁止来自里斯本的任何法规或法律发送给各行政机构。在里约热内卢,被怀疑支持葡萄牙密谋活动的几个人被逮捕。在2月的头几天,驻扎在里约热内卢的葡萄牙军队接到命令启程返回葡萄牙;2月16日,他们登船回国,放弃了巴西领土。不久之后,伯南布哥的守军也回到葡萄牙,只是在巴伊亚和马拉尼昂长期驻扎着由马德拉将军指挥的葡萄牙军队。

博尼法西奥政府在巴西国家主权制度化方面迈出步伐。但是,博尼法西奥、王子和朝廷中的葡萄牙人,甚至许多巴西人都不认为最终应同葡萄牙断绝关系。同葡萄牙保持着形式上的关系,引起了那些要求完全断绝所有关系的独立派人士的不满。由于注意到民众越来越有力的愤激情绪,佩德罗一如既往,为了避免采取果断的行动,开始玩弄手腕:在其摄政王头衔上加上一个称号"巴西永久的保护者和捍卫者"(1821年2月25日)。但是,既然佩德罗采用增补头衔来赢得时间和耍弄手段,那么更为坚定的独立派则开始为召开制宪大会而斗争,制宪大会应该明确宣布未来巴西同葡萄牙的关系,并确定巴西的国家组织基础。支持在里约热内卢召开制宪大会的最积极的斗士是雅金·贡萨尔维斯·莱多、雅努亚里奥·德古纳·巴博萨、桑帕尤-若奥·克莱门特·佩雷拉。最终政府作出让步,1822年6月3日颁布法令,召开制宪大会。

正当首都各方围绕制宪大会问题进行较量之时,葡萄牙将军马德拉正忙于制伏北方各省。这就迫使博尼法西奥政府于1822年7月派遣由拉巴图将军指挥的一支远征军进行抗击。但是,这次远征并不代表任何严重威胁,其任务仅在于:在以军事打败葡军之前,最快地维持政府的威信。实际上葡萄牙的行动本身趋向加深与巴西的分离。

1822年7月6日,葡萄牙议会最终拒绝巴西议员提出的主张:准许巴西成为独立国家。与此同时,关于议会企图派遣讨伐军队的消息传至巴西。

葡萄牙当局的这些动作在巴西激起了普遍的愤怒：人们在很大程度上对准摄政王政府，因为摄政王在独立问题上只字不提。独立思想是在"不自由毋宁死"的口号下传遍整个巴西的。

在考虑到所形成的复杂形势对于君主制及其自身权力来说是一种危险之时，1822年8月1日，摄政王发表声明，宣布巴西独立。几天之后，他向外国列强发表另一项声明，呼吁承认新国家的独立。同时，在这些声明中，表达了保留和加强同那些与议会政策有分歧的葡萄牙人的联系的愿望。人们认为，他想要同葡萄牙结成国家同盟的主张并没有完全消失。

8月末，葡萄牙议会的一批新决议在巴西公布：只承认王子是巴西执行权力的临时首领；巴西各部大臣和追求独立的积极分子将受到司法追捕。鉴于这种威胁，博尼法西奥政府必须断绝同葡萄牙的关系。1822年9月7日，王子宣布他赞同各位大臣的决定，并在今圣保罗州桑托斯附近的伊皮兰加河畔高呼："不独立毋宁死！"在巴西，人们把这一天视为独立日。这样，在国际舞台上诞生了一个新国家，同时巴西3个世纪的殖民地历史在平和的氛围中终结了。

9月19日，葡萄牙议会通过一项决议，决定解散巴西政府，王子在4个月期限内必须返回葡萄牙。作为回应，10月12日，王子被宣布为巴西立宪制皇帝，称号为佩德罗一世。12月11日通过的一项法令宣布，没收葡萄牙政府和保持忠诚于宗主国的葡萄牙人的所有货物、船只和不动产。12月20日，通过法令把从葡萄牙进口的商品关税率从其价值的16%提高到24%，借此把葡萄牙置于同其他国家一样的地位（英国例外，其关税率仍然维持在15%）。葡萄牙公民如果宣誓承认巴西的独立，那么他们就可以成为唯一能进入巴西沿海港口的人。

博尼法西奥政府着手组建一支军事舰队，用以抵御任何对本国的干涉。并邀请英国勋爵科克伦到巴西，授予他"巴西第一海军司令"的头衔，让他带领舰队北上，以支援地面部队。此人并未对马德拉将军率领的葡军展开决战。在抵达目的地后，科克伦的舰船封锁了巴伊亚的圣萨尔瓦多，并加强了军事行动。1823年7月1日，葡萄牙军队登船撤离，放弃了城市。不久之后，马拉尼昂的葡萄牙驻军投降。这样，巴西已清除了敌对力量。尽管博尼法西奥政府取得了这些成果，但是他后来被迫辞职，因为其政策引起了部分人的不满，有不少人认为博尼法西奥是自由派思想家。

1823年5月3日召开制宪大会。但是，当要求议员向仍然被组合在葡

第二章 从殖民地向巴西帝国的过渡

萄牙中央行政机构中的巴西政府宣誓效忠之时,在议员和现存的行政机构之间立即出现了冲突,因为实质上后者仍然掌控在佩德罗的保护者手中。这一事件引起了制宪大会的大多数参与者——大庄园主的不满,因为大会不可能扩大其政治影响范围,而这些人正是致力于召开大会的斗士;与此同时,少数左翼共和派也提出了同样的要求,召开制宪会议。除此之外,巴西国内独立派人士对于佩德罗同情葡萄牙人,及其身边的葡萄牙人施展种种阴谋诡计,也产生了越来越多的不信任情绪。

穆尼斯·塔瓦雷斯主教、伯南布哥的议员、1817年共和派起义的参与者提出一项法律草案:将所有疑为葡萄牙出生的人驱逐出巴西。该草案被暂时搁置。但是,在其讨论期间议员们对于政府在有关问题上的政策表达强烈不满,指控它讨好葡萄牙人。

1823年9月,制宪委员会完成了撰写宪法草案的工作。该草案主要归功于博尼法西奥及其兄弟安东尼奥·卡洛斯(1817年伯南布哥起义的参与者)。在其文本中规定建立立宪君主制,但是皇帝无权解散议院和否决议院实施的各项法律。宣告各级法院是不可撤换的,并设立陪审团制度,自由民获得公民权。该草案包括了纯粹宣示性的条款,讲到将土著人融入现代文明的必要性,逐步废除奴隶制。

宪法草案限制皇帝的权力,但是并未消除企图建立专制制度的大臣宗派圈子。贵族开始策划政变。他们的计划是以军队尤其是军官(其大多数是葡萄牙人)为基础的,后者是同贵族阶层及其依附者相联系的,他们希望借助于效忠皇帝而升迁。

在巴伊亚战斗时期被俘的葡萄牙士兵和军官已加入巴西军队中。有关西班牙革命已被粉碎和葡萄牙革命的反对派已取得成功的消息激励了巴西独立的反对者,他们宣布准备执行其计划。1823年10月初,葡萄牙军官殴打并致死药剂师大卫·潘布洛纳,他们错认为此人就是《哨兵报》上登载的一篇反葡萄牙人文章的作者。在制宪大会上军官的这种行为受到判定,大会采取一项决议,谴责葡萄牙军人"不守纪律"。11月11日,根据安东尼奥·加西亚·德安德拉德的提议,在常设机构尚未解散之时,大会决定宣布同政府的冲突。议员们整夜没有分散而是聚集在一起(后来人们称此夜为"极度痛苦之夜"),尽管他们没有通过任何措施来确保同情他们的首都居民的支持,或者向外省发出号召。政府已集中了军队,11月12日早晨军队包围了制宪大会所在的大楼。并向议员宣读了一项法令,解散制宪大会，此后其中许多议员被逮捕。政变的消息引发了全国的抗议运动，它让居民中的广泛阶层表达出不满和失望，因为人们都希望获得独立后能改善自己的前景。

小资产阶级的幻想破灭感特别严重，因为独立并没有导向废除使之破产的同英国签订的贸易条约。资产阶级是无限制君主制的最积极的对手，因为他们对葡萄牙的老贵族掌控政权不满，并且害怕巴西再次变成受葡萄牙"庇护"的国家。共和主义变为他们的旗帜。在制宪大会解体后，这面旗帜由巴西的大种植园主和商人高举起来，但是现在他们的希望落空了：原先他们试图以"人民的代表"作为扩大其政治经济行动自由的空间的手段。

1817年拥护共和制运动的伯南布哥省曾是共和派鼓动和斗争的中心。1823年12月市政会在累西腓召开会议，并排除由皇帝任命的省政府，而以市政会议本身的成员组成的政府取而代之。伯南布哥的大商人曼努埃尔·德卡瓦洛·帕埃斯·达安德拉德被任命为省政府主席。1824年7月2日此人发表一项宣言和一项公告，宣布必须组建"赤道联盟"，预计由北方6省组成：伯南布哥、塞阿拉、帕拉伊巴、北里奥格兰德、巴伊亚和帕拉；此外，还表达了需要制定一部类似美利坚合众国和哥伦比亚的宪法，指责皇帝的专横，并号召全省民众展开一场反对敌人的冷静斗争。7月24日在伯南布哥宣布建立共和国。

帕拉伊巴、北里奥格兰德和塞阿拉宣布它们准备加入联盟。它们开始筹备在伯南布哥创建起义各省的中央领导机构。8月初，从里约热内卢调动对付起义者的由科克伦海军司令指挥的一支舰队和由利马·席尔瓦上校指挥的一个陆军旅进行北伐。当讨伐部队抵达累西腓时，该城全体居民及其周围地区民众暴动起来反对政府军，而支持共和派力量。但是起义领导者的行动表现出犹豫不决，省主席为躲避战斗的轰鸣声而逃往停泊在港口的英国船上。这样一来，累西腓市政会议开始谈判投降条件，然而，共和派的大多数人决定不放下武器，并在9月16日夜和17日放弃了受到持续炮火破坏的城市。帝国军队在清晨占领了累西腓。

共和派撤退了（其中有许多妇女和儿童），并在更为坚定和激进的运动的首领雅金·德阿穆尔·蒂维诺·坎塞亚内卡、若奥·苏亚雷斯·里斯本、若奥·吉莱尔梅·拉克利夫和其他人的领导下，集中于戈亚纳这个地方。在戈亚纳，累西腓的共和派得到该省主席费利克斯·安东尼奥·费雷

第二章　从殖民地向巴西帝国的过渡

拉·达阿尔布盖尔盖领导的帕拉伊巴共和派的一支大突击队的接待。他们决定转移到塞阿拉。共和派纵队采用了"赤道联盟之立宪制分队"的名称，拥有近3 000人。其参与者决定一直斗争到满足其两项基本要求：一是帝国军队从累西腓撤走，二是召开新的制宪大会。

当制宪分队边战斗边进军时，帝国军队在各地的君主制拥护者的帮助下深入到塞阿拉，占领了该省首府福塔莱萨。在特里斯滔·阿拉里佩指挥下的共和派部队撤出塞阿拉，他们向南移动，以图联合伯南布哥的共和派。10月31日，这支部队同帝国军队的主要力量相遇，并且被打败。当时累西腓和福塔莱萨已被帝国的讨伐部队控制，巴伊亚省圣萨尔瓦多城的共和派开始行动，支持"赤道联盟"，然而，起义准备不足，很快被粉碎。

制宪分队的英勇进军持续了几个月，但终被饥饿、长期行军、没有睡眠的黑夜所拖垮，被迫向帝国军队投降。在整个反叛的东北部、帝国取得了胜利，起义的领导人被送上军事法庭，约15人被处决。起义队伍的战士都成为残酷迫害的对象。1823—1824年共和派起义失败的根本原因与导致1817年暴动失败的原因相同。在巴西共和派没有决心废除奴隶制之时，他们就丧失了居民中相当一部分奴隶的支持。绝大多数奴隶对于共和制仍然持有冷漠态度。此外，起义者尽管宣布建立联盟，并且其领导人持续奋斗，但是他们并没有把6省的力量统一起来，创建一个起义的唯一领导中心，也没有把起义扩展到全国。

赤道联盟的战斗

帝国军队在打败联盟的武装力量之后,在全国建起了一个无限制的君主制。但是,反对专制制度的抵抗力量迫使这个政权用立宪制度给自己戴上面具,并且重申忠于独立。1823年12月一部新的《宪法(草案)》被制定出来。1824年3月,该《宪法》生效。《宪法》第一条确认了巴西的独立,表述如下:"巴西帝国构成全体巴西公民的政治联合体,组合为一个自由和独立的国家,不承认可能损害独立的任何联盟。"宪法的突出特点是授予皇帝全权,他有权任命各部大臣、官员、军队和舰队军官、外交代表和主教。皇帝可以颁布法令、指令和具有法律约束力的其他规定;可以宣战,同外国列强签订和约和签署条约,还授予他任命内阁阁员的权力。实际上,皇帝拥有凌驾于立法权和司法权之上的所谓"节制权"。他可以无视议会的多数,随心所欲地统治国家。

《宪法》规定设立总议会的常设机构,并将它置于完全依附于皇帝的地位,上议院:参议院的参议员都是由皇帝任命的终身议员,是皇帝从各省提出的候选人中选拔出来的;下议院:众议院由通过二级选举产生的议员组合而成。《宪法》剥夺了全国居民中绝大多数人的选举权。只有种植园主、商人、大型工业企业的业主和高级官员才有选举权。皇帝拥有召集和解散议会的权力,以及有权否决议会的决议。各省设置总理事会,由本地大产业主选举产生,它实际上成为一种咨询机构。关于省行政机构,皇帝任命省主席。《宪法》保障"一切意义上的财产权",也就是说,国家有责任保卫产业主,特别是奴隶主。

1824年版《宪法》在独立的巴西巩固了奴隶主、种植园主的经济权利和皇帝的无限制的权威。因此,争取国家独立的斗争并没有带来可感知的社会变革。独立后,保留了种植园的奴隶制,这给新国家的经济和政治生活打上了不可磨灭的印记。巴西的大庄园主仍然是国家的主要经济力量,并且对奴隶拥有绝对权力;至于地产主,他们保留了一定的封建特权,这就使之可以继续奴役依附于庄园的农民。

由于奴隶主——大多数大庄园主和巴西最大的商人(其大部分人是贩奴者)害怕奴隶的反抗,所以他们同葡萄牙贵族达成了妥协,后者继续掌控政权,而对庄园主作出一点让步。共和派代表了不赞成这种妥协的一些阶层的利益,但是他们没有能力以激进的方式解决奴隶制问题。在这种情况下,大多数自由民没有得到任何政治权利。

本地资产阶级作为一支活跃的力量,参加了争取独立的斗争,但是他

第二章 从殖民地向巴西帝国的过渡

们仍很软弱,几乎维持了原有的地位。虽然他们摆脱了殖民枷锁,但是他们仍然被国家经济中占主导地位的奴隶制捆住了手脚。此外,英国享有的经济特权,使之难以承受商品竞争。

君主制,维持葡萄牙人继续掌权的基本杠杆,使得庄园主在各地仍然握有主导权,而使得底层民众处于无权地位。奴隶制以及英国的影响,是独立后巴西的主要特征。同新独立的拉美其他国家相比,巴西相对平稳地实现了权力转移与合法化。正如美国学者E.布拉德福德·伯恩斯所评述的,"这主要是因为王室坐镇葡属美洲。协助巴西合法地从总督辖区到王国,再到帝国这一迅速而和平的政治过渡的,先是国王若昂六世,然后是其子佩德罗王子,佩德罗是王位继承人,却断绝了葡萄牙和巴西之间的关系,并戴上了新的帝国王冠……由于佩德罗的出生地和享有的继承权,以及通过巴西上层人物的合作,他的权力和地位立即取得合法性。作为布拉干萨王朝人,佩德罗继承了王室的权威。所有的权力象征均以他为中心,并提高了其身份。历史的先例使他的地位得到加强。由布拉干萨王朝人合法占有王位这一事实证明,它是统一这一新的巨大帝国最完美的办法"。

作者点评:

葡属美洲殖民地基本上平和地转型为独立的巴西帝国,这在美洲国家独立史上是绝无仅有的一例。但是,独立的巴西将传统的政治体制——君主制和传统的经济奴役制度——黑人奴隶制一直保持到19世纪末。无疑,这给现当代巴西的发展带来负面影响。首先,以传统的大庄园主为代表的保守势力长期掌控国家政权,阻碍了经济和社会革新;其次,它推迟了国家工业化和现代化进程的启动,从而长期维持着传统的单一初级产品出口的经济模式,使得国家所拥有的巨大发展潜力得不到充分发挥。

第三章 巴西帝国（1825—1889）

一、佩德罗一世的专制统治及其退位

到19世纪20年代中期，巴西帝国已形成一个十分复杂的社会组织。其奴隶制与扩展中的资本主义世界体系之间的矛盾是多方面社会冲突的基础。巴西多个经济部门主要利用黑人奴隶劳动来推动增长，但是同时这种状况从内到外损害了奴隶制自身。英国与巴西关系的独特性就是上述状况的明显例证。

1825年8月英国成功地让葡萄牙承认巴西帝国的独立。次年英国又迫使巴西政府签订一项贸易协定（1827年获得批准）。据此，过去对奴隶贸易的限制继续有效。此外，条约迫使巴西在1830年终止奴隶贸易。换言之，英国人保持巴西社会经济的落后性对其是有利的，同时他们又支持巴西奴隶主的君主制。当其设法阻碍奴隶贸易之时，即破坏了奴隶制本身，因为奴隶的艰难生活阻碍了劳动力的充分再生产，而同时又没有新奴隶的输入。

英国人在很大程度上促使巴西丢掉西斯布拉丁省这一包袱，因为当时佩德罗一世政府已很难维持对该地的控制。巴西宣布独立后，葡萄牙军队放弃了蒙得维的亚，这样只有莱科尔将军的巴西驻军留在该地。但是，实际上这支驻军只能维持在上述城市界线内巴西政府的权威。

1825年4月19日，以安东尼奥·拉瓦列哈为首的33名骑手穿过巴拉那河进入西斯布拉丁省领地，并号召乌拉圭人武装起义。8月25日，在佛罗里达城，乌拉圭人民代表大会宣布东岸（乌拉圭）独立。由于同巴西的战

第三章 ● 巴西帝国（1825—1889）

争远未结束，正在寻找盟友的乌拉圭人请求布宜诺斯艾利斯作为其国家的保护者。很早之前就觊觎东岸的阿根廷，决定马上让它加入拉普拉塔联合省（阿根廷）。作为回应，1825年12月10日，巴西对阿根廷宣战。

战争没有给巴西带来任何军事荣耀，巴西人接连遭遇失败。1827年2月20日，在伊图萨因戈（帕索·德罗萨里奥）巴西人被阿根廷人打败。然而，被内部不和所削弱的阿根廷政府不得不坐下来同巴西人谈判。阿根廷的代表未在条约上签字，因为该条约规定乌拉圭应维持其巴西帝国之西斯布拉丁省的地位。与此同时，乌拉圭人也并不赞同这一条约，他们继续战斗。阿根廷有不少人宣布反对该条约，认为它对国家是一种耻辱。最终，政府崩溃。阿根廷新政府命令重新展开军事行动。

战争继续进行，但是这次无论是巴西还是阿根廷都没有取得战果，因此1828年8月25日两国达成和解。由于乌拉圭人在争取其自由的斗争中百折不挠，所以两国承认"东岸"作为一个独立的国家。换言之，巴西放弃了西斯布拉丁省。没有赢得战争，这使得巴西人更加对佩德罗一世政府不满。在整个战争期间，民众已表达了愤懑，这就给巴西带来适得其反的后果。

登上巴西皇位以来，佩德罗一世就是一个专制君主的形象。他对1824年版《宪法》置若罔闻。在一个刚取得独立的国家，在很多人还在渴望建立其共和制的国家（这体现在不久之前还存在"赤道联盟"），佩德罗一世却反其道而行之，试图加强同老的宗主国葡萄牙的联系。

从争夺乌拉圭的战争一开始，这场战争就不得人心。当时，对于葡王将乌拉圭作为帝国的组成部分，很多人就感到有点不合情理。只有英国人从其昂贵的占领中获得了实际利益，因为他们可以通过蒙得维的亚同南美洲其他国家做生意。战争需要巨额资金和人数众多的士兵。因此，政府增加税收，募兵站组织征兵，甚至采取强制手段征召新兵。在军队供应和士兵薪金支付方面人们已感觉到资金不足。除此之外，官员和承包人的渎职形同将国库和士兵抢劫一空。

军队纪律是在严厉的惩罚的基础上维持下来的。无论是战争的目的还是军队的社会构成（军官曾是奴隶主，一部分士兵不久前还是奴隶）都帮助不了军队保持坚定性和完整性。与此同时，乌拉圭人以其自由思想感染着许多巴西人。军事的失败在军队中也引起了不满。战争的长期延续不断要求更多的经济投入，但是一个奴隶制国家没有条件持续投入，这就揭示了巴西经济的落后性和单一性,以及它对英国的依赖性。此外,英国实际上采取了十分自私自利的手法。它利用巴西的迫切需要,以高出国际市场3倍的价格向巴西出售商品和粮食、弹药等,而同时却实施反巴西的政策。

当时英国对于巴西占领乌拉圭并没有提出异议,巴西政府曾让英国人在蒙得维的亚自由贸易,而拒绝给予西班牙以贸易自由权利。但是,到了19世纪20年代后期,英国人完全反对巴西试图组织对蒙得维的亚的封锁,除此之外,他们支持在阿根廷与巴西之间存在一个小小的独立的乌拉圭。对于英国人来说,乌拉圭适宜于成为南美洲的开放门户,同时它在两大邻国阿根廷和巴西之间又像是众女神争夺的金苹果。英国人认为,干涉软弱的乌拉圭比插手巴西和阿根廷更加简易。以捍卫乌拉圭的独立为借口,英国人更易于维持他们在拉普拉塔河流域的贸易自由。这就是1827年和1828年英国人充当阿根廷人与巴西人坚持和平谈判的倡议者和调解人的理由。

征服乌拉圭的战争激活了黑人反对奴隶制的斗争。参加军队的部分黑人已获得了自由。由于大量军队士兵已集中在战斗地区,他们已完全不可能充当镇压奴隶反抗的工具。利用这种新形势,一些黑人开始逃离种植园。这一情况在巴伊亚省特别明显,在该省,黑人占总人口40%以上。

逃亡黑人聚集成群体,在一些偏远的地方组织成为自由公社,称为"基隆博斯"(Kilombos)。不少情况下,自由黑人成功地抵御了攻击他们的讨伐别动队,从而捍卫了自己的自由和独立。从1808年到1830年,巴伊亚省的圣萨尔瓦多城的黑人举行武装起义,反抗其主人。只是在经过浴血奋战后,借助正规军参战,奴隶主们才粉碎了这次起义。黑人奴隶所展开的行动是孤立的,不可能导向黑人的全面解放。从多年之前就形成的根深蒂固的社会偏见,推动了奴隶主和很多平民组成统一阵线来对付黑人奴隶,这看上去有利于帝国政府的生存。但是,在上述时期,尽管黑人的反抗活动同已出现的反对佩德罗一世政府的运动没有联系,但其在奴隶主阵营播下了不信任和不安全的种子,这些行动有助于侵蚀皇帝的权力。

佩德罗一世本人的行为在很大程度上也激活了民众对现存秩序的不满情绪。到和约签订之时,皇帝已丧失了其剩余的"伟大"部分。甚至过去认为应公正地将他视为为国家赢得独立的英雄的那些人,如今也感到失望。由于佩德罗一世宣布他打算为自己保留葡萄牙的布拉干萨王朝王位,

第三章 巴西帝国（1825—1889）

所以他的反巴西的态度已是昭然若揭了。作为这个王位的继承人，他在各种巴西国家法令文本上，签名为"葡萄牙的唐佩德罗一世"。这种签名甚至出现在巴西《宪法》文本上。在一个刚独立的国家，皇帝的这种行为不能不引起民众的担忧和不信任。在皇帝周围的葡萄牙人对国家的影响，甚至让忠于他的巴西大庄园主也难以承受。除了皇帝反爱国主义的行为之外，还有其粗俗的私生活和政治专制主义。比如，同英国签订的贸易条约是在他批准之后，提交给议员的。当首要立法机构国会的最后一次会议结束之时，佩德罗一世对议员们表现出十分傲慢的态度。人们尤其不会原谅皇帝迫使巴西支付葡萄牙的国债，接受同英国的贸易条约中加重经济负担的条件和该条约所规定的对奴隶贸易的限制。对于巴西民众来说，佩德罗一世已经变成独立国家新生活的骗人幻想的象征。1830年年初，在巴西，除了皇帝身边的葡萄牙人之外，几乎所有的人都对佩德罗一世感到愤怒，有时是仇恨。

《里约热内卢曙光》报已变成反对帝国专制制度的一面旗帜。1827年在埃瓦里斯托·达贝加的领导下发行的这份报纸，围绕着反专制问题，聚集了一批最突出的佩德罗一世的敌人，其中有参议员贝尔盖罗和红衣主教安东尼奥·费若。

在全国，酝酿已久的不满情绪的爆发，是受到1830年7月法国革命的推动而加速出现的。法国革命激励了反对专制制度的勇气，并加速了共和派主张的扩展。在巴西，无论是反专制还是主张共和制，都是同敌视葡萄牙人的情绪联系在一起的。1831年3月13日和14日，在里约热内卢的街道上，皇帝的葡萄牙人党徒同巴西人发生了激烈的冲突。巴西人利用从被破坏的葡萄牙人酒店和零售店中偷来的瓶子作武器，对付保皇派。这样，在巴西历史文献中把3月13日和14日之夜命名为"酒瓶之夜"。

当其横行霸道在议会遇到反抗时，皇帝不可能对其忠诚者再进行欺骗了，佩德罗一世决定向前迈出几步。按其所作的估计，这样就可以加强其地位了。1831年3月20日，他任命了由巴西人组成的新内阁。但是，不久他对这个内阁不满意，因此予以解散，而由其圈内更加令人憎恨的人物组成新内阁。

人们耐心等待。终于，愤怒的民众走上里约热内卢的街头，要求允许3月20日任命的阁员回到内阁。4月6日，地方驻军部队同愤怒的居民聚集在一起。抗议运动扩展到各省。然而，皇帝尚未理解所发生一切的意义。

他对前来请求恢复上一届阁员职位的一个法官代表团作出这样的回答："我准备做的一切都是为了人民,但是没有得到人民的任何支持。"这就是这位皇帝在巴西留下的众所周知的最后言辞。很快有人向他通报,军队和警察不再向他提供保护,皇家卫队离弃自己的岗位而加入到武装的民众队伍中。1831年4月7日夜,他宣布退位,而将帝位禅让给他5岁的儿子。两个星期之后,佩德罗一世离开了巴西。

在皇帝退位的同一天,总议会推举了一个摄政委员会,它以佩德罗二世的名义来领导国家。该委员会由卡拉维拉斯侯爵、坎波斯·贝尔盖罗参议员和利马·席尔瓦将军组成。这样,温和自由派上台掌权,其政治纲领当时仅限于要求佩德罗一世退位,清除高层中葡萄牙出身的高级官员。这是巴西大庄园主的一份纲领,这些人都是依靠葡萄牙贵族而谋得权力的。

摄政委员会主张建立和巩固无人与之竞争的大庄园主政权,给他们创造良好的条件,以最有利可图的方式,也就是主要利用黑人奴隶和其他劳动力来发展初级产品经济。从其执政的初期起这种政策就已形成,并付诸实施。该委员会的当务之急就是抑制民众运动。它发出号召,要求保持现存秩序,不要为行政机构的运作设置障碍。1831年6月5日,总议会通过一项法律,禁止夜间集会,扩大警察的权限,可以因政治原因而实行逮捕,并允许政府撤换调停官。由于士兵经常同人民群众的要求保持一致,所以紧急组建国民警卫队。挑选富裕的市民组成该警卫队,因为面对可能的奴隶暴动和城市贫民的各种行动,这支队伍可以保卫其财产和利益。正是由于这些意图,警卫队设定了很高的财产登记进入准则。

1831年6月17日,摄政委员会的成员作了更新,现在成员是利马·席尔瓦、科斯塔·卡尔瓦洛、布劳略·穆尼斯。新的委员会颁布了两项重要的法令。第一项是废除长子继承权;第二项是履行与英国签订的条约,禁止新的奴隶进入巴西。这两项法令反映了资本主义关系发展的需要,因为它们限制了奴隶制和封建的法律秩序的范围。将近海贸易航行业务国有化的法律也是追求同样的目标。但是,有必要指出,这些法律的有效性受到以下因素的巨大限制:大庄园主的经济主导权及其横行霸道,国内市场上英国人的竞争和一直存在的奴隶制。

这样,1831年11月7日的法令——禁止奴隶进入本国和宣布奴隶在进入巴西领土上将自动获得自由,虽然对于支持废除奴隶制的运动有重要意义,但是实际效果不大。颁布该法从实质上看是摄政委员会对英国的压

第三章 ● 巴西帝国（1825—1889）

力作出的让步。在形式上，该法发挥了变革者的作用。然而，实际上委员会的巨头尽其所能，同其他奴隶主一起施展手段让该法变成一纸空文。只有被派遣来捕捉贩奴船的英国军事执法人员监督该法的实施。没有人考虑解放奴隶，而是想方设法避开英国人的巡逻队，从而避免奴隶被释放。这样，19世纪30年代，每年输入巴西的奴隶仍然近4万人，而该数字年年增长。

新的摄政委员会维持趋向建立和加强保障大庄园主主导权的制度。1831年7月，一起在首都以宪政民主化为口号而进行的民主行动被挫败。委员会强有力地镇压了具有左翼色彩的一切不满情绪的宣泄行为，然而并不采取严厉措施，来对付以从国外回巴西的安德拉德和席尔瓦兄弟为首的拥护前皇帝复位的党徒。这样，合乎逻辑地极力推崇在君主制框架内争取独立运动的老的首领若泽·博尼法西奥的政治路线得以出头。在佩德罗一世退位后，博尼法西奥被任命为小皇帝的教导者。如今此人已成为专制主义拥护者的首领，他的这种政治主张在高级行政机构和教会高级教士及军人中拥有相当多的坚定的支持者。

摄政委员会的保守主义再次刺激了国内的共和派运动。在走向变革的道路上共和派只是在佩德罗一世下台时跨出了第一步，但是他们不可能满足于已得的成果——1831年4月的事件。最激进的共和派当时被叫做"狂热分子"（exaltados），这是从西班牙革命术语中搬过来的名称。"狂热分子"代表了巴西社会中某些阶层，国家独立的实现没有给他们带来任何东西，尽管他们曾经为此进行了毫不动摇的斗争；这些阶层比其他人更加遭受到葡萄牙人的严厉统治和君主的专横之苦，他们就是小商人和小企业主、知识分子、部分兵士、中下级军官、城市贫民和中农。

"狂热分子"要求通过实行保护性关税和限制葡萄牙商人的活动，来捍卫本国商业，因为葡萄牙商人控制了几乎所有的大商业。与此同时，他们借助共和派口号宣传联邦主义主张，其中包括使得共和派起义传统具体化，渴望从过去起义中找到反君主制的依据。这也展示出了巴西资产阶级的软弱性，他们的志趣很少超越本省的界限。

对于佩德罗一世下台后主导形势的不满，越来越频繁地演变为地方暴动，而摄政委员会也越来越难以粉碎它们。为了消弭日益增多的动乱、"狂热分子"口号的吸引力，减轻支持前皇帝复辟的保皇派带来的巨大压力，委员会决定进行宪法改革。1834年8月12日，在经过3年的论战之后，这一改

参与起草首部巴西《宪法》的贵族马科斯

革最终由总议会通过,其具体形式为"1824年宪法附加议定书"。

"附加议定书"实际上巩固了佩德罗一世退位后所开创的形势:在让追随皇帝的葡萄牙人靠边站之后,巴西大庄园主上台执政。国务院被撤销,因为其成员是由皇帝任命的,各部大臣都是君主的天然追随者,终身任职。众议院拥有更加广泛的权力。联邦主义得到回应:给各省议会授予立法权(在地方预算、各种赋税方面)、省议员享有议员豁免权。与此同时,中央集权制倾向也得到了补偿,保留了中央政府任命省主席的特别权力,而省主席则拥有批准省议会各项决议的全权。

"附加议定书"以仅一名摄政官取代了常设摄政委员会。如果在各省权利问题上摄政委员会采取了向左派妥协的立场,那么在有关摄政形式上其持同右派相协调的态度,右派坚持认为雅努亚利娅(Januaria)公主已成年,应向她移交摄政权。如果这样做,在当时情势下,就意味着保皇派的胜利。而温和派则同意由一人摄政,这样可以加强行政权,但是他们拒绝承认成年的公主可以继承权力。

按照"附加议定书",摄政官应经选举产生。由依据财产登记确定有选举权者选举。摄政官在第二轮投票中当选。这些条件和在地方上是至高无上者这一事实,使得大庄园主变成国家政治生活的主人。当选的摄政官可以帮助他们抵御保皇派的各种伎俩,而后者试图立即攫取政权。过不了多长时间王位继承人就能达到登基年龄了,因此,保皇派可能实现政治联合来威胁巴西大庄园主继而掌握政权的时间,已所剩不多。"附加议定书"的地位已得到加固。

二、19世纪30年代和40年代:共和派起义与民众斗争高潮期

1835年4月7日,温和自由派迪奥戈·安东尼奥·费若(1783—1843)当选为摄政官(1835—1837),成为巴西政府的首脑。他出生于圣保罗省,

第三章 ● 巴西帝国（1825—1889）

1807年成为红衣主教。曾以众议员身份，于1822年4月25日在葡萄牙议会发表演说，要求巴西独立。在其摄政官任内，代表大庄园主势力，主张朝廷改良，实行各省自治。费若组成新内阁，人们认为新政府可以平静地利用所取得的地位治理国家。然而，正当此时，一个令人震惊的消息传到首都：东北部亚马孙河口附近的贝伦城爆发起义，它拉开了漫长的国内斗争的序幕。

大庄园主的政权，此时未被皇帝的专制横行及其身边葡萄牙人小集团的霸道所遮盖，在一定程度上这个政权的专横是有增无减的，它就像沉重的大山压在奴隶、农民、佃户、小商人和地方小企业主的身上。在这样的氛围中，民众自发的愤怒情绪频繁爆发。在宣泄不满情绪者中，最固执的是贝伦的中下层居民，他们得到周围村庄的农民的支持。

站在贝伦居民的斗争前面的人是安东尼奥·比纳格拉和埃杜阿多·弗朗西斯科·诺盖罗（绰号为"安吉林"）。在他们的领导下，起义者于1月7日夺占了该城的行政机构大楼，并革除了省政府。在很短时间内整个帕拉省都在暴动者的控制之下。但是同样也很快地，这次行动的自发性表现出来了。起义的领导者并没有提出明确的号召将其追随者组合在一起，虽然宣布反对摄政官，但是他们同时也声明忠于佩德罗二世。这就是说，暴动者只反腐败官僚，而不反皇帝；实际上他们只想求助于"好皇帝"，来反对"坏大臣"。

1835年中期，政府和国民警卫队的部队开始攻击暴动者，他们切断贝伦同帕拉省其他城市的联系，并于6月6日攻占该城。"安吉林"和比纳格拉同一批暴动者向北面亚马孙河地区撤退。在那里他们成为土著人的盟友，后者一直愤恨巴西当局的歧视政策：从很久以前起就将其部落从居住地驱逐到热带雨林地区。聚集在一起的白人、黑白混血种人、印欧混血种人、黑人、土著人和奴隶创建了一支3 000人的军队。他们于1835年8月打败了政府军，并收复了贝伦城。而安东尼奥·比纳格拉阵亡于城墙下。激烈的战斗激起了起义者的直觉，他们不再相信帝位的小继承者佩德罗二世的施恩作用。在贝伦城，起义者宣布建立帕拉共和国。

"安吉林"当选为共和国总统。这个新共和国存在了9个月，它采取一切手段，抵抗人数众多的敌人。这种暴力对抗阻碍了起义者采取切实可行的办法实现各种社会变革，虽然起义者首领实际上也并没有确定的变革纲领。同起义的第一阶段情况一样，上述斗争形势使之丧失了斗争的必要方针。与此同时,本地所有的大庄园主都举行暴动,反对共和国。依靠他们的帮助,政府军抵达该地,贝伦城重新被包围。如果说这种形势还不算太严重的话,那么更为可怕的敌人随之而来:流行病天花迅速传播。

在进行了一场绝望的抵抗之后,起义者放弃了城市,向北撤退,其中一部分人抵达亚马孙河,他们在土著人的支持下开展了三年多的游击战。然而后来,政府军成功地击溃了最后几批起义者。我们所讲的这次起义被命名为"贫民窟人之战"(Cabanada),这一名称来自"Cabana"一词,也就是"茅屋"、"贫民窟"的意思。这一命名说明了所发生事件的社会意义。对于庄园主来说,起义者都是"贫民窟之民"(Cabaneros),这是该词的贬义表述。在这一命名中,起义者也表达了他们的不幸命运。贝伦城的起义始于1835年1月7日,而同年1月24日,在巴伊亚首府圣萨尔瓦多城,黑人发起暴动。但当局已掌握了他们准备起义的情报,并采取了预防措施,武装巡逻队开始搜查可能用作谋反者集会场所的房屋。当由拉萨罗·维伊拉·达阿米拉尔中尉指挥的一支巡逻队来到一座房屋时,从中冲出60名拥有武装的黑人。士兵们逃之夭夭,只留下一名伤员和一具尸体。

在起义者得到增援之后,他们试图夺取兵营和学校大楼,但是他们没能实现这些目标就撤退了。政府军派出骑兵队来对付起义者,双方交战了15分钟,起义者开始逃跑。一部分逃往附近的小山上;另一批人逃往海上,其中很多人溺亡。1835年9月下旬,当人们对巴伊亚事件还记忆犹新,还有人提起"贫民窟之民"时,在南里奥格兰德省爆发了起义。9月21日,起义者进入省首府阿雷格里港,很快全省都在他们的掌握中。

南里奥格兰德的几乎所有居民都反对摄政官。这个省的经济独特性之一便是种植园的奴隶制发展较弱。这里的畜牧业并没有刺激该制度的发展,而在大牧场工作的劳动者主要是自由高乔人(gauchos,南美大草原上的混血种人)。该省的土地和畜牧业主、放牧者和看林人、本地的企业主和商人都同全国占主导地位的奴隶制没有重要的联系。相反他们都感受到中央政权的专制统治的压迫,因为这一政权的主要任务就是维持奴隶制度,全省居民都必须承受沉重的苛捐杂税。士兵都是因为政府的暴力手段被迫入伍的。这一切在南里奥格兰德的居民中引起了强烈的不满。同时来自邻国的乌拉圭和阿根廷的共和主义思想对他们也有很大的影响。

对乌拉圭和阿根廷的战争给该省居民带来沉重的经济负担。在佩德

第三章 巴西帝国（1825—1889）

罗一世退位之后，南里奥格兰德的居民坚决表达其不满，坚持反对摄政委员会的明显分离主义精神。庄园主和高乔人都声明反对中央政权。这样，两者之间的表面家长制和高乔人的表面自由掩盖了社会地位的差别和矛盾。

与"贫民窟人之战"不同，南里奥格兰德的起义并非自发：共和制支持者开始准备活动，其中蒂托·利维奥·赞贝卡里最为突出，他是移民而来的意大利烧炭党人。他发行的报纸《共和党人》是自由派思想的代言者，号召进行反对君主制的斗争，并谴责奴隶制。本地的庄园主、上尉本托·贡萨尔维斯当选为起义的军事领导人。尽管庄园主参加并领导了这次起义，但是其他各省的奴隶主却把南里奥格兰德的起义者称作"衣衫褴褛者"（farapos），因为在当时的巴西已形成一个习惯：把一个人的社会地位、财富和威望同拥有奴隶的人数联系在一起。人们都能理解，这一轻蔑性的名词主要是指从民众中间走出来的普通起义者。

在9月取得胜利不久，起义者之间的团结不像行动初期那样坚定，开始出现分歧。本地庄园主推测，由于所取得的胜利和一个事实：政府正忙于对付"贫民窟之民"的战争，所以起义者将不会冒很大的危险，且用不着求助于民众，就能取得一些优势。由于庄园主的压力，起义者开始同摄政官的代表举行谈判，同时庄园主还阻止军事行动，从而将有利的条件置于一边，不能够进一步扩大最初的一些军事成就。

"衣衫褴褛者"

赞贝卡里、多明戈·何塞·德阿尔梅达和其他共和制的强有力的支持者试图阻止这种阴谋,因为它会把全省的大多数居民置于像过去一样的被压迫的境地。他们坚持宣布建立共和国,而将全省从巴西分离出来。谈判中止了,但是,起义者丧失了有利的时机,这就被摄政官方面所利用。1836年6月15日,君主制的拥护者夺占了阿雷格里港,并在那里集中政府军部队。政府军的其他部队从北面抵达。本托·贡萨尔维斯连同一支起义军别动队被敌人俘虏。在里约热内卢,摄政官政府希望在暴动的省份完全恢复帝国的政权。新出现的政治和军事情势给起义者注入了新的力量,这样在南里奥格兰德,共和派增加了可观的人数。同年11月5日,在该省的皮拉蒂宁城(Piratinim)宣布建立独立的共和国,该城变成起义者的首都,选举本托·贡萨尔维斯为共和国总统。但是,由于此人已经被俘,所以任命何塞·戈麦斯·德巴斯贡塞利奥斯·雅廷为临时总统。这样,在老的巴西帝国境内形成了两个国家,在长达10年的时间内,它们都过着自己的复杂的生活,尽管两者处于战争状态。

南里奥格兰德省的分离使摄政官的地位并不十分稳固。以贝纳多·德巴斯贡塞洛斯·阿劳若·利马和奥诺里奥·埃尔梅托为代表的保守派长期搞阴谋诡计,对付自由派首领费若。正是在这一时期,无论是自由派还是保守派已经着手组建其过去不存在的自己的政党。两个党派之间的斗争伴随着每个党内部的小集团斗争。无论如何,政党或派别的统一和划分界限既不是由于政治动因,又不是围绕着一个或另一个有影响的人物展开的。实际上,自由派和保守派之间的差别主要在于后者偏爱旧秩序和国家权力中央集权化。

到1837年夏,自由派与保守派之间的斗争达到尖锐化程度。保守派利用政府无力镇压南里奥格兰德起义,发动总议会指责摄政官缺少坚定性。1837年9月19日,费若辞职,权力移交给了保守派阿劳若·利马(1793—1870)手中,后者开始接任摄政官(1837—1840)。此人出生于伯南布哥省,大庄园主出身;1819年在葡萄牙科英布拉大学获得法学博士学位;1821年为出席葡萄牙制宪会议代表;回国后积极参与独立运动。阿劳若·利马作为新的摄政官,不仅对里奥格兰德共和国继续进行战争,而且必须向国家的北部派遣部队,以预防动乱,因为北方居民的不满情绪日趋增长。

1837年11月7日,在圣萨尔瓦多爆发了起义,宣布巴伊亚省独立,并组建了巴伊亚共和国政府。然而,该城很快受到摄政官军队的围困。起义

第三章 巴西帝国（1825—1889）

巴拉亚达起义

的影响没有越出该城的界限。尽管如此，共和派政权在圣萨尔瓦多维持到1838年春季。同年3月13日，中央政府军突袭该城。圣萨尔瓦多的保卫者进行了英勇的抵抗，直到第四天，也就是3月16日该城被攻破。巴伊亚首府的起义者为纪念其主要的开创者，当地"狂热派"首领、黑白混血种人萨比诺·别拉（Sabino vieira），因此命名其为"萨比纳达"（Sabinada）。由于多种原因，这次起义影响很有限，起义并没有吸引黑人大众，而他们是该省人数最多和受压迫最深重的阶层。甚至"狂热派"都没有触及反对奴隶制的问题。

粉碎圣萨尔瓦多起义的政府军部队在经过短暂的休整之后，马上被派往北方马拉尼昂省。在那里牧牛人、农民和手工业者在篮筐编织匠曼努埃尔·弗朗西斯科·德安若斯·费雷拉的带领下揭竿而起，反对行政当局的专制统治。由此，以他为首的起义被称为"巴拉亚达"（Balaiada），该词源自"balaia"，也就是"篮筐"之意。1839年5月，起义者接近该省第二大城市卡希亚斯。同时逃亡奴隶的一个大型"基隆博斯"的首领科斯米率领黑人加入起义军。7月1日，卡希亚斯被起义军攻占。这是一个巨大的胜利，尽管后来该城又被敌人夺回。

起义者所具有的自发性和勇气在夺取了卡希亚斯之后冷却了下来，当时一个名叫"本特维"（Bemtevi，一种鸟的名称）党派成员加入该队伍。这是在马拉尼昂省一个合法的反对派组织，它在要求政治权益方面十分温和。在起义者进入卡希亚斯之时,"本特维"党人掌控了起义运动的领导权。但是,他们不仅没有设法加紧展开由起义者成功开创的军事行动,反而同省主席坐下来谈判。当这种谈判进行之时,起义者团结在一起的自发推动力已经熄灭了。起义军被划分为若干别动队,每支队伍开始按照自己的准则行事。力量的分散使起义者在本省都没能改变现存秩序。1840—1841年,省主席路易斯·阿尔比苏·德利马的军队打败了在马拉尼昂和皮奥伊两省活动的最后几批起义者。由于进行讨伐性军事行动的成就,摄政官给阿尔比苏·德利马授予卡希亚斯男爵爵位。

尽管在北方各省,民众运动的影响不太严重,但是在30年间在阿拉戈斯、帕拉伊巴、圣保罗、马托格罗索、戈亚斯和北里奥格兰德都爆发了民众自发起义,后来都被摄政官的军队一一粉碎。掌控国家的保守派就利用粉碎民众起义的这些成果,来打击联邦主义。1840年5月,摄政官政府颁布一项法律,减少各省立法动议权,而各省的新主席拥有更广泛的权力。

同年7月23日,总议会宣布14岁的佩德罗二世已成年,他成为拥有全权的皇帝。1841年11月,国务院恢复了,皇帝任命了12名终身阁员。12月,按照一项特别法,缩减仲裁法院的职能,同时扩大警察的权力。保守派认为,其地位已充分得到巩固,并提出要改变他们在总议会的状况,因为自由派在众议院处于多数地位。1840年5月1日,众议院宣布解散。

自由派以在圣萨尔瓦多和米纳斯吉拉斯发动起义作为回应。主要是自由派奴隶主及其庄园的仆从人员参加了起义。而两省的民众并没有积极响应庄园主发出的号召,因为民众懂得此号召只是庄园主追求实现掌权意愿的手段。起义者没有达到夺取两省主要城市的目的,他们在所活动的地方并没有对派来的政府军部队进行坚决抵抗。讨伐性远征的专家,卡希亚斯男爵迅速地镇压了造反的自由派。

自由派在军事行动方面已经输掉了,但是也取得了些许政治成果。政府倾其全力来对付

老年时期佩德罗二世

第三章 巴西帝国（1825—1889）

民众起义，因为这些反叛行动已经削弱了这个奴隶制国家的力量。在这种形势下，帝国不得不决定解决严重而危险的内部冲突。所以，政府决定向自由派作出一些让步，以便让后者同保守派一起对付共同的敌人："衣衫褴褛者"、"贫民窟之民"、"篮筐编织者"和里奥格兰德共和国。事实上，自由派并没有被军事行动镇压下去，而是在1840年中期被组织进了政府。

自由派上台执政，持有坚定的决心终结里奥格兰德共和国，它的存在是对巴西的整个奴隶制度的威胁，因为它是成功地与帝国分离的榜样，是走向无君主国家的实例。在里奥格兰德共和国推动贸易，解放奴隶，让他们参加军队，让从帝国逃出的奴隶受到庇护。周围各个邻国都同情共和国，它在欧洲也得到很多称赞。

对于巴西帝国来说，对里奥格兰德的战争并不是一件易事，不仅从政治观点看，而且在其他方面也有很多问题。首先，帝国需要大量资金，用来向军队提供军需品。其次，在军队后方存在不稳定因素，必须拥有相当多的后备力量，以补充疲惫而士气低落的清剿远征队。在这种形势下，政府必须采取措施，来巩固一切可以依靠的力量，这些措施之首是保守派和自由派之间的协调。再次，1844年8月12日，佩德罗二世政府通过一项法令，提高外国商品的关税，并且拒绝修改同英国的贸易条约。借助这些措施，政府试图终结巴西资产阶级持久的不满情绪，因为在搅乱国家的各次暴动中该阶级在不同程度上是不可缺少的参与者。

这个目的在一定程度上达到了。通过政府所实施的这些手法，部分资产阶级有可能扩大他们在经济领域中的行动自由，随后同现存的秩序实现协调。由于尚很弱小的巴西资产阶级的活动特别局限于商业和手工业，所以这种妥协是可能实现的。在国家实现独立之后，他们的主要权益在于捍卫其商业和小生产企业，使之不受英国人和葡萄牙人竞争的影响。在尚无必要利用很多自由劳动力之时，资产阶级并没有必要提出废除奴隶制问题。当时这个阶级寻求在奴隶制度下，对自己更为有利的条件，而并不是走激进破坏的道路。甚至是里奥格兰德共和国，在这条道路上也不可能走得很远。

从共和国政府存在的最初几天起，它就宣布解放已参加军队的奴隶。由于尽可能迅速地创建其自己的武装力量的巨大需要，以及在共和国奴隶制并不构成经济生活的基础，所以就比较易于实现其初期的奴隶解放。然而，前述的措施在实践上所涉及的范围并不大，奴隶制的存在仍然是合法的，并受到国家的保护。即使很多意大利烧炭党人为共和国而斗争，并且破坏了奴隶制，但是他们在废除这一制度方面并没有作出多少努力。基本上是庄园主的起义首领，没有能力损害其他庄园主的"活货"，甚至也不敢触及其敌人的"活货"。在里奥格兰德共和国，奴隶制传统是同当时的先锋思想背道而驰的。这反映了巴西的现实，已出现在国家内部的资本主义对它影响不大。而资本主义生产关系在当时的西方世界却处于蓬勃发展的阶段。

1837年9月，本托·贡萨尔维斯从监禁地逃脱，并担任总统职位。此外，另一位意大利爱国者、革命者裘塞佩·加里瓦尔迪接受了战火的洗礼，并因其军事业绩而获得荣耀。加里瓦尔迪率领英勇无畏的水手、大胆和训练有素的高乔人骑手、勇敢而卑微的黑人成功地击退了帝国军队的进攻。1839年，"衣衫褴褛者"发动一次大进攻，以夺取圣卡塔琳娜省。通过海上和陆地上的军事行动，7月23日，共和国军队夺占了该省首府拉古纳（laguna），次日在那里宣布建立共和国（"七月共和国"）。

圣卡塔琳娜共和国存在的时间很短。这里的本地奴隶主人数比里奥格兰德多得多，他们只是在表面上接受了共和制，按照暂时需要而屈从这一政权。"衣衫褴褛者"没有对他们进行必要的触动，而且经常表现得像征服者一样。因此，1839年秋季，帝国军队开始反攻，并于11月15日夺占了拉古纳。而"七月共和国"的居民对于所发生的事件持有冷漠态度，随着时间的推移，他们甚至敌视"衣衫褴褛者"。这个共和国政府没有进行任何抵抗，就向帝国军队投降。"衣衫褴褛者"没有实现重新夺取阿雷格里港的目标，并撤出了圣卡塔琳娜。他们在军事行动的首创性方面退步了，他们很快也丧失了政治首创性。

1842年12月1日，里奥格兰德的制宪大会在阿莱格雷特开始了，它必须采纳共和国宪法。但是，由于议员们没能

本托·贡萨尔维斯

第三章 巴西帝国（1825—1889）

达成协调决议，大会没有完成其任务，这样的结局使得很多共和国战士很失望，因为他们在战场上作出了牺牲，长期耐心地等待为之奋斗的愿望实现的时刻。"衣衫褴褛者"军队的大多数士兵主要愿望之一就是获得一块土地；而队伍中的高乔人和依附于庄园主的其他劳动者曾经处在极其不公平的环境中；同时，奴隶们渴望获得自由。

但是，制宪大会并没有体味到大多数士兵对它所寄予的期望，这就大大地削弱了共和派军队的士气。"衣衫褴褛者"所处的形势还涉及外部的各种因素。从1843年2月起，乌拉圭停止了对他们的援助，因为阿根廷的独裁者罗萨斯的军队已深入到该国的领土。以上各种困难加重了里奥格兰德领导人之间的分歧。本托·贡萨尔维斯辞职，而德巴斯贡塞利奥斯·雅廷接任总统职位。倾向于同帝国政府妥协的人数增加了。正是在此时，南里奥格兰德省主席任命的卡希亚斯男爵利用帝国军队的巨大力量，包围了"衣衫褴褛者"部队，重新夺取了共和国的一个又一个城市。

共和派在整整一年时间内尚能展开游击战，他们在辽阔的大草原上借助这种战争方式将斗争延长了很久，然而，共和国领导人已经丧失了斗志，他们决定同帝国政府进行谈判，以便取得某些利益。在里约热内卢，政府同意谈判，希望尽可能快地结束战争，因为这种战争可能成为帝国渐趋崩溃的开端。1845年2月25日，斗争双方签订"绥靖纪要"；同时对于"衣衫褴褛者"来说，这也是一个友好的纪要。按照这一纪要，废除共和国政府的一切法律。确实，有一项条款规定，被共和国解放的奴隶不回归到原先的主人身边，而是转变为"国有奴隶"一类中，这是对共和国队伍中"衣衫褴褛者"作出的一点可怜的让步。相反，南里奥格兰德的庄园主获得了提名自己作为省主席候选人的权利，保留了其军事头衔及其所担任的大多数职务。帝国的庄园主与共和国庄园主之间的停战在本质上是在维持奴隶制的基础上实现的。这对于前者来说是根本必要的，而对于后者来说则并不是大问题。庄园主们达成了谅解；而奴隶仍然当奴隶；高乔人则被糊弄和扰乱，他们对一块土地的渴望一直存在。

里奥格兰德共和国被打败之后，巴西社会相对平静了3年，国家的各统治阶级实现了暂时的妥协，但是他们极其害怕民众起义的爆发，因此努力避免引起各阶层矛盾的尖锐化。然而，他们没能成功地避免冲突。1848年帝国重新变成武装斗争的战场。

很久之前，伯南布哥省的首府累西腓的商人就对葡萄牙人和英国人在本地市场上占据主导地位，感到十分愤懑。而该城的其他居民与手工业者和知识分子也感到不满。累西腓的居民不仅想要摆脱对外国垄断商和供应商的依附关系，而且希望挣脱卡尔巴尔甘蒂家族的各个巨大的甘蔗种植园主人对于该城和全省施加的暴虐。

为了争取自己的权利，累西腓有激进倾向的居民组织了一个党派，命名为"海滨人"（Praieiros），该名正是印发其报纸的印刷厂所在的街道名称。"海滨人"的活动又受到欧洲1848年革命事件的激励，该革命对于争取公民自由的巴西斗士发挥了相当大的影响。此外，"海滨人"同1848年9月已经丧失政权的自由派很接近。保守派政府任命了一名其支持者担任伯南布哥省主席，这被"海滨人"认为是对其政治生存的直接威胁。

"海滨人"开始组织起义。1848年11月7日，由他们组织的突击队集中在累西腓周围，并且切断了城市同本省其他地方的联系。其起义纲领在事件发生过程中不断修改，但是其基本要点可以浓缩如下：将所有的葡萄牙商人驱逐出累西腓，将本地所有的商业转移到巴西人手中；实行选举和奴隶之外的公民自由；禁止强制招募兵员，扩大各省权利。除了这些普遍的政治权益，还添加了两项十分重要的且应予重新确定的权利：起义者要求国家保障所有劳动者的工作，把卡尔巴尔甘蒂家族的土地重新分配。但是，在这个如此激进的纲领中，丝毫未提及废除奴隶制，甚至部分废除这一制度的问题。

1849年年初，起义者开始进攻累西腓。在作出了巨大的努力后，政府军才成功地阻止了起义者。起义者被打败后，放弃了夺占省首府的想法。后来，起义军分成两个纵队：博尔吉斯·德丰塞卡指挥的北方纵队，成功抵达帕拉伊巴；佩德罗·伊沃率领的南方纵队，集中于阿瓜普列塔，其战术在于在前进过程中不断地吸收新的人员。

帝国军队阻止了起义计划的实施。他们不间断地追击撤退中的起义者，而不让后者有扩展其起义影响的时间和空间。在这种情况下，在丧失了胜利的信心后，文职领导人和一些军事指挥者随意地抛弃了起义者而自行逃跑。战士们吃惊地发现，博尔吉斯做了俘虏；而佩德罗·伊沃还坚持了两年的斗争，最后不得不投降。

在19世纪30—40年代的巴西历史上，在几乎不曾间断的民众运动周期中，伯南布哥起义是最后一次大的暴动。在国家的社会生活中，出现如

第三章 ●巴西帝国（1825—1889）

此多的急风暴雨般的动乱,说明了如下事实:争取独立的斗争未曾严肃触及巴西政治和社会的深层次问题。巴西独立后保持了君主制和奴隶制。葡萄牙的影响缓慢而又艰难地逐渐消退,但是英国的影响却在持续增长。这一切消磨了民众中广泛阶层的持续不满情绪。当时的社会经济现实给这个奴隶制帝国注入了生存的力量,而削弱了反对它的各种派别:在那个时期,奴隶制尚未耗竭,它仍然是可以赢利的劳动力制度。国家所有的自由民通过各种各样的方式,同奴隶制度相联系。这个奴隶制社会的种族偏见仍然是鲜活的。因此,甚至是最激进的起义者在其处境最为艰难的时期都未曾想到废除奴隶制。

三、奴隶制危机与巴拉圭战争

19世纪40年代末奴隶主阶级的统治看上去没有受到任何人的威胁;世界市场对蔗糖,特别是咖啡的需求日益增长。这在很大程度上支持了奴隶制的持久存在,因为依靠黑奴劳动力生产的这些产品已变成整个国家的主要财富。大部分奴隶正是在这样的背景下,在40年代末输入的。奴隶贩子成功地躲避了英国人的拦截线,每年将5万多名奴隶输入国内,但是这些黑人确实不知道存在给予他们自由的一项法律。

尽管巴西普遍实行了同英国结盟和合作的政策,但是两国之间并不存在全面和谐的关系。从巴西独立起直到1865年,由于黑人奴隶交易问题,里约热内卢政府与伦敦政府周期性地发生争吵。

进入17世纪之后,作为贩卖黑人的主要强国英国,通过把非洲奴隶贩运到美洲,获得了巨额财富,从而为其以后的资本主义发展提供了充足的物质基础。但是,到了19世纪初,由于资本主义经济快速增长,英国开始阻止奴隶交易。1807年英国在殖民地废除了这种贸易。禁止黑奴交易的立法,是由相应立法方案的撰写者威尔伯福斯为首的自由派作出人道主义努力的结果。英国曾借助1713年《乌得勒支条约》取得了在西属美洲殖民地内部进行贸易的权利,并向那里供应奴隶。然而一个世纪不到英国又变成废除黑奴贸易的先锋。这是有其经济根源的:英国资本主义高潮表明,雇佣劳动比奴隶劳动更具有优越性;此外,蔗糖生产者、加勒比地区的英属殖民地拥有的非洲劳动力已呈现饱和状态,并不需要持续输入。面对这种形势,英国的社会制度可以让人道主义特别显露和胜利。威尔伯福斯及其同伴真诚地为此而努力，他们的确取得了成果。此外，由于不需要输入更多的黑奴，英国就有志于阻止其他国家为蔗糖生产和另一些农业项目储备劳动力。如果英国人持续向巴西施压，使之停止输入奴隶，那么这不仅有其人道的理由，而且也同样有希望阻止巴西的东北部在蔗糖生产方面同英属安的列斯群岛进行竞争。

1815年，在英国的压力下，维也纳会议决定，快速推动废除黑奴制，同时阻止国家间的奴隶贩卖。此外，英国说服了葡萄牙，让它签订协议停止将非洲黑人贩卖到赤道以北地区。1817年，葡萄牙和英国签订了另一项更全面的条约：两国建立混合委员会，以共同关注消除赤道以北地区的奴隶贸易，两国船只行使海上警察的职能。当1825年英国承认巴西独立之时，它坚持要求帝国政府认同1817年的条约。最终，在1826年，英国人成功地使得巴西签署另一项附加条约，这一条约预设它在被批准之后3年最终废除奴隶贸易，并且解放由该日之后非法输入的所有黑人。同时，保留混合委员会及其公海巡查权直到1843年，以保障条约所规定条款的执行。

1826年的条约从未得到巴西大庄园主的赞同或支持，他们为了扩大其蔗糖和咖啡生产，渴望从外部输入劳动力。他们感到获得这些劳动力的唯一办法就是输入奴隶；另一个办法，在于提供合乎规定的短工，以此来吸引自由劳动者，但是这种做法是同其习惯和根深蒂固的利己主义背道而驰的。因此，大庄园主施加压力，通过拖延批准，设法继续输入非洲奴隶，其目标是让巴西政府不实施1826年的条约。

在理论上，禁止将奴隶输入巴西的条款在1833年生效，但是正是在这个日期，输入的奴隶人数不是减少而是增加了。随后数年，非法输入的奴隶一直在增加，每年至少5万人。黑奴的走私者大多数是葡萄牙人，他们都是一些品行不端的不务正业者，却有能力干出任何暴行。安哥拉殖民当局和在里约热内卢的葡萄牙领事馆都是奴隶交易的同谋者，而巴西政府没有采取任何措施来加以禁止。由于英国船只针对悬挂巴西国旗航行的船只会采取行动，所以这些活动易于带来多种事故。在这种背景下，尽管巴西奴隶主的地位看上去还相当稳固，但是他们已处于一种临界点：随后其统治权将必然被削弱。这一点不只是由巴西现实决定的，而且也是与世界经济发展进程相关联的。到19世纪中期，英国越来越严厉地打击奴隶贸易，更有力地利用它对巴西政府的影响，阻止任何贩奴活动。1845年8月8日，在英国通过了"伊沃丁纪要"（Acta de Ewerdin），授权英国船只可夺取任

第三章 巴西帝国（1825—1889）

何被疑载有奴隶的船只，并将奴隶贩子送上高级海事法庭。在英国的压力下，1850年巴西公布多项法规，最终禁止在本国的奴隶贸易。

19世纪50年代中期，实际上向巴西输入奴隶已经停止，于是自由民与奴隶人数的相互关系发生变化。在这一时期，约有550万自由民，而奴隶为250万人。结果，为了扩大生产特别是咖啡生产不得不利用法定自由民。实际上自由劳动力越来越广泛地被使用，而同时奴隶的价格日益昂贵。一些企业租用奴隶作为工人进行工作，这种做法也日益普遍。过去用来购买奴隶的资金现在被更广泛地投入到各个企业组织。一些企业越来越多地使用欧洲移民劳动力。正是在这些岁月，在金融界中诞生了与英国人有联系的巴西首位银行家毛亚（Maua）男爵。1854年，巴西建成了第一条铁路，其长15公里。就像在其他国家一样，火车头的汽笛声，成为巴西一个新时代的开始。

这样，19世纪中期开始巴西奴隶制经济危机的信号出现了。但是，这一制度还有一定的生命力。然而源自北美一切危机的不可避免性的特征，已导致一种尖锐的社会冲突，而北美比巴西具有更高水平的资本主义。在这一时期，种植园类型的奴隶制并不构成一种孤立的制度，而是世界经济体系的一部分。美国已积极渡过的这一进程，在50年代中期的巴西才刚刚开始。这里发展缓慢，因为国家相对落后。但是，巴西于1865年陷入对巴拉圭的战争，并延宕到1870年，它受到这场战争的多重负面影响。

如前所述，由于1825—1828年的战争，巴西丧失了乌拉圭。然而，在同阿根廷的争斗中，它力争取得对乌拉圭的影响。阿根廷的独裁者罗萨斯明确主张让乌拉圭屈从其政权，并且编织罗网，试图进一步将巴西的南里奥格兰德兼并到阿根廷。两国之间所出现的对抗导致1850年外交关系的破裂。

然而，风云突变，1851年，巴西和乌拉圭之间缔结了军事同盟，这样阿根廷的两个省也加入了该同盟，它们曾起义反对罗萨斯政权。1852年2月，同盟军打败了阿根廷独裁者军队，罗萨斯逃往英国。乌拉圭曾成功地抵御了阿根廷的扩张意图而捍卫了独立。但是正是在这一时刻，它不得不面对一个新威胁。在战胜了罗萨斯之后，巴西决定参战，而过去曾经掌控过乌拉圭的这个政权，认为它有权对这个小国强加自己的意志。南里奥格兰德省的庄园主自由地定居于乌拉圭，在边境地区占据其土地，就像是其自己的地产一样，可以随意支配。

1863年，乌拉圭再次爆发内战，这一形势被巴西所利用，它通过援助暴动将领弗洛雷斯，来干预乌拉圭的内部事务。当时英国和法国也鼓励这种行为，因为它们企图逼迫乌拉圭在关税方面作出更大的让步。

正是在这种错综复杂的国内外环境下，巴拉圭共和国伸手援助乌拉圭。巴拉圭同巴西曾有一笔旧账，后者曾经图谋巴拉圭的部分领土。

当巴西军队进入乌拉圭时，巴拉圭决定断绝同里约热内卢的关系。1864年12月，巴拉圭人开始在巴西边界地区展开军事行动，并于次年1月占领马托格罗素省的部分领土。当时巴西军队协同弗洛雷斯的各支队伍在乌拉圭境内成功地展开了军事行动。但是，巴西未能利用其在南部的军事成果。驻在蒙得维的亚的英国和法国外交代表组织了一次军事政变。弗洛雷斯进入共和国首都，并在英国和法国的保护下登上总统宝座。这两个欧洲强国在掌控了乌拉圭的一个驯服的统治者之后，坚持要求巴西军队撤出。

在巴西政府徒劳地耗损了在乌拉圭的力量之后，它现在决定集中其力量给巴拉圭以最后一击。1865年，巴西同阿根廷缔结为秘密同盟，以共同对付巴拉圭。阿根廷对巴拉圭早就怀有野心，企图夺取后者的部分领土；同时乌拉圭的弗洛雷斯也被迫站在巴西一边，因为巴西曾给他提供过援助。此外，其他列强也想火中取栗，法国和英国也鼓动结成同盟，并给同盟国提供粮食弹药等军需品，以及战船和资金。

对巴拉圭开战的主要重担压在巴西的肩上。当时，阿根廷国内的斗争正在如火如荼地进行。巴拉圭是个弱小国家，并且离战场很远。战斗进行得十分艰难，特别是当战火燃烧到巴拉圭领土之时，巴拉圭人勇敢而顽强地抗击敌人。他们从孩童到成年人都拿起了武器，以令人吃惊的英勇行为和自我牺牲的精神奋力拼杀。只是英国和法国所提供的支持，使得同盟国占有压倒性的力量优势，最终同盟国军队粉碎了巴拉圭人的抵抗。巴西赢得了巴拉圭战争，并从巴拉圭割占了新的领土。但是，在这场战争中，奴隶制受到沉重的打击，最终君主制的柱石遭到削弱。

早在争夺乌拉圭的战争年代，巴西就面临着诸多困难。而到巴拉圭战争时期，其困难更是成倍增加，因为这场战争延宕时间更长，过程更残酷。首先，马上出现了财政困难问题，弱小的巴西工业满足不了巨大军事需要。在后方，奴隶几乎承担了所有劳动重担，因为大多数自由民劳动者都变成士兵。这种形势使人们难以相信后方能保持安宁。其次，奴隶的生产率十

第三章 ● 巴西帝国（1825—1889）

分低下，不可能产生重要的储备。如前文所指，在巴西奴隶的人数越来越少。部分奴隶已被招募到军队中，因此他们获得了部分自由而转变为皇家奴隶和国有奴隶。政府为了应付漫长的战争，不得不向个人和修道院购买奴隶。

这样，当不能完全满足国家的军事要求时，经济中的奴隶制度受到了削弱。同时在部分满足这些需要时，奴隶制度也受到损害。巴拉圭战争正是在这样的情势下进行的，占有奴隶者受到强有力的道义打击。从外部因素看，美国的内战是以奴隶主的失败而终结的。在西半球，巴西和古巴仍然是最后两个奴隶制国家。内外各种政治和经济因素表明，废除奴隶制的必然性已越来越明显了。但是，正如人们所见，巴西奴隶主没有自行加速奴隶制破产的意愿。然而即使最反应迟钝的人，也已意识到这一制度已经无可救药了。

巴拉圭战争不仅揭示了巴西经济的落后性及其军事力量的软弱性，而且加重了巴西对英国的财政依赖性。英国提供的一些新贷款，由巴西用来购买英国和法国商品，同时让英国人比过去更加深入到巴西的国内市场，而巴西的外部市场出现萎缩，特别是棉花销售不景气。美国在内战之后，生产和销售更加廉价的棉花，夺走了巴西的老顾客英国人。这也表明了巴西奴隶制经济的落后性。

对巴拉圭的战争在一开始曾引起一股民族沙文主义浪潮，但是现在很不得人心：人们很难判断一场对小国的战争的正义性，而实际上它是一场种族灭绝的战争。我们可以简要地陈述一下巴拉圭战争的最后结局：1869年1月初，同盟军占领了巴拉圭首都亚松森，士兵们进行抢劫、破坏和实施强暴数天。然而，大多数巴拉圭居民已经逃离了首都，以及被敌人占领的其他城市和村庄，他们逃向国家的腹地、森林和大山里，以继续进行抵抗。这种战争已具有游击战的特点。科迪勒拉山区变成为军事行动的主要舞台。巴拉圭总统洛佩斯利用这里的地理条件，开创了一条新的防卫路线，然后动员可能动员的一切人力资源，甚至包括少年，于1869年3月组建一支1.3万人的军队。

4月，德乌伯爵（巴西皇帝佩德罗二世的姻亲和奥伦斯家族亲王）来到亚松森，他已被任命为同盟国武装力量的总司令，并开始准备发动进攻。7月末，同盟军攻击巴拉圭独立的最后一批捍卫者。为了尽早结束已导致巴西经济状况恶化并且越来越不得人心的这场战争，巴西帝国的统治阶层企图不惜任何代价粉碎巴拉圭爱国者的抵抗。科迪勒拉山战役始于1869年8月,战斗极其惨烈。巴西军队不仅在战斗中刺杀巴拉圭军人,而且也刺杀俘虏,以及男女老少平民百姓。

在敌人的优势力量的压力下,洛佩斯且战且退至东北部。1870年年初,他同一支小分队出走至离巴西边界不远的阿基达班河的塞拉科拉地区,但是此时他已没有退路了。3月1日,巴西军队进攻巴拉圭人。在力量悬殊的战斗中,洛佩斯的几乎所有士兵都已阵亡。他本人也受了重伤,并被敌人包围,已无生还的可能。可是洛佩斯拒绝投降做俘虏,而是高傲地高呼:"我与祖国共存亡!"最后拼死抵抗敌人,最终被刺杀于战场上。

由于洛佩斯及其战友已阵亡,所以军事行动都停止了。尽管在这场力量悬殊的战争中巴拉圭人民已作出了无畏和英勇的抵抗,但是以巴西为首的同盟军获得了胜利,巴西军队占领了巴拉圭。后者的近3/4人口战死于沙场,以及死于占领者的恐怖行为、饥饿和疾病。在23万幸存者中主要是妇女和儿童。19世纪70年代初,巴拉圭的成年男子不超过2万人。甚至到80年代中期,A.S.荣宁还把巴拉圭称作"妇女的天堂",他指出"战争已灭绝了巴拉圭人"。

应同盟国要求,1870年6月20日在亚松森,巴西、阿根廷和巴拉圭草签了和约。按照这份文件,巴拉圭"临时政府"承认1865年三方条约的基本条款。1872年1月9日,巴拉圭同巴西签订了和平条约。战胜国巴西和阿根廷兼并了巴拉圭的近一半领土,并把高昂的"战争税"强加给后者。

不过,巴拉圭战争也是终结巴西君主制的前奏,因为这场战争造成了赋税增长、强制募兵和严重的人员损失。没有能力速胜的君主制政府已严重地丧失了威信。此外,以种植园为基础的西半球的奴隶制经济体系一个又一个解体。1868年,古巴起义者宣布生活在解放地区的奴隶从今以后将成为自由民。这样,巴西就成为废奴主义运动的沙场,也就是废除奴隶制运动的斗争场所。

咖啡生产在很大程度上有助于废奴主义思想的出现。现存的奴隶人数不足以维持咖啡种植园的种植和生产活动。与此同时,奴隶制的存在抑制了自由劳动力的汇集,特别是依靠欧洲移民的地区,其生产受到了影响,实际上奴隶制阻塞了自由劳动力市场的创建。一般来说,移民处于对地主的依附地位。更为严重的是,当奴隶主拥有一批奴隶之时,他有可能将工资压缩到最低,因此在一个奴隶制国家,人们已用不着谈论工人与奴隶主

第三章 ● 巴西帝国（1825—1889）

之间存在的关系特点，在这类国家人口买卖和体罚已是一种常态和准则。这样的社会状况抑制了移民进入，因为欧洲人横渡大西洋来到美洲，就是为了摆脱在旧大陆所遭受的羁绊，而憧憬自由和富足的生活。这样，巴西种植园主面临着或者缩减生产或者寻找更多的劳动力问题。他们只得通过各种办法，从没有把奴隶用于生产的主人那里夺得奴隶，或者从囤积奴隶的投机者那里租用奴隶。畜牧业主一般拥护奴隶制更多地出于习惯和传统，而不是经济需要。

然而，特别是在19世纪30和40年代曾揭竿而起的叛逆者群体中诞生和成长起来一批废奴主义者。他们认为，奴隶制并不是国家存在的基础，而奴隶制经济危机已经给国家经济发展带来许多困难。此外，解体中的奴隶制度不允许各地方商人和企业主进行首创性活动。巴西社会和经济形势的困难加重了国家对英国的依赖性，因此，所有的企业主、商人和手工业者都不得不在极其不利的条件下进行竞争。

巴西废奴主义运动最杰出的开创者和领导人之一是著名的诗人卡斯特罗·阿尔维斯（1847—1871），也是具有坚定政治信念的共和党人。在其命名为《奴隶们》的系列诗作中，他展示出奴隶制的残忍和卑劣。他发出以下呼声："为罪行和创伤，奴隶们向主人加倍付出血汗；在金黄色的原野酝酿复仇计划，以血的露水洗净罪行。"在卡斯特罗·阿尔维斯的诗作中还表达出人民对民主共和主义的渴望："广场属于人民，就像神鹰搏击天空，在广场上，人民一直懂得如何战胜暴君。"

在其初期，废奴主义运动几乎是自发的，但是在巴拉圭战争时期，其开始具有组织形式。废奴主义者开始创建有关奴隶解放的各种会社，其初期行动仅限于传播解放黑人的主张。后来，其活动得到相当大的扩展。

到巴拉圭战争结束时，废奴主义运动和共和主义运动开始汇合在一起，而后者已重新获得力量。1869年，聚集在"改革俱乐部"的自由派左翼公布一项宣言，其中除了

卡斯特罗·阿尔维斯

要求限制皇帝权力和废除商人特权之外，还提出有必要解放奴隶的子女。在这个意义上，"改革俱乐部"提出的主张没有任何新意，因为1863年皇帝自己在御座发表演说，讲到他打算逐步废除奴隶制。但是，这一想法一直"悬而未决"，没有落实的措施。然而此后皇帝在讲到奴隶制问题时，却提出要终止类似"改革俱乐部"的一些组织的活动。

"改革俱乐部"宣言的重要性不仅在于表达了一些希望实际变革的主张，而且向巴西社会陈述了三个主要问题：国家制度民主化、企业自由化和废除奴隶制。

四、奴隶制的废除与共和国的建立

到巴拉圭战争结束时，奴隶制的危机已经深化，而废奴主义运动所具有的力量已能迫使政府作出让步。1871年9月17日颁布的一项法律，宣布从即日起"女奴隶所生的所有子女将被视为自由民"。并设立一项国家预算基金，用作向奴隶的主人购买奴隶。

被称作"自由胎儿法"的九月法令，稍微改变了一些占主导地位的奴隶制社会的恶劣状况，奴隶主并不急于向国家出售其奴隶，因为在市场上奴隶的身价十分昂贵，而国家并不愿出高价来购买奴隶，因为国家的"解放基金"并不多。在奴隶主之中有不少人公开反对上述法令的实施，同时该法本身含有限制其有效范围的内容。比如，规定女奴隶所生的孩童应继续在其主人监护下直到其成年，这就毫无疑问地允许其主人利用已合法获得自由的孩童进行劳作。有时候，主人对这些孩童的剥削比过去更加残酷，因为他们将这些孩童视为暂时的财产，所以尽可能加速加以利用，而不关心其未来，直到孩童达到成年之时，巴西新臣民继续按照传统为其原先的主人效劳，因为他们尚不知道该走向何方，同时也没有自己的专长。按照这种传统，这些新臣民实际上又转变为新奴隶。只要奴隶制继续存在，他们走投无路。除此之外，还有奴隶主的原有"伦理"：黑人一直是"某个人"的。如果以后不修改有关奴隶的立法，那么在"自由胎儿法"有效之时，奴隶的完全解放将至少推迟半个世纪。

"九月法令"在很大程度上是这个奴隶制帝国的托辞，在向废奴主义运动的压力作出有限的让步之时，它打算维持奴隶制，而这种替代做法对于奴隶主来说至少不太显眼。当时，在整个西方世界资本主义正快速发展；

第三章 巴西帝国（1825—1889）

已经废止奴隶制的国家正感受到优越性，奴隶市场日益狭小；种植园和企业需要劳动力，而人数不多的移民满足不了这种需求。所有这些因素都使得奴隶制经济体系变成不合时代潮流的模式。1886年，古巴废除了奴隶制。在巴西的1 400万居民中约有70万名奴隶。在19世纪80年代，巴西的废奴主义拥有主观和客观的所有有利的条件，来赢得最终废除奴隶制这场斗争。

到这一时期，废奴主义运动的特点已发生了变化。有一段时期，奴隶们自发地反对奴隶制。他们或者逃跑或者暴动，一般来说，他们要对付帝国的合法自由民的一致反对态度。19世纪60—70年代，国家自由民构成的废奴主义者展开支持解放奴隶的活动，而奴隶自己并没有积极参与这一活动。此外，废奴主义者活动并不十分有力，因为他们基本上主张逐步废除奴隶制。但是，在80年代，当时废奴主义者的宣传已深入到全国各个角落，通过不同方式传播给绝大多数奴隶。同时"自由胎儿法"使奴隶怀有获得解放的希望，这就演变为奴隶大规模地逃离其主人的浪潮。如果过去黑人在逃亡期间必须躲藏到森林里，那么现在他可以寻求到避难地、帮助、工作和庇护。换言之，为了唯一的目标——废除奴隶制，最终全国的进步力量同奴隶形成了广泛的统一阵线。

城市工人和军队都参加了废奴主义运动。在远征讨伐时期，士兵们表现得并不过分卖力，并让逃亡的黑人逃走，还经常提供帮助。废奴主义的最杰出领袖之一是本雅明·科斯坦·博特洛·达马加良斯上尉，同时他也是一名军事工程师、哲学家和共和主义者。1884年，塞阿拉省和亚马孙省的地方当局通过自己的努力，废除了奴隶制。

1885年9月28日，总议会向社会压力让步，通过了解放60岁以上奴隶的一项法案。实际上，这再次为奴隶主提供了一个借口。按照新法，被解放的奴隶不得离开住宿地，与年龄大小成反比例地被迫继续劳动三年到五年。如果人们注意到这些限制和以下事实：能活到65岁的黑人并不多，那么就可以理解，该法案并没有改变多少黑人奴隶的生活。国家承诺在14年期限内购买剩下的奴隶，但按照过去年代的经历，没有任何人对此会认真看待。

反对奴隶制的运动扩展到整个国家。1887年10月，巴西军队的军官俱乐部发表一项宣言，呼吁废除奴隶制，声明其成员拒绝参与捕捉逃亡奴隶的行动。该宣言是由曼努埃尔·德奥多罗·达丰塞卡陆军元帅（1827—

1892）签署发表的。他是巴西杰出的军事领导人，出生于阿拉戈斯省，军人世家出身。曾参加过1848年伯南布哥省"海滨人"起义。1865年毕业于里约热内卢军事学院。1868年参加巴拉圭战争。后来被推选为里约热内卢军人俱乐部的首任主席。该宣言的发表，表明废奴主义的主张已渗透到巴西社会的高等阶层。此外，奴隶们已从种植园、矿山和工场逃走，而逃亡的黑人得到全国大多数居民的支持，并行进到已特别准备好的避难所。帝国政府害怕废奴主义和共和主义运动最终会导向反君主制，只好最终作出让步，向总议会提出通过一项关于最终废除奴隶制的法案。1888年5月8日，该法案在众议院获得通过（88票赞成，9票反对）。5月13日，该法案完成立法程序。当天伊莎贝尔公主签署该法，立即生效。

1888年5月13日的法案简短而全面：

"1.在巴西废除奴隶制。2.与此相违背之一切规定予以取消。"

该法改变了巴西的整个社会面貌，尽管奴隶制和封建制的残余保留了多年，但是巴西已摆脱了奴隶制令人窒息的氛围。虽然人们对奴隶制的废除早有担忧，但是这并没有给经济带来损失，相反，巴西的农业增加了传统作物，特别是咖啡——国家主要财富的生产，城市和工业开始快速增长，欧洲移民的汇入明显增加。整个国家受到震撼，重新焕发青春，虽然就像在独立时期一样，昔日的毒瘤仍给这个国家长时期留下了精神创伤。

被解放的黑人没有得到土地，他们在很大程度上仍然生活在大庄园主的权力之下，他们仍然在田地上为他人而劳作。传统、经济统治和政治权力把庄园主转变为他们的前奴隶的专制主人。在整个国家仍然存在君主制，它的盾牌仍然是前奴隶主。

对于奴隶主来说，在废除奴隶制问题上作出让步，5月13日法案的实施只付出了最小的代价，帝国政府认为其地位是稳固的。然而，对于巴西大多数人来说，拖延如此之久才废除奴隶制，这足以表明这个国家的保守主义个性。因此，当黑人被解放之时，共和派运动在很大程度上大多数也是废奴主义运动，而依靠后者，它得到扩大和加强。过去因奴隶制问题而分裂的共和派，现在实现了团结。所以，同朝廷没有联系的奴隶主，还有奴隶制不是其主要收入来源的庄园主（如畜牧业主），开始认为他们对君主制的支持已构成了沉重的经济负担，并束缚了自己的手脚。

在全国废除奴隶制后所开创的条件，允许共和派在一年之末组建国家共和党（Partido Nacional Republicano）。很快在其成员中出现了通过政

第三章 ● 巴西帝国（1825—1889）

变推翻君主制的主张。党的领导人本雅明·康斯坦特、阿里斯特德斯·洛沃、肯廷·博卡尤瓦、鲁伊·巴尔博扎和曼努埃尔·德奥多罗·达丰塞卡陆军元帅，宣布支持这个解决政治问题的办法。德奥多罗·达丰塞卡被任命为所述政变的军事首领。

1889年11月15日，忠于共和派理想的巴西军队的几支部队由政变领导者调动到里约热内卢的中央广场，德奥多罗·达丰塞卡和本雅明·康斯坦特进入国防部大楼。内阁正在举行会议，政变者宣布解散内阁。但是，他们不敢宣布废止君主制，他们提出同皇帝谈判。然而民众已走上街头，要求立即推翻佩德罗二世。民众主导的愤怒情绪有可能转变为民众强有力的起义。为了防止这种可能性，德奥多罗元帅在当日用冷漠而威严的语调宣告："民族、陆军和海军及居住在各省人民的观点极为一致，刚刚宣告了帝国统治的垮台，最终它也代表政府的君主体制的废除。"帝国垮台了，同时政变领导者决定立即宣布成立共和国。

他们在一份特别宣言中宣布建立共和国。同一天组建成巴西共和国的临时政府。前述的政变参与者变成政府成员。皇帝被迫退位。11月17日，佩德罗二世离开巴西，被遣往欧洲，后死于法国。关于佩德罗二世王朝（1841—1889）的功过是非，欧美学者评价不一。比如，秘鲁学者欧亨尼奥·陈－罗德里格斯给予积极评价，他认为这个王朝"在当时来说是比较进步的，它推动了商业、工业、人文科学和自然科学的发展"：1852年敷设了政府专用的第一条电报线路；1854年，建成了第一条铁路，把里约热内卢和他的避暑行宫所在地佩德罗波利斯连通起来；推动外国移民的移入，并开始了对橡胶的开发；1874年，开辟了同欧洲的海底电报通信。对于帝国后期的政治演变进程，这位秘鲁学者也有自己的见解，他指

佩德罗二世在官邸前的最后合影

出在1865—1870年的巴拉圭战争中,军队的地位大大提高了。因此,在战争结束时,皇帝因害怕军队尾大不掉,所以削减了军队的员额。此举使他在军队中树敌太多。此前,帝国政权一直以种植园主为支柱,但是由于局势快速变化,皇帝开始支持废奴主义者。当公主伊莎贝尔乘他不在之时签署了废除奴隶制的法案,这就使得皇帝失去了庄园主的最后一点支持。

在废止奴隶制之后,君主制失去了基础和支柱,因此马上倒塌。面对这一政治变故,有人认为,在巴西开始吹拂自由之风。然而,共和国面临的问题异常复杂。在国内保皇派长期存在,且其人数不少;同时共和国继承了帝国时期复杂的社会结构,奴隶制残余和封建制残余相互交织在一起;受到废除奴隶制刺激的资本主义关系,与这些残余产生了冲突。这一切就决定了南美洲这个最年轻和最广阔的共和国将面临复杂而艰巨的任务。

作者点评:

在巴西独立史上存在了65年的君主制政权的功过是非有待学者进一步深入研究和探讨。从政治方面看,这一政权战胜了分裂的威胁,巩固了领土的完整。到19世纪中期,巴西已形成了一个幅员辽阔的民族国家。从社会和经济领域看,这一政权以黑人奴隶制作为国家运转的轴心,这显然阻遏了资本主义生产关系和生产力的发展,同时维持了单一初级产品出口模式,延迟了其经济多样化和工业化进程。

第四章 第一共和国时期(1889—1930)：现代化进程的启动与社会危机

一、转型时期的经济与社会变迁

在1888年废除奴隶制之时，1 400万全国总人口中，大约有70万奴隶获得了自由，而在社会等级的高端，大约有30万大种植园主及其家族成员。与此同时，绝大部分人口处于这两端之间。其中大多数是贫穷的农民和依附于土地的农村无产者，他们依靠自己的劳动维持生计，同时也默默地推动国家的经济和社会缓慢前行。此外，还有一批中小规模土地所有者，他们一般提不出自己的社会主张。然而，正如美国学者所指出的，两极之间的大量人口中还存在一大批城市中等阶层，"他们作为主要代理人带来了19世纪巴西精神的转变。其成员越来越达成一致的共识是：他们的福利需要根除目前仍遍布国家生活的很多殖民痕迹。由于与过去的农业社会没有联系或者仅有很少联系，那些以城市为基础的中间群体显示出对传统的不耐烦，并热衷于改革。改革为他们提供了提高自身地位的最好机会。他们很快挑战种植园精英，因为这些人的权力影响到他们要求的进步"。

这些社会现象是同19世纪后期国家的经济演变特点和城市化进程加速联系在一起的。在新兴的城市中心，特别是在巴西的东南部，中等阶层联合有资本实力的咖啡种植者，挑战农村的传统大种植园主的权力。这两种不同要素之间的斗争奠定了未来的基调。

如前所述，19世纪后期咖啡生产成为巴西经济的支柱。当时，圣保罗城以北和以西地域成为新开辟的咖啡种植区。通过长期实践，咖啡种植者认识到咖啡树在山林腹地比在空旷的热带稀树草原上长得好,并且长在所谓的红色石灰土上的产量最高。里贝朗普雷托和圣克拉罗附近有很多红色石灰土,因而这两个市镇逐渐成为咖啡生产的中心。19世纪80年代起,博图卡图周围的另一个红色石灰土地区也种植了咖啡。在这些新的种植园里,咖啡豆的焙制和分级方法已有明显的改进。但是过去帕拉伊巴河谷的种植园的那种掠夺性种植方法仍然存在,并且有些地方同样产生了土壤侵蚀和耗竭的后果。一个种植园的生产寿命大约在30—50年。因此咖啡区边界就不断移动,到20世纪初向北推进到米纳斯吉拉斯和戈亚斯,此外沿着红色石灰土向西推进到巴拉那州。

  随着咖啡区边界向内陆推进,铁路和公路网也逐步形成。从桑托斯经过圣保罗到达戒迪艾的第一条铁路于1867年通车,这是由英国提供资金修建的。此后,铁路网迅速扩展,其大部分是由圣保罗的种植园主们投资修建的,这些铁路汇集在圣保罗及其港口桑托斯。桑托斯港在19世纪末得到扩展和改善,当时成为全球最大的咖啡出口港。

  从劳工制度看,新开辟的咖啡区边界上的种植园开始雇用自由劳动力,而原先的帕拉伊巴河谷的种植园是利用奴隶劳动力的。因为新的种植园是在奴隶制没落之后开发的;此外,咖啡区边界人烟稀少,不可能提供足够的劳动力,所以种植园主就把目光转向欧洲移民,他们组织了自己的移民公司来资助旅费和说服圣保罗州政府提供补贴。在19世纪中期,入境移民很少,而到了19世纪末,大量欧洲移民涌入,这股洪流一直持续到20世纪初期。据估计,1887—1900年圣保罗州接纳了100多万移民,1895年人数最多,达到14万人。但是,当时种植园的工作和生活条件都很差,那里的租佃时间受限、工资低且学校和医疗设施少而差,因此,很多移民很快从种植园移居到市镇,特别是到圣保罗市去碰运气。这样,种植园主就从巴西其他地方,特别是北方几个州去招工。

  确实,圣保罗州咖啡的生产和出口,逐步积累了资本,从而为启动现代化和城市化进程创造了条件。1800年时该州还是一个穷乡僻壤,到了19世纪末却发展成为全国最繁荣和最先进的州。其人口从约15万人增加到225万人。它拥有先进的铁路网,许多相当大的繁华的市镇和首府圣保罗。后者的人口从1870年的3万人增加到1900年的23.9万人。咖啡出口所得的部分资金被投入工业发展。因此,到该世纪末圣保罗市成为全国的金融和工业中心。然而,该州经济,实际上全国经济都严重依赖咖啡的出口,在经

第四章 第一共和国时期（1889—1930）

历了"繁荣"时期后，咖啡生产过剩，销售困难。正是由于咖啡出口起伏不定，圣保罗州的大片老的种植园不得不重新调整生产结构，同时其经济活动开始走下坡路。这样，居民转向牧牛业和种植甘蔗、棉花及粮食。同一时期，由入境移民占有和经营的小块耕地数量大幅增加。因此，形成了一大批资本主义经营方式的中小农场。

对于巴西南部的巴拉那、圣卡塔琳娜和南里奥格兰德3州来说，19世纪也是从传统向现代转型的时期。1800年时，南方3州还是偏僻的地方，人口稀少，以牧牛业作为经济基础。而到19世纪末，3州人口越来越多，其中很多居民是来自欧洲的移民，经过数十年的拓殖和开发，那里逐渐成为一个富庶的农业边区。19世纪的前期，多数移民是德国人；70年代和80年代是意大利人；到世纪末移民的来源国更是多样化。从其分布情况看，移民一般避开草原而定居在森林区，据说森林的土壤比较肥沃。

在移民拓殖地区，凡是能通往市场的地方，农业生产就得到改进，移民一般种植马铃薯、裸麦、高地稻，还饲养一两头奶牛和猪。农场有了牲畜就有条件给田地施肥，并从轮种土地发展到轮种作物，此后又采用相当发达的混合农业耕作，即以作物轮种和牲畜饲养为基础，供应城市的市场以及当地奶牛厂和干酪厂的需要。在有些农场，烟草成为一种经济作物，同时南里奥格兰德州的意大利移民开始栽培葡萄。移民拓殖活动获得成功的关键在于：肥沃的森林土地，靠近销售市场，有人群密集的居民点。取得显著成就的地区有3个：库里提巴周围地区、南里奥格兰德州较老的德国人和意大利人居住区，以及布卢美瑙和儒安维尔附近。到19世纪末，所述地区已形成一些小镇和村落，这些居住点是按照独特的欧洲风格，而不是按照葡萄牙式的巴西风格建成的，居民不讲葡萄牙语而讲德语、波兰语或意大利语，这些移民的生活水平远高于巴西农村的任何其他地方。

巴西南方各州在殖民时期曾经是一个人烟稀少，基本上尚未开发的处女地，经过一个世纪的拓殖，到1900年已发展成为现代巴西的粮仓，变为经济活动十分活跃的地区。

不过，在19世纪末期，全国的发展是不平衡的：当圣保罗州和南方3州启动现代化进程时，东北部各州存在经济持续衰退现象，在政治上也丧失了力量。制糖工业的发展曾对东北部沿海地区的经济发挥了决定性作用，1800年时该地区尽管经济不景气，但是甘蔗种植园数量仍在增加，有些是通过继承，按传统的方式把大地产划分成多块土地，有些是沿着农业区边缘开辟新的种植园。约在19世纪中期,沿着博尔博雷马崖麓又建成了一批种植园,这表明沿海地区的土地全部被私人占有。这样,仅在伯南布哥州,种植园数量从18世纪末约300个增至1830年约1 000个。然而,19世纪后半期甘蔗种植园面临多种不利因素的挑战:蔗糖生产者不仅要同甜菜糖生产者争夺市场;而且还必须应对两个极其重要的问题,一是奴隶制废除后出现的劳动力危机,二是由于压榨甘蔗和制糖技术的改进而产生的蔗糖业的大规模改组。这些新的进展使得老式种植园变得过时了,因而它们承受着必须革新的压力。

在废奴之后,原来的奴隶成批地脱离了他们所在的种植园,而转移到其他的种植园去当占耕农,或迁移到市镇或内地,希望改变自己的命运,这就使得人口从种植园向外界分散开来。此外,技术的改进带来了蔗糖加工厂的建立,它们的加工能力明显提高。同时,新的精炼技术使得糖厂能够改进旧式生产的赤砂糖和青糖。由于兴建工厂投资巨大,且生产能力大增,所以通常不是由个人而是由公司来开办工厂,公司为了保证大批量的甘蔗供应就出资买下几个种植园或同园主签订甘蔗供应合同。19世纪最后25年,巴西建成了首批大型制糖工厂。东北部企业主因资本有限,而不得不推迟改制。经过约半个世纪,其大部分蔗糖才在大型的糖厂生产。

工厂购买种植园或通过合同从园主手里购买甘蔗,就意味着越来越多传统的糖厂被淘汰,因此,许多种植园主离开农村而移居到累西腓或萨尔瓦多,甚至远迁到里约热内卢。他们所遗弃的那些残破的种植园和原始的榨糖厂,已成为现代东北部的一种独特景观。它们使人回忆起,到19世纪末已达300多年历史的一种传统蔗糖生产体制和生活方式的消亡。同时,为大型糖厂供应甘蔗的种植园主已从原先社会阶级的金字塔顶的位置上下滑,不再成为经济活动中的主导力量。在这种情况下,新的居民中心在大型糖厂周边发展起来,成为公司所掌控的村镇。那里修建有整齐的街道、教堂和商店。居民是依靠工资收入生活的无产者。

19世纪中期,由于其他地区的甘蔗和甜菜生产者的竞争,巴西东北部的蔗糖在欧洲和北美洲市场逐渐丧失优势,然而巴西南部和阿根廷的人口迅速增长,弥补了其原有市场的流失。巴西东北部生产的蔗糖质量在一些传统市场上并不受肯定,但是在南方的新市场上却很畅销。但从总的情况看,东北部制糖业的现代化,并没有帮助它们保留住传统市场,反而使之失去了这些市场。此外,即使在巴西国内市场上,里约热内卢州和圣保罗州的甘蔗园也开始同它竞争,这就使得东北部的蔗糖业处于更加困难的境地。

到19世纪末期,东北部殖民时期遗留下来的一系列问题一个也没有得到解决,反而增添了不少新问题。比如内地的旱灾问题。这一时期,其人口增长迅速,已达600万人(占全国人口的1/3),这使得东北部难以提高居民的生活水平。1900年东北部同本国其他地区相比较,已经成为"不景气"和欠发达的地区。

不过,在19世纪末和20世纪初,从宏观来看,初期工业化和现代化是全国发展的主要趋势,正是在这种新的经济基础上,巴西社会出现了转型时期的一系列新特点:城市挑战着农村,东南部挑战着东北部,接受欧洲文明熏陶的中等阶层对抗着混合型的本土社会文化。特别是社会新要素——城市中等阶层群体的出现,有力地挑战了乡村贵族的传统权力。这个新的社会群体主要是由普通商人、代理商、出口商、工匠、政府各级官僚、律师、医生、牧师、教师、银行家和中下层军官构成。这个群体的人数在19世纪的最后30多年间得到明显增加。同时港口和铁路员工、机械师、工厂职员、店员等也加入这个群体。中等阶层中的知识分子和职业人群一般受到欧洲的实证主义哲学思想的影响,接受了欧洲中等阶层的价值观、态度和行为准则。他们通过不同方式参与现代社会生活,而这种生活已不同于传统的乡村生活方式。其中知识精英迫切要求提高自己的社会地位,希望拓宽未来的社会视野,巩固其当前的社会基础。他们很快认识到,教育有助于他们向上层社会流动。

这个中等阶层主要生活在大中型城市。在偏远的内陆城镇也有他们的代表。商人和地方电报员、教师、牧师、市政办事员构成了介于农民和种植园主之间的社会阶层。

二、1891年《宪法》与政治骚动

在君主制被推翻之后,以德奥多罗·达丰塞卡为首的临时政府开始重新组织国家的行政机构。颁布于1889年11月15日的临时政府第一项法令,宣布成立巴西联邦共和国。同日规定废除军队中的体罚。以同一项法令为基础,将选举权扩展到21岁能读会写的全体男性公民。翌年,颁布政教分离法,允许婚礼可以不按照宗教仪式举行。由临时政府实施的这一变革具有进步意义,且强有力地打击了帝国的保守派政治制度。

同年9月15日举行了制宪大会选举。临时政府的法令规定的文化教育水平普查,实际上就是财产的普查,因为除了少数例外,能读会写的人都是有钱有势者。当时巴西85%的人口为文盲。制宪大会的绝大多数议员都是庄园主。然而,同帝国的议会体制不一样,现在共和国的议会已有更多的资产阶级代表,或者在不同程度上能表达其利益的人。

制宪大会开幕之日正是宣布建立共和国一周年纪念日:1890年11月15日。提交给大会研讨的宪法草案主张扩大中央政府的权力。这个问题是议员们讨论和争议的基本要点,它把制宪大会划分为拥护和反对中央权力的两大派别。大庄园主代表了各省的主要经济和政治力量,并且试图依靠限制中央政权的特权来加固自己的地位。坚决反对这些极端立场的代言人是巴西法学家鲁伊·巴尔博扎(1849—1923)。他生于萨尔瓦多。1870年毕业于圣保罗法学院。1878年为巴伊亚省议员,次年又成为帝国议会众议员,后来在里约热内卢从事新闻工作,赞助共和运动。在共和国建立后,他任临时政府财政部长,参与制定1891年《宪法》。在制宪大会期间,巴尔博扎捍卫那些希望国家团结的社会集团的利益,特别是巴西资产阶级的一些集团。他们极其强烈地主张开创全国统一的市场,并抵御英国人的竞争。结果,中央集权派以123票对103票战胜了对手。但是,正如《宪法》文本所显示的那样,这仅是一种有微弱优势的胜利。

根据《宪法》文本(1891年2月24日最终通过),国家被命名为"巴西合众国"(Estados Unidos Del Brasil),并在国旗上写上法国实证主义者奥古斯特·孔德的名言:"秩序与进步。"但是在共和国最初几十年间,国内既无秩序又无进步,所以这句箴言成了相当辛辣的讽刺。国家的立法权转移到由两院——众议院和参议院组成的国会手中。众议员按照每70万居民产生一名众议员的比例投票选举产生。在参议院,每一州和首都联邦区有3名参议员为代表。每3年选举产生众议员。参议院每3年更换1/3参议员。众议员的最小年龄为21岁,参议员为35岁。应至少成为巴西公

鲁伊·巴尔博扎

第四章 ● 第一共和国时期（1889—1930）

民4年才能当选为众议员，至少6年才能当选参议员。

行政权由总统掌握。他被赋予广泛的权力，包括否决权，任命各部部长、国家和司法高级官员的权力，以及判定和授予军衔的权力。此外，总统有权宣布戒严，在国家完整性和国家政治体制受到威胁的情况下，有权干预各州事务。赋予总统广泛权力，无疑反映了中央集权的倾向。1891年，德奥多罗·达丰塞卡当选为共和国总统。

同时在《宪法》中分离主义倾向也有表达，每个州可以拥有自己的宪法，在经济领域（归属于州的项目有出口税、工业和不动产、铁路、电报和邮政、同外国签订贷款和契约）拥有广泛的权力。这就保障了各州，特别是经济发达的州对中央政府保持一定的独立性。最高司法权由最高法院负责，各州相应的高等法院负责州的司法权。

《宪法》宣布，法律面前公民一律平等，拥有思想意识、言论、职业、集会的自由，请愿的权利和资产阶级的其他权利和自由。同时宣布私有财产的不可侵犯性。《宪法》的这些条款，同文化教育水平普查一样，实际上巩固了有产阶级，首先是大庄园主的特权和统治地位。

尽管宣布了巴西资产阶级的自由，但是也保留了部分几个世纪的殖民统治和奴隶制度的遗产。不久前才不当奴隶主的大庄园主几乎垄断了国家财富的主要来源：土地。与此同时，他们还保留了其对农村居民的权力，并维持着从殖民时期继承下来的各种权力形式（土地所有权和农村居民经济与非经济依附性），特别是在某些地区形成了多种类型的依附农：寄居农、佃农、移民、前奴隶和所有同土地相联系的各种形式的农村居民。这些农村阶层构成了全国人口的绝大多数。

然而，尽管巴西现实中存在的所有这些障碍，阻碍了本国资产阶级的发展，但是奴隶制的废除和共和国的建立使得这种发展加速了。制宪大会通过并实施的1891年《宪法》清晰地肯定了这一事实，它是其政治的表述形式。这部《宪法》代表了一种独特的纲领，就是为实施已宣布的资产阶级自由而斗争，它有利于资产阶级的合法斗争。在那个时代所取得的这些成果是了不起的。正是因为这部宪法能够发挥进步作用，所以它很快成为大庄园主及其代理者攻击的目标。

为了帮助奴隶主重建其经济，在帝国的最后几个月，政府向他们提供补贴和优惠，以便让他们抵偿债务。临时政府需要资金，并为此目的而增加发行纸币。这就导致发行各种股票的公司和会社的出现，而其中许多公司是虚假臆造的。资本产生量是相当低的,这样就可以让所有的资本证券减价出售。所发行的大多数股票只是为了在交易所做投机生意。

　　《宪法》没有得到很好的实施,也没有选好总统。对于政府来说,国家的金融形势已逐渐成为主要问题。随着时间的推移,虚假臆造的公司会社越来越频繁地破产倒闭。这种状况造成了许多人的贫困化,以及许多人失业,他们被迫从其原住地迁移至他地去寻找一份工作,但一般都找不到就业机会。不少新近解放的奴隶处于无业的状况,为了得到一块向他们出售或出租的土地,他们重新落入原来主人的枷锁。就像惯常的那样,政府的通货膨胀政策在引起生活费用上涨时,沉重打击了劳动者。很多次总统利用其权力来保护私营公司。这一切导致广泛阶层对德奥多罗·达丰塞卡陆军元帅的政策不满。

　　在1891年7月15日举行的国会第一次会议上,有人试图采取一系列措施,以掣肘行政权力,特别是在金融领域的活动。当时一部分接近达丰塞卡的高级军官和在证券交易热时期已加强了自己地位的大投机者,以及执政者圈内保皇派代表,决定发动政变。其目的是加强自己在共和国的地位。他们利用达丰塞卡的明显独裁倾向,将总统吸引到自己一边。他们以必须巩固行政权的口号为掩护,提出共和国代议制度有可能阻塞正常工作,借此进行政变的准备活动。

　　1891年11月3日,总统明目张胆地践踏《宪法》,颁布一项关于解散国会两院的法令。同时宣布在首都和联邦区实施戒严。新政权的追随者懂得,消除政权的宪制形式就会为保皇派的阴谋创造有利的空间。首都居民、中央铁路工人、军队和舰队宣布反对总统的这些举措。由于民众不满情绪十分普遍,且存在军队和舰队反叛的危险,后者准备炮击首都,因此德奥多罗·达丰塞卡不敢展开军事行动。11月23日,他被迫辞职并退役。按照《宪法》,弗洛里亚诺·佩绍托(1839—1895)陆军元帅占据共和国总统位置。此人出生于阿拉戈斯省伊皮奥卡一个甘蔗种植园主家庭。他曾担任第二帝国末届政府军务局常务局长,是推翻君主制的军事领导者之一。在其执政期间,统治阶级内部要求恢复君主制的势力趋于强大。全国范围一些州长企图武装反叛,但没有得到民众的支持。中央政府很快将他们镇压下去。

　　比几个州的反叛活动更引起政府不安的是舰队发生的骚动事件。12月13日,"五月一日号"巡洋舰上的水兵遭到一些军官的不人道对待。他

第四章 ● 第一共和国时期（1889—1930）

们被激怒了，因此起来闹事。巡洋舰上50名水兵被关禁闭，同时其他战舰上的船员也有被关禁闭的。约一个月之后，1892年1月19日，首都海军要塞：圣克鲁斯-拉依的驻军举行暴动。同时被关押在这个要塞的囚徒也参与了此次暴动。军士长席尔瓦诺·奥诺里奥·德马塞多领导了这次动乱。暴动者展开了一面红旗。然而，他们并没有制定明确的纲领。这次暴动只是舰队水兵和年轻军官自发抗议虐待和可怕的生活条件。但是暴动震惊了国家的领导阶层，海军部长、海军上将库斯托迪奥·德梅洛下令从战舰上炮轰暴动者。经过长时间的战斗后，暴动者被迫向政府的优势军事力量投降。11月20日，国会举行会议，通过了一项决议，向政府授予特别权力。

由于对暴动的水兵镇压不力，以大地主、企业主、交易所商人和高级军官（特别是海军军官）为首的统治阶级的一些集团宣布反对政府。他们几乎所有人都是前奴隶主、投机商和金融家，都同贵族有联系，并享有其庇护。他们怀念过去的岁月，如果维持不了君主制，那么他们希望至少保留旧时的特权，并获得其他新的利益。然而，应该说，由于十分清楚地宣布已废除了君主制，反对派的代表们，比如南里奥格兰德的加斯帕尔·达席尔维拉·马丁斯参议员，已察觉到在民众中间君主制不得人心，所以他们没有提出恢复帝制的问题。相反，他们想要把自己打扮成为宪法和共和国的狂热捍卫者。

反对派正是依靠宪法，试图推翻佩绍托政府，并打击共和国。问题在于：按照宪法只有在总统执政两年因死亡而停止行使其职权之时，副总统才能占据总统职位，并可以长期掌权到其前任任期届满。如果与此情况相反，宪法则规定举行选举来选定总统，同时副总统履行国家首领职责直到选举产生结果。

在保皇派力量得到加强的形势下，举行选举活动可能产生财政危机和引起各州的动乱，这对于共和国来说是危险的，佩绍托陆军元帅拒绝举行选举。鉴于这一情况，以海军部长梅洛海军上将为首的反对派组织阴谋活动。在其领导下，9月6日停泊在里约热内卢海湾的舰队举行暴动。政府采取强有力的措施，粉碎了这一叛乱。通过集中驻扎在首都的军队和动员国民警备队，构筑防御工事；国会举行特别会议，授权总统宣布戒严；许多志愿者和首都部分驻军都支持政府，因为这次海军暴动显然只是为了一小部分人的私利。

针对总统的舰队暴动不是偶然的。军队和舰队在国家政治生活中扮演着决定性角色。尽管部分将军和军官是旧势力的代表人物，但是军队曾为共和国的建立而斗争，并且基本上持有共和派的主张。在其队伍中"尉官派"具有重要影响，他们大多数人是年轻的军官，特别是来自中小资产阶级家庭，是本雅明·康斯坦特的赞赏者，后者比一般来自奴隶主家庭的老军官更接近士兵和民众。"尉官派"是巴西社会的进步要素。

另一个状况就是：在帝国时期，同陆军部队相比，舰队占有特权，只有白人才能被批准加入这支部队。其海军上将和许多军官都同朝廷大臣圈子有十分紧密的联系。在建立共和国和陆军代表德奥多罗·达丰塞卡陆军元帅当选总统之后，舰队享有的国家和贵族式特权被取消了。因此，在舰队军官中间保皇派意识十分强烈，所以他们首先准备对达丰塞卡政府进行斗争，希望在斗争过程中发生的事件能促使形势向有利于自己的方向发展。

水兵支持其海军上将，并服从命令将炮口对准政府是由多种原因导致的：前述1891年至1892年冬季的事件发生之后，具有反虐待倾向的水兵全部被逐出舰队。阴谋的组织者善于利用陆军与舰队之间逐步形成的对立情绪。他们利用宪法的规定来掩盖其行动的真正目的。

到10月，叛乱者成功夺取了比利亚加尼翁要塞和里约热内卢附近地区几处海上堡垒。然而，在尼特罗伊登陆行动失败，阻止了他们夺取首都的计划。3月14日，反叛者头目乘葡萄牙战舰逃往布宜诺斯艾利斯。参与暴动的舰队逃往南方，那里联邦主义者已经夺取了几乎整个巴拉那州、圣卡塔琳娜州的大部分，并控制了南里奥格兰德州。

中央政府只有解除里约热内卢的海上封锁，才能在南方发动进攻。梅洛躲避政府的海岸警卫舰队，并将其战舰带往布宜诺斯艾利斯。1894年6月24日，政府军与联邦主义者展开了决战，最终后者战败。在取得战场上的胜利之后，政府采取一系列措施，企图稳定共和制度：重组舰队，参与反政府阴谋者和叛乱者被解除职务，并加强国民警卫队。

1893年9月，政党大会一致提名圣保罗人普鲁登特·德莫赖斯-巴罗斯（1841—1902）为总统候选人，并提名巴伊亚的曼努埃尔·维托里诺·佩雷拉为副总统候选人。普鲁登特·德莫赖斯生于圣保罗省伊杜的大农场主家庭。曾就读于圣保罗法学院，毕业后当律师，并加入自由党。1870年参加共和派运动，1876年加入共和党，1885年当选为帝国议会首批共和党议员。1890年当选为参议员，后任制宪大会主席、参议院议长等职。

1894年3月1日，他赢得了大选，并于当年11月就职。

普鲁登特·德莫赖斯是来自圣保罗的第一任平民总统。因此，他充分了解圣保罗咖啡业主的要求、利益和雄心壮志。于是他就把优先权交给了这些人。结果，新政府经常同城市中等阶层的目标相对立，比如：总统不鼓励发展工业，相反，为了支持圣保罗发展农业，他主张土壤特别是圣保罗适合咖啡种植的红色石灰土，是国家财富的主要源泉。同时持有此类观点的人认为，工业是虚假的、不受欢迎的财富形式。显然这是传统的重农主张。为了让圣保罗人开发农业资源、扩大贸易、吸引国外贷款、投资和移民，总统都提供了便利条件。他还承诺保持政治稳定，恢复财政和地方分权。正是在这一背景下，他致力于终结南里奥格兰德州的联邦派叛乱，镇压卡奴多斯农民起义。

三、卡奴多斯农民战争、工人运动及尉官派斗争

年轻共和国的人口大部分是农民。然而，几乎所有的适于种植作物的土地都属于大庄园主。在19世纪末的巴西，政府还为金融投机和企业创办扩大了经济活动的空间。这在地产主和资本家之中引发了加速获取利润的活动，其方法是将赚得的钱财投入再流通，让它们成为获取更多利润的补充来源。对劳动者加紧盘剥，是同占据农民劳作的土地联系在一起的，这是达到上述目标的重要手段。除此之外，全国不少地区的经济和社会发展问题得不到有效处理，这就使得民众不满情绪日益增长。

如前所述，19世纪末是国家的政治、经济和社会大变动的时期。为了让经济更快地摆脱传统模式的束缚，共和国的统治者更加关注资本主义要素的成长和增加，加大现代化的推动力，这一切必然使得传统的宗族社会趋向衰落。这一经济与社会趋势引起了众多农民的恐慌，他们认为这一切变迁违背了自己的利益诉求，因此拒绝接受这种现实。另一方面，为了发展新兴的农业，增加出口，土地所有者必须掌控充足的劳动力，且占有大片随时可用的土地资源。面对这一情况，农民、棚户区居民和民间社团采取各种手段，阻碍资本主义在农村的发展。即使农业资本家有机会获得土地，创办农场，农民和棚户区居民也不愿到农场工作。1897年东北部的卡奴多斯民间社团形成的对抗斗争，就是乡村贫民不服从资本主义发展潮流的结果，这写就了19世纪末巴西民间战斗的史诗。

巴西民众对于经济盘剥的加重和社会不平等现象,并不是长期持有漠然置之的态度。从共和国建立之初,劳动者就开始反对社会的不公正。由于土地投机和铁路修筑,在废除奴隶制之后,土著部落的土地受侵占现象日益严重,所以印第安人为捍卫其土地而坚持斗争。土著人进行了顽强的抵抗,但是他们不得不越来越向森林深处撤退。在巴西农民群体中日益频繁地出现自发行动,就是逃出庄园,创建武装小组报复性攻击曾经侵犯过他们土地的田庄主。19世纪末巴西民众斗争史上最令人震撼的一页,就是在居住着牧牛人的东北部爆发的农民起义。

东北部民众的主要经济活动就是从事畜牧业。从遥远的殖民时期起,这一农业活动就沿着圣弗朗西斯科河传播开来,牧牛人的生活几乎全都在马背上。他们的住房都是临时搭建的茅屋。他们长期依附于畜牧庄园主,对于不公平的劳动条件感到不满。而畜牧业主采用欺骗性的手段,虚假地给他们支付薪金,并且年复一年地利用其他的陈旧手段将牧牛人束缚在牧场里。19世纪90年代中期这种不满情绪终于爆发,演变为武装斗争。许多拥有小地产的农民也加入牧牛人的斗争队伍。

这次斗争的独特之处就是披上宗教外衣来反对社会的不公正。早在70年代,也就是帝国时期,起义的领导者马西埃尔就在巴伊亚省活动。他自称是上帝的使者,向农民大众揭露人间的不平,这样就吸引了许多民众,使之成为其追随者,而人们将他称为"孔塞列罗"(Conselheiro,意为出主意的人)。渴望改善生活状况的下层民众对他的说教作出了回应,很短时间内许多人成为其忠实信徒。他的说教内容可以简述如下:世界已经被虚夸搞得纷扰不堪,一切国家制度和法律都是不正义的,天主教会已变成魔王撒旦的工具。马西埃尔否定产业主的任何权利,并且断言,现存的世界已接近世界的末日。面对这一无情的事实,利益和财产都一钱不值。"孔塞列罗"的说教是愚昧和迷信的农村穷人的独特遗产,相似于不同时代和不同国家历史上出现的许多其他说教。然而,它明晰地宣示,对不正义的现存制度提出抗议,因为这一制度剥夺了劳动者的劳动成果,并把他们贬低到被社会遗弃的贱民地位;抗议这个不正义社会的基础,反对利益的不平等,和使得这种不平等神圣化的天主教会和国家。

从1893年起,这个被人遗弃的牧村卡奴多斯(Canudos)变成为被社会遗弃的贱民聚集的中心,而"孔塞列罗"就定居在那里。短时间内,卡奴多斯就成为人口比较密集的一座大城镇,它拥有5 000多幢房屋和茅屋,聚

第四章 ● 第一共和国时期（1889—1930）

集了附近地方甚至沿海大城市塞尔希培的穷人，他们都渴求摆脱压迫和贫穷。卡奴多斯的居民自己动手建造自己的房屋，修筑防御工事和中心部分的一座教堂。所有的拓殖者全部一样贫穷，他们的个人财产缩减到最低水准。土地、放牧地和牧畜都属于公社，公社的基本原则是：一起劳动、土地公有、成员之间平等。所有人有劳动义务，并得到由共同劳动所产生的成果的相应部分。第一次来到卡奴多斯的人就交出他所带来的一切。私有财产被视为罪恶和不合法。有些学者早就指出，卡奴多斯公社是一种初创的和潜意识的产物，它把原始共产主义思想具体化，并披上了宗教外衣，是同传统、迷信和愚昧联系在一起的，其居民把卡奴多斯视为"圣城"。

1896年10月，卡奴多斯居民同其周围地区的人群发生了第一次冲突。由于害怕威胁其统治地位，且该农民运动规模宏大，大庄园主开始求助于巴伊亚省当局。11月4日，一支政府军突击队来到位于卡奴多斯附近的若艾泽罗村庄。当这支队伍向卡奴多斯推进时，受到"孔塞列罗"追随者的攻击，被迫撤退。稍后，省政府向卡奴多斯派遣了几支新的部队。1897年1月中旬，它们抵达目的地，在该地的入口处开始第一次交战。

中央政府很快从里约热内卢调集了1 500多名兵士，但是，在试图夺取卡奴多斯的防御工事时政府军被打败，政府不得不增派新的正规军部队。他们开始残酷地炮轰农民。到9月末，通往卡奴多斯的出入口全都被封锁。其保卫者在随后几天趁着黑夜展开了多次绝望的进攻，试图打破包围圈，但是没有取得成功。

卡奴多斯的保卫者克服了粮食、武器和子弹不足的困难，以及妇女儿童仍在村庄里所带来的危险形势，在整个被围困时期，他们以神话般的英雄气概进行搏斗，甚至在"孔塞列罗"死亡后仍坚持战斗。在交战期间，其军事领导者胡安·阿巴德－帕乔以其出色的指挥才能而闻名。尽管起义者被政府军抓捕而受到严刑拷打，但是已成为俘虏的农民军拒绝回答审问。

起义者的英雄主义阻止不了其必然的结局。10月5日黄昏，卡奴多斯被政府军攻占，当时其最后一批保卫者阵亡。这种结局早已注定，就像巴西许多其他农民运动的悲剧结局一样。农民军战败后，卡奴多斯被夷为平地。但是，卡奴多斯农民起义有着重要的历史意义。在废除奴隶制之后，巴西农民反对庄园主的盘剥和专横的斗争已普遍化。农民经常攻击庄园，给地方当局带来不安。但是，这些行动只是针对个别地产主，因此很快被粉碎。而在卡奴多斯，农民展开了持久的斗争，他们针对整个庄园主集团，反对捍卫其权力的制度，甚至反对官方的教会。因此，该起义在巴西具有特殊意义。

据说，1897年，在消灭了卡奴多斯农民军后，一些士兵从东北部返回里约。但因长期没拿到军饷，他们就在市中心的山上建造了简陋的房屋，作为暂住地，等待政府发饷。然而，他们一直分文未得，这些陋屋便成了他们的永久住所。而军人们给其住所起了个雅名：法维拉（Favela），是一种含羞草类植物的名字。它一直沿用至今，并已成为贫民窟的代名词。

当农村的社会矛盾仍然十分尖锐之时，创办工业的进程已经启动，由此产生了如何保障工人权益的问题，与此同时也出现了早期的工人运动。

早在19世纪初，米纳斯吉拉斯州就开始利用本地的铁矿石和木炭来炼铁，但是其规模十分有限；随后又创建了棉纺织工业。到20世纪初，巴西开始推行替代进口工业化，这样，它逐步从一个出口农产品和进口制成品的国家，转变为一个尽管仍然依靠出口农产品，而同时能制造许多本国所需要的工业产品的国家。每当外汇匮乏或因战争使得进口工业品昂贵或供应困难之时，就会产生一种动力来刺激本国工业的发展。据估计，第一次世界大战期间，巴西的工厂数量增加了一倍。其中最大的工业部门是纺织业和食品加工业，1920年，它已雇用约3万人。正是在早期工业发展的背景下，工人争取自己权益的运动也渐趋活跃起来。

19世纪末，一个刚刚摆脱奴隶制的国家，仍处于大庄园主的统治之下，因此，不存在保障工人权益的任何劳动法，这样工人只能听任企业主的摆布。工人的工资很低，并且普遍地被延迟支付；工厂主以各种借口来扣除工人的微薄工资。他们还经常以代金券或证券来取代现金支付，而这些票据只能在工厂的商店使用，其商品比一般市场上的更加昂贵。工人的劳动条件相当艰苦，他们住在简陋的茅屋里。

工人捍卫自己权益的第一次行动可追溯到帝国时期。一般是表达愤怒的自发行动。在宣布独立后，欧洲移民人数增加。19世纪90年代，每年抵达巴西的移民人数为10万—15万人，这些移民都希望能获得一块土地或一份工作。在欧洲移民中有不少人具有革命意识，其中知识分子和工人在欧洲曾经加入过不同的社会民主组织或无政府工团组织。一些人已有第一和第二国际的基本常识，或者参加过它们的工作。这些人给巴西无产者的自发运动带来组织观念和革命思想。比如，1891年6月至7月

第四章 第一共和国时期（1889—1930）

间,在皮特罗普利斯爆发了那个时代织造工的第一次大罢工,当地工会组织"工人中心"参加了运动。这次罢工以工人的胜利而告终,他们获得了可以撤销管理机构之缩减工资决议的权利。同年中央铁路公司的工人也宣布罢工。

1891年出现了两份工人报纸:《工人报》和《五月一日报》;1892年首次有人打算召开工人大会和创建无产者党。同年在桑托斯城组成了社会主义者中心,该组织运作了多年。1895年,在它的领导下,巴西工人阶层组织了第一次五月一日大游行。到1896年,巴西已存在多个马克思主义社团。同年圣保罗有了《社会主义者报》,报上刊登口号:"全世界无产者联合起来!"报纸发表葡萄牙文、意大利文和德文文章。该报积极传播科学社会主义思想。

这样,在19世纪90年代初,组织大规模的工人运动和创建各种工人组织迈出了第一步。然而,工人运动也被设置了一系列障碍。民族工业的弱小限制了工人人数的增长。在很大程度上,工人队伍是由来自多个国家的移民构成的,某些部门的外国工人的特权地位(比如:英国的织造工),以及种族和宗教偏见,阻碍了工人的聚合与团结。此外,工人队伍中的文盲、天主教会的强大影响和政治上的不平等都抑制了他们有组织有阶级的自觉意识的增长。由于欧洲移民工人主要来自葡萄牙、意大利和西班牙,而这些国家的工人运动是由无政府工团主义主导的,所以在90年代巴西工人运动中无政府工团主义拥有主导性影响。

随着工业的扩展,工人人数、组织形式和思想意识也都在增长。1907年,工业企业中工人约16万人。企业中出现了一批互助和职业联盟。1900年在著名作家达库尼亚(1866—1909)的参与下,"劳工之子国际俱乐部"创立了。20世纪初,有关工人的报纸数量增加。1902年,巴西社会党创建了。传播马克思和恩格斯学说的社团开始越来越频繁地出现,他们发行自己的报纸,甚至在无政府工团主义组织中也有类似的倾向。

俄国1905年的革命有力地推动了巴西工人运动的发展。在巴西,支援俄国革命者的募捐活动被组织起来;工人报纸响应革命事件。在里约热内卢工人联合会的倡议下,第一届巴西工人大会召开了,全国大部分工会代表都出席了这次会议。大会通过了一项决议,声援俄国革命工人。在此基础上,巴西工人展开了争取8小时工作日的有组织斗争。

1908年,为落实工人大会的决议之一,一个全国性的工会组织创建了,它就是巴西工人联合会。它是一个重要的里程碑,是工人阶级较高程度组织聚合和自觉性增长的象征。联合会组织一系列罢工,来捍卫工人的利益,反对政府推行的对外政策,因为这些政策有可能将国家拖到同阿根廷开战的边缘。

  陆军和舰队并没有长期处在民众斗争之外。低级军官和年轻军人有时站在民众一边,积极响应其诉求。在舰队和陆军服役,扩大了部分水兵和士兵特别是城市驻军的视野,军人同有进步倾向的工人和知识分子开始有一定的接触。在国家的武装部队中,上述"尉官派"希望国家能摆脱大庄园主的统治,从而走上繁荣富强的发展道路。1904年,军事学院的学员在首都试图发动政变,但是没有成功。

  1909年,在保守党人和军人的支持下,埃尔梅斯·罗德里格斯·达丰塞卡(1855—1923)当选为总统。此人出生于南里奥格兰德省,是曼努埃尔·德奥多罗·达丰塞卡的侄子。1889年任其伯父达丰塞卡陆军元帅的上尉副官并参加共和派起义。1906年晋升元帅。1906—1909年任陆军部长,对陆军进行了大规模的现代化改革。但是在其总统任内,巴西经济萧条,政局动荡。这种状况引起了部分军人的不满。1910年海军举行暴动。引起此次动乱的直接原因是军官对水兵的虐待行为。暴动者以黑人若奥·坎迪多为首;海军陆战队的一个营加入反叛队伍。首都受到舰队轰炸的威胁,而暴动可能扩展到海岸上。政府很害怕,许诺将履行暴动者提出的条件:废除军中的体罚,并对反叛者予以赦免。然而,政府很快违背了自己的承诺,对暴动的参与者实施残酷的镇压。尽管这次暴动同样以悲剧的结局收尾,但是它在巴西民众运动史上留下了深刻的痕迹。

  1902—1916年间,在国家南部发生了多起重大的农民暴动,大批农民夺占大庄园主的土地,并在农民中间加以分派。到1913年,在东北部,在塞阿拉州土地上,劳动者运动逐渐演变为农民战争。由于这种运动是无组织和自发的,政府有条件迅速粉碎。

  正如拉美学者所指出的,在20世纪初期的巴西,"由于政府腐败日甚一日,几乎达到司空见惯的地步,爆发了全国性的反对行动。行动主要由圣保罗的中产阶级和里约热内卢、圣保罗及南里奥格兰德的青年军人领导"。到20年代,尉官派发动武装起义,把民众斗争引向高潮。

  1924年7月5日,以伊西多罗·迪亚斯·洛佩将军为首的军官发动起义,军人占领圣保罗城达3周之久;与此同时,工人也占领了商店和工厂,提

第四章 第一共和国时期（1889—1930）

出推翻贝纳德斯独裁政权，建立人民政府的斗争目标。7月17日，起义者发表宣言，号召建立法制，实现民主共和国的理想。中央政府派遣军队对圣保罗城进行围攻炮轰，在政府军的强大攻势下，起义军于7月末被迫撤退到森林、河流地带，展开游击战。10月28日，南里奥格兰德州圣安热洛驻军在陆军工程兵上尉普列斯特斯领导下举行起义。斗争的领导者路易斯·卡洛斯·普列斯特斯（Luis Carlos Prestes，1898—1990）生于阿雷格里港一个军事工程师之家。早年就读于阿雷格里港陆军学校和里约热内卢高等军事学校，深受欧洲实证主义思想的影响。毕业后在里约热内卢获上尉军衔。1922年被派往毗邻乌拉圭的边陲小城圣安热洛担任营长。两年后，他所领导的起义军发表了告民众书，主张建立一个"强大统一的巴西"，实现宪法所规定的民主权利。这支起义队伍拥有1 500人，北上增援圣保罗起义者，称"普列斯特斯纵队"，又称"无敌纵队"；次年3月末在伊瓜苏瀑布附近与圣保罗的起义军会合，队伍重新整编后便开始了巴西史上著名的长征。从1924年到1927年，这支队伍转战南北，途经14个州，行程2.6万多公里，普列斯特斯先后担任起义军上校参谋长，纵队最高军事和政治领导人，是尉官派核心人物之一。但是，由于没有建立稳固的根据地，没有一个明确的政治纲领，同时缺乏民众的广泛支持，1927年2月，起义军被强大的政府军逼至玻利维亚境内，并被拘禁。不久，起义军领导人都流亡国外。1931年，普列斯特斯去苏联；1934年在莫斯科加入巴西共产党；次年当选为共产国际执委，并当选为巴西反法西斯统一阵线——民族解放联盟名誉主席。1935年4月，他秘密回国；11月参与领导该组织发动的起义，失败后被捕入狱；1945年5月获释。后来他又担任巴西共产党总书记，并当选为联邦参议员。如前所述，普列斯特斯领导的起义以失败而告终，但是起义的战斗行动为1930年的共和派政变作好了准备。"这次政变揭开了瓦加斯时代的序幕，开始了新的共和国阶段"。

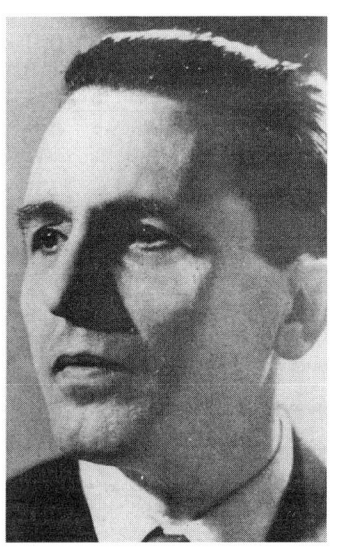

路易斯·卡洛斯·普列斯特斯

热图里奥·瓦加斯

19世纪末和20世纪初,先后发生了一系列民众运动,特别是卡奴多斯农民起义。持续的工人运动和尉官派的武装斗争,揭示了第一共和国的弊病:政治体制不能表达转型中社会的广大民众的需要和期望。因为社会以前所未有的速度变得越来越复杂,其中许多新生的阶层提出自己的诉求,但是他们没有或很少分享到政治和经济利益,所以他们表现出焦躁不安。尤其是一些知识精英不仅牢骚满腹,甚至表现出叛逆精神。这一切因素对第一共和国施加了空前的压力。

四、早熟的城市化与城市民俗文化

19世纪末期到20世纪前期,随着初期工业化的起步,巴西的城市化加速,也就是说,越来越多的人口集中在少数几个大城市,给那里的住房、基础设施、教育和医疗机构以及就业形势造成压力。正如一位学者所指出的那样,这种城市化是早熟的,"巴西同不发达世界的许多国家一样,是在没有足够工业化的情况下经历城市化的。工业不能为所有新来者提供足够的工作,甚至有些大城市,如福塔莱萨等,几乎完全没有工业可言。这些没有工业的城市不是港口就是行政中心"。实际上,这种早熟的城市化是由多种因素推动的。首先,从殖民时代早期起,由于葡萄牙的人力和物力有限,所以殖民者不得不集中力量设置少数城镇,来掌控广大地域,由此形成了人口主要集中在城市的传统。其次,几个世纪以来,庄园主持续垄断土地,造成无地或贫困的农民不断流入城市。再次,来自欧洲各国的移民主要倾向于定居在城市,这就进一步推动城市化进程。这种城市化的主要特点是:全国大量人口集中在大城市;此外,城市规划缺失;城市外围存在大量贫民窟。然而,这种城市化又孕育了丰富的民俗文化。

殖民时期形成的城镇布局和传统影响到近现代城市化的发展特点。如前所述,葡萄牙人在巴西没有找到文化较发达的稠密的土著人口及其村镇,因此,16—18世纪,殖民者不得不依靠从非洲输入数百万奴隶劳动力来开发农业和矿业。显然,葡萄牙没有足够的人力和资本来拓殖和开发从马拉若岛到帕托斯湖,即从赤道直到南纬32度,全长7 000多公里的海岸。葡萄牙王室只能采用都督辖区制,让私人分片地经营其殖民地。这样,每个辖区都修建了能同海外建立联系的港口,它们就构成了巴西最初的一批城镇:奥林达、塞古罗港、圣埃斯皮里图、伊加拉苏、圣克鲁斯-卡布拉利亚、

第四章 ● 第一共和国时期(1889—1930)

伊莱乌斯-圣维森特等,他们都是在1540年之前建立的。

奥林达建在小山冈上,形成不规则的外观,但这是少数例外。圣维森特和塞古罗港,是在万圣湾的第一批建筑设施,最早是代理商的办事机构所在地。只是在1549年,王室决定在万圣湾设立一个都督辖区后,葡萄牙人才建立巴伊亚,该城成为巴西的第一个首都。1565年里约热内卢建立,1585年帕拉伊巴建成,即现今的若昂佩索阿。到1600年,在巴西已建成了3座城市,约14个城镇,仅圣保罗建在内陆,其他城市都建在沿海一带。

从其建成初期起,葡萄牙人对巴伊亚的整个外观就一直进行修整,使之在地理位置决定的有限范围内形成一定的规则性。在葡萄牙人建城过程中,选择较复杂的地理空间和便于防御的地势是主导因素。然而,实际上在巴西沿海一带,很难找到开阔而平坦的地方来修建天然港口。在里约热内卢,也不存在完美的方格形轮廓,但是后来的地图绘制标明其外观逐步实现规则化。建于内陆且具有一定重要性的第一个定居点——圣保罗,其最初的轮廓呈现出某些辐射状特点。在巴西,没有一座城市让广场像西

塞古罗港日落

属美洲那样具有十分突出的地位——它们的广场只不过是一个十字路口，再加以一定的规则化修整。

巴西殖民时期的两座主要的城市：巴伊亚和伯南布哥的繁华，是以直到18世纪仍很兴旺的东北部甘蔗种植园经济为依托的。在18世纪证实了现今的米纳斯吉拉斯州蕴藏有黄金和钻石矿后，巴西经济开始转向一个新阶段。这个采矿业阶段也意味着圣保罗人捕奴队向内地进军获得新成果。他们在米纳斯吉拉斯和巴伊亚的内地的群山中，在马托格罗索和戈亚斯的土地上，设置了大量的群居点、工棚和野营地，很多人都被黄金和钻石财富吸引了过来。他们的寻宝和采矿活动带来了一系列城市的建立：马里亚纳、欧鲁普雷图、萨巴拉、迪亚曼蒂纳、圣若奥德尔雷和18世纪其他一些采矿中心，同时在无矿产资源的地方也建成了一些城市中心，如17世纪的库里提巴和巴拉纳瓜，以及18世纪的库亚巴和戈亚斯。

矿产资源把沿海地区的一些城市人口和从葡萄牙迁来的移民吸引到米纳斯吉拉斯。在短短的几年时间，在一些新建的城市就兴起了殖民时期拉丁美洲的最重要的建筑和雕塑运动。维利亚里卡，现今的欧鲁普雷图，是最重要的采矿业城市，其不规则的外观是地形条件和自发扩展的结果。但是，在高地上建造教堂的中世纪遗风仍是清晰可见的，人们在一个大部分呈不规则形状的广场上可以斜视教堂的正立面。就像欧鲁普雷图一样。在马里亚纳，建筑物通过自发的组合，最终到1740年呈现出有规则的外观。

殖民地时期的巴西各个城市并不像西属美洲那样，调整为统一的模式。在这些城市中，中世纪式的外观并不占主导地位。然而，其建筑者在地形条件许可的情况下，按照交通和屋宇规则的需要，逐步在城市中加入有规则的组织结构。

1762年，里约热内卢取代巴伊亚成为巴西的首都。葡萄牙王室作出这一决定时，经济和政治理由起主导作用，因为里约热内卢是米纳斯吉拉斯的采矿地区的港口，在南部和东南部同西班牙进行边界争夺。从此时起，里约热内卢是殖民地经济、文化生活和行政机构无可争议的中心。1807年，当葡萄牙王室将其朝廷设置在该地时，其首都的地位更得到强有力的巩固。

正是在殖民时期形成的网络的基础上，19世纪末和20世纪初城市化进程得到进一步发展。实际上，直到19世纪后期其城市规模还比较小，发展也较缓慢。但是，从20世纪70年代左右，圣保罗的发展十分快速，人口

第四章 ● 第一共和国时期（1889—1930）

从3万人增长到1970年的800万人左右。在全国，圣保罗和里约热内卢是首先达到百万人口的城市；到20世纪中后期，已有8个城市的人口接近或超过100万人。1970年全国人口中约有25%居住在9个大城市区：贝伦、福塔莱萨、累西腓、萨尔瓦多、贝洛奥里藏特、里约热内卢、圣保罗、库里提巴、阿雷格里港。这种快速增长，部分原因是城市人口的自然增长以及来自海外的各国移民，但是更为重要的原因是人口大规模地从农村流入。大批人口源源不断地从农村流入城市去碰运气，他们主要移居大中型城市，造成那里的人口过分集中。正如有人所描述的，"在城市中，无数的人在臃肿的行政机构的下层工作，或在商业企业中当办事员和仆佣，以微薄的收入来勉强糊口。廉价的劳动力被滥加使用；一项工作所使用的人数远远超过其实际需要；而且还有许多人找不到工作。城市发展如此迅速，致使城市行政当局已不能为大部分人提供基本的服务项目，如用水、下水道、照明、铺面街道、学校教育、医药等，甚至无法提供足够的公共交通工具。每个城市都存在由简陋的小木屋和厚纸板房形成的新郊区，如著名的里约热内卢和

圣保罗

累西腓的贫民窟。当然，城市中也有富裕的郊区、奢华的商店和壮观的办公大楼。也许任何地方贫富之间的差别都不如在大城市中见到的那么悬殊和明显。'城市问题'连同它所带来的各种社会和经济问题，是巴西的一个主要问题"。

不过，城市化不只是表现在城市人口的快速和过度增长，而且也体现在城市活动的内涵进一步扩展，特别是主要城市已成为国家的经济、政治、社会和文化活动的重要舞台。这里，我们仅从巴西民俗文化的发展来看，城市化也带动了城市大众文化的形成及其展现活动。

除了宗教文化之外，巴西的民俗文化大多是由来自欧洲的白种人、非洲黑人和美洲土著人在漫长的混居和生产劳动过程中逐渐创造的文化成果，它们延续至今，已成为这个热带国家热情奔放的文化传统的一部分。比如，举世闻名的里约热内卢狂欢节就是这种富有特色的民俗文化成果。据说，这一节日形式最早是由葡萄牙人传播到里约热内卢的。大约在17到18世纪间，每年2月喜欢寻欢作乐的里约居民便上演一场场恶作剧：他们

里约热内卢

第四章 ● 第一共和国时期（1889—1930）

相互泼洒或投掷污水、鸡蛋、面粉、石灰甚至粪便。狂欢节结束后，各条街道变成了垃圾场，结果传染病流行。1822年巴西独立后，针对这种弊端，帝国新贵开始考虑改革狂欢形式，他们从威尼斯狂欢节得到启发，1840年开始在里约举行假面舞会。但是，这种形式只有白人采用，而黑人则举行"卡多斯舞节"，就是来自不同地方的民众各自组成一支队伍，人们穿上演出服装，戴上面具，举着旗子，敲着鼓，走上街头斗舞。后来，随着不同种族的融合，两种狂欢形式开始合二为一。这样，每年狂欢节期间，数百辆彩车接连行驶在中央大道上，比歌斗舞。从此，这一狂欢节形式就成为一个传统。

到了20世纪初，狂欢节的形式又发生了重大变化。1916年由白人和黑人乐手共同创作的一首叫作《电话情歌》歌曲开始流行。录有这首歌的唱片第一次写上了"桑巴"（samba）字样。人们认定这种音乐就应是狂欢节的音乐，桑巴舞的传统由此发轫。1970年起，桑巴舞校开始成为里约狂欢节筹备活动的中心，人数众多的学者、画家、雕塑家、服装师、舞台美术设计师等在工棚中闭门数月，其奋斗目标就是在来年2月的几天狂欢时间里与各队人马争奇斗艳。

不过，根据传说，桑巴舞的形成具有更加久远的历史：它起源于非洲，原先泛指随着奴隶贸易而从安哥拉、刚果等地传入巴西的轮舞。从殖民时代起，在贩运黑奴的船上，奴隶贩子为了保持黑人健壮的体格，以便高价出售，就在甲板上以敲打酒桶和铁锅作为伴奏，强迫黑人跳非洲的原始舞。这就是桑巴的初始形式。经过数百年的传承，桑巴舞博采众家之长，形成了节奏欢快、氛围热烈、极具魅力的舞蹈形式。"现代桑巴是一种集体性的友谊舞蹈，参加者少则几十，多达几万。队形有时排成双行，有时则围成一圈，圈子中央有人单独演奏。桑巴多以打击乐伴奏，旋律欢快紧张，节奏感很强。舞者脚踏乐点一重一轻，自然屈膝弹动，上身摇曳生姿，构成全身松弛、节奏强烈的意境。男舞者以两脚快速移动，旋转为主，女舞者则以上身的抖动和腰、腹、臀部的扭动为主。即兴发挥也为桑巴增色不少，有时舞伴故意绊倒对方，被绊者却又轻松自如地站起来，继续尽兴"。到现代，桑巴舞已同狂欢节紧密结合，"这样，狂欢节推动了桑巴舞的发展，而桑巴舞对社会精神生活的净化和文化艺术的创造也产生了深远影响"。[①]

[①] 以上文字转引自龙芳、刘键等：《拉美文化璀璨之谜》，解放军文艺出版社1995年版，第152、158页。

而巴西狂欢节也是在20世纪初形成高潮的,到现代已风靡全国,其中以里约热内卢的狂欢节最为欢快、奔放、热烈。这个传统节日在每年2月举行,持续3天。节日前夕,全城张灯结彩,营造欢庆氛围,狂欢节仪式由一位戴假面具的"国王"主持,上午9时左右他从里约热内卢市市长手中接受市府钥匙后,高声宣布:"狂欢节开始了!"瞬时鼓乐喧天,欢呼声四起,桑巴舞曲此起彼伏,全城变为一片鼓乐声和欢呼声相互交汇的欢腾海洋。此时场景令人欢快至极。据描述,"仪式的主要内容是桑巴舞学校的列队游行,走在队伍最前列是一位精挑细选出来的美女——狂欢节皇后,她站在富丽华贵的彩车上,身着白色长裙,袒胸露臂,手持鲜花、笑容可掬,频频地向观众飞吻致意,而街道两旁的群众则不断报以掌声和狂呼。跟在皇后后面的是打扮得花枝招展的'公主'们,在音乐声中,她们翩翩起舞,绰约如仙子。走在'公主'们后面的是成千上万的男女老幼。他们身着奇装异服,姗姗而行。有的头戴面具,扮作牛头马面的妖魔鬼怪;有的则化妆成各路神仙;有的充当善男信女;也有的扮成古今的名流显要。光怪陆离,应有尽有,充分体现了巴西人无穷的想象力"。里约热内卢狂欢节的夜晚更是火

女桑巴舞者

第四章 ● 第一共和国时期（1889—1930）

里约热内卢狂欢节

树银花，流光溢彩，游人如织，鼓乐喧天。"节日期间，无论是社会底层的劳苦大众，还是受过良好教育的知识分子，他们都会将自己遭逢际遇的无比艰辛和对现实的深深不满发泄出来，以求得到内心的平衡"。①

除了桑巴舞和狂欢节之外，举世闻名的巴西足球也是在19世纪末从欧洲传入的，并且一直是大众喜爱的一项体育文化。据统计，巴西的足球俱乐部约有两万家，会员多达100万人。从那时起，足球实际上成为巴西人生活的一部分，正如有人所描述的，巴西人热爱足球："在城镇的街头，在广阔的海滩，在林中空地，到处都能看见青少年汗流浃背踢足球的场面。假日里就更热闹了，孩子们将街道变成球场，致使车辆不得不为他们让路"。在巴西，正是这种经久不衰的足球运动成为推动大众文化发展的重要因素。比如，足球运动为影视节目提供了丰富的题材。据统计，1909年起，巴西电影界首次开拍足球片，到20世纪后期，该题材的故事片和大型纪录片已多达60部，为全球之冠。

---

① 同前脚注，第152、153页。

作者点评：

第一共和国时期(1889—1930)是一个全面转型期：政治上从君主制转变为共和制，经济方面从出口农业模式转向农业与工业并重的模式，社会方面从大种植园主霸权转向由资产阶级与中等阶层主导的社会。因此，政治和社会骚动持续不断，呈现出既无秩序又无进步的现象。简言之，这40年是现代巴西发展跌宕起伏的序幕。

第五章 从瓦加斯威权主义体制到第二次世界大战后民主政治

一、替代进口工业化的启动与瓦加斯的崛起

19世纪末,早期工业已呈现出初步的重要性。数种大众消费制成品(纺织品、鞋类、切块食品等)是由初期民族工业生产的。是哪些因素促使这种工业萌芽并成长的呢?无疑,基本的因素在于一个国内市场的接合和形成,这是资本主义生产关系普遍化的产物,它们首先在经济的关键部门、出口的基础:咖啡种植业逐渐占据主导地位。特别是在圣保罗地区,虽然同时存在半奴隶制残余,但是咖啡的大规模生产基本上已形成了典型的资本主义生产方式,因为这是同生产资料私人所有与劳动力自由供给的现象相关联的。

在巴西,这些现象是以十分典型的方式出现的:大规模的出口农业生产扩大了土地的垄断,并且趋向进一步限制农村中收益很低者的生存空间,使大部分农民贫困化,并将另一大批农民群体驱向城市,在那里他们逐步变为雇佣劳动者。

一方面,工业化是作为应对初级产品部门消费需求的措施而出现的;另一方面,它又反过来满足发达国家工业化新高潮的扩展条件。拉丁美洲资本主义经济运作的基本方式,从其摇篮时期起就揭示了它同西方发达国家关系密切的特点,同时也表明了这种关系已超越了纯粹的贸易关系的界限,而是将整个国家生产力发展的可能性和特征置于一定的原则框架之内。

然而，在一定程度上，国内市场的关联和扩展，工业基础的增生，使其渐趋获得自己的动力，而这种动力对国内市场的扩展又进一步发挥推动作用。换言之，在使用雇佣劳动力来满足工业的已有需求时，实际上，工业也刺激了需求的增长。在20世纪头几十年间，在不触及出口农业部门生存的情况下，这一进程的强化，趋向于重新确定发展的迫切问题，它们是目标、刺激手段、国家保护，总之，是主导权的控制问题。在一定程度上，人们逐渐认识到资本积累进程的中心接合点就是工业发展。1914—1918年，欧洲战争时期给这一经济导向提供了巨大的推动力。欧洲战争冲突给工业扩展创造了有利条件，因为输入巴西的欧洲制成品减少了，与此同时欧洲更加需要原料和农产品。由此就产生了对工业产品的巨大需求，而这种需求就推动了所谓的替代进口的工业化进程，也就是说，进口商品发生了变化：转而购置机器设备，以扩大国家的工业基础。在同一时代，这一进程发生于拉丁美洲多个国家，如墨西哥、阿根廷、智利和乌拉圭。一些学者认为，拉美工业化进程始于欧洲战争和1929年经济危机所带来的有利条件，因为突然产生了替代进口的有利环境。这里并不涉及工业化发展主义理论对欠发达社会，特别是巴西社会影响较弱的问题。但是，我们认为，为了广泛而准确地解释不仅使得巴西而且促使拉美其他国家推动工业化的条件，不能无视有关国家已存在的基本因素，这点特别重要：第一，一个国内市场的形成；第二，以资本主义关系为基础的工业生产体系的出现。在19世纪末，这两点就像硬币的两面。20世纪头几年它们继续扩展，为可以利用战争冲突所造成的有利情势——推动进口工业机器设备取代奢侈品进口，它们是必不可少的条件。在出现工业化新高潮时，这些基本先决条件的存在是十分重要的，因为只有这样才有可能理解：为什么这种特殊的国际形势，及始于1929年世界资本主义大萧条和1939—1945年第二次世界大战，刺激了拉丁美洲某些国家的工业化，而与此同时其他国家则处于危机和停滞阶段，没能推动替代进口工业化进程和创建重要的工业基础，比如玻利维亚、厄瓜多尔、秘鲁、委内瑞拉等。

因此，这些因素有可能使得对外依附性体系逐步转向经济体系的活跃一极，这就是工业化。与此相联系，在这个进程中崭露头角的各个新的社会阶层渴望占据国家的经济、政治和社会的主要舞台。工业资产阶级和无产阶级逐渐聚集了力量和能力。年轻而不够强大的巴西工业资产阶级从其诞生起就面临着尖锐的矛盾：一方面，通过质疑同大地产和出口体系相

第五章 从瓦加斯威权主义体制到第二次世界大战后民主政治

联系的寡头权利,来确定自己的特殊利益:国家保护和推动改革;另一方面,他们又需要寡头手中的外汇,用来持续推动工业扩展。除了这一基本矛盾之外,他们还面临另一困难,它从本质上撕裂和限制其独特的阶级利益,那就是在地产主、农业出口阶层和工业企业主之间存在共生现象。确实,这一阶级中许多人是欧洲移民或其后代,或者来自手工业部门,然而也有很多人出身于地产主阶级,或者是同出口部门相联系的阶层。巴西统治阶层的这种复杂的共生现象,从工业化进程启动之日起就提供了一种思考框架,就是工业资产阶级在其发展高潮之时推动"民主革命"的局限性。这一高潮指的是瓦加斯的第一届政府时期。巴西的工人阶级从其诞生起也经历了艰难的道路,特别是无政府工团主义阻碍了其阶级觉悟的发展。这一时期,中等阶级正缓慢成长,他们是同农业出口部门扩展的辅助活动联系在一起的,集中在城市中心。在这些活动中,突出的有行政管理官员,各种一般的服务业员工,国防组织机构的军人和文职人员、技术人员和文化人。在一定程度上,工业化的扩展也扩大了这些阶层活动的阵地。

上述经济发展的主要趋势和社会构成的变化只是简要勾画了20世纪头30年巴西发展中的经济和社会的概貌。实际上到了1930年,这个南美大国仍是一个贫穷国家。据估计,1929年,人均国内生产总值约为1 050美元(以2003年的美元为标准)。全国人口近3 500万人,每平方公里的人口密度仅约4个居民。与此同时,人口分布极不均衡,主要集中在沿海、东南部以及东北部地区。1920年,东南部地区的人口约占全国人口的44.6%。

据《剑桥拉丁美洲史》(第九卷)的资料,1939年,巴西经济自立人口中,农业就业人数占65.9%,工业就业人数占11.8%;同年,工业生产总值中纺织和食品加工业占53.7%,而新兴的工业如化学、冶金、电力、机械和交通运输设备等工业的产值仅占16.8%。与此同时,全国各地的基础设施相当差。1930年,公路的总长度为113 250公里,其中有柏油路面的仅有910公里。同年,铁路网为32 478公里,但是其效率较低。而美国人拥有的从圣保罗高原到桑托斯港的铁路,以及圣保罗州的铁路网运营较好。除此之外,许多港口在20世纪头20年已逐步实现了现代化,但是港口的运营效率极低,此后情况一直没有好转。

直到1928年,巴西的全部出口都是农产品,其中咖啡占71%,其总出口值为4.73亿美元,这是世界全部出口量的1.45%。其他重要的出口商品有蔗糖、可可、巴拉圭茶、烟草、棉花、橡胶、兽皮和皮制品。

咖啡豆在阳光下晒干

  这种以出口农业为基础的经济决定了巴西20世纪初期的社会结构,正如欧洲学者所指出的,"就社会分层而言,这种对初级出口部门的依赖并不仅仅意味着土地所有制的高度集中,同时也意味着存在着一个几乎两极分化的农业社会:一边是少数农业大地主——国家精英之精英;另一边是广大的农业劳动者,其中包括从事小规模家庭生产的独立劳动者、工薪劳动者以及从事传统生产者,比如租田耕种的劳动者"。

  在同一时期,小部分人生活在城市中,主要城市有里约热内卢(当时的联邦区),其人口超过100万人;第二大城市圣保罗,其人口仅50万人。有学者指出,"在这些城市中,有一个相当大的官僚阶层,负责国家机器的运转。对于那些来自非特权阶层的人来说,这是向上层社会流动的一条重要路径。这一点不仅在民事领域如此,在军事领域也是如此,在军队中尤其如此。不过,可以发现,获得官职根本上还是依靠有权有势者的庇护。另有一群人是传统的自由职业者。他们由于接受了规范的高等教育课程,建立了代表并捍卫自身利益的机构,而已获得相当的社会承认。许多人通过家族或婚姻关系与土地精英们有着广泛的联系。通常情况下,拥有这

第五章 从瓦加斯威权主义体制到第二次世界大战后民主政治

些专业中的一个学位只是将社会优越性合法化的一种文化装点,一份农村精英子女进入政治领域的护照,而不是证明其有资格在经济奖励活动中履行真正职能的毕业证。这些阶层的官僚和职业人士构成了'中产阶级'——他们通过朋友和家族关系建立关系,屈从并依赖于(以穷亲戚的形式)农业精英"。

在主要城市中,还存在一个人数不多的商业和新兴工业的企业主群体,他们不仅拥有生产资料,而且握有管理权,因此构成了城市社会的中上层。其中大部分人是欧洲移民。特别是里约热内卢的商业,主要由葡萄牙人经营,而圣保罗的工业部门由意大利移民掌控。据估计,20世纪20年代这些城市的中等阶层仅占全部家庭的10%。

人数众多的体力劳动者处于城市社会的最底层,他们缺少社会保障,就业状况极不稳定,主要是家政服务者、流动商贩、手工业者等。他们是巴西传统经济和社会的遗产,正如一位欧洲学者所分析的,"这个阶层可以被视为一个传统和非正规的广泛群体,根源于巴西奴隶制的历史文化。该阶层主要是由获得解放的奴隶及其后代构成。在正式废除奴隶制后创造自由劳动市场的过程中,他们基本上被限制在这一部门"。

随着早期工业化进程的推进,城市中产业工人群体逐渐扩大,除了传统的基础行业,比如建筑业、餐饮业、服务业和家具业之外,在工业部门就业的人数在1920年估计超过全部就业人口的12%。这一时期,城市劳动者的工作和生活条件都比较差。每天工作时间经常超过12小时,同时工作环境恶劣,极易发生各种事故。此外,工人的生活环境也很差:他们的居住地区缺少最基本的城市基础服务设施,比如家用自来水和排水道。由于常常几家蜗居在一个单元房里,结果导致人们遭受各种极不健康的环境的威胁,特别是传染病,比如天花、肺结核、伤寒症和痢疾,导致高死亡率。

巴西工人阶级从其形成起就不得不历尽艰难险阻,以便把自己的阶级利益从主导社会阶级的派别中分离出来,而后者曾经常误导工人的政治走向。工业无产阶级源自两大社会阶层:一方面,来源于农村。由于出口部门的扩展和专业化,农民被排挤到城市,因为他们失去了赖以生存的土地。另一方面,主要来自欧洲国家(特别是意大利)的移民高潮,尤其是在19世纪末和20世纪初出现的人数众多的移民群体。由于他们绝大多数是这样的出身,所以在20世纪头30年受到家长式统治和个人主义思想的影响。

因此,毫不奇怪,巴西工人很容易成为无政府主义者和民粹主义者的猎获物,虽然发生在一个独特的时期(在巴西,无政府主义在工人中与民粹主义的思想意识十分接近,这被视为对1924—1935年间共产党人相对优势的一种短暂牵制)。实际上,这两种思潮在巴西部分工人队伍的小资产阶级那里可以找到源头。这样,20世纪初,在巴西工人阶级的初期斗争中,动员他们的思想意识就是无政府主义。新构成的工会领导层受到巴枯宁主义和蒲鲁东主义的影响,从而孕育了自由工团主义,把阶级的不满导向破坏国家的政治统治体系。

1917—1920年,出现了无政府主义指导下的工人斗争高潮。在巴西,无政府主义者热情地接受了俄国布尔什维克革命的影响。初期,他们把这场革命解释为自由革命,而并不理解它的深刻内容和马克思主义、列宁主义的导向。这一时期正处在尖锐的政治和经济危机中,生活成本飞速上涨,同时工薪阶层丧失购买力,他们还面临失业的威胁。1917年在圣保罗发生了工人总罢工,它还扩散到该州的内地,以及里约热内卢,并逐渐演变为暴动式示威游行,要求每天8小时工作制和增加工资。圣保罗市被工人控制了数日。当时,雇主不得不同意给予工人以一定的权益,但是罢工一结束,通过驱逐外籍领导者和杀害本国工人,国家镇压机器以无情的行动终结了工人斗争。

无政府工团主义者坚信,可以借助革命总罢工推翻镇压者的国家政权。总罢工在1918年进行筹备,活动始于里约热内卢和尼泰罗伊,但是面对政府的严厉镇压,罢工以失败告终。1919年,在圣保罗、阿莱格雷港、累西腓、萨尔瓦多、库里蒂巴、尼泰罗伊和里约热内卢再次爆发新的罢工,试图殊死斗争,推翻巴西政府,但是运动遭到残酷镇压后,再次失败。在运动高潮时,无政府主义表现出了它的软弱性,它无力制定适应客观条件的战略和战术,建立统一阵线,有效指引工人阶级积蓄力量,以逐步取得成果。最终它在理论、政治和组织上暴露了它的无能。

上述各种情况表明,20世纪头30年巴西经济和社会开始向工业化方向转型,但是其过程是缓慢而艰难的,同时出现了社会动荡、政治冲突与斗争激化。从国家的发展趋势看,这一时期工业化的推进有必要进一步加大力度,但是它的发展却受到了各种陈旧的政治、司法、文化体制的抑制,因此必须从根源上改变这一切。但是,承担这一历史使命的工人运动正处在一个低落时期,同时它又受到无政府主义导向的损耗。这样,在国家的政

第五章 ● 从瓦加斯威权主义体制到第二次世界大战后民主政治

治舞台上,中等阶级的领导作用就占据了广阔的空间,他们开始发挥自己的优势。他们首先借助互不关联的游行示威和暴动,尔后借助更加持久和相互关联的反对传统寡头权力的斗争,最后在1930年发动一场革命,将上述经济与社会转型推向高潮。

来自中等阶级的领导者逐渐成长壮大,并且获得了民众的支持,从而将源于农民和工人的运动置于他们的指导之下。运动从1922年里约热内卢的科帕卡巴纳要塞的兵变———次人数有限而孤立的示威游行,转变为由伊西多罗·迪亚斯·洛佩将军领导的圣保罗军官暴动,到1924年,形成有传奇色彩的普列斯特斯纵队。全国逐步开创了一种革命的氛围:对传统的寡头-资产阶级统治权力的倒行逆施提出挑战。

1922—1925年阿图尔·达·席尔瓦·贝纳德斯政府时期,反政府派别通过组成自由联盟试图实现有组织的行动。总统不得不采取戒严来维持政治社会秩序。随后的华盛顿·路易斯政府也必须对付民众不满和群情激愤,以及日益高涨的反对传统寡头体制的浪潮。这一切在1930年达到顶点,10月3日,从政治集团中分裂出来的部分人士发起武装暴动,特别是在南里奥格兰德州和米纳斯吉拉斯州,还有东北部地区,一些不得志的军官宣布不接受"官方钦定的"总统候选人——圣保罗地主寡头集团的代表儒利奥·普雷斯特斯在总统大选中获得胜利。最初的暴动引起了连锁反应,10月24日一批高级将领发动了一场军事政变,推翻了华盛顿·路易斯总统。11月3日,军人们将权力移交给了大选中的落败者、南里奥格兰德州州长、自由联盟的总统候选人热图利奥·瓦加斯(Getulio Dornelles Vargas)。巴西学者认为,1930年的革命标志着"圣保罗咖啡业资产阶级支配权的结束和工业资产阶级与城市中产阶级掌权时代的到来"。

实际上,1930年的事件突出了两个事实:首先,虽然以革命胜利而告终的社会动员,是在20年代由中等阶级特别是军人、"尉官派"领导下进行的,但是除了这种社会动员之外,革命的参与者中不仅有民众阶层,而且还有来自寡头的不同派别。热图利奥·瓦加斯本人就是一位富有的大庄园主,然而他在斗争中发挥了领导作用,其针对的目标是寡头的权力。他在两届政府期间采取了在本质上有利于工业利益集团的政策,尽管他对老的寡头作出了多项重要的让步。这部分说明了各种利益集团的共生现象,但是,这特别表明了统治阶层的政治意识,就是有必要兼顾整个统治体系的基本利益，以图为资本积累的核心——工业基础的发展，创造必不可少的条件。因此，源自地主寡头的瓦加斯，在担任州长时转变为工业资产阶级权力的最为可靠的代言人，并终于取得了1930年革命的胜利。

其次，有必要指出，革命所取得的胜利成果只不过是一种微妙的主导权，因为并没有最终消灭寡头，相反，还保留了他们的特权，虽然在统治体制中为工业资产阶级谋取了一定的地位。因此，这种体制变得更加复杂和不纯，然而工业资产阶级确实可以追求他们的目标及其独特的权益，他们必须同老的寡头妥协和共处，而从这种妥协中产生了资产阶级、寡头政权。这种微妙的主导权揭示了巴西欠发达资本主义运作的特点及其模式。

始于1929年的世界资本主义危机，无疑有助于加速打击咖啡业主利益集团的革命进程，并且提出有必要从根本上改变寡头政权，因为它是以陈旧的"州长政治"为基础的。这种政治在于集中控制选举"顾客"，也就是说，各地方首领对选民进行家长式的掌控。革命胜利后，这种现象并没有消失，但是逐渐被瓦加斯政府加以限制。这样，瓦加斯成为新的权力协议的表达者。这位"大酋长"形象凌驾于各地方酋长制度之上。尽管他与各地酋长和平共处，但是他按照新的统治集团利益对各地方权力重新进行定义。这样，工业资产阶级利用政治层面寡头体制运作的尺度，更加密集地利用其经济机器，使之为自己的利益服务。这方面最明确的实例就是所谓的"兑换外汇没收"政策：允许国家补贴咖啡种植业主，以换取后者通过出口而获得大笔外汇。国家向咖啡业提供资金，一方面有利于寡头；另一方面他们的外汇收入可用于购买工业所需的原料和机器。学者将这一现象称作"资本的外部积累"。

华尔街黑色星期二（引发经济危机）

二、1930年革命及其政治经济后果

　　1930年年初,总统继任问题成为全国政治斗争的焦点。现任总统华盛顿·路易斯钦点了他的接班人儒利奥·普雷斯特斯作为总统候选人。按照惯例,后者实际上就是现任总统的继位者。华盛顿·路易斯总统企图通过钦点来加强圣保罗州在全国政治和经济领域的主导地位,保持其经济政策的延续性,特别是保护圣保罗州的咖啡种植业主的利益,以抵御世界经济危机的冲击。另一方面,米纳斯吉拉斯州的传统政治世家联合起来,组成了"米纳斯吉拉斯共和党阵营",强烈反对现任总统挑选普雷斯特斯作为"官方钦定的"总统候选人。因此,他们打算支持南里奥格兰德州的州长热图利奥·瓦加斯作为反对派阵营的总统候选人。7月,南里奥格兰德的各派政治领袖决定组成"高乔人统一阵线",坚决支持瓦加斯作为总统候选人。此外,在南里奥格兰德州、米纳斯吉拉斯州、圣保罗州、巴伊亚州等地出现一批年轻的、受到良好教育且具有变革思想的政治新生代。他们出于各种原因反对钦点的总统候选人,而在1929年9月于里约热内卢召开的"自由联盟全国代表大会",一致推举瓦加斯和若昂·佩索阿(帕拉伊巴州州长)作为"自由联盟"参加1930年3月大选的正、副总统候选人。

　　热图利奥·瓦加斯(1883—1954)出生于南里奥格兰德省圣博尔雅市,其父是一位大庄园主和当地政坛名流。瓦加斯青年时期就学于米纳斯吉拉斯州里奥帕尔多战术预备学校,1902年转入阿雷格里港法学院,1907年毕业后回到原籍当律师。不久便涉足政界,1907年、1913年和1917年3次当选州议员。1922年作为共和党人当选为国会众议员。1926—1927年担任财政部长。1928—1930年担任南里奥格兰德州州长。有关资料描述他的性格和政治倾向是比较复杂多变的,"瓦加斯性格多重,政见复杂。温厚的天性与见风使舵的个性、机会主义与务实主义混合在一起。他有点威权主义者的特征,深受博尔热斯的导师——儒利奥·德卡斯蒂略斯(1860—1930)高乔人传统的实证主义思想的影响,后者赞同各州的权力,但认为应将更多的权力集中到国家手中。瓦加斯虽来自南里奥格兰德州,但总体上说,他强调捍卫国家经济利益,而不仅仅关注咖啡和出口农业利益集团的利益;他胸怀大志,高瞻远瞩,见识远在大多数圣保罗人和大多数米纳斯吉拉斯人之上;他认为,联邦政府应该承担更大的责任来推动巴西

全国经济的发展，并着手解决巴西面临的社会问题。他自称是'一位进步的保守主义者'"。

1930年1月，"自由联盟"提出并广泛宣传自己的竞选纲领，在政治领域，它主张"州自治、公民自由、选举制度改革（包括自由和公平的选举、特别是实行无记名投票制、选民义务登记制）以及给予司法和立法更大的独立性"。在经济领域，纲领主张有必要保护受到世界经济危机冲击的出口农业，特别是咖啡的生产和出口；它强调国家干预经济的必要性，强调保护并扩大非出口农业和国内市场。此外，还承认应扩大公民的社会权利，比如，保护工人（特别是童工和女工），保证8小时工作制、带薪节假日制度、最低工资制。

1930年3月1日，190万巴西人参加投票。尽管人们推测瓦加斯有可能在竞选中获胜，但是像历史惯例一样，"官方钦定的"候选人儒利奥·普雷斯特斯最终宣布当选总统，他以109.1万张选票战胜了获得73.7万张选票的瓦加斯。像过去一样，反对派指责选举存在大量的舞弊现象，但是国会还是确认了选举结果。据说，大选之前，瓦加斯已同华盛顿·路易斯达成秘密协议，就是如果普雷斯特斯胜选，那么瓦加斯应接受落选结果，并支持前者；作为回报，南里奥格兰德州可以继续享有自治权。3月19日，该州政坛巨擘博尔热斯·德·梅德罗斯在《晚报》的访谈录中，公开宣布，南里奥格兰德州不会对选举结果进行任何抵制。

但是，"自由联盟"中一些称作"爱国尉官派"的年轻首领早就进行谋划活动：一旦瓦加斯落选，他们就将诉诸武力。1929年年末和1930年年初，瓦加斯的追随者奥斯瓦尔多·阿拉纳与路易斯·卡洛斯·普列斯特斯以及一些"尉官派"军官在阿雷格里港举行多次秘密商谈。经过多次沟通后，最终大多数"尉官派"都支持发动一场革命，以阻止寡头的政治制度的延续，特别是反对圣保罗州在国家政治和经济生活中的主导地位。然而，激进革命者路易斯·卡洛斯·普列斯特斯拒绝担任正在谋划中的这场革命的军事指挥官，他认为"这是一场资产阶级革命"，而巴西需要一场"社会革命"，包括征收土地、实现外资企业国有化，建立一个人民政府，而不是由寡头政治派别控制的政府。

尽管遇到各种障碍，谋划中的革命仍取得不少进展。奥斯瓦尔多·阿拉纳积极推动南里奥格兰德、米纳斯吉拉斯和帕拉伊巴3州进行革命的准备活动，特别是他游说3州募集资金，到捷克斯洛伐克秘密购买武器和弹

第五章 从瓦加斯威权主义体制到第二次世界大战后民主政治

药。然而,瓦加斯本人则保持谨慎态度,显得犹豫不决。

正是在这个时间点,一个突发的暗杀事件重新激活了革命进程。7月26日,落选的副总统候选人,帕拉伊巴州州长若昂·佩索阿在累西腓一家咖啡馆遭到枪击身亡。凶手若昂·丹塔斯是当地一名政治异己分子,他是出于个人恩怨才暗杀的。但是,这一突发事件变成革命谋划的转折点,反对派将此渲染为"具有政治动机"的阴谋活动,声称总统华盛顿·路易斯脱不掉干系。这样,若昂·佩索阿遭暗杀身亡成为"自由联盟"里的激进分子重启革命进程的催化剂,他们继续展开反对儒利奥·普雷斯特斯成为总统的斗争。在斗争发展中奥斯瓦尔多·阿拉纳再次成为运动的主要协调者。正是在这一背景下,瓦加斯开始转变态度,公开表态支持这场斗争。同时南里奥格兰德州的政坛名流博尔热斯·德·梅德罗斯也支持革命,此人对武装起义的胜利至关重要,因为该州的警察局和很多农村政治首领领导的地方武装力量都表示"效忠"于他。与此同时,从米纳斯吉拉斯州到东北部地区的革命谋划活动都顺利推进。到9月中旬,阿拉纳告诉瓦加斯一切准备就绪,革命胜利指日可待。可是瓦加斯仍然对胜利缺乏信心,他在革命爆发当天,在日记中仍显得畏首畏尾:"一位最冷静的男人,一位尊重政府、法律和秩序的虔诚者,竟然要开始领导一场革命!他孤独,他担心,如果一旦革命失败,他将要承担所有责任。"

10月3日,在南里奥格兰德州,爆发了由阿拉纳等人领导的武装起义,参加者由三方面人员构成:州军事警察、武装平民和联邦军队的数千名逃兵。他们很快打败了联邦军队第三军的部队。经过一天的战斗,起义者占领了阿雷格里港,两天后控制了全州。随后相继攻占了圣卡塔琳娜州弗洛里亚诺波利斯、巴拉那州库里提巴,同时两州民兵加入起义军。

10月4日,联邦军队和东北部11个州的民兵都宣布支持起义军。但是,帕拉州仍效忠于联邦政府,同时米纳斯吉拉斯州大部分军队和民兵也忠于政府,而阻挡起义军向圣保罗推进。正是在这一关键时刻,10月12日瓦加斯亲自担任起义军总指挥。在起义者的保护下,他乘火车北上巴拉那州、圣卡塔琳娜州,最后抵达圣保罗,一路上几乎没有遇到什么抵抗。

10月24日,在里约热内卢,联邦军队高级将领发动军事政变,罢免了总统和军队总司令华盛顿·路易斯,后者被押送至科帕卡巴纳要塞,后被流放到国外。另一方面,军人组建了一个临时的执政委员会,作为军衔最高的将领,奥古斯托·塔索·弗拉戈索将军担任该委员会主席。尽管这个政变组织企图长期执政,但是大多数军人将它视为看守政府,负责维持秩序和公共管理事务,直到瓦加斯来到首都。与此同时,阿拉纳被派往里约热内卢,与军方进行权力移交谈判。10月27日,执政委员会同意瓦加斯不受1891年《宪法》的限制,长期执政。

据描述,"10月31日瓦加斯身穿军装,头戴一顶高乔帽,率领3 000名高乔士兵,乘火车从圣保罗出发,胜利抵达里约热内卢,受到民众热情欢迎。无疑,巴西广大民众非常渴望进行政权更迭,这种愿望在1930年明显地要比在1889年强烈得多,至少在首都和其他城市都是如此……此时,人民群众只是巴西政治的观众,而不是政治的扮演者。3天后,即11月3日,执政委员会在仅仅掌权10天后,被迫交出权力给瓦加斯。瓦加斯坐上了总统宝座,但不是通过选举获得,也不是凭借革命(尽管许多人称之为'革命'),而是诉诸武装起义,一场军事政变成为他成功上台的'润滑剂'"。

瓦加斯执政伊始,便在政治领域采取一系列变革措施,破除旧的体制,加强个人集权。11月11日,他下令废除1891年《宪法》和各州宪法。将行政权和立法权集中到其本人及其临时政府手中,直到制宪大会。他宣布解散国会、州议会和市议会。任命联邦特派员取代原先选举产生的20个州的州长、联邦区市长和阿克雷属地总督。与此同时,扩编联邦最高法院,将其职位犒赏给其支持者。这样,通过这些措施,他在很短时间内便终结了第一共和国,从而开始了"瓦加斯时代"。

为了巩固自己的统治地位,瓦加斯先是利用"尉官派"军官打击和削弱地方寡头政治权力,后又抑制军人势力的扩张。在其执政的第一年,尉官派可以说是瓦加斯身边文武官员核心决策层的主导力量。作为真正的革命者,不同于新政府的其他派别,他们试图鹤立鸡群。1931年2月,尉官派成立了所谓的"10月3日俱乐部",试图形成一个联络文武官员的知识型智囊团。

1930年革命胜利后不久,瓦加斯便任命一些前尉官派军官、现役军官和一些文职官员作为联邦特派员(federal interventore),派遣他们去各州,以取代经选举产生的各州州长。这样,瓦加斯仅用两周时间便控制了全国20个州。通过这一办法,瓦加斯轻而易举地剥夺了各个州(特别是圣保罗)的地方寡头的政治和军事权力,这一方面巩固了自己的统治,另一方面也使得巴西易于实现经济和社会转型。在经济方面,尉官派对国家经济政策也发挥了重要的影响。比如,军人主张国家应干预经济,支持咖啡的生

第五章 从瓦加斯威权主义体制到第二次世界大战后民主政治

产和出口;同时,鼓励从出口经济向非出口农业和工业转变。此外,他们对国家的社会政策也发挥了重大影响,特别是支持以国家干预来促进工会的发展,主张将社会福利扩大到工人及其家属。

显然,1930年革命以来,军人的政治和经济影响力与日俱增,尉官派组成的"10月3日俱乐部"实际上已成为瓦加斯执政的重要支柱。其第一次会议达成一个共识:暂缓恢复宪政,也就是说,没有必要立即举行选举以产生制宪大会。瓦加斯需要保持独裁的权力。此外,尉官派还创建了"革命者军团"或称"10月军团",并在全国各地建立分支机构。例如,由米格尔·科斯塔领导的"圣保罗革命者军团",其目的是传播他们的革命思想。1931年4月21日,"革命者军团"在里约热内卢举行了第一次大阅兵。

但是,瓦加斯显然对军人,特别是尉官派保持着一定的警惕性:"他也曾允许他们对政策的制定发挥重要影响,但他从来没有允许他们建立独立的权力基础,也许是因为考虑到军界高级将领的反对意见。"作为一名精明的政客,瓦加斯在巩固了其执政地位后,他就马上采取一系列措施,限制军人势力过分膨胀,以免损害自己的政治利益。在革命胜利后的一年半时间内,他迫使20多名少将和准将、40多名上校和很多下级军官先后退役。然而,与此同时,联邦军队却迅速扩编,从1927年的3.8万名官兵增至1932年的5.8万名官兵,各州的军事力量也从2.8万人增至3.3万人。1930年军费占联邦预算约20%,而1932年占30%以上。有人指出,从维护其统治地位的角度看,"对瓦加斯来说,军队将成为他重塑巴西未来的国家机器和应对巴西内外威胁的工具。军队与他最为接近,也是他最能倚重的力量"。

随着时间的推移,反对瓦加斯独裁,主张宪政主义的反对派出现在全国各地。特别是在圣保罗州,反对瓦加斯政府的人不满情绪最为强烈。该州的重要阶层:咖啡种植业主、工业企业家、城市上层和中等阶层都被动员起来,他们团结在一起,强烈反对瓦加斯的独裁统治,主张迅速恢复宪政,建立民选政府,恢复圣保罗昔日的自主权及其在国家政治和经济生活中的主导地位。正是在这种反对声浪中,各个党派和政治人士共同组成了"圣保罗团结阵线",开始准备采用暴力推翻瓦加斯政权。

在全国反独裁力量的强大压力下,1931年2月,瓦加斯向自由立宪主义者作出初步让步,宣布成立"选举改革委员会"。但是,这一机构一直未能提出有关选举改革的办法。在反对派发动"革命"的威胁下,瓦加斯终于在次年年初颁布了《选举法》,为制宪大会的选举提供法律依据。它对第一共和国的选举办法进行了一系列重大改革。首先,投票权扩大到识字的妇女;其次,选民年龄从21岁降至18岁;最后,投票方式改为无记名投票;此外,规定设立地方选举法庭,即由专职法官来负责参选政党和候选人的登记、选举活动、计票、当选者的官方确认等。除此之外,瓦加斯还采取其他措施,以减缓反对派的压力,比如,他宣布制宪大会的选举日期为1933年5月3日。

但是,这一切举措并没有让拥护立宪运动的反对派停止反叛活动。1932年7月9日,统领圣保罗"民兵公共武装力量"和圣保罗军区联邦卫戍部队的将领欧利德斯·菲格雷多宣布"将率兵起义,反对联邦政府",捍卫宪政革命。据估计,在圣保罗,立宪者的兵力曾达到四五万人。然而,与之对阵的是六万训练有素、装备精良的政府军。除此之外,由于反叛力量的地理范围有限,所以对全国民众的吸引力很微弱。叛军原本试图依靠米纳斯吉拉斯和南里奥格兰德的支持,但是这两州宣誓忠于瓦加斯,与此同时,圣保罗的工人阶级也拒绝支持反叛活动。实际上,这次反叛显然是圣保罗的寡头集团为了恢复他们昔日拥有的特权而作最后的挣扎,瓦加斯政府看透了这一意图。为了及时扑灭这次叛乱,政府军被调集到圣保罗州首府,经过85天的围攻和断断续续的战斗,到10月1日,反政府的"民兵公共武装力量"的代表被迫与政府军的戈伊斯·蒙特罗将军举行了停战谈判。次日,反政府武装力量宣布无条件投降。这样,宪政革命和内战宣告结束。此时,瓦加斯认识到圣保罗的繁荣和稳定对全国的安宁和进步是必要的,因此,他明智地拒绝羞辱和惩罚失败者,同时继续推进其宪政计划。

正如一些学者所分析的,通过1932年内战,瓦加斯追求的真实目的在于"为他的临时革命政府提供合法性,并扩大执政基础"。与此同时,"1932年内战为他提供了一个重新塑造各州政治力量的绝妙机会,通过派遣特派员牢牢控制各州政治机器,为各州创建亲政府的政党提供便利条件,并支持这些政党参加1933年制宪大会的选举以及未来各种国会和州级选举。南里奥格兰德州和米纳斯吉拉斯州仍然是瓦加斯阵营最强有力的支持力量"。

1933年11月15日,制宪大会举行了第一次全体代表大会。次年7月正式颁布了1934年《宪法》,但是它在很大程度上恢复了1891年《宪法》,因为它保证基本政治自由和公民自由以及州自治权利。然而,它也具有一些新的重要内容,比如,国家拥有矿产资源和水资源;实行最低工资制;保护

第五章 从瓦加斯威权主义体制到第二次世界大战后民主政治

妇女和儿童;实行免费的小学义务教育制;限制各州征税权;将各州民兵武装力量改由联邦军区司令统一指挥,各州军事警察部队由联邦政府直接控制。制宪大会决定于1934年10月举行众议院议员选举和各州制宪大会的选举。

1934年1月举行了总统直选和州长直选,总统任期4年(直到1938年5月),不得连任。7月16日,瓦加斯正式当选为巴西宪制总统。

但是,瓦加斯对于新宪法颇有微词,他认为该宪法给予每个州过多自主权,却对总统权力限制太多;此外,新宪法只给他4年不到的任期。另一方面,瓦加斯的观点受到军方的支持。在1932年内战结束之时,据说,有500多名军官受到惩处,48名高级将领被撤职或被流放,另有400名军官被降职和被迫退役。同时,瓦加斯又提拔了一批高级军官,到1933年年末,40名现役将军中有36名是新晋升的,联邦军队已扩编到近8万名官兵,显然,军队已成为瓦加斯权力的重要支柱。

随着新宪法开始实施,瓦加斯承受的各种压力越来越大。1935年各州选举结果表明,一些选民倾向于支持同第一共和国有联系的寡头和政治家,这加剧了那些主张州权者和那些拥护中央集权者之间的斗争。同时另一些拥护极端政治学说者公开鼓动民众,特别是支持法西斯主义者,他们公然在巴西鼓噪这一歪理邪说。面对这一现实,瓦加斯作出了自己的选择。

从1935年起,已经"向右转"的瓦加斯政府、军方和西半球最大的法西斯政党"巴西统合主义党"(Integralists Party)在意识形态上开始合流,它们都反对自由主义、反对共产主义、坚持民族主义,他们都是"强大国家"的忠实信徒。实际上,早在1932年,巴西统合主义党就得到保守分子的支持,并模仿同时代欧洲法西斯党,在此基础上就形成了巴西的法西斯组织。与欧洲的统合主义者一样,其党徒有自己的标志("西格玛",希腊语的第十八个字母"Σ")、旗帜和衬衫的颜色(绿

巴西统合主义党

色）。按照传统法西斯敬礼姿势举起右臂，并高呼"ananě"一词，这个印第安语词的意思非常模糊，它的使用表明了印第安人作为一个民族主义的象征确实存在。1937年11月1日，约5万名巴西统合主义党徒在里约热内卢的卡特特宫前举行了声势浩大的武装游行示威活动。正是在这种极右翼喧嚣声中，在大选前夕两位总统候选人若泽·阿梅里科和萨尔加尔先后退出大选；最后，阿曼多·德·萨莱斯被极右派软禁在家中，后被流放到海外。11月10日，联邦区军事警察遵照总长菲林托·米勒的命令，包围了国会，并宣布将其关闭。很快，瓦加斯向全国发表广播讲话，宣布他本人将继续担任总统。通过这次政变，瓦加斯建立了威权主义政治体制的"新国家"。

　　1937年政变受到巴西统合主义党成员的狂热支持。他们期待在"新国家"中发挥重要作用。天主教会也给予积极支持，因为它是坚定的反自由主义、反共产主义的力量，同时也是瓦加斯企图建立的某种社团主义秩序的捍卫者。经济界大亨也认可这次政变，因为他们支持瓦加斯和军队的治国方略，也就是说，在威权主义政治体制下，国家主导经济和社会发展以及平稳启动现代化。

　　在经济和社会领域，从1930年起瓦加斯政权就采取一系列措施，推动工业化向前发展，促使社会转向现代结构，正如一位巴西学者所指出的，1930年革命倾向于废除农业寡头集团的权力。从革命中诞生的政府对工业化采取了积极的态度，而不是像第一共和国时期各届政府那样持消极态度。如果我们把新政府采取的有利于工业化的一般措施同30年代末完成的，以建造沃尔塔雷东达大型钢铁联合企业为起点的工业化进程联系起来，那么可以看出，1930年革命确实是巴西民族革命初级阶段的重要组成部分，它为巴西工业革命创造了必要的政治条件。

　　国家经济快速发展的第二个重要原因是，30年代世界经济萧条为巴西的工业投资提供了极佳的时机。一方面，尽管世界经济危机直接影响了巴西的出口，但是国内需求始终保持相对稳定；另一方面，在采取缩减国家对外购买力的措施时，稳住了国内购买力，工业产品价格便快速上升。

　　当世界经济危机发生时，巴西本国传统机构通过兑换率来保护经济，虽然此前已实行了这一措施，但还不充分。危机造成了咖啡的价格大跌，货币贬值。学者指出，当时"咖啡的国际价格猛跌和可转换制度的破产，使货币对外价值下降。这种下跌，明显地使咖啡经济部门受到极大的阻碍。咖啡的国际价格下降达60%，兑换率的起价下降了40%，为此，对于联

第五章 从瓦加斯威权主义体制到第二次世界大战后民主政治

合团体来说,大量的损失,可以通过进口价格的起价来转移"。咖啡价格的大跌,使货物的出口量增大了25%,但是,这种增长远不能把生产的咖啡全部销售出去。虽然价格降低了,生产者还继续生产和收获咖啡,以至于仅收购和随后的库存等一切费用,都高于咖啡本身的价格。正是在这种情况下,咖啡生产者只有停止收摘成果,才能达到产品供求的平衡。

为避免销售不出去的积压货物继续使咖啡的价格越来越低,政府不得不购买并销毁过剩的咖啡。在危机时期,巴西政府采用这种非生产性投资,只是为了采取措施保护受到破产威胁的咖啡经济。

这种简单的对总需求的维持,对于20世纪30年代初出现的工业投资的极佳时机具有重要意义。此外,进口工业品的价格直线上升。尽管1932年英镑贬值,但是1929—1934年间英镑对巴西硬币克鲁塞尔(1 000里尔)的比值仍然上涨了50%。巴西货币贬值同咖啡危机有直接关系。由于经济萧条,在美国咖啡销售价格明显下降,1929年每磅为22.5生太伏,到1931年降为8生太伏。这样,巴西的出口值明显缩减:20年代,其出口达到80.58亿金镑,而30年代仅3.77亿金镑。由于采取了保护咖啡业的政策,在维持国内购买力时,巴西的对外购买却直线下降。这样,政府不得不将进口工业产品的价格提高近50%,结果,限制了消费工业产品的进口,这就为30年代民族企业主提供了一个在工业部门进行高额利润投资的优越环境。

这个有利的时机得到了很好的利用。在民族企业中所蕴藏的潜力被充分发挥出来。1931年3月,已有巴西工业企业代表参与的瓦加斯政府颁布了一项法令,禁止一切被确认为处于生产过剩状态的工业部门先行进口工业设备。其主要目的是为了保护历史悠久的纺织工业。这样,就鼓励了在新的工业部门进行投资。最初,许多工厂只不过是一些车间,它们所需的资本有限,在许多情况下都是在本家族之内筹措的。然而,随着利润的再投资,生产规模很快得到扩展。初期,只是从事于设备简单的消费品工业(食品、清洁卫生用具、香料、医药、轻型冶金,等等),这类设备巴西本国已能生产。据统计,1935年巴西的工业产值比1929年增长27%,比1925年增长了90%。1920—1929年建立了4 697家企业,1930—1939年达到了12 232家。由此,巴西的工业化进程快速推进。

随着工业化的发展,瓦加斯临时政府开始关注劳工立法问题。1931年8月,第20291号法令是第一部针对巴西劳动力市场实施民族配额的立法,它强制要求任何一个公司都必须有2/3的雇员是巴西国民。

据有关的社会调查，1930—1945年期间，不只是产业工人阶级，事实上是整个城市劳动力都在增加。此外，中等阶层队伍的壮大，伴随着经济增长，社会构成日益复杂。与此同时，公共部门快速扩展，不仅新设了政府各部，而且增设了不少委员会、政务会、顾问机构，以及负责组织实施新政府活动的工作组。由于这些新职能机构需要运作和后勤，因此公共部门就业人数日益增多，从而扩大了这个新的社会阶层。按照实现国家雇员合理化和职业化的要求，1938年7月，巴西创建了公务员部，它由负责政府官僚机构现代化流程的总统办公室直接管理。该部力图通过统考制度，在公务员选拔方面实行唯才是举制度。但是，实际上进入公共部门就业很大程度上仍像往常一样，受到庇护关系和裙带关系的影响，其中"介绍信"是不可或缺的，结果公务员部所谓的科学管理只是流于形式。

在教育事业方面，1930年9月瓦加斯临时政府采取的第一批重要的措施之一，就是创建教育部。第一任教育部长弗朗西斯科·坎波斯领导了一场教育改革，但是仅限于高等和中等教育，而将初等教育的责任委托给各州、市的有关部门。坎波斯改革引入了大学制度的行政结构化规则，设立了校长或副校长办公室，以协调各院所的行政管理。此外，在法学、医学和工程学等传统专业之外开创了大学教育的新领域。新设的教育部推动的教育改革有：引入年级制；在各中等学校创建一个负责监督、控制和教育引导的联邦层面的制度。1934年7月，矿工出身的古斯塔沃·卡帕内马担任教育部长。其教育改革的第一步是按照国民教育调查结果，制定了全国教育纲要。在"新国家"独裁体制（1937—1945年）下，卡帕内马力图实行该纲要的主要思想——"标准大学"工程，引入技术培训；并在1942年进行中等教育改革，强调这一阶段应强化传统的人文内容；同时创设了一种平行的技术教育体制，也就是国家工业学徒制和国家商业学徒制的前身。这些不同的教育类型都是需要的，一种是培养精英（中等学校的目标是招募精英，高等教育则是培养精英），另一种是培养年轻的技术工人。

在高等教育领域，巴西实施集权管理制度，通过立法规定了强制性的授课内容，同时采取严格的制度，用来监控和管理联邦之外的大学或私立大学的教育。巴西大学，即现今里约热内卢联邦大学，实际上是在整合首都各公立高等教育院校的基础上重建的。

正如有的学者所指出的，这一时期瓦加斯政府尽管声称教育在国家议

第五章 ● 从瓦加斯威权主义体制到第二次世界大战后民主政治

程中是非常重要的,但精英的培养绝对优先于大众教育。据估计,至1930年,成人文盲率几十年来一直停留在65%或更高的水平。只是在20世纪20年代略有下降,在1930年约为60%。从1930年开始,文盲率的下降速度有所加快,但到1945年仍高达53%。

按照巴西学者的观点,首先,1930年革命比较广泛地满足了中等阶层特有的有限权益,在世界资本主义大萧条之时,为鼓励工业发展,瓦加斯实施了广泛保护民族工业和替代进口的完整政策。创造了不少新的就业机会;试图扩大和合理化公共服务业;制定了1934年《宪法》,寻求将政治体制民主化;扩展公共工程,使得城市现代化;并吸收更多的职业、技术等劳动力;尉官派在军阶上得到提升,他们逐步在公私企业中担任要职。

瓦加斯政府还有突出的能力给工人阶级某些实惠,如社会保险、稳定就业、组织工会的权利,其目的是为了对工人进行广泛的家长式的民众主义控制。但是,与此同时,农民的状况却被忽视,他们的处境如同过去一样:被进一步剥夺土地,不识字,面临疾病、饥饿、土地问题,这些问题的原封不动完全揭示了寡头与资产阶级之间的默契,它使工业资产阶级放弃推动土地改革,尽管这对于推动生产力的加速发展和扩大市场至关重要。

其次,当时瓦加斯的盟友路易斯·卡洛斯·普列斯特斯和巴西共产党对1930年革命的态度是很独特的,由于普列斯特斯有着纵队长征的传奇般经历,已成为民族英雄,所以,人们认为他适于领导革命进程。当时的形势是十分明显的,在资产阶级和小资产阶级领导层在事先准备暴动之时,他们都试图将运动的领导权交给普列斯特斯,认为这对于带领民众是极为重要的。然而,那时正在转向共产主义的普列斯特斯正在同共产国际的拉丁美洲领导层和巴西共产党接触。但是他并不认同列宁主义观点:无产阶级政党应该引导劳动阶级来领导资产阶级民主革命。他蔑视正在谋划中的革命运动,并发布声明,其中心观点是:揭露政客的虚假民主的"选举闹剧",它在本质上只不过是两种寡头潮流中对立利益集团之间的争斗,它们受到奴役我们的帝国主义的支持和鼓励,且巴西的政客们正是向它们投降。这种争斗捆住了整个国家的手脚。他还揭露大庄园制,并号召"普遍起义",且宣布"只有以城乡劳动者、士兵、水兵的诉求为基础的全部劳动者的政府,才能实现这样的纲领"。

这种战略战术上发生偏差的观点,在于试图超越革命进程中的资产阶级民主革命阶段,在巴西复制莫洛托夫所谓的"第三时期"路线,即共产国际设计的路线,也就是说,共产党人在世界层面采取普遍进攻的方针,以便以苏联式政权组织为基础来夺取政权,期待以革命方式来回应1929年起所发生的经济危机。这条路线含有对付社会民主党人的意图,他们被视为工人运动内的主要敌人,因为他们的改良主义政策在客观上"为法西斯主义效劳"。社会民主主义运动及其在民族解放中的民主主义运动,在各殖民地国家的表现形式都被定义为"社会法西斯主义"。就像在所有地方一样,在巴西,上述方针必然失败。特别是在巴西社会,工人阶级并没有成熟到足以进行一场彻底的社会革命。上述政治路线揭示了一种典型的左倾偏差,无疑孕育了巴西共产党脱离广大民众的孤立。

最后,在1930年革命后,以"圣保罗团结阵线"为代表的反对派坚决抵制瓦加斯的独裁倾向,坚持宪政主义,最终迫使瓦加斯放弃独揽大权的意图,使之制定并实施1934年《宪法》。这就暂时阻止了瓦加斯威权主义政治倾向。

然而,30年代末期在国内外各种因素作用下,瓦加斯有不可遏制的权力欲望,通过杜撰"共产党人"的威胁来发动1937年11月10日的政变,强力粉碎了反对派主张的宪政主义,从而对整个国家实行独裁统治。这使其政治统治模式发生了明显的转型:从民主宪政体制走向个人独裁统治。政变当天,瓦加斯就取消了总统选举,解散了国会,并独揽所有的政治大权,他借助广播演说对于这个重大政治事件向民众作了解释:"在危机时期,正像我们现在正在经历的,政党民主没有在人们生活和发展的框架范围内提供一个发展和进步的特定机会,而是颠覆等级政治,威胁祖国并通过渲染竞选和煽动国内纷争的战火使国家的存在岌岌可危。因此,广泛的参政权成为精明政客的工具,这张假面具勉强地掩饰了某些个人的野心和贪婪。"

实际上,这场政变显示了瓦加斯的精明政治手腕,借此他不仅赢得了眼前的政治胜利,而且也获得了对巴西长期政治走向的操控权。同时,在解决巴西过去长期存在的棘手问题方面,瓦加斯可以采用新的方法。比如,在解决地方州权与中央集权对立时,他可以强势地坚持中央集权,同时把新的城市因素融入其政治机构中,从而体现出与时俱进的、新型的政治权力结构。通过中央集权模式,"他维护了国家统一、打击了敌人、正视并部分解决了经济混乱的大问题,并利用不断增强的民族主义力量。在这个过程中,他不断完善自己'平民主义者'的形象来取悦民众。按照父权制的传统,民众把他视为'穷人之父'"。

第五章 从瓦加斯威权主义体制到第二次世界大战后民主政治

三、"新国家"政治体制的兴亡

1937年11月起,在预防共产党人暴动的借口下,瓦加斯在军方的支持下,建立了所谓的"新国家"(Estado Novo),它在政治上代表了一种波拿巴主义独裁的政权,力图打造所有阶级(除农民群体)利益的"合而为一的国家"(estado amalgama),但是实际上它只不过是把工业资产阶级利益强加给整个社会。瓦加斯把社团型的组织同各个阶级整合在一个国家的概念之内,这显然是受到当时形成的纳粹法西斯模式的启示。无疑,瓦加斯这个土生白人独裁者是这一模式的赞赏者。在这种思想意识的主导下,瓦加斯行使着无限的权力。欧洲学者对于巴西的这种政治新体制作了如下的概述:"事实上,'新国家'代表巴西自独立以来历史上最高度的权力集中,没有选举、没有政党、没有国会或州议会,这就是说,从政治体制意义上来说,巴西没有政治生活。瓦加斯及其政治盟友、军事盟友集中一切力量来进行国家重建的任务,包括进行联邦公共行政改革,民族整体化,政府主导全国经济发展,并重建国家与社会(特别是城市工人阶级)之间的关系。"

1937年11月10日政变当天,由弗朗西斯科·坎波斯起草的"新国家宪章"颁布了,它是把欧洲的法西斯主义某些成分同巴西政治经济的现实需要结合起来,形成一部重要宪章。据此,瓦加斯在1937—1945年构建他的"新国家"。从其文字表述上看,宪章并不排斥西方民主准则所看重的议会制,它承认国民议会是政府的立法机构,由选举产生的众议院和"联邦委员会"(即参议院)组成。然而,在宪章的"最后和临时条款"中,却规定强制实行全国紧急状态,民众政治权利被剥夺,公民自由暂停(从未恢复),选举被取消(从未限定日期),国会、州议会和市议会被解散(从未重新召开),总统借助颁布法令,拥有立法权;与此同时,司法权也受到削弱,法官终身制被取消,司法行使权常受政治压力的左右。

但是,瓦加斯却准许给工人阶级进行劳工立法,并设立社会保险。他还创立一种新的"黄色"工团主义,通过这一手段,对工人运动实施国家控制。他还以密集的宣传作手段,把自己说成是"穷人之父",并在农民出身的工人中找到可靠的阵地。因此,瓦加斯主义在巴西创立了民众主义的政治传统:以人民利益的名义,行使个人的领导权;以十分有限的"社会正义"外观,实施工业发展的广泛计划。他采取一种工业资产阶级政策,就是通过来自中等阶层的文职人员、军人官僚和技术官僚,以及资产阶级本身的有效领导作用,实现瓦加斯主义对工人运动的控制,还借助"黄色"工会的领导作用对工人运动进行约束,这就使得工人阶级的自治和独立的希望落空。同时他还操控城市贫民的利益。

在政治领域,瓦加斯为了达到高度集权的目的,于1937年12月2日颁布法令,取缔所有的政党。唯一幸存的政治组织是巴西统合主义党,但是它被要求转变为一个"文化中心"。由于该党在瓦加斯政府中没有得益,因此它谋划叛乱,但在实施前被侦破,结果遭到政府的一系列镇压。它所创办的《进攻报》也被查封了。1938年5月10日和11日深夜,该党一小批党徒决定孤注一掷,打算对瓦加斯及其家人进行突袭,但行动以失败告终。结果,统合主义党被正式取缔,其很多党徒遭到起诉,约1 500人被投进监狱,其中200人被判处2—8年监禁。该党创始人、圣保罗作家和记者普利尼奥·萨尔加多被迫流亡葡萄牙,直到1945年才回国。

在"新国家"体制下,军队不仅快速扩张和现代化,而且对国家的政治和经济问题发挥直接的影响。据有关资料,军队规模持续扩展,从1937年7.5万人增加到1940年9.5万人,到1944年更是达到16万人。军队通过1934年建立的"全国安全理事会"参与对国家重大问题的决策,因为该理事会是由总统、相关部长、陆军和海军司令组成,讨论广义上的国家安全问题,包括讨论国家的经济发展问题。实际上,军人在不少国家机构和国营公司担任重要职务。例如,具有强烈的民族主义思想色彩的儒里奥·卡埃塔诺·奥尔塔·巴博萨将军,1938年7月被任命为新组建的"巴西国家石油理事会"的总裁,直到5年后辞职。

在中央和地方权力分配方面,瓦加斯坚持严格的中央集权路线。他对全国20个州直接任命特派员进行管理。明显削减各州财政自主权,规定联邦军区司令员控制各州所辖的军队。此外,瓦加斯甚至取消各州自治权力的标志——州旗。1937年11月政变一个月之后,其在里约热内卢市中心的鲁塞尔海滩上举行了一个烧毁各州"州旗"的仪式,公开终结各州的自治权力。在州的权力运作方面,瓦加斯也设法加以管控:从1939年4月起,要求各州特派员向上一级的联邦司法部的"行政署"负责。而由总统提名的4—10人组成的各州行政署成为"小决策圈",有权批准预算、颁布法规,等等。

"新国家"体制在经济领域也体现了中央集权倾向,通过各种机构,国

第五章 从瓦加斯威权主义体制到第二次世界大战后民主政治

家在经济规划、协调和监管方面发挥更重要的作用。在国家主导下,先后建立了一大批负责发展巴西基础设施、基础产业、公共工程、地区开发,以及教育、卫生和社会福利的新机构。比如:在石油领域,1938年成立"全国石油协会";在能源领域,1939年成立"全国水电协会";在运输领域,1941年成立"全国铁路公司";在铁矿石领域,1942年成立"淡水河公司";在钢铁领域,1940年7月成立沃尔塔雷东达综合钢厂,到1941年它划归国家钢铁公司直接管辖;在工业生产方面,1943年成立"全国汽车制造厂"。除此之外,国家还创办了公共工程、社会发展以及教育、卫生和社会福利方面的机构。

瓦加斯政权除了在政治和经济方面大力加强中央集权之外,还在一定程度上表现出排外倾向,从而进一步巩固巴西作为强大的民族国家的国际地位。据《剑桥拉丁美洲史》的资料,"新国家"体制排斥和镇压居住在早期拓殖地区的外国移民和种族社团,特别是在南方的南里奥格兰德州、圣卡塔琳娜州和巴拉那州的德国移民,圣卡塔琳娜州和巴拉那州的波兰移民,圣卡塔琳娜州的俄罗斯移民和乌克兰移民,圣保罗州和巴拉那州的日本移民。在圣保罗和其他地区有人数众多的意大利移民后裔,但是他们没有被视为一个少数民族。此外,瓦加斯政府于1938年颁布《移民法》,进一步限制犹太移民迁入。与此同时,"新国家"体制对外国移民及其后裔实行同化运动,学校教育成为这一运动的重点。此外,有约60种报纸以多种外国语言文字发行,其中1/3为德文,还有外国语言广播。它们起初都被要求雇佣巴西籍编辑,后变为双语版本,最后它们都被禁止发行。随着同化运动的深入,1939年8月,巴西禁止在公共场合使用外国语言和采用外国风俗。这一禁令后来又扩展到教会、休闲活动、工作场所,最终渗入家庭生活,特别是在南部地区。有关同化的立法一般由警察和军队来强制执行。

在思想意识方面,瓦加斯政府的主要理论家和治国方略设计者有弗朗西斯科·坎波斯(前教育部长、"新国家宪章"起草人、1937—1941年任司法部长)、阿塞维多·多·阿马拉尔(记者兼编辑)、若泽·弗朗西斯科·德·奥利韦拉·维亚纳(社会学家和历史学家)。他们"自认为是巴西渴望已久的民族大变革的操纵者"。一方面,他们认为盎格鲁-撒克逊式的代议制的政治模式不适合巴西的现实。明确指出,"正如第一共和国时期所显现的那样,自由政治体制只是加强了巴西的落后势力,主要有利于反国家的各州和地方寡头力量"。另一方面,他们确信"对于国家发展而言，巴西需要建立一个强大的中央集权的国家，而这个国家应由官僚精英来掌控，或者说，要由一个极富个人魅力的威权主义领袖来掌控"。当时巴西的现实已表明，"新国家"体制既能保障个人权利，又能拒绝共产主义体制。

但是，欧美学者对于"新国家"体制基本上是持否定态度的，他们认定："'新国家'是一种威权主义的、法团主义的、反自由主义的、反民主制的体制，也是反共主义的政治体制，它具有民族主义色彩，在政治、民族和文化差异性上排斥异己"。实际上，"新国家"体制在很多方面受到同时代的欧洲法西斯主义的影响，它的理论家和实践者都公开崇拜意大利法西斯；但是"新国家"并不是一个法西斯政权，它没有组建任何一个准军事组织来捍卫"新国家"。

最后，在国际关系领域，巴西并没有对邻国采取扩张主义，特别是在第二次世界大战期间，瓦加斯站在同盟国一边，参加反对轴心国的战争。30年代期间巴西在美国与德国之间采取所谓的"务实的平衡政策"。但是，随着1939年9月欧洲战争爆发，瓦加斯政府最终参加有美国支持的英国反对德国的战争。

据有关史料，早在1941年年初，瓦加斯就秘密批准美国在巴西东北部的贝伦、纳塔尔和累西腓建造空军基地，使得该地区为未来在北非战场打击德军提供有利的条件，特别是位于东北部突出部分的纳塔尔成为美军打击敌人的重要基地。后来根据美洲国家外长里约热内卢会议所达成的协议，巴西于1942年1月决定放弃"外交中立"，断绝同轴心国的外交和贸易关系。同年8月，由于德国不断击沉巴西船只，巴西便向轴心国宣战。这样，第二次世界大战期间巴西成为美国的盟友，它除了提供东北部的军事基地之外，还成为向美国提供战略物资的国家，提供的物资起初有橡胶、铁矿石，后来又包括工业钻石、石英、独居石矿砂（可从中提取铀和钍）。到第二次世界大战后期，1944年6—7月，巴西派遣若昂·巴蒂斯塔·德马斯卡雷纳将军率领2.5万名士兵奔赴欧洲战场，次年2—3月，主要在意大利的蒙特堡作战。从第二次世界大战起，巴西同美国逐步加强了经济、政治和军事关系，从而成为美国的重要盟友。

然而，到40年代中期，瓦加斯所领导的"新国家"威权主义政权，在国内遭受到两大势力的反对：第一股势力主要是自由派保守主义，具有地方特色的传统政治世家和政党，他们集中在圣保罗州、米纳斯吉拉斯州和

第五章 ● 从瓦加斯威权主义体制到第二次世界大战后民主政治

南里奥格兰德州。其主要政治目标是恢复第一共和国时期的自由宪政主义。同时,以出口为经济导向的一批圣保罗地主寡头还想实行自由主义经济政策,反对国家干预经济,其不少领导成员流亡纽约、巴黎和布宜诺斯艾利斯。第二股势力构成更为复杂。由人数众多的自由职业者组成的中等阶层(记者、律师等),还有自由派知识分子,特别是反瓦加斯派中的学生,圣保罗法学院和"抵抗阵线"的年轻人中的思想骨干,他们构成了"广泛民主阵线"。1943年和1944年期间,各种反对"新国家"体制的秘密或半秘密团体开始活跃起来,他们谴责现政权是通过军事政变上台的。1943年10月,由76人联署的《米纳斯吉拉斯宣言》公开要求对《宪法》和瓦加斯总统是否继续执政进行全民公决,这实际上拉开了反对"新国家"体制的序幕。到1945年,反对或支持瓦加斯的民众运动已是此起彼伏,不可阻遏。10月29日,瓦加斯为了动员群众和保护自己,他出了一个昏着:任命因腐败而臭名昭著的其弟本雅明担任联邦区警察局局长,而原局长若昂·阿尔贝托升任联邦区市长。这一卑劣做法立刻引起军队的强烈反应,最高军事指挥部向瓦加斯发出最后通牒:辞职或被武力赶下台。在这次逼宫事件中,两名将军亲自来到瓜纳巴拉宫逼迫总统下台。这样,瓦加斯不得不放弃已占据15年的总统宝座。实际上,这次政变取得速胜,瓦加斯本人、亲瓦加斯的军人、"我们需要瓦加斯党"和民众都没有进行任何抵抗。因此,有人说,这是一次"最平静的革命"。同时,这次政变也终结了"新国家"体制。

四、战后民主政治体制

1945年"新国家"体制被军事政变推翻后,建立了民主政治体制。此时热图利奥·瓦加斯创建了两个政党,它们都在新的民主体制下规划了一种政治方略:巴西工党(PTB)作为其左翼,工人阶级和普通民众阶层聚集在该党内,其领导权直接控制在瓦加斯、其一个女儿及其工会运动的亲信手中;民主社会党(PSD)作为其右翼,由其女婿和另一个女儿领导,该党直言不讳地代表寡头资产阶级的利益。

在巴西政治舞台上还有其他一批政党。主要是全国民主联盟(UDN),聚集了反对"新国家"的力量,其基础是自由派中等阶层,农业出口寡头的经济自由主义者,他们还拥有国际资本的强大支持。巴西共产党同其先驱领导人路易斯·卡洛斯·普列斯特斯一起进行地下活动,从1941

年起同瓦加斯建立了联盟关系,当时瓦加斯放弃了同法西斯的暧昧关系,并加入同盟国而反对轴心国。与此同时,瓦加斯确定了其民众主义政策,这就得到巴西共产党的支持,从而加强了他在工人阶层中的基础。瓦加斯倒台之后,巴西共产党反而恢复了它的合法地位,并参加选举,从而获得了很多选票。两年之后,由于政府追随冷战政策,巴西共产党不得不再次转入地下斗争。

瓦加斯创建两个民主党派的灵巧政策,使得这个老独裁者于1946年将其过去的战争部长民主社会党人欧里科·加斯帕尔·杜特拉元帅送上总统宝座。于是强有力的瓦加斯方略完好无损。通过巴西工党1950年的引导,经过大规模的民众投票,瓦加斯有可能再一次回来执政。

在战后美国已握有世界霸权的格局下,杜特拉政府开展其内政和外交活动。在经济方面,由于战争时期出口农产品和原料而积累了巨大的财政储备资金,现今它们大部分被用来扩大进口美国的耐用消费品和奢侈品。向美国和欧洲借贷的一部分债务则用来购置一些已很陈旧的外国企业设施,如铁路设备。只有1/3的资金用于进口生产资料和原料,其目的是继续推动进口替代工业化。在同一时期,美国派遣技术使团,负责开发各地经济资源,并提出一些创建基础设施的措施,以实施他们感兴趣的新的工业投资。贸易自由主义、基础设施发展计划及四点援助计划的启动和美国剩余农产品的倾销,勾画了当时巴西经济的概貌。它们同时带来了通货膨胀,对外贸易顺差的下降。这一切后果都有利于高收入阶层,而损害了普通民众的利益。在政治方面,美国已开启了冷战政策,它要求采取措施,镇压各国共产党。杜特拉紧跟美国盟友亦步亦趋。此时,瓦加斯却灵巧地同杜特拉政府保持距离。1950年他被巴西工党推举为总统候选人。与此同时民主社会党推举克里斯蒂亚诺·马查多作为继续执政的总统候选人,其明显弄虚作假的政治手法创造了一个术语"克里斯蒂亚诺化",也就是说,推举了一位实际上无人支持的总统候选人。

在如此复杂的情况下,共产党有何作为呢?第二次世界大战进行之时,在国际共产主义运动中,爱国阵线的路线支持一切进步阶层联盟反对纳粹法西斯主义。巴西共产党在1942年曼蒂克拉的第二次全国会议上,主张支持瓦加斯,与资产阶级团结在一起,进行反法西斯的斗争。当时普列斯特斯还在监狱中,然而他当选为巴西共产党总书记。战争结束之时,巴西共产党短暂地恢复合法地位,但仅持续到1947年。

第五章 从瓦加斯威权主义体制到第二次世界大战后民主政治

1945年,刚刚出狱的普列斯特斯仍然享有巨大威望,并且由于苏联的军事胜利和共产党人坚决反对轴心国,其威望进一步增长。正是在此时,他坚持认为,"资产阶级民主已转向左翼,工人阶级有可能同城乡小资产阶级和民族资产阶级的民主及进步阶层结盟,反对殖民化的外国资本少数反动分子"。这样,他号召在实现共同任务方面坚持一切阶级的团结,人民应当信任政治家。

他坚持认为:"立即让雇主和工人达成协议,以开诚布公、诚实、和谐的方式,通过工作地方的混合委员会或借助各种工会之间的共识,解决生活本身所带来的分歧。"他接着说:"借助其各种组织,工人阶级可以帮助政府和雇主们找到实际、快速和有效解决每天的严重经济问题的办法。"他甚至断言:"我们坚信,在当之无愧的人民代表参与的民主议会之内,有可能且比较容易找到进一步解决我们一切问题的办法。"

巴西共产党在享有合法地位的时期,获得重要增长,"其党员人数从4 000人增至20万人。在选举中,获得多个众议员和参议员席位;尽管同全国民主联盟(UDN)有联系的右派记者卡洛斯·拉塞尔达展开了密集的反共宣传,但是知名度不高的共产党总统候选人还是获得了50万张选票。"

然而,杜特拉政府受到了来自美国的压力,它开始采取一系列反共措施,比如,再次宣布共产党为非法,并断绝同苏联的关系。被禁止活动的共产党再次转入地下活动,它立即进行了新的自我批评,宣布杜特拉政府为法西斯主义者。

战后,当巴西共产党经受了巨大的起伏不定的政治形势之时,巴西工党的状况比较稳定,它既不像英国工党那样是以工人阶级为基础的"基层工人党",也不像30年后巴西的"劳工党"(PT),而主要是由国有企业的工人组成的政党。从其建党之初,直到1954年瓦加斯自杀身亡,巴西工党的存在主要是将工人组织变成一支政治力量,为瓦加斯再次取得政权提供群众基础,又借助国家政治机器同民主社会党一起支持瓦加斯再次执政。

巴西工党在南里奥格兰德州和里约热内卢拥有十分强大的力量。它于1947年接纳了被宣布为"非法的"巴西共产党,从而为巴西的共产党提供了一个可以参加选举的途径。但是,有人认为,巴西工党本身算不上是一个左翼政党,它只不过是支持瓦加斯治国方略的工具。

1950年10月,瓦加斯作为巴西工党候选人获得385万张选票,以48.7%的得票率当选为巴西总统,瓦加斯的大选胜利获得了军方和经济界精英的认可。但是卡洛斯·拉塞尔达领导的全国民主联盟表示抗议。这个记者在《论坛报》上发表了坚决反对瓦加斯当选的言论:"瓦加斯参议员一定不会成为总统候选人;如果成为总统候选人,他一定不会当选。如果当选,他一定不能上台执政;如果上台执政,我们一定诉诸革命来阻止他执政。"不过,这次权力移交顺利实现:1951年1月31日,完成任期的杜特拉总统正式将权力移交给了热图利奥·瓦加斯。

  重新执政的瓦加斯在经济和政治方面逐渐采取越来越浓重的民族主义和民众主义色彩的一些政策措施。比如早在20世纪40年代末,在"石油是我们的"口号下,在巴西掀起了一个规模很大的民族主义运动。正是在这一背景下,瓦加斯提出创建国营石油储备与开采的垄断公司。1951年12月,他把创建"巴西国家石油公司"的法案提交给国会;1953年10月,该法案成为法律。此外,瓦加斯执政后注意改善工人待遇,以加强自己的政治支持基础。1951年12月,他让8年未变的最低工资标准增长了3倍多。此后,由于通货膨胀率大幅上升,劳工部长古拉特于1954年2月提出将最低工资再增加100%。

  古拉特的建议引起了军方和企业界的强烈反对。由42名陆军上校和39名陆军尉官签署的《上校宣言》于2月20日发表,对此表示抗议。同时,企业界认为政府稳定社会的努力已告失败,因此也反对古拉特的建议。正是在多方压力下,瓦加斯被迫将古拉特解职。而总统在1954年"五一"国际劳动节发表的演讲更是引起反对势力的强烈不满。他称古拉特是"一位不知疲倦的朋友和工人利益的捍卫者";同时宣布最低工资增长100%,提高社会福利和退休金;并将现有的工人立法扩展到农村工人;最后瓦加斯用十分激进的言辞号召工人同政府站在一起:"你们,巴西工人,构成巴西人口大多数。今天你们与政府肩并肩,明天你们就是政府。"

  瓦加斯的"五一"节演讲后,反对势力越来越壮大,且更富有攻击性。里约热内卢和圣保罗的各家媒体都公开反对瓦加斯;此外,6月反对党全国民主联盟,以及基督教民主党、解放者党与共和党在国会要求弹劾瓦加斯,但是该提案以35票对136票遭否决。此后,全国民主联盟寻求军方进行干预,以罢免总统。

  正是在反对瓦加斯的声浪日益高涨的背景下,突然发生的一件谋杀案为罢免总统提供了充分的借口。8月4日到5日夜间,一个受人雇佣的枪手射杀瓦加斯的政治对手,《论坛报》总主编卡洛斯·拉塞尔达。拉塞尔达只

第五章 从瓦加斯威权主义体制到第二次世界大战后民主政治

是脚部被打伤,而他的贴身保镖、空军少校鲁本斯·弗洛伦蒂诺·瓦斯却被枪杀。经调查,这次暗杀的源头是瓦加斯的贴身卫队队长、黑人格雷戈里奥·福尔图纳托,但是从未查清是谁指使福尔图纳托雇人行凶的。

  谋杀案发生后,全国民主联盟立即在国会再次要求瓦加斯辞职。军方高级将领和文职官员都转而支持反对派,而此时72岁高龄的瓦加斯也可能"失去了追求权力的动力"。面对这一窘况,瓦加斯选择了自杀。1954年8月24日上午8时30分,他在卡特特宫的卧室里开枪自尽,子弹穿过他的心脏。瓦加斯在其留下的一份政治遗嘱中声明,他作出不幸的决定是由于不可承受的阴暗势力的阴谋,他们得到国内外富有阶级的支持,反对一位将其一生奉献给了为卑贱民众而斗争的人。"我将我的生命献给你们……我为你们而牺牲……我迈步走向永恒,我为你们停止我的生命,走进历史。"

  瓦加斯的自杀及其遗嘱使人折服。几十万人涌上里约热内卢、阿雷格里港、贝洛奥里藏特、累西腓和其他城市的街头,民众情绪激动,甚至出现暴力活动。在首都,成千上万人为瓦加斯守灵,络绎不绝的人群一路上护送他的灵柩从桑托斯·杜蒙特机场到南里奥格兰德州。还有为数众多的民众出席了在圣博尔雅举行的葬礼。这一切表明,对于反对派全国民主联盟来说,这是一场政治灾难。卡洛斯·拉塞尔达逃往美国,而瓦加斯的副总统、阴谋的盟友小卡费于1954年8月接任总统职位,但他长期承受着来自民众的压力。在相当长的一段时间里,瓦加斯的自杀反而激发了瓦加斯主义者的热情,他们抨击全国民主联盟反瓦加斯主义的行径。这就为民主社会党和巴西工党结成联盟共同反对全国民主联盟提供了新的动力。

  1955年举行的总统选举再次给瓦加斯主义者的治国方略带来胜利。儒塞利诺·库比契克作为民主社会党的总统候选人。为了保证民众的支持,他提名瓦加斯的继承者若昂·古拉特作为副总统候选人。而反对派推举其最好的干部、老尉官派、空军准将爱德华多·戈麦斯为候选人。在10月3日大选中,库比契克以微弱优势获胜。在参加投票的910万选民中,他获得了310万张选票,占全部有效选票的35.7%,出现这种情况的主要原因是瓦加斯派的选票分流。此外,已经回国的拉塞尔达设法制造巨大的骚乱,来反对库比契克和古拉特上台执政。当时的战争部长特谢拉·洛特元帅不得不进行军事干预,以保证库比契克和古拉特掌握政权。然而,阴谋分子只是暂时被挫败。库比契克政府一直遭受着政变企图的侵扰,后来夸德罗斯政府也是在阴谋政变分子的压力下辞职的,最终在1964年后者通过政变控制了政权。

1954—1955年所发生的动乱表明，实行民族主义的政府存在一条底线，为此民选政府必须对付国内外十分强大的活跃的反对势力，必须公开依靠有组织的工人和民众。

库比契克政府不得不向后退了第一步，在其政府内瓦加斯治国方略的确仍然存在，但是其具体计划已同国际资本达成妥协。卡洛斯·卢斯政府曾发布的"113指令"继续有效：给予外国投资提供一切便利、免除进口税和第一年的销售税、在土地和信贷方面提供便利。库比契克对外国资本提供所有这些专门权利，只有一项要求：这些投资应用于基础工业部门（汽车、化学和电子），这些部门在其目标计划书中都受到政府的支持。

这个新时期的最重要的特点是民众民族主义开始没落，而一个新时代开启：巴西资本主义快速发展，在其经济的基础部门，特别是制造业，得到了外国资本的大规模投资。这一事实具有经济、政治和社会的深远后果，因为现有的生产资料的所有权趋向进一步非国有化，外国资本通过创办新的企业，不断扩大它们的影响力。

巴西经济的新特点并没有被工人和民众运动的领导层特别是巴西共产党马上觉察到。这就解释了20世纪50年代中期直到60年代末该党所采取的新的政治路线。在瓦加斯最后一届政府执政时期，该政府代表了巴西资产阶级的最后民族主义的勇气，但是巴西共产党却以公共生活道路准则化的名义对瓦加斯发动了一场否定运动，从而要求他停止执政。在他自杀后，该党才多次反省自己的错误，并加入到对政治上导致瓦加斯自杀的国内外势力的抗议运动。但是，它并没有意识到这正是一个历史时刻，由于害怕民众运动和美国施加的压力，资产阶级主导的巴西政府开始放弃民族主义。按照1958年巴西共产党大会确定的新的政治路线，直到1964年军事政变前后，巴西共产党一直试图将新政府纳入它的反帝国主义和反大庄园制的统一战线内。它准备对巴西资产阶级作出实质性的让步，而仅将矛头对准帝国主义和大庄园制，因为它认为有可能把"民族主义的进步的"资产阶级同上述两者区分开来。当然，资产阶级的少数成员可以包括在这个政治框架内，但是工业资产阶级作为一个阶级，有着自己独特的重要利益和奋斗目标。

库比契克政府时期，通过利用瓦加斯执政下国家大规模修建的能源和道路等基础设施，为外国资本大量进入国内准备了条件。美国企业资本，

第五章 从瓦加斯威权主义体制到第二次世界大战后民主政治

还有经济正在恢复的日本和欧洲的资本投向汽车、化学、机械、重型和轻型工业。它们已扩展到一般的耐用消费品的生产,甚至扩及轻工业消费品生产部门。巴西政府认为,有必要吸引外国资本,为此采取了广泛的刺激外资流入的手段。

儒塞利诺·库比契克还制定了集中大规模发展"能源和运输"两项基础设施的计划,为经济发展新的"突趋繁荣",创造完善、必备的优越环境。由其政府制定的"目标计划"试图将发展主义观点系统化:在把联邦首都迁到新城市巴西利亚的问题上找到了其凝聚的轴心。该计划还包含有同工业化有关的远大目标。但是,它仍然持有传统做法:忽视农村和农业问题。它借助公共工程,特别是修筑广大的公路体系,来吸收众多的劳动力,以寻求市场的扩展。与此同时,它刺激汽车工业市场,借此从全国范围把分散的地方市场接合在一起。

自然,由库比契克实施的发展主义计划特别是要借助预算"赤字"政策和外国贷款来提供资金的。而这是易于引起高通货膨胀率的两个要素。这项政策是以低工资政策作为其补充手段的。从农村大规模吸引来的劳动力得到很低的工资,这就引起了普遍工资购买力的下降。在库比契克执政时期发生了要求增加工资的重大斗争,其目的是要求补偿因劳动力市场动荡和上涨的通货膨胀率而造成的低收入。

这种状况持续到以后的各届政府直到军人执政。在这段时间出现了反对生活成本上涨的一波接一波的抗议运动浪潮;劳动者组织了大型的罢工运动,如1957—1958年发生在圣保罗州、里约热内卢和米纳斯吉拉斯的总罢工,要求增加工资。除此之外,还有多起学生骚动,它们开始深化和扩展有民族主义影响的斗争。

在民族主义和民众主义老的思想意识的强烈影响下,库比契克考虑创制国家发展的整体思想体系。为此,他创立了巴西高等研究所(ISEB),将多名有关的理论家聚集到这个单位。在拉丁美洲经济委员会开创的思想的影响下,该研究所展开研究并形成一种观念:主张一种自治的国家资本主义发展模式。1957年,它造成其创办者之一、第一任所长、巴西著名的理论家埃利奥·雅瓜里贝离开该所。据他说,他不准备成为乌托邦的"具有强烈派别意识的民族主义"的同谋犯,就像他所命名的那样,他认为这种民族主义不理解外国资本的关键作用。

由于在巴西马克思主义思想只存在极少传统,巴西高等研究所对50

雅尼奥·夸德罗斯

年代社会科学家以及学生运动的领导层和巴西共产党本身都发挥了重要影响。这个研究所后来产生分裂。它在一定程度上巩固了服从外国列强的巴西资本主义倾向，同时逐渐偏向政治激进主义，而后者成为1964年军事政变后右派镇压的主要对象之一。

1961年1月，民主社会党和巴西工党联合选举的库比契克政府，由雅尼奥·夸德罗斯政府成功接替。新总统是作为保守的全国民主联盟的候选人而当选的。夸德罗斯以绝对多数选票当选，这代表了对瓦加斯主义力量的传统格局提出第一次质疑，尽管瓦加斯的政治继承者若昂·古拉特当选为副总统。夸德罗斯曾把民众主义作风带到一个新的高度。他利用精致的宣传技术宣传自己的个人形象：从一个衣衫不整并受到迫害的脆弱的平民百姓，到一位受人尊敬和暴怒的公民，直至一位有道德的激烈独裁者。他被描述为工人和农民的候选人，并许诺进行激进的结构性改革和公共生活最终符合道德准则。他显示出传统政治家的完全独立的性格，他的古巴之行寻求把自己同本洲的革命因素联系在一起。尽管他同曾赞助其竞选的国际资本有着明显的联系，但是他试图突出自己曾参与了为巴西国家石油公司的利益而斗争的战斗，用来表明他昔日的民族主义精神。

总统选举的结果揭示了一种强烈的反帝愿望和争取结构性改革的要求。由于没有自己的政党，劳动者都相信并大规模地支持夸德罗斯和古拉特表面上激进的品格。夸德罗斯的胜选并不代表经济自由派寡头政党的胜利，而古拉特的胜利也不是民主社会党和巴西工党老的联盟的胜利。在全国，人们都渴望实施某种新的治国方略：具有更加激进的改革和平民化的内容。然而，短命的夸德罗斯政府使人失望，这个政府没有实施任何具有真正平民化特点的措施，而是采取了某些蛊惑人心的行动，比如向切·格瓦拉颁发"南十字国家勋章"；它只不过是波拿巴主义的追随者，试图镇压任何民众示威游行。

此外，夸德罗斯的执政能力、特立独行的性格和新首都巴西利亚的独特环境都影响了他的政治前景。据一位学者的描述，"夸德罗斯执政风格和管理能力明显不同于库比契克……他也不是一个善于协调的人。他没

第五章 ● 从瓦加斯威权主义体制到第二次世界大战后民主政治

有操纵国家政治的经验。作为1958年当选的联邦众议员,他只参加过一次国会大会,仅仅是坐热了一下椅子!他是一个威权主义者,待人傲慢。他不屑于与对手谈判,也不试图去合作。他在很大程度上忽视了政治游戏规则。他相信没有国会的支持,照样可以治理国家,因为'人民和我站在一起'。由于新首都巴西利亚处于与世隔绝状态,他整天工作,从每天早上6点半一直工作到晚上8点,经常失眠难寐,饮酒过多。屡屡的失败使他烦躁不安,脾气暴躁,消沉沮丧"。

1961年,在严峻的经济形势、政府威望日益下降及其右翼盟友的政治经济压力下,8月25日(正值瓦加斯自杀七周年),夸德罗斯突然宣布辞职。不顾几位军事部长、几位州长有关"重新考虑辞职"的劝告,夸德罗斯匪夷所思地离开新首都,前往圣保罗,再转至桑托斯,然后乘上"乌拉圭星号"轮船驶往伦敦。当时,多位分析家认为,他的辞职是企图挑起一场全国性运动,以有利于他掌握一些特别权力。但是,这一企图落空了。国会马上接受了他的辞呈,而军事首领企图夺取政权,以阻止此时正在国外访问的副总统古拉特依法执政。军人政变的企图很快引起各工会、学生运动(通过全国学生联合会)、各自由派和广泛的军人阶层,特别是刚刚在国家政治生活中公开露面的下级军官阶层的强烈反对。

国家处于内战的边缘。南里奥格兰德州的州长莱奥内尔·布里佐拉、戈亚斯州的州长毛罗·博尔吉斯开始组建民兵部队,来捍卫法制,他们还得到了驻扎在相应州的军队和警察部队的支持。政变很显然时机尚未成熟。接受妥协,以解决问题是必要的。国会投票通过了一项宪法改革,规定了代议制。古拉特掌握政府的有限权力。政治精英已透彻地懂得:瓦加斯主义的时代、民众民族主义的最高表现形式已经过去,他们勉强地接受了古拉特的领导地位,作为老的政治潮流的直接代表。因此,他们虽然不能马上反对他升迁,但是可以实施议会体制来限制他的总统权限。但是,因受益于广泛的民众运动,已经执政的古拉特感到有充分的力量来无限制地行使其权力。他开始采用复杂的政治动作来构筑他的权力。在多个议会制职能失败之后,通过举行公决,民众投票,收回总统权力。

其政府在经济学家塞尔索·富尔塔多的领导下制定了一项三年发展计划。在这一时期,毁坏国家的经济危机已是十分深刻了。通货膨胀率达到历史最高点,为了抑制这一趋势,在原有的经济架构内、唯一可行的经济政策就是从1956年起国际货币基金组织所主张的实现货币稳定性。然而,古拉特政府不可能正统地采用这种解决办法，因为它认为这会引起工人的反弹，而工人的支持是其政权的基础。因此，他试图寻求一种弹性的解决办法，同时这也是三年发展计划所规定的。该办法主张兼顾稳定和发展，然而人们认为这是不可行的。这样，古拉特政府不可能满足劳动者的要求，让劳动者接受工资紧缩政策；同时不可能消除面对经济危机时国内外资本的不安。相反，从1961年军事政变企图落空之时起，全国各地各个阶层中爆发的民众运动普遍高涨，而政府又没有足够的权威来加以抑制，因此社会经济危机趋向尖锐化。国内外资本十分希望有安定的环境，特别是可以继续获得利润的可靠条件。但是在上述形势下，瓦加斯的政治继承者提供不了这一切。

民众运动持续高涨，其中一直持续到50年代末的贫困农民的斗争有可能扩大到全国范围，尽管在50年代农民运动是地区性的，特别是在东北部。农民借助各种协会投入到国家政治领域的斗争。

工人罢工继续在各地爆发，他们连续3次举行总罢工，最终要求古拉特举行全民公投，其目的是恢复其总统的全部权力。持续举行造反示威游行的学生已发展形成一个强大的全国性组织，它同劳动者结成了公开的联盟。此外，还形成了民族主义议员阵线，开始对政府施加压力，要求进行"基础的改革"。在武装部队中出现了全国士官指挥部和民族主义军人指挥部。

1963年1月6日，1 230万巴西人参加了全民公投，结果古拉特取得了压倒性的胜利：950万选民投票赞成废除宪法修正案，因为它是1961年9月由军方、全国民主联盟和民主社会党部分派别推动制定的，在巴西强制实行议会制政府。这样，1月24日古拉特获得了总统的全部权力。这一切表明，民众希望他承担国家变革的决定性使命，但是，正如一位学者所指出的，"古拉特自视是一位温和的改革者，与其说他是反资本主义，不如说他是将巴西资本主义经济和社会进行现代化"。实际上，全民公投后，国家进入一个几乎长期充满政治危机的时期，直到15个月之后古拉特被一场军事政变所推翻。

从10月起，一些激进分子为了组建争取社会改革的广大基本组织，开始创立所谓的"第十一团"，动员武装战士参加一场革命运动，"将巴西从国际资本主义的压迫和国际资本在国内盟友的控制中解放出来，建立真正的人民政府"。这些组织主要形成于国家的南部，投身于此类激进斗争的

第五章 ● 从瓦加斯威权主义体制到第二次世界大战后民主政治

有激进的民族主义者、古拉特的妹夫、参议员、南里奥格兰德州州长布里佐拉,他曾抗拒第一次军人政变阴谋,因此他在全国很有名。

与此同时,在全国已存在反对古拉特政府的十分明显的征兆,1963年在军队内发生第一次暴动,就是驻在巴西利亚的士官的造反行动。1964年在海军内,在军官无法镇压水兵协会的情况下,军官就与全国冶金劳动者联合会总部的反叛水兵站在了一起。古拉特对水兵的诉求作出让步:允许组建此类协会;同时让海军部长辞职,因为后者反对水兵的诉求,这正是点燃军事政变的火星。对于国内外资本来说,这种形势是不可承受的。必须暴力阻止"不服从"和"扰乱"行为。因此,用政变首领之一的话来说,1964年4月的政变是一次"预防性反对革命"的行动。政变以推动各阶层紧张动员行动为目标,希望实现各统治阶级的行动统一,将中等阶层的重要部分吸引到政变者一边,因为他们害怕民众运动的普遍高涨。前一阶段是在圣保罗约50万人(大部分人来自中等阶层)参加所谓的"家庭,同上帝和财产在一起"的示威游行,进行歇斯底里式的进军。在全国其他一些城市也有其他相似的动员,尽管其影响较小。

但是,直到1964年3月,也就是政变前夕,古拉特对眼前的政治形势还作出了错误的估计。正如一位学者所指出的,"古拉特误读了巴西各种政治力量的实力的相对性。他高估了那些赞成政治、经济和社会变革势力的实力,低估了现有的权力体系(包括官僚与军方)的实力,低估了这些既得利益集团一旦利益受到威胁时会团结一致和果断行动的决心与意志力"。3月13日在里约热内卢的一个广场上,举行了一个声势浩大的约15万—25万左翼民众的集会,其基调是革命性的:"一切权力归人民。"古拉特受到民众的热烈欢迎,他们许多人还挥舞着红旗。总统公开签署了两项法令:"第一个法令规定,强制征用大地产主的位于联邦公路和铁路沿线10公里以内的、超过500公顷的土地,强制征用大地产主的位于联邦政府资助的水坝沿线的超过30公顷的土地,征用这些土地没有现金补偿(这样就废除了《宪法》第141、142条款);第二个法令规定,没收几个尚未被巴西石油公司控制的私营炼油厂。"除此之外,古拉特还承诺多项激进的社会与政治改革。因此,有人吹捧他为左翼的新领袖。显然,这一切对已经两极对立的巴西社会造成了巨大的冲击。

正是在这种左翼和右翼派别严重对立、冲突和对抗的背景下,3月末军队高级将领已开始谋划政变。几经周折,4月2日,军队的生产和工程部部长科斯塔-席尔瓦将军宣布成立"最高革命指挥委员会",即"三头政治",由海陆空三军将领组成,他们分别是空军准将弗朗西斯科·德·阿西斯·科雷亚·德·梅洛、海军上将奥古斯托·拉德梅克和作为陆军代表的科斯塔-席尔瓦本人。后者将取代总统,担任军队最高统帅。

  面对政变,民众民族主义的最高领袖古拉特没有作出反应。作为一名实际上的大庄园主、"进步"资产阶级,他十分懂得,法制只能借助民众的支持才能维持下来。现在要通过民众,特别是工人的战斗才能保住宪制政府,但那是非常困难的,那就意味着国家将要陷入内战。古拉特决定放弃武装抵抗,但也不准备与叛军谈判,他选择离开巴西,避免流血冲突。当时的政治形势十分诡谲。美国战舰在里约热内卢沿海游弋,试图进行干预。左翼民众取胜的可能性也是存在的。古拉特的出走使得工会领袖、其妹夫布里佐拉和政变前几天曾参加声势浩大游行示威的民族主义军人和士官陷入困惑。他们曾打算组织没有信仰、没有口号、没有领导者的总罢工。与此同时,孤立的和自发的抗议和抵抗行动被政变当局逐个镇压下去,这样左翼运动趋于瘫痪。最终,政变军人很快掌控了全国局势,由此终结了第二次世界大战后持续了近20年的民主政治体制。

五、内地开发与新首都巴西利亚的建设

  从20世纪50年代中后期起,库比契克政府开始把巴西民族的长期梦想变为现实,就是将首都从沿海的里约热内卢迁到内陆的巴西利亚,使得后者成为开启广阔内地现代化的大门和团结巴西各地区的标志。库比契克曾满怀信心地期待巴西利亚成为"使整个国家都团结起来的首都"。

  如前所述,在圣保罗捕奴队尚未深入到南部时,或者在橡胶生产的黄金时代,马瑙斯的偶然发展之时,也就是说,从葡萄牙人在巴西进行殖民化初期直到19世纪大部分年代,人们特别关注开发大西洋沿岸地区。而难以探测和开发的亚马孙河流域广阔的内地,则阻碍了太平洋与大西洋之间的各种交流。因此,没有任何经济或文化压力可以自发激活巴西西部地区的发展。由于沿海地区集中了全国绝大多数人口、经济资源和各种投资,所以很自然,首都的再投资进程、随后的增长和附加的发展都集中在这个巴西文明的发祥地之一。然而,另一方面,拥有如此广阔的国土面积和快速增长的人口的巴西,其国民意识不可能囿于这个有限的沿海空间。谜一般

第五章 从瓦加斯威权主义体制到第二次世界大战后民主政治

的亚马孙梦幻一直存在于巴西人的脑海中,如同巴西梦想一样强劲。也就是说,国家要具有国土开发的均衡性和发展的现代性。

早在19世纪末期,就已出现将首都从里约热内卢迁移到内地的设想。1891年《宪法》曾预想在巴西高原兴建新的首都。1922年,埃皮塔西奥·佩索亚总统时期通过划定14 400平方公里的地域,举行了奠基置放仪式,用来纪念国家独立一百周年。尽管如此,以及后来立法规定和宣言,直到儒塞利诺·库比契克总统时期上述构想才最终落实下来。人们选定了巴西利亚,它位于巴西中部高原,原是戈亚斯州首府,1955年被定为新首都。

从国会一致通过相应的法律之时起,迁移首都的决定就成为激烈争论的话题。这种争论导向两个方向:其一,倾向澄清卢西奥·科斯塔城市规划方案的优劣,设想国家政府全部立即搬迁;与此相反,其他方案规定分阶段迁移。另一个是,趋向弄清所涉及的经济投入的合适度。实际上,这两个问题是相互关联的。分阶段迁移的主张可能产生通货膨胀的概率较小,但是在1955—1965年巴西所处的环境中,这项巨大工程是有可能有效推进的。然而,分阶段的主张,等待设于里约热内卢的政府完全迁移到940公里以外的地方,可能会给迁移的各个机构带来无数困难。了解巴西的经济和社会现实的人确信,如果不给这项工程优先权,那么资金问题就会陷于许多经济和财政申请书中。因此,问题在于理解在国家内地建设新首都的必要性,它对于推动内地的发展是一个必须的要素。

在激活内地的经济方面,包括开发各个地区,设置新兴工业和扩展交通道路,这项长期规划可以推动连贯和有效的经济进程。一般来说,这一切都以国际机构的技术人员建议的发展计划为依据。此类计划估计,由于提供税收和贷款的某些便利,资本活动必然导向意欲推动开发的地区,只要国家修建必要的基础设施工程。虽然这可以视为有价值的长期设想,但是其成果可能并不突出。此外,在所有情况中,国家参与各种工业联合体的建设是决定性的,但必然涉及政治的稳定性,或者说,在瓦加斯倒台之时,在巴西全景中难以找到政治行动保持较长时期连续性的要素。但是,建设巴西利亚,这种构想代表了民众的一种情感:促使政府切实执行开发内地的政策。无论如何,巴西利亚,显示出巴西人深入内地的雄心壮志:它与委内瑞拉边界附近的博阿维斯塔的距离为2 490公里,与秘鲁边界附近的里奥布朗库的距离为2 250公里。

巴西利亚（1964）

1960年4月，新首都巴西利亚建成并正式启用，它的现实存在已不再是政治争论的焦点，卢西奥·科斯塔提出的巴西利亚设计方案，可实施于任何地方。在其全球性特点中，确实是把一种理想观念运用于独特的环境中，是思考城市规划所有形式中的最佳选择。它源于1922年法国国籍、来自瑞士的建筑师和城市规划专家勒·柯布西耶（1887—1965）设计的拥有300万居民的城市规划，是在两次世界大战之间发展而来的风格。20世纪50年代的现代派认为，这是当代巨大城市的唯一选择。

这个城市规划基本上拥有涉及城市所有方面的合理设计，将有能力一劳永逸地解决当代城市的各种矛盾和冲突。街道和街区的老的城市布局应当被摒弃。"有着上千行人的街道是几个世纪的遗物，是不能继续发挥作用的错位构造"——汽车的出现已经表明这种街道的陈旧性。取而代之的是应采用街角花园，其中显露出建在柱子上的高大建筑群，用这种花园把

第五章 从瓦加斯威权主义体制到第二次世界大战后民主政治

一个个有高密度人口的建筑群分隔开来。

借助高速公路,汽车同行人相分离;汽车交通应摆在优先位置,环行的大型道路应深入到城市的中心。功能性的区划有助于消除因各种冲突性活动的混杂而产生的混乱。

土地的社会所有制是实现城市发展规划控制的唯一手段,也是城市绿化带不被侵占的唯一保障。应有一个政府机构负责执行和掌控计划的调整。重新规范或建设"新城"的工作将会带来高赢利,城市发展的经济利益应整体掌握在社会手中,而不是交给地产主。

无疑,卢西奥·科斯塔的方案含有与这种主张有关的象征性含义,或有能力调动人们的活力,并变成建设新首都的突出力量。此外,昔日圣保罗捕奴队开拓者的行动构成了20世纪中期鼓舞人们不断进取的动力。如果我们仔细审视一下科斯塔的设计图,就可以看到它在本质上是一种抽象形式,因为虽然轴线体系有些偏离南北向,以获得更好的坐向,甚至轴线之一有些弯曲,这是为了沿用一个湖泊的线条,但是这样所获得的成果是弓与箭的图形,而不是十字形。确实,这座城市完全有别于周围的风物。

同勒·柯布西耶的设计方案一样,城市坐落在轴线的交叉点上,也就是说,在几何图形的中心有一个环形——圆形交通平台,那是三层道路交通的联结方式,设有公共汽车终点站。从圆形交通平台的最高一层可以看到一种壮观的景象,它是由一系列整体建筑物形成的。其中设置了政府各个部,它们坐落在东西轴线的两侧,以立法机构所在地为终端。从这个十字形路口起,在黄昏时,议会区域的两个穹隆屋顶就像星际间的装置,看似漂浮在议会大厦的顶棚上。在它们的后面,议会秘书处的双塔就像发射平台耸立着,表明远处就存在技术工艺的精品——这座新城的心脏:一个新生国家的政治、经济、社会和文化权力的中心。

整座城市外观中最令人陶醉之处在于:在"戈登之光"的终端使人们想见未来的乌托邦境界及其星际间的冒险,也就是说,在技术工艺理想化术语中孕育有:以简单而抽象的行为动作为出发点,人间秩序的安排是如此合理。尽管拥有其现代性外观,但是这种空间组织的基本原则是巴洛克式的。

其雄伟宏大之处还在于,城市半轴线长度约为2 000米,相当于纽约中央公园长度的一半。城市轴线终于三权广场上议会秘书处大厦的双塔后面,同时朝向西方,也就是说,圆形交通平台的相反方向,西面的半轴线相同于东面的长度,终止于市政广场。此外,针状的电台和电视塔耸立于中间点。城市的两个权力中心远离居民区,住宅群体沿着与北－南弯曲结构轴线平行的带状地区建造起来。

约900米长的三权广场,实际上没有形成严格意义上的一条线。普拉纳尔托大厦,或者说,行政权总部、司法宫、竣工纪念碑和议会建筑群,在空间上只是点状建筑物,而不是连成一片的。它仅是作为一系列松散结构耸立着,犹如一个新生的合成体。在不宜居住的开阔地面上,中午布鲁诺·乔奇的两个武士塑像挑战热带的耀眼阳光。朝东方,眼睛看不到边际,因为远处的小山冈挡住了视线。除了生长在如镜水面附近的一小片棕榈林,以及议会秘书处大厦的塔楼倒映在水面上,看不到什么植物或花园。广场是空旷的,没有什么人穿行或停留在那里。这一切形成一种梦幻般的意境,使人突然感觉到广场从未被人利用过。只有在落成那一天,总统从普拉纳尔托大厦的阳台上大张旗鼓地发表了他的文告。

确实,这个广场并不像古典式的广场那样,是日常聚会和自发的公民

三权广场

第五章 从瓦加斯威权主义体制到第二次世界大战后民主政治

集会的地方,而是军人集结点和军官举行仪式之地,就像科斯塔回忆录中所推测的那样。此外,它是同其他部分分开处理的一个城市轴心。它提供了布局很好的空间外观,并且靠近城市的中心,人们易于进入。

然而,在巴西利亚,国家的各种机构都远离公民,就像现今大多数情况一样,相关调整一般依靠各种功能技术处理,吸收已经成熟的技术工艺创新成果。

在儒塞利诺·库比契克政府时期(1956年1月—1961年1月),新首都巴西利亚顺利建成并投入使用,这标志着巴西经济和社会发展战略的新起点。有人把这座新城的外观形容为一架翱翔的飞机,但也有人把它视为箭在弦上,因此这座新都城是巴西起飞的象征。在这一时期,除了巴西利亚建成之外,还出现了"一个知识和文化(音乐、文学、电影院、剧院、艺术和建筑)复兴运动;民主制得以巩固,最重要的是政局保持稳定"。这一切政治经济新因素为以后"巴西经济奇迹"的出现奠定了坚实的基础。

作者点评:

1930—1964年,巴西的政治体制和经济发展模式经受了剧烈的变动。首先,出现了一位政治强人热图利奥·瓦加斯,他统治国家近一代人时间:1930—1934年,是临时政府主席;1934—1937年,是国会按照宪法选举的总统;1937—1945年,是"新国家"的独裁者;1951—1954年,是民选总统。其次,国家的政治体制多次转换,大致是从威权主义政治体制转换为民主政治体制,最后转变为军人独裁。此外,从经济发展模式看,在中央集权体制和民族主义思想指导下减少对咖啡出口的依赖,加速推进经济多样化和工业化。这一切为以后军人政权创造"经济奇迹"准备了有利的条件。

第六章 军人独裁政权与"巴西经济奇迹"

一、军人独裁统治与左翼激进派的武装斗争

古拉特总统被赶下台后,军队高级将领掌握了国家政权,为了合乎宪法要求,众议院议长拉涅里·马济利再次担任代总统,但是实际上这个职位已经毫无实权,纯粹是装点门面的。政变后,以科斯塔-席尔瓦元帅为首的三位军事部长组成的"最高革命指挥委员会"行使执政权力。这个机构反映了不少军人对过去20年实施的民主政治体制的不满。军人认为,民选政府容易产生腐败、混乱,以及经济活动效率不高。军人们曾两次把瓦加斯赶下总统宝座,但是选民们又把他或者其继承人送回总统府。

更使得高级将领不安和恐惧的"尉官派"呼声又一次回荡于各地。尽管如此,这次掌权的军人却表示不愿意将政权交还给文官,因为后者并不可靠,过去他们多次背叛过军队。持有这一观点的军人代表茹阿雷斯·塔沃拉明确表达了对文官的不信任:"1930年我们通过不直接掌控政府的方式进行控制,我们计划任命文官管理政府并影响他们。这是个错误,他们很快把我们推到了一边,而且他们也不能够去完成我们计划的任何事情。"这种关于军人与文官关系的评论表明,1964年军事政变后,军人将改变巴西军人干政的传统方式,将会直接掌握政权,实行军人独裁统治。

1964年4月政变后,军队士兵们没有返回其军营。当时"最高革命指挥委员会"决定不立即把政府权力交还给文官。受到高等军事学院所传播的学说的影响,此次发动政变的高级将领持有一种共同的思想观念,就是

第六章 军人独裁政权与"巴西经济奇迹"

他们确信军队能维护国家的统一；能确保国家安全的最佳途径是通过稳定的政府鼓励并实现经济增长。为了达到这一目标，必须消除一切动乱因素，保持社会的稳定，为经济增长创造适宜的环境。

从1964年4月初军人政变到1985年3月15日文职人员担任总统，在长达21年的军人独裁统治下，巴西经历了5位军队高级将领出身的总统，正如英国学者所指出的："军队作为一个集团在整个军人统治时期一直保持团结一致，共同捍卫'1964年革命'和它建立的军人政权。然而，需要强调的是，军人政权无论在掌权军官的成分构成和意识取向上，还是在采取镇压反对派措施的强度上，并不一直是同质的。"按照英国学者的分析研究，巴西军人统治时期可划分为4个阶段。

第一阶段，从1964年4月初政变到1968年12月第5号制度法颁布。包括第一个军人总统卡斯特洛·布兰科将军执政的3年（到1967年3月卸任）和第二个军人总统科斯塔-席尔瓦将军任期的头两年（1967—1968年）。在这5年期间，"强硬派"军官坚持军人无限期执政，采取密集而严厉的镇压措施，他们成为军人政权的主导力量。

第二阶段，从1968年12月到1974年3月，巴西经历了所谓的"阴暗年代"。正是在这一时期出现了"巴西经济奇迹"。这一阶段包括科斯塔-席尔瓦任期的最后几个月。军事委员会时期（即1969年8月科斯塔-席尔瓦总统因重病而交出权力后，三军司令组成的军事委员会临时接管政权两

巴西1964年的军事政变

个月)和梅迪西将军的整个总统任期(1969—1974年)。这一时期按照第5号制度法政府继续严厉镇压一切反抗活动,军队"强硬派"实施全面独裁统治。

第三阶段,是始于1974年3月的盖泽尔将军的总统任期。他执政后提出缓和紧张局势和政治开放的治国方略,采取"缓慢、渐进和安全"的方式来维持国家的稳定发展。尽管盖泽尔是一个极端的威权主义者,曾对反对军人独裁统治的对手多次采取镇压措施,但是他还是成功地抑制了军队内部的"强硬派",结束了"阴暗年代"。

最后,第四阶段,是以菲格雷多将军为首的军人统治时期(1979—1985年)。菲格雷多是盖泽尔选择的继任者,他继续推进政治开放的缓慢进程。经过较为漫长的政治过渡时期,1985年3月,军人终于将政权移交给文职人员,实现"还政于民"。

军人政权的第一批措施就是政治镇压行动,包括从废除议会的各项法令、中止各种政治权利、解散各个政党、迫害左翼各个组织和政党、检查书报,直到监禁和拷打民众运动的领导者,同时实施社会迫害。如破坏一般的民众组织,特别是各种工人、农民、学生协会组织,干预工会活动,检查艺术文化著作(歌曲、戏剧、电影),特别是通过国际货币基金组织所推崇的正统货币稳定政策,转向实施经济镇压,其目的是抑制通货膨胀,在控制工资和限制对小企业贷款的基础上,为资本主义经济新一轮扩张创造条件。同时取消土地改革计划。而政变前古拉特政府曾以此来玩弄民意。此外,还试图通过抑制进口、贸易自由化和放弃对进口的小麦和新闻纸的价格补贴,来达到支付平衡。这些目标都包括在军政府的紧急计划之内。这样,军人政权的头几年,力图摆脱巴西的政治、社会特别是经济困境,其目的首先在于能吸引更多的外国投资者。

政变后不久,军人的"最高革命指挥委员会"便指明了新政府所要走的独裁方向。1964年4月9日,委员会颁布了第1号制度法,这是由1937年《宪法》的作者、"新国家"的智力导师弗朗西斯科·坎波斯一个人制定的。显然,这项法令修改了1946年《宪法》,它在根本上扩大了总统的权力,从而损害了司法权和立法权。该法令提出立即选出一位能实施制度修改案的总统,且限令国会在30天之内考虑修改案,只需简单多数票就可以通过这个修改案。新总统也可以提出国会不能增加的款项,可以宣布国家戒严、剥夺公民的权利达10年,包括那些已经当选为联邦、州和市议

第六章 ● 军人独裁政权与"巴西经济奇迹"

会议员者。但是,总统拥有的这些特殊权力到1964年6月15日终止。

控制政府的将领选择了卡斯特洛·布兰科（Humberto de Alencar Castelo Branco, 1900—1967）将军作为总统候选人,屈从的国会投票接受了他。此人生于塞阿拉州福塔莱萨。1918年以士官生身份入伍。1943年升为陆军中校,曾赴法、美深造。第二次世界大战时参加巴西远征军赴意大利作战。回国后在里约热内卢陆军参谋学校任教官。后升任陆军总参谋长。军队将领都相信他能坚定地对付"巴西的共产主义分子";而国会则把他视为一名有教养的军官、一名民主进程的拥护者。因此,1964年4月11日,卡斯特洛·布兰科顺利地当选为总统。其政府主要由军官和技术人员组成,它追求两个基本目标:使得国家经济有序地发展;此外,

卡斯特洛·布兰科

与国内外共产主义的传播作斗争。实际上,政变者与部分精英分子持有相同的见解,就是把改革同反对共产主义联系在一起。很快,新总统就成为强硬派的代表,其主要目标就是根除共产主义。而卡斯特洛·布兰科对共产主义的定义很宽泛,"倾向于包含处于他的立场之左的任何的运动、政党、想法和个人。他表示了对曾经统治以前政府的民族主义者深深的怀疑。在他的思想里,如果他们不等同于共产主义者的话,至少也跟他们有联系。他害怕他们的经济政策抑制了个人的主动性,而打开了社会主义的大门,进而再打开了共产主义的大门"。

正是在这种反共极端思想的指引下,卡斯特洛·布兰科制定了明确的内外政策。在外交政策方面,他认为美国是"自由世界"的领导,且立誓紧跟华盛顿的国际政策。这样,巴西马上断绝了同古巴的外交关系,开始投票反对中国在联合国拥有合法席位,支持美国干涉越南,1965年派遣军队参与干涉多米尼加共和国的行动。在对内政策方面,军人政府实际上无情地镇压左翼分子和民族主义者。

4月10日,即制度法颁布后的第一天,军政府公布了一份100多人的名单,他们遭到被剥夺10年政治权利的处罚,其中包括两位前总统雅尼奥·夸德罗斯和若昂·古拉特,两名前州长米格尔·阿拉埃斯(伯南布哥

州州长)和莱昂内尔·布里佐拉(南里奥格兰德州州长),巴西共产党领袖路易斯·卡洛斯·普列斯特斯,古拉特政府的重要成员、劳工领袖、农民领袖、学生领袖和由军政府认定属于共产党的政治家、社会主义和民族主义及民众主义左翼人物等。

布兰科总统于1965年10月27日颁布了第2号制度法,进一步扩大总统权力。该法授予总统以下权力:中止国会活动、通过法令施政、宣布戒严令、取消民选政治家的职务、停止"革命反对者"的政治权利。这样,从布兰科开始,政变军人加强了国家权力的集中化,他们限制或取消了政治自由。直到1980年左右,军人已使国家生活非政治化,并镇压任何的反抗行动。

在其执政时期,政府开除了大约4 500名联邦雇员。数百名军官被取消军衔,他们或是退休或被开除。紧急组建的军事调查法庭传唤了9 000多人来回答关于腐败和颠覆的指控。此外,关闭了巴西高级研究所;在南里奥格兰德州,第三军区的指挥官茹斯蒂诺·阿尔维斯·巴斯托斯将军命令烧毁被他谴责为具有颠覆性的书籍,他甚至把司汤达的《红与黑》认定为危险的文学作品。

与此同时,在社会和经济领域,卡斯特洛·布兰科力图消除普遍存在于政府内的腐败,并遏制通货膨胀。然而,政变后生活费指数持续上升,1964年通货膨胀率达到了86.6%,打破了过去的纪录。实际上,工资增长远远跟不上物价的上涨。这样,从政变到1964年年末,政府发行了前所未有的巨额货币。在国际上,巴西的克鲁塞罗价值降到更低水平。面对这一现实,卡斯特洛·布兰科在1965年实施严格的货币政策,开始限制纸币的发行,试图使生活费用缓慢上涨。到其执政末期,他的财政政策产生了效果:经济出现了恢复的迹象。到1967年年末,巴西已获得20亿美元的贸易顺差。但是,咖啡仍然是首要的出口产品,占全部出口的44%,同时从船舶到电视机等制造业产品,已是第二重要的出口品。

在卡斯特洛·布兰科执政的后期,1967年1月制定了一部新宪法。2月更换了货币,改用新克鲁塞罗,并颁布了国家安全法。同年7月18日,布兰科因飞机失事身亡。

卡斯特洛·布兰科在飞机失事前,挑选了阿图尔·达·科斯塔-席尔瓦(Arthur da costa e silva,1902—1969)作为他的继任者,并安排国会选举他为总统。1967年3月15日科斯塔-席尔瓦就任总统。此人生于南里奥

第六章 军人独裁政权与"巴西经济奇迹"

格兰德州塔瓜里市,先后在阿雷格里港和雷阿伦戈军事学校学习,后赴美国深造。在古拉特政府时期,因镇压学生运动被解除第四军军长职务。1964年政变后任陆军部长。科斯塔-席尔瓦当上总统后,一方面表现出比其前任更加和蔼可亲、更有人情味的形象,这与卡斯特洛·布兰科的冷漠作风形成了鲜明的对照,向民众传达了缓解国家紧张气氛的些许预兆。另一方面,由他领导的内阁却有更多职位被军人把持;与此同时,军人政权朝着更加专制的方向发展。正是在这种军人走向全面独裁的背景下,全国出现了强烈的反对军人专制的抗议声,反对派主要是由文人政治家组成的"广泛阵线",其中还有来自社会各行各业的人员,包括工人、教会神职人员、学生,甚至还有激进革命者。该条阵线形成于1966年10月,其主要推动力和发言

达科斯塔-席尔瓦

人是卡洛斯·拉塞尔达,11月19日,此人同儒塞利诺·库比契克共同签署了"里斯本宣言"。次年3月,他们又发表声明,支持恢复政治"常态"。但是,他们的言行很快受到军政府的限制,"广泛阵线"谋求政治自由化的希望遭受严重挫折。最终,1968年4月,军政府司法部长宣布"广泛阵线"为非法组织,禁止新闻媒体对它及其任何成员进行报道。

据欧美学者搜集到的大量史料,军人政权为了消灭一切形式的反对或反抗活动,不惜采取各种残忍的镇压手段。在1964—1979年期间,军人实施的酷刑多于283种,他们设立的秘密刑讯中心多达242个,专门拷打"持不同政见者"的打手约有444个。尽管当时受害者人数尚未得到精确的统计和确认,但是很多从那些军人恐怖活动中活过来的人后来公开描述了他们所遭受的折磨。美国学者E.布拉德福德·伯恩斯指出,面对这一残酷的现实,"华盛顿没有抗议民主被破坏。恰恰相反,美国慷慨地给予军队以帮助和训练"。

随着军政府加大镇压力度,反对军人独裁的力量扩展到社会各个阶层。甚至在天主教会内也出现反对力量,"巴西全国主教大会"组织了一系列示威抗议活动,谴责军人对教士的监禁和巴西人民被剥夺政治自由。除了工人运动风起云涌之外,许多艺术家和知识分子也借助政治讽刺文字、

戏剧和抗议歌曲来反对军政府。特别是在1968年音乐节上,作曲家和歌手杰拉尔多·万德勒高唱了一首激励斗争的歌曲《前进——不要说花儿未谢了》。他以学生抗议活动为开头,随之猛烈抨击军人政权,最后呼吁行动起来:"立即行动,不要等待。"有人认为,这首歌曲将成为这一历史时期的缩影。同年,全国范围反对军人独裁统治的学生运动达到高潮,军人则以武力镇压来对付抗议活动,由此造成了流血冲突。

  在这一背景下,一些左翼组织和个人采取武装斗争作为推翻军政府的一种手段。1967年7月和8月,巴西前共产党众议员卡洛斯·马里热拉（Carlos Marighella）出席了在古巴召开的"拉丁美洲团结组织"会议,他决定推进巴西的武装斗争。从1967年年末到1968年,一些左翼人士开始组织以城市为主要战场的游击队运动。据一些情报资料显示,开展这些游击队运动的主要力量包括某些重要的左翼组织——全国解放行动（ALN）,由马里热拉和若阿金·卡马拉·费里拉领导;人民革命先锋队（VPR）、全国自由指挥部（COLINA）和巴西革命共产党（PCBR）,分别由马里奥·阿尔维斯、阿波洛尼奥·德卡瓦略和雅各布·戈伦德尔领导。1968年城市游击队发动了一次成功的行动:10月在圣保罗,人民革命先锋队和全国解放行动成员暗杀了美国陆军上校查尔斯·钱德勒,游击队指控他是中央情报局特工。

  正是在左翼组织的游击队活动加强,反对派对军政权指责增多之时,科斯塔-席尔瓦总统主持召开了国家安全委员会会议,要求军队保持警戒;并在第二天,即1968年12月13日,颁布第5号制度法。有学者认为,"这是整个军人政权期间最严厉的一部法律,赋予共和国总统几乎绝对的权力。总统有权颁布法律、法规,无需事先得到国会批准就可发布戒严令,有权干涉州、市事务,有权免去当选的政治人物的职务,有权解除武装部队和各州军事警察部队军官的职务,有权剥夺任何公民的政治权利。该法案暂停司法机构的宪法保障权和人身保护令（即法治）,建立了军事法庭来审判普通公民所犯下的违反国家安全罪"。第5号制度法将在10年期间一直有效。这一切表明,在巴西已形成一个十分专横的军人独裁政权。

  人们把第5号制度法的颁布称作一场"政变之中的政变",巴西从此进入了一个"阴暗的时代","其突出特点不仅包括严格的新闻审查制度和议员资格被废除条款,而且包括政治犯遭受监禁、拷打和'失踪'的条款"。

第六章 ● 军人独裁政权与"巴西经济奇迹"

在这项制度法实施时期，大批联邦议员被取消议员资格。到1969年年中，共有92名众议员和4名参议员的资格被取消，其中巴西民主运动的成员占绝大多数。这样，该党在联邦议会中失去45%的议员。与此同时，500多名大学教授、记者、外交官和文化界名流都丧失了政治权利和工作，其中很多人被迫流亡国外。

在经济活动方面，在给劳动者和中小资产阶级带来不安的3年经济萧条之后，从1967年起，由于取得最重要的经济增长率，人们开始看到军政府经济政策的成果，军政府实现了政治和经济基本稳定，这就为外国投资准备好了肥沃的土壤。军政府在其统治的头3年，强调集中和垄断化进程，因为面对限制贷款的政策，更弱小的企业不可能幸存下来。从此，外国资本大规模地进入巴西。

然而，巴西政府从此进入一个恶性循环的周期，由于保持稳定，军政府采取高压手段，以阻止动乱；这更激起了新一轮的反抗浪潮，对此军政府采取更严厉的镇压措施，直到消灭一切反抗活动。第5号制度法颁布后，由卡洛斯·拉马尔卡（原圣保罗第四步兵团团长，1969年1月受到排挤）领导的"全国解放行动"、巴西革命共产党、人民革命先锋队以及全国自由指挥部（1969年9月与人民革命先锋队合并成革命武装先锋队，即VAR，称为VAR-Palmares），都更加坚定地进行反对军人独裁统治的武装斗争，其主要形式是城市游击战。

据埃利奥·加斯帕里在其著作《令人羞愧的独裁统治》（圣保罗，2002年）中估计，1969年年初，巴西约有800人从事武装斗争，主要包括"全国解放行动"和巴西革命共产党的成员。一份1970年巴西政府控制的约500名武装分子的名单表明，56%的战士是平均年龄约23岁的学生，20%是妇女，他们中间没有一个人是文盲，没有一个人是极端贫困者，几乎没有黑人。据此，分析认为，城市游击队成员主要是受过良好教育、属于城市中产阶级的年轻人。在第5号制度法颁布后，他们走上了武装斗争的道路。一些学生领袖认为，武装斗争是从政治上反对军人政权的唯一途径。

城市游击队的早期行动主要局限于抢劫银行和从军队武器库盗取武器。在军政府加紧镇压活动之后，游击队则采取更加极端的斗争形式，比如，绑架外交官，其目的是吸引民众注意到国内有一支反对军人独裁统治的进步力量，同时也可以让一些解救被监禁战友的谈判取得成功。当时发生了一起轰动世界的绑架事件：1969年9月4日下午2点，"全国解放行动"

美国驻巴西大使查尔斯·埃尔布里克

和"瓜纳巴拉共产党分裂派"采取联合行动,成功绑架了美国驻巴西大使查尔斯·伯克·埃尔布里克,这给军政府一次沉重的打击。最终美国大使被释放,同时作为交换条件,军政府释放了15名政治犯,他们被空运到墨西哥。1970年,又有另外3名外国外交官被城市游击队绑架(包括日本总领事、西德驻巴西大使和瑞士驻巴西大使),后来军政府被迫释放了115名政治犯,他们也被运往国外。游击队的这些行动促使军政府采取更加强硬的镇压措施。1969年9月9日颁布了第14号制度法,规定对于那些犯下由国家安全法所界定的"革命性或颠覆性战争罪"的人将被判处终身监禁和死刑。

1969年8月30日,科斯塔-席尔瓦总统由于突发脑出血而导致身体右半部偏瘫,也不能说话,不久病故。当科斯塔-席尔瓦显然不能从中风中康复过来时,3名军事部长掌控了权力,同时这个军事小组商议挑选一位新的总统。为此,在海陆空三军之内,保守派与改革派展开了辩论。保守派主要倾向于继续搜捕"颠覆分子和共产主义分子",而改革派主要关注推动经济与社会的改革。最终,1969年10月7日,军事小组提名埃米利奥·加拉斯塔苏·梅迪西(Emilio Garrastazu Medici, 1905—1985)将军为总统候选人。梅迪西生于南里奥格兰德州巴热。就学于南里奥格兰德军事学院。曾担任第二军区参谋长,1964年担任黑针军事学院院长,曾参与推翻古拉特政府的军事政变。1964—1966年担任驻美国使馆武官。此后又先后担任第三军区司令,国家情报局局长、第三军军长。在60年代末暂时恢复活动的官方党"全国革新联盟"支持这一选择。这样,军事小组就让已经"净化"过的国会于1969年10月22日重新复会,以给军事小组的选择盖上橡皮图章。同年10月30日,就职典礼在国会参与的情况下举行。这是军队强硬派的胜利,他们打算让梅迪西担任一个完整的总统任期,而不是续任科斯塔-席尔瓦没有结束的任期。与此

第六章 军人独裁政权与"巴西经济奇迹"

同时，10月30日还颁布了新的宪法，梅迪西继续加强镇压机器。他延续了"阴暗年代"，正如一位英国学者所指出的，"军人政权最恶劣的阶段，始于按照第5号制度法执政的科斯塔－席尔瓦政府，贯穿梅迪西总统整个任期。军队、安全部队、联邦警察和各州警察均致力于参加反对政敌——工人领袖、学生领袖、知识分子、记者和其他专业人员，尤其是武装革命者——的'肮脏的战争'。梅迪西军人政权充分利用手中各种情报机构和镇压机器，还建立了许多新的镇压机构"。比如，1969年7月建立了圣保罗远征行动队，专门抓捕"恐怖分子"和"颠覆分子"。由此，于1970年1月又建立了"国内防御作战中心"，其职能遍布全国，主要协调各大军区内的镇压活动。不久，该中心建立了"情报行动先遣队"，是专门从事镇压活动的行动部队。"总之，这些机构负责大量的极为残暴的镇压行动，严刑拷打成为军事监狱中一个普通的程序。根据参加镇压活动的军官讲述，其他国家，特别是美国、英国、德国和以色列，尤其是法国（吸取其在阿尔及利亚的经验），帮助巴西军政府进行调查程序和'审讯技巧'的培训"。[①]

正是在军政府强力而全面的镇压下，到1971年年末所有的城市游击队被摧毁或自行解散。最重要的游击队领导者都被杀害。1969年11月，"全国解放行动"的领导人和城市游击队的主要理论家卡洛斯·马里热拉在圣保罗遭遇警察伏击而被杀害。1971年9月，卡洛斯·拉马尔卡在巴伊亚的丛林中被杀害。在未被杀害的游击队成员中，许多人遭到监禁和严刑拷打，有的人被迫流亡国外。这样，活动了近3年的城市游击队以完全被消灭而告终。

在军政府加紧镇压反抗力量的同一时期，大约从1968年到1973年，工业发展和农牧业生产显示指数进一步增长，这是为投资创造了适宜条件的结果：大批熟练的劳动力可以满足先进的技术工艺的需要，与此同时存在低工资、劳动力工作强度过大等问题；通过无情镇压而取得的政治稳定的形势；借助向国内外私人资本提供资金、减免税收等刺激手段，成功地在新的部门、新的经济地区，特别是为增加出口的产品方面实现了投资多样化。这一切是以采用一种国家战略思想为最高点：全国鼓励国际和本国个人的首创精神。正是在这种特殊的政治、社会和经济条件下，梅迪西执政的几年中实现了非凡的经济增长，年平均增长率约10%，当时很多人认为，这种迅猛的繁荣表明巴西最终实现了"经济奇迹"。

---

① 《剑桥拉丁美洲史》（第九卷），第262—263页。

1974年年初，梅迪西即将卸任。他同军队高级将领协商后，选择了前将军埃内斯托·盖泽尔（Ernesto Geisel, 1907—1986）作为他的继任者。顺从的国会予以批准。盖泽尔生于南里奥格兰德州本托·贡萨维斯，祖籍德国，基督教徒。1944年就学于美国陆军参谋学院。1961年任第十一军区和巴西利亚卫戍部队司令，曾参与1964年的军事政变。1966年晋升上将，1967年任最高军事法院院长。1969年退伍，同年任巴西石油公司董事长。1974年3月15日军人上台执政10周年之际，埃内斯托·盖泽尔宣誓就职，成为1964年军事政变以来第四位军人出身的总统，这标志着军人独裁统治进入一个新的阶段。与此相平行，在巴西经济领域，继1973—1974年石油危机之后，出现了"巴西经济奇迹"即将消退的迹象。同时，政治对抗方面，随着左翼游击运动的失败，对抗军人政权的整个反对派运动实际上已被镇压下去。正是在这种复杂的经济和政治背景下，盖泽尔许诺对国家进行"减压"，也就是说，逐步放松军人独裁统治，恢复文官宪制政体。

梅迪西

埃内斯托·盖泽尔

然而，"减压"政策的后果之一便是人们对军人施政的专制主义提出质疑，甚至进行挑战。此外，反对军人独裁统治的队伍日益壮大，甚至有些反对者来自教会神职人员，比如：在修道士埃尔德·卡马拉和红衣主教同时也是圣保罗的大主教埃内斯特·阿恩斯的领导下，罗马天主教会也表达了反对社会的不平等，要求给民众经济权，给所有人自由的主张。与此同时，工人们举行大罢工，要求增加工资；学生运动也日趋活跃；商界提出建立一个更公正的社会经济体系。甚至在军队内部，要求改革的倾向也趋于强烈。

面对这一现实，盖泽尔向政治自由化迈出了第一步：决定允许于1974年11月举行国会和各州议会选举。在这一选举中,政变后新组成的反对党"巴西民主运动"在参议院1/3议席改选中,获得22个议席中的16席,获得1 450万张选票(约占投票选民人数的50%),同时,军人政变后新组成的亲军政府的"全国革新联盟"获得1 010万张选票(占投票选民人数的35%),因此它遭到有史以来的第一次选举失败。然而,该党仍然控制着参议院,因为它在1970年获得的议席较多。在众议院选举中,全国革新联盟赢得204席,而巴西民主运动获得160席,它在众议院拥有的议席从310席增到364席。在各州议会选举中,全国革新联盟勉强获胜,赢得42.1%的选票,略多于巴西民主运动的38.8%。这次选举被许多人视为对军政府支持度的测试,其结果显然表明,军人执政被多数人否定了。1974年选举的结果给军人政权带来巨大冲击:其一,军队内部支持政治自由化进程的"温和派"和反对这一进程的"强硬派"之间的分歧尖锐化;其二,军政府继续镇压反对派。1975年1月,军人政权按照所谓的第5号制度法,大规模地打击新闻媒体、工会和巴西民主运动中的"颠覆分子",指控巴西民主运动长期受到共产党的渗透。

尽管盖泽尔的"政治自由化进程"遇到挫折而停滞不前,但是巴西在70年代前期力图扩大其国际影响。巴西军政府与乌拉圭、巴拉圭和玻利维亚签署了一系列的技术和财政协议,试图孤立其最大的对手阿根廷。此外,巴西还同安第斯邻国就《亚马孙合作条约》展开谈判。巴西军政府还放弃对葡萄牙在非洲殖民统治的传统支持,转而支持非洲的民族独立运动,在1975年,巴西是第一个承认安哥拉独立的国家。正是在这一时期,巴西与中国建立了外交关系。在1974年至1977年期间,巴西开始加强同美国的关系,两国高官经常私下会晤,讨论内容广泛的国际或双边问题。比如:在联合国和美洲国家组织的投票战略、国际能源危机、核扩散、全球经济管理和双边贸易、影响加勒比和南美洲稳定的各种威胁、非洲独立运动和中东和平进程。但是,1977年3月,在美国国会发表了一份关于巴西人权状况不佳报告后,盖泽尔谴责25年前与美国签署的一个长期无用但有象征性的联合军事协议。由此,两国合作关系止步不前。

在巴西国内政治领域,有限的自由化进程缓慢推进。1978年11月15日的众议院选举中,全国革新联盟获得1 510万张选票(占选票总数的40%),巴西民主运动获得1 480万张选票(占选票总数的39.3%)。在参议院选举中,巴西民主运动赢得1 740万张选票(占46.5%),而全国革新联盟获得1 300万张选票(占35%)。对于这些选举结果,军政府略感满意,因为尽管巴西民主运动巩固了它的有利地位,但是它的发展势头已受到阻遏。正是在这种背景下,军人政权开始考虑对政治流亡者实行大赦,并恢复多党制,以期分化和削弱巴西民主运动。

盖泽尔总统在离任前采取多项措施,以期实现政治的"正常化"。1978年10月17日,通过《宪法》修正案,重新解释人身保护权。军政府释放了约100名政治犯,解除2 000多名政治流亡者回国的限制,并恢复"无效议员"的政治权利。12月13日,最终撤销了授予总统全部特殊权力的第5号制度法,但是一些"保障总统权力"的条款仍被保留了下来,尤其是未经国会批准总统有权宣布进入紧急状态。这些措施表明,巴西将从军人独裁政权向民主政治体制转型。

美国学者认为,在盖泽尔执政时期,军人"确实放松了审查制度,约束了压迫性国家机器,比如酷刑。政府面临着日益加重的经济问题:增长率变小、通货膨胀率增大、进口油成本高昂、国债已到400亿美元并且还在快速增长。当快速增长的阶段慢了下来,考验着这个国家的经济问题在国人心里形成了一个更大的阴影。一个蹒跚前进的经济引起了政治上的反应"。

二、向民主体制的转型

从20世纪70年代中后期起,社会各阶层民众在政治上进一步觉醒,从天主教会到工会、学生团体、自由职业者协会(如巴西科学进步协会),都自下而上地纷纷向军人政权施加压力,要求加快"政治开放"和"自上而下自由化"进程。

1975年10月,圣保罗市的一位著名记者弗拉基米尔·赫尔佐格在该市的军营里用自己的皮带"上吊而亡",军政府对外宣布这名记者是"自杀身亡",但实际上他是遭到军人严刑拷打致死的。面对这一惨案,圣保罗天主教会红衣主教保罗·埃内斯特·阿恩斯为这位死者——犹太人和共产党的支持者主持了"第七日弥撒",公开挑战军政府声称的"自杀的裁决",这一活动吸引了1万多人聚集在普拉萨·达塞大教堂。人们认为,在军人独裁时期,"这是第一次反对酷刑和军事独裁统治的大规模的公开的群众示威"。当时总统盖泽尔警告第二军区司令爱德华多·德阿维拉·梅洛将军,他不会容忍再发生类似的事件。但是,3个月不到,即1976年1月17日,

第六章 军人独裁政权与"巴西经济奇迹"

一个名叫曼努埃尔·菲埃尔·菲略的工人,也是天主教徒,被怀疑与共产党有联系,因此被严刑拷打致死,军方再次宣称他"自杀身亡",这一事件再次发生在同一个军营。在这种情况下,盖泽尔总统终于解除了爱德华多的第二军区司令的职务。这两起事件表明,军人的残暴统治已激起了天主教会和广大教徒的强烈反感。

正如美国学者E.布拉德福德·伯恩斯所指出的,"伴随着经济增长的是残酷、压制和暴力的政治纪录。1964—1978年,整个巴西没有一点自由空气……国际劳工组织和法律组织以及罗马天主教会不断地斥责巴西监狱中对政治犯施加的酷刑"。正是在这种军人暴力加剧的背景下,全国民众反对军人独裁统治的力量不断壮大。罗马天主教会在埃尔德·卡马拉大主教和保罗·埃内斯特·阿恩斯红衣主教等人的领导下,大声疾呼反对社会的不公正,并要求为民众提供经济上的自主机会,主张给予所有人以政治自由。除此之外,在军政府高压政策下沉寂了10多年的工人运动也终于爆发,工人要求军政府提高他们的工资。1978年5月,在圣保罗工业地带冶金工人举行大罢工。一开始只有萨博–斯堪尼亚工厂的1 600名汽车工人参加,随后罢工浪潮迅速扩展到福特、大众、奔驰、克莱斯勒等汽车公司,以及6个州和联邦区的其他工厂。有学者认为,这次大罢工标志着"新工会主义"的诞生,并将路易斯·伊纳西奥·达席尔瓦(即著名的"卢拉")推上全国的政治舞台。卢拉当时是圣贝尔纳和迪亚德马的冶金工人工会的领袖。不久,1979年3月又爆发了规模空前的大罢工,参加的工人达到300万人,波及工业、采矿业、城市服务业、银行、土木建筑、教育等领域,涉及15个州。这场运动是由那些来自国营企业、通过选举产生的工会领导人领导的一场工人运动。他们的诉求已超越了经济要求,而提出自治工会、罢工权利、自由集体谈判等主张。在反对军人独裁统治、要求自由和民主的民众呼声高涨的氛围下,学生再次成为

卢拉

重要的斗争力量，1977年他们组织了几次重要的游行示威。令人感到吃惊的是，企业界人士也敢于发表批评意见。同年11月，2 000名企业家在里约热内卢举行集会，公开要求自由民主。1978年7月，由8名富有的工业家签署了一份文件，提出建立更公正的社会经济体系。文件特别指出，在巴西只有实现完全的民主政治，才能推动经济快速发展。实际上，工商业者特别是中小资本家在军事独裁统治下无法同强大的跨国公司竞争，他们面临着破产倒闭的风险。因此，他们指责军政府让外国公司主导本国的经济体系。除此之外，在军人集团内部，试图实施改革的主张开始露头。这对于掌握政治统治权的高级将领来说，既要保持军队团结，又要维持现状的目标，已越来越难达到了。

在军人政权时期，种族偏见和种族歧视问题逐渐显露出来。在20世纪早期，很多巴西人认为，同困扰美国的、顽固的种族暴力现象相比，巴西是"种族民主"。种族之间的通婚模糊了种族标记，并防止了基于种族意识两极化的恶化。受到这一见解的影响，很多巴西人认为，直到军人独裁统治时期，与其他多种族社会相比，"他们的后解放社会在种族和文化上是更加协调的"。

然而，据某些社会调查，在20世纪70年代，巴西的种族偏见已经普遍渗透到国家的政治和社会生活之中。1979年，尽管在圣保罗有92%的白人中等阶级相信本国社会给黑白混血种人和黑人的机会是均等的，但是他们却遵守着23项反对混血儿和黑人的陈规旧俗，包括不同种族之间的性行为，对混血儿和黑人的节俭、工作及信任的厌恶等。在被调查对象中，有95%的白人不愿意同黑人结婚，83%的白人不愿同混血儿结婚。1987年，在黑人人口占多数的比较贫困的沃尔塔雷东达市和新伊瓜苏市，有1/3的被调查对象认为，自己至少经历过一次种族歧视；89%的人相信巴西存在种族主义。

在军人政权走向"政治开放"时期，由于人们意识到存在种族歧视、不利的社会地位和明目张胆的种族镇压问题，黑人运动的导火索被点燃了。1978年，黑人反种族歧视统一运动组织成立。其直接诱因是圣保罗警察局折磨并谋杀一名黑人出租车司机。这场黑人斗争促使巴西遭受种族主义压迫和生活状况不佳的非白人的觉醒。尽管巴西的黑人运动可追溯到20世纪40年代，但是在军人独裁时期黑人斗争很少取得成功。造成失败的原因之一是黑人运动都发生在文化方面和非政治肇因之上。尽管黑人运动的斗争目标有限，影响不大，但是黑人运动还是在70年代激起了巴西黑人的种族意识和争取自己权益的斗争。

此外,军人政权的经济政策给贫困女性带来负面影响:由于最低工资值的下降,以及适合女性的社会服务岗位和城市基础设施职位的短缺,贫困妇女寻找工作日益困难。随着70年代中期的"政治开放"运动的展开,妇女运动也如火如荼地兴起。军政府开始重视这一运动,并给予比劳工运动更大的活动空间。在70和80年代,出现了多达400个妇女组织。早期贫困妇女运动关心的是经济问题,后来有一些问题开始进入妇女运动的全国性政治论争的范围。而在过去被视为私人问题的,如生殖权利,针对妇女的暴力与日常妇幼保育等,也成为妇女运动的主题之一。妇女运动中出现的其他一些论争,如避孕、离婚、性行为、堕胎等,却把妇女置于同天主教会传统道德准则相冲突的一面,这一切给军人政权带来很大的麻烦,使之难以处理相关问题。

正是在社会各阶层施加的压力加大的情况下,在70年代末和80年代初军人政府不得不持续推动其"政治开放"进程,并逐步过渡到文人政府。然而,此时此刻巴西正面临着半个世纪以来最严重的经济和金融危机,它完全抵消了军人政府创造的"巴西经济奇迹"的政治红利,特别是商界和中等阶级利益严重受损。

在这一时期,国际政治倾向是,西方所谓的"第三次民主化浪潮"正在席卷欧洲和拉丁美洲,首先在西班牙和葡萄牙,然后在厄瓜多尔、秘鲁、玻利维亚和阿根廷,它们的军人政权先后退出政治舞台,实现"还政于民"。这股浪潮也迫使巴西军人走向"民主转型"时期。

美国学者胡安·J.林茨和阿尔费莱德指出,"巴西的转型始于层层控制的军人政体,这无疑给民主进程带来了很多的不利影响",同时他们认为,这一转型经历了曲折而漫长的过程:"巴西从威权主义的转型开始于1974年3月15日埃内斯托·盖泽尔将军的总统就职典礼。在其统治基础上,盖泽尔和他最亲密的政治顾问,戈尔贝格·多·科托·席尔瓦将军,开始了其在市民社会寻找同盟者的复杂进程,试图压制安全共同体不断增长的自主性,因为在他们看来,安全共同体的自主性对军队相当危险,并且也是不必要的——既然所有左翼的游击队运动已经被摧毁,他们开始放宽对自由化的控制,但不久就转入斯泰潘分析为'政权让步和社会征服'的长期动态进程。直到1990年3月15日直选总统费尔南多·科洛尔(Fernando Collor)就任,巴西的民主转型才彻底结束。"

1977年12月，盖泽尔在没有同军事最高司令部成员商量的情况下，武断地宣布选择若昂·巴普蒂斯塔·菲格雷多（Joao Baptista Figueiredo，1918—　）将军作为总统候选人，同时，快速地将后者从三星将军提升为四星将军。这种做法显示出盖泽尔独断独行的作风。菲格雷多出生于里约热内卢市。1929年曾就学于阿雷格里港军校，1953年从陆军指挥参谋学校毕业。1961年在国家情报局工作，并参与1964年的军事政变。1969年晋升为少将，并任政府军事办公室主任。1974年晋升中将，出任国家情报局局长。1978年成为全国革新联盟候选人。

在70年代末，由于政局趋于稳定，军政府允许适当的反对派存在，这样"国家重回民主阵线"提名了另一名总统候选人尤勒·本特斯·蒙泰罗将军。该组织谴责军政府对人权和公民权的侵犯，反对军政府的经济政策，支持学生和工人的罢工游行，斥责总统的专制权力。这个反对派组织的出现，说明资产阶级和军队昔日形成的共识发生裂痕。现实已经表明，军人独裁政权已无法解决日益严重的政治和经济危机问题。这样，军政府尽管掌控了选举系统，但是它必须投入更多的力量来确保胜选。最终，选举团投给了菲格雷多335票，而将266票投给了本特斯·蒙泰罗。

1979年3月15日，菲格雷多宣誓就任，成为第五位军人总统。他重申了盖泽尔的"转型、自由化、开放"的政治战略，并承诺要让国家从独裁过渡到民主体制，他宣布："我想把这个国家变成一个民主国家……我伸出我的双手来抚慰。"确实，这位军人总统兑现了自己的诺言，他拉开了向民主体制过渡的序幕。菲格雷多采取了一系列措施，以持续推进民主化进程。

首先，1979年8月通过《大赦法案》赦免所有的政治行动者的"罪行"，包括前武装游击队员在内的军政府的政治反对者，以及镇压反政府运动的执行者，也就是说，反政府的政治犯和实施镇压的军人都将免遭惩罚。因此，"民主化"进程中，"没有一名巴西军官，在法律上受到在军事独裁统治期间对政治犯实施酷刑的指控。另一方面，该法生效后，到9月，一些著名的政治流亡者，包括莱昂内尔·布里佐拉、路易斯·卡洛斯·普列斯特斯、米格尔·阿拉埃斯先后返回巴西"。

随后，菲格雷多又推出政党制度改革，1979年11月国会批准有关法案，宣布废除两党制，同时允许并鼓励创建新的政党。这样，一方面保留了两个传统的政党：全国革新联盟（ARENA）和巴西民主运动（MDB）。与此同时，让后者分裂为4个政党：巴西民主运动党（PMDB），由传统的巴西

第六章 ● 军人独裁政权与"巴西经济奇迹"

民主运动的大部分力量组成；人民党（PP），由米纳斯吉拉斯州的两位政治家马加良斯·平托和坦克雷多·内维斯领导，其成员主张通过渐进方式，过渡到文人政府；巴西工党（PTB），由圣保罗联邦众议员伊韦特·瓦加斯（前总统瓦加斯的侄女）领导；民主工党（PDT），其主席是莱昂内尔·布里佐拉，他试图重建传统的巴西工党。除此之外，政党政治的另一个发展成果是劳工党（PT）的建立，它诞生于国会之外，同传统的"政治阶级"没有关联。1980年2月劳工党正式创建，其成员包括卢拉、其他正统的工会领导人、来自基层天主教社团的进步积极分子、前城市和农村游击队员、左翼知识分子和少数托派政党成员。

但是，在"政治开放"进程缓慢推进之时，军队内部的分歧一直存在，强硬派军人特别是在镇压机关的军人，仍然拥有很大的政治影响力和动摇军政府的能力。他们在80年代初不断策划破坏活动，攻击左派力量，力图阻止"民主转型"。有关材料揭示，1980年头8个月，强硬派制造了一系列暴力恐怖活动。当时，他们攻击出售左翼报纸的报摊。有一次，将一枚炸弹邮寄到律师公会（OAB）会长的办公室，炸死了一名秘书。紧接着发生了"里约中心事件"。1980年4月30日，在里约热内卢郊外的一个大型会展中心——里约中心，身着便装的两名军人驾车赶来参加劳动节前夕举行的流行音乐会，正在此时这辆载有炸弹的军车突然爆炸，导致他们身受重伤。这一事件表明，军队内有一批"强硬派"军官力图阻止政治自由化进程向前推进。总统菲格雷多为了维护军队的团结，决定接受内部调查的结果，放弃对两名军人的指控，也不采取其他预防性措施。但是，军人的恐怖袭击活动在社会各阶层中引起强烈反响，人们对军人独裁统治更加反感。正如一位学者所指出的"实际上，可以说，在里约中心事件后没有任何一名军人总统候选人的提名是可行的。事实上，这一事件导致巴西社会许多部门对军人统治的延续产生了深深的厌恶"。

尽管右翼军人进行种种干扰，但是"政治开放"进程并没有中断。实质上，军政府为了自己的统治地位而机关算尽，它恢复多党制，只不过是用来分化反对军政府的力量，特别是要削弱巴西民主运动的力量，此外，军人又推出《宪法》修正案的两项条例，对即将举行的1982年的选举规则进行了很多的修改。其中决定组成选举人团，而该团将在1985年1月选出新总统。据分析，这一动作也是针对反对党的。1981年11月颁布的第一项条例规定，禁止各个政党结盟，实行"直接选票投票制"（要求选民只能将选票投给一个政党,即从市议员到州长的各级选举中,选民只能投票给一个政党)。1982年6月颁布的第二项条例规定,增加国会议席总数,即从420席增至479席(每州最少8个席位)。此外,该条例改变了州议会代表制的规则:取消选举人团中州议会代表人数取决于每个州人口(每州最少4个名额)和政党在每个州议会实力对比的规定,改而实行每州6个名额和每个州议会中最大政党获得全部政党席位的新规定。最后,该条例还规定,直接选举州长,而间接选举总统。同时任何赞成直选总统的宪政改革必须遵循国会"大多数同意原则",而且这一原则的门槛从1/2提高到2/3。

在1982年11月15日的选举中,反对党在州长选举中获得58%的有效选票,而执政的民主革新党得到42%的选票。结果,反对党获得了10个州的州长职位,10州总共占全国人口的60%,国内生产总值的75%。但是通过国会选举军人政权成功地获得了选举人团中大多数席位,这一结果符合1985年1月选出下一任总统的要求。选举人团将由69名参议员,479名众议员和138名州议员组成,其总人数为686名。而社会民主党拥有235名众议员、45名参议员和81名州议员,总计可达到361张选票,超过反对党阵营17票,这个总票数使得军政府处于多数派地位。显然,这一状况有利于军人控制选举人团间接选举总统的结果。

但是,正如英国学者所指出的,巴西大多数人期待未来的总统直接选举,"1982年州长直接选举和所有反对派政党的胜利,不可避免地增加了人民对1984年总统直接选举的期望。事实上,1983年4月的民意调查表明,全国74%的人口(各州州府85%的人口)支持立即举行总统直接选举。反对政客过去一直关注在选举人团中获得总统间接选举胜利的可能性,认为总统直接选举只可能继制宪大会之后某个时候发生,现在他们携有很高的民意提出新的主张:即现在举行总统直接选举"。

正是在这样的背景下,到1983年年末,"立即举行总统直选"已经演变成为一场声势浩大的民众运动。据估计,1983年11月—1984年4月,举行了50场大规模的民众集会活动,其中许多集会吸引了成千上万的民众参加。按照美国学者的说法,1984年2—6月,巴西经历了历史上持续最久、规模最大的政治运动,直接选举运动。政治层面和公民社会层面最重要的力量要求直接选举总统。实际上,公民社会中的主要团体,包括商业团体在内,都没有明确表示反对直接选举。然而,军方仍然坚持间接选举。

在直接选举的诉求无果之后,巴西民主运动党决定向选举人团提名自

第六章 军人独裁政权与"巴西经济奇迹"

己的总统候选人。米纳斯吉拉斯州州长、74岁的坦克雷多·内维斯。1985年1月15日,选举人团以480票对180票正式选举坦克雷多·内维斯为总统。但是,由于机缘巧合,选举的最终结果却比即将离任的军政权的任何预期还要好得多。3月14日,坦克雷多·内维斯在即将举行宣誓就职的前夕,突发重病,被送到巴西利亚军队基地医院。当天整个晚上总统菲格雷多与主要政党领袖等重要人物紧急磋商。结果,在第二天早上,即1985年3月15日上午,折中方案出炉:前政府政党全国革新联盟领袖当选副总统,若泽·萨尔内作为临时总统宣誓正式就职。坦克雷多·内维斯的病情在3月上旬到4月上旬逐渐恶化,在接受了7次手术后,最终在4月21日(革命英雄日)病逝。最终,官方排除各种非议,若泽·萨尔内成为巴西20多年历史上第一位文人总统。但是,之前军人政权强加的限制条件,不仅影响到新的文职政府的产生,而且也对它的运作起到掣肘作用。正如美国学者所指出的,"对一系列关键的政策问题,文职政府充其量不过是与军方共同分享统治权"。实际上,军方开始"还政于民"后,第一任文职总统萨尔内任职期间(1985—1990年),共有6名军人担任内阁部长。大多数情况下,军方可以单方面决定是否派遣部队镇压罢工,现役军官仍继续控制着国家情报局,巴西引起争议的核计划从未在国会中讨论过,对土地改革中界线的划定,军方也发挥着主导作用。

此外,对未来国家政治体制有着决定性作用的制宪会议,军方拥有强大的影响力,因此有人将巴西宪法界定为"在高度限制的条件下制定,反映非民主的制度和势力的实际力量"的国家根本法。在制宪过程中,"军方苦心经营,恩威并施,成功地削减、缓和或搅乱了大多数提交表决的宪法条款,而这些条款,本可能会削弱军队的自治权"。据有关材料揭示,军方与总统一起筹划在拉丁美洲率先进行议会制的实验,或者更确切地说,"半总统制",走类似于法兰西第五共和国的道路。制宪会议成员对更加趋于议会形式的政府给予以下的支持:最初他们起草并通过的77项条款,都表达出政府的基本形式是议会制而非总统制的设想。第七十八条则明白地确立了巴西的议会政治制度。但是,对其进行决定性表

若泽·萨尔内

决时,"军方挽回并扭转了原有的权力平衡"。若泽·萨尔内,作为间接选出的总统,不希望其任期和权力受到限制,军队也不愿意服从缺乏信任的议会表决,而希望保持同总统的平衡关系。在这个基础上,双方势力联合起来。萨尔内总统和军方着手进行强有力的反击。为争取选票,他们在地方项目投资方面贿赂和威胁并用。这样,在制宪会议最后一刻的表决中,总统制取得了最终的胜利。

尽管军人干政问题依然存在,但是1985年5月15日国会通过的《宪法》修正案确实采用了一系列能够改变选举过程的措施。这些改革为巴西的民主转型创造了有利的条件。它们体现在以下几方面:第一,占成人人口20%—25%的文盲群体获得了选举权,而"巴西是南美洲最后一个赋予文盲选举权的国家"。第二,重新开始实施直接选举总统,虽然下届总统选举的时间未能确定。第三,确定1985年11月举行各州首府和其他城市市长的选举。第四,联邦区(巴西利亚)在国会中开始拥有议席(8名代表和3名议员)。第五,废除由军政府颁布的禁止政党联盟、禁止更换政党等选举条款。第六,创建政党的门槛降低。特别是军人独裁政权严令禁止的左翼政党今后可以合法注册,这主要是指1922年创建的巴西共产党(Partido Comunista Brasileira,简称PCB)和1962年成立的巴西的共产党(Partido Comunista Do Brasil,简称PCdoB)。此外,在1985年新的政党创建数量激增,据统计,约22个新的政党在高级选举法院注册登记,除了上述的两个共产党之外,还有巴西社会主义党(Partido Socialista Brasileira)、自由党(Partido Liberal)。巴西社会主义党在1947—1965年间曾非常活跃,重组以后得到了其他政党内许多左翼分子的支持。自由党一开始是一个"中偏右"的小党,然而到90年代中期,受到新教福音主义派教会政客的追捧,由此它开始拥有一些政治发言权。

按照《宪法》修正案的规定,1985年11月15日全国201个市级政府举行了选举。据统计,全国1 900万选民参加投票,占全部选民的1/3。其中1 200万人来自9个拥有50万以上选民的城市:圣保罗480万选民,里约热内卢320万选民,贝洛奥里藏特100万选民,以及萨尔瓦多、阿雷格里港、累西腓、库里蒂巴、福塔莱萨和贝伦。在这次选举中,文盲群体首次得到投票资格,但是仅近10万人及时登记并参加投票。包括两个共产党在内的28个政党参与竞选。英国学者认为,"1985年11月选举的其中一个后果便是削弱了萨尔内政府在国会当中的支持力量,也就是说巴西民主运动党和自

第六章 军人独裁政权与"巴西经济奇迹"

由阵线党之间的联盟减弱,因为在大部分城市的选举中,两党分别推选了各自候选人或者支持其他政党的候选人"。

实际上,1985年11月的201个市级政府选举是以后各类直接选举的先声。例如,1986年11月的州长选举是从1962年以来的第二次直接选举,第一次自由选举。1988年11月15日,巴西举行有史以来第一次所有城市(全国共有4 239座城市)同时举行市长和市议会议员直选。然而就在市政选举前6天,同时直选市长和市议会议员。但是,在市政选举前6天,即11月9日,军队开进位于里约热内卢州沃尔塔雷东达市的巴西国家钢铁公司,因为当时该公司被罢工的工人占领。在对抗中,军人枪杀了3名工人,打伤23人。这场所谓的红色运动给随后的选举带来影响。在州首府和其他城市许多选民投票给左翼和中左政党,以此来表达其愤怒。结果最大的受益者是劳工党和民主工党。劳工党在市长选举中赢得了38个城市(仅占全国总数的0.9%),但最重要的城市圣保罗市长由劳工党人担任;与此同时,大圣保罗地区的迪亚德马市、圣安德烈市和圣贝纳多市、圣保罗州的桑托斯市,坎皮纳斯市和其他一些城市,另有两个州的首府阿雷格里港和维多利亚,都是劳工党候选人当选市长。此外,在里约热内卢和贝洛奥里藏特,劳工党也取得了第二名的好成绩。这样,从20世纪80年代末起,在巴西政治舞台上,以卢拉为首的劳工党已成为冉冉升起的新星。

民主工党虽然仅赢得了192个城市(4.5%)的市长职位,但是该党夺得了里约热内卢市,里约热内卢州其他一些人口稠密的城市:尼泰罗伊、沃尔塔雷东达、坎普斯、诺瓦伊古亚科、圣冈萨罗、巴拉那州的库里蒂巴和隆德里纳,此外,还有北方的两个州府纳塔尔和圣路易斯。

在萨尔内执政时期虽然通过一系列"政治开放"措施,巴西逐步实现了"民主转型",但是到了1989年,萨尔内的政绩却是十分平庸:经济增长乏力,在几个稳定计划失败之后出现了恶性通货膨胀。两大执政党:巴西民主运动党和自由阵线党的候选人在1989年11月总统选举中表现不佳。人们认为,这是民众对萨尔内政府不满的一种写照。

不过,在国际关系方面,萨尔内总统坚持了独立的外交路线,由于巴西需要国际市场和石油,萨尔内加强了同伊拉克、伊朗、利比亚以及安哥拉的关系,尽管美国对此表示不满。此外,1986年6月,巴西与古巴重新建立了外交关系,22年前巴西军人政权曾断绝了同古巴的关系。在经济领域,萨尔内坚持保护本国的新兴工业,如计算机工业,这也引起了美国的非议。

三、从"巴西经济奇迹"到金融危机爆发

1964年军事政变后,在军人执政的头几年,军政府除了全力打击政治反对派和镇压民众运动,维持政局稳定之外,它还集中精力发展稳定的经济,但是其发展非常缓慢。经过约4年的摸索和整治,全国经济发展模式按照军人及其技术专家所设计的方案,开始走上快速增长的通道,由此军政府创造了举世闻名的"巴西经济奇迹"。从1967年年末到1974年,工业和农业生产以及出口都快速增长,国内生产总值几乎每年都超过10%,出口翻了两番。加工制造业产品取代了咖啡,而成为主要的出口产品。这种非凡的经济表现确实提升了国人的信心,同时也使得很多人相信军人及其技术专家能够创造"经济奇迹"。然而,到了20世纪70年代中期,巴西经历了国际石油危机,随后进口的物资价格上涨,而巴西生产的原材料价格却下跌,同时全球利息率螺旋式上升。恶化的对外贸易环境开始困扰巴西。

现代巴西军人对经济增长有着执著的追求,他们认为只要经济持续增长,就能让很多人获得利益;不管采用什么方法,只要经济增长,就能让国家长治久安。在国家的南方和东南沿海地区,经济增长成果是显而易见的。但是,巴西的经济增长仍然摆脱不了传统的外向型模式:外国投资和贷款发挥主导作用、工农业为主导的出口。此外,军人和技术专家相信工业化是万能药方,确信只要实现工业化,就能帮助国家解决大部分问题。但是,随着时间的推移,即使策划者本人对归于工业化的解决方案也逐渐持有怀疑态度。

正是在上述思想观念的影响下,巴西军人积极插手各种经济活动。从20世纪60年代初起,在巴西军队内部,从高等军事学校出来的军人的影响日益增长。他们比其他军事同僚更加训练有素,且更有组织性。此外,随着国家现代化的推进,特别是工业化取得进展,军人与社会和经济部门的联系趋于密切。正如阿根廷学者吉列尔莫·奥唐奈所指出的,"高度现代化(包括其组成部分——现代化的全国中心的高度工业化)牵涉到在更多社会部门和活动中更多技术官僚角色的出现。手工工场被复杂的、高度官僚化的组织所代替;得到技术训练的军官取代了从前行伍出身的将领;现代营销、信息、宣传以及通信服务得到扩展;更多潜在的'计划者'与公务员期盼那些会遵循他们的建议并给予他们有效决策权力的政府……在生

产性工业过程及与此密切相关的活动的层面上,南美现代化的高水平必然带来技术官僚在那些现代中心的高度渗透"。在这一社会与经济变革的背景下,早在1964年军事政变之前的巴西,商学院和军事学院就已成为大型工商业组织和军方高层任职者惯常聚会的场所。与此同时,出现了多种类似于《时代周刊》和《财富》的杂志,它们给军人、企业家、技术官僚等提供了进一步交流的阵地,并给予他们超出其社会群体的社会声誉。很多评论家散布着那个起初被称为"现代的"或者"技术官僚正当性"的前景。

在这种跨社会部门交流日益增多的情况下,奥唐奈认为,技术官僚角色的渗透效应是倍增性的:更大的广度和强度导致出现了一个广泛的跨社会部门——军队,庞大且技术上复杂的工商业组织以及政府的经济决策和计划领域的制度和沟通渠道网络。联系促进相互承认,相互承认又通过一种共同"语言"的发展而得到促进。过去相互之间对没文化的军人、无知的生意人以及文人知识分子的蔑视,经历了实质性的改变。技术官僚之间对信息编码与解码的共同方法,越来越加强他们的凝聚力,但是出于同样的原因,这使他们进一步疏离其他社会群体及其规范、偏好及需求。

奥唐奈还指出,20世纪60年代巴西现代化进程的一个后果是,那些技术官僚渗透密集的社会部门:武装部队、大型现代企业以及全国政府,在政治和经济部门比重显著增加。这种状况使得军人在政变后可以快速而有效地掌控全局。他们马上采取措施来扫除阻碍其施政的一切障碍,并按照他们设计的路线,来推动经济发展。首先,军人取消政党和选举;其次,试图通过拉拢工会领导人,甚至借助强制手段,来"驯服工会";再次,试图以官僚化的方式来"封装"大多数社会群体,以最大限度地控制他们;还有最重要的是,决策权集中化了,国营企业数量大幅度增加,军队在大部分机构中的影响迅速扩大——直到1980年中期,大批退休军官在国有企业占有职位。

据巴西学者路易斯·卡洛斯·布雷塞尔·佩雷拉的资料,1964—1967年卡斯特洛·布兰科领导的军人政权构成的社会结构表明:军人特别是军队的校官掌控了巴西拥有较大权力的机构。然而,除了军人之外,还有专家治国论者,尤其是在经济领域,他们几乎拥有同样大的权力,其中大部分人是经济学家。这一时期,除了巴西银行行长之职以外,一批经济学家占据了国家所有关键性的经济部门职务。在财政部、计划部、中央银行和负责经济发展的国家银行中,都有经济学家和技术人员。他们都放弃了原有的工作岗位,转而掌管政权,因此人们称之为专家治国论者。

由此可见,卡斯特洛·布兰科政府是由军人和专家治国论者组成的权力机构。在巴西历史上还从未有过一个专业性如此之强而又集中的政府。从经济角度看,政府的经济政策并没有让旧的农业贵族受益。1966年军政府出台的咖啡政策,对于咖啡种植业主特别不利。因此,军人政权不是一个代表巴西旧贵族的政府,至少在农业方面它并不代表旧势力。此外,一些重要的企业主特别是工业企业主未能进入政府。因此,一些学者认为,政变初期的军政府是代表传统的中等阶级的政权。专家治国论者,特别是军队的校官,一般都是属于传统的中等阶级,即自由职业者、公共事业中公务员这一类型的中等阶级。

政变后不久,卡斯特洛·布兰科政府便以一种理想主义思想和方法,来处理经济和社会问题,其一名代表在谈论1965年上半年的经济危机时,表达了当时军政府的见解:"经济形势实际上是很困难的,但是有一种补偿办法。现在最重要的是改变工业主义者的思想方式,使他们关心价值和生产率的提高,那种仅仅是为了销售和获得大量利润的时代结束了。现在,他们或者是改变他们的思想方式,有效地进行市场竞争。或者是自取灭亡"。

军政府理想主义的另一面,就是相信借助法律可以基本上完成经济发展的近期任务。无疑,法制是重要的,比如:房租税法、全国对外贸易委员会、不动产法、中央银行的创立和税收改革,这些都是重要的法律问题。军政府认为,借助这些法制手段,就能在短期内解决经济问题;并且设想,利润汇寄法的初步改变,就能促使外国投资大量涌入巴西;资本市场法将会带来公共利益,特别是在市场和积累方面产生效益;居住计划法将促使住房业发展,更多住房的建造将吸引更多的外国投资者。

在这一思想影响下,科斯塔-席尔瓦政府制定了新的经济政策,它把巴西的通货膨胀定性为价值通货膨胀,而把需求放在第二位。为了鼓励需求,政府采取一些措施。比如,重新规定工资政策,试图弥补因低估剩余通货膨胀而使工薪阶层所受的损失;此外,信贷政策的变化更大;政府的投资仍然保持高水平。对需求的鼓励推动了企业增加生产,由此恢复了就业水平。这样,经济进入了一个可积累的过程。在这一过程中,需求的增加刺激了生产,反过来,生产又刺激了需求,最终,企业的利润也增加了。因此,企业就没有必要来提高价格以掩饰其价值。

第六章 ● 军人独裁政权与"巴西经济奇迹"

政府除了确定通货膨胀的类型之外,还越来越严格地管控工业品价格。如果通货膨胀是价值性膨胀,这就表明在垄断情况下,试图对需求实施严格约束来反通货膨胀,那就没有多大意义了。军政府认为,必须解除这种约束,同时对工业产品价值和价格严格控制。由于工业产品发生了价值变化和力争价格增加,所以确定了要引进现代化技术。有关政策通过部际物价委员会的创建而得到承认。该委员会控制了巴西350家较大企业的工业产品价值和价格,除此之外,财政赤字被控制在最小的限度内,银行信贷也受到控制。通过这一整套政策措施,通货膨胀几乎缩小到1965年和1966年的一半,而1967年和1968年降至25%左右,到1969年进一步下降。

财政赤字和货币发行量明显减少,这部分原因可归于卡斯特洛·布兰科政府时期所施行的财政转移,前任总统的这种措施还有利于科斯塔-席尔瓦政府控制财政赤字的工作,也就是有利于后者制止通货膨胀。一方面,新增加了税收;另一方面,经济增长有可能扩大储蓄量,这就会减少赤字。通过这些措施,政府逐步抑制了通货膨胀的势头。

除此之外,科斯塔-席尔瓦政府还积极推动出口,特别是工业产品的出口,其重要措施是财政部规定了浮动汇率,它除了限制投机之外,还给出口商提供保障,让他们不必担心因出口商品突然降价而赔本。

借助这一系列措施,国家经济逐渐得到恢复。实际上1963—1965年是严重的经济危机时期,在这3年期间,巴西按人口平均产值下降很多。从1968年起,巴西进入经济恢复的决定性阶段,该年国内生产总值增长率达到8.4%,此后逐年增长,1971年达到11.3%。此时,巴西经济得到平衡发展:政府协调着经济高速增长与温和的通货膨胀,并利用上届政府(1964—1966年)积极的合理化措施,在需求和新增加的供应之间实现了平衡,确定并控制了价值通货膨胀,发展了资本市场,鼓励出口,部分地消化了束缚经济的闲置能力。

随着投资的持续进行,资本集约度高的外国技术的引进越来越多,但是这种引进是建立在失业、实际工资减少和收入日益集中的基础上的。与此同时,巴西的工业化是伴随着广泛的国有化进程而实现的。1964年政变后,虽然经济计划总是提出要减少公共部门在经济中的比例,但是实际上却是加速国有化的进程。公共部门(包括公共服务事业企业)中国有资本占60%以上。因此,国有化和加强联邦政府对经济的控制,被人们认为是合理和有效的。1964年军政府继续推行国家干预政策,这就进一步推动了国家主持的工业化进程。

军人执政后，除了国家干预力增强之外，政府为改善外国投资环境而采取了一系列措施。这样，外国投资持续进入巴西，进一步推动了工业化。据中央银行统计，在1967—1973年期间，外国直接投资存量从16亿美元增至46亿美元。1973年，几乎80%的外国投资集中在制造业。主要外国投资商来自美国（占全部外资的37.5%）、德国（11.4%）、加拿大（7.9%）、瑞士（7.8%）、英国（7.1%）、日本（7%）和法国（4.5%）。与此同时，军政府还推行国营企业、巴西私人资本和外国公司之间所谓的三脚架模式的合作，这样合资企业数量增加。此外，军政府实施的出口和进口补贴制度，以及持续性的高层次反进口保护政策，明显形成巴西市场的吸引力。

正是在国家的积极干预下，工业得到飞速增长，巴西开始成为世界上十大工业化国家之一，特别是其基础工业的生产能力明显提升。1967—1980年期间，钢铁产量从近400万吨升至1 500万吨；发电量从近1 000万千瓦升至1 350万千瓦；汽车产量从20万辆提高至100万辆以上。很多工业生产增长集中在满足中上层阶级的消费需求的领域，此外还有导向制成品出口的部门。这样，1968年工业产品仅占全部出口的20%；1980年，其比例达到56.5%，1985年为65%。在军政府的鼓励下，跨国公司快速进军巴西，到1971年，它们占有了橡胶业、汽车业、机械制造业、家具制造业和采矿业五个部门纯收入的70%。但是，随着工业的资本密集化持续推进，有关企业雇用工人趋向减少。这样，每年进入劳动力市场的工人人数远超过资本密集化的工业企业所需要的新工人数量。因此，这种工业化进程增加了失业人数。据估计，到70年代中期，失业率达20%。结果，经济持续增长，就业人数却不多，收入分配差别扩大，社会中的贫富差距明显拉大。

在工业化取得进展的同时，农业产品结构也有很大的改变，此时大豆产品和橙汁越来越重要，而某些传统产品，如咖啡以及本国消费产品，其重要性有所下降。军政府时期，劳动力、技术、资金和土地集中在出口的农业部门。比如，大豆的产量从20世纪60年代中期的35万吨，剧增到1977年的1 220万吨；在1988年，大豆占了出口的近20%，出口值达到35亿美元。

随着农业生产的发展，农业机械化和化肥的利用也明显增多。这一时期，轮带拖拉机的产量增加了9倍，化肥的消费增加了3倍。此外，农业的科学研究也助推了农业生产。例如，巴西农业及畜牧业研究公司通过研发，使得很多品种的种子适应巴西的自然生长条件。大部分农业产品的增长出现在原先的灌木丛地区，主要分布在米纳斯吉拉斯州和戈亚斯州。此前这些地区的土壤是极酸性的，这一直阻碍了那里的农业开发。通过土壤条件的改良，有效地扩大了农业生产土地面积，在70年代使得两州成为新开拓的农业地区。有的学者指出，这一时期，"大豆革命的重要结果之一是家禽业的重大发展，其产品的出口日益增加。家禽产品相对价格的下降使穷困人口在这方面的消费有所增加，因而改善了他们的饮食习惯。这使因1967年工资紧缩以及穷困人口收入一贯很低这两方面问题对生活的影响得以缓解"。经过十多年的发展，到1978年巴西已成为世界上第五大农业产品出口国，但是同时还存在两大问题。

其一，国内大部分人消费的主要食物趋向缺乏，主食像大米、黑豆、木薯、土豆的人均生产量从1977年到1984年下降了13个百分点，与此形成对照的是出口农产品如大豆、橘子、花生的人均生产量却上升了15个百分点。按照供求规律，餐桌上主食价格快速上涨，这就影响到普通民众的生活质量。

其二，土地所有权高度集中。据有关资料估计，在20世纪80年代，占总人口2%不到的地产主占有全国50%的耕地。那时巴西有126个巨型种植园，每个拥有的土地都超过24万英亩，它们的土地面积累计起来超过了100万个小农场面积的总和。

在农场的规模和国内消费食品生产的对比方面，出现一个令人费解的结果：约250英亩的一般规模的农场，仅占国家20%的耕地，它们却为巴西生产了大部分消费食物。因此这些农场具有较高的生产力。

针对土地所有权高度集中的问题，联邦政府曾努力对土地进行重新划分和分配，以期推动土地所有制结构的改革，但是，到70年代改革停止了。实际上，军政府认为大的庄园应该取代小的农场，因为它相信农场大效率高的原理。然而，在这种观点影响下形成的出口农业体系给普通民众的生活带来负面作用。正如一位美国学者所评述的，"一个大体上低效、高度以出口为导向的农业体系预示着食品价格会很高，这迫使巴西人不得不把收入的很大一部分用在所吃的食物上。只余下很少的收入用来买由更高效的工业部门生产的消费产品。巴西的形势提出了一个引人注意的问题，那就是由于把工业化强加于一个过时的农业结构之上而出现的问题"。

在军人独裁统治时期，由于军队对国家实行全面控制，所以技术专家在制定发展计划来加速经济增长之时不必考虑社会和政治代价。因此，军政府初期的经济政策提出的主要目标是：不顾及平民群体及其要求，全力恢复刺激经济增长的社会经济结构。因此，工资的增长难以跟上物价上涨的速度。这样，在"经济奇迹"的年代，80%人口的工资实际上是下降了，贫富差距进一步拉大：全国最富的10%人口所占全部收入的比例，在1960年为39.6%，1970年为46.7%，1980年达到50.9%。而全国最穷的50%的人口所占全部收入的比例，在1960年为17.4%，1970年为14.9%，1980年降至12.6%。显然，这种发展模式使得下层民众付出了代价。

关于"经济奇迹"使得巴西民众付出沉重代价的问题，美国《洛杉矶时报》（1985年3月16日）作了以下评述："在过去20年中，巴西的军事政体和它的技术专家们在商品生产和服务上投资了数十亿美元，这使得商品生产和服务是原来的3倍。但是，这些让全国总生产提高的壮举并没有为巴西最穷的人们带来利益以及收入的再分配。这个结果是与原来的设想完全相反的……虽然农作物的耕种面积提高了50%，但是从医学的标准上看，没有吃饱的巴西人的数目无论是在城市还是在农村都增加了。用于出口的食品，像大豆、橘子汁，取得了引人注目的增加。由于甘蔗中能提取植物醇，植物醇可以用在汽车上，可以取代汽油，所以种植甘蔗可以得到大量的补贴。但是基本食物的生产，比如豆类、大米和木薯根的人均产量都下降了。"

除此之外，由于军政府实行独裁统治，在经济开发项目上出现独断独行的做法，所以一些项目因决策失误而最终失败。对此，有些学者已指出有关问题，"由于没有有效的监测和平衡机制，决策进程的日益增长的集中化使新制度特别脆弱。明显错误的项目开始增多，而且有实质性问题，比如跨亚马孙公路，许多地区性或区域一体化方案，土地和垦殖政策。未来将造成新的，甚至更大失败的政治决定，就是在这一阶段出现的，这些失败与那些在70年代后期以及经济停滞的20世纪80年代的失败相比算不上什么，但这些失败的决定不能被原谅"。

1967年年末到1974年年末，巴西经济的非凡增长使军人精英和技术专家共同创造了一种发展模式：在以暴力手段消除社会动乱，镇压政治反对派，实现并保持政局长期稳定的前提下，强有力地推动工业化进程，努力发展外向型经济，从而创造举世闻名的"巴西经济奇迹"。然而，美国学者

E.布拉德福德·伯恩斯认为,"这个'奇迹'留给国人的是无法抵消的后遗症。主要表现在以下方面:增加的垄断趋势,非国有化的经济,日益增长的外债,对外国投资和贷款、国际货币基金组织、国外市场的扩大以及对出口的增长更深的依赖性。从长远的眼光看,1964—1985年之间的军事政府使这个国家对基本的体制结构进行改革的尝试失败了"。

确实,从20世纪70年代中期起,巴西经济开始走下坡路,国内生产总值增长率出现下行趋势,1974年为9.8%,1975年为5.6%,1973—1980年期间平均增长率为7.1%。"经济奇迹"光环的渐趋消退是由内外各种因素造成的。

1974年,由于世界市场的石油价格增加4倍而引起支付平衡被打破,上下震荡,所以高速增长的经济出现不稳定性。这种外来的不利因素在1978年年末冲击了巴西经济。石油价格从1978年年末的12美元/桶,上涨到1980年年初的30美元/桶,这使巴西出现贸易失衡。据估计,当时巴西本国的石油生产只占其消费量的20%。60年代末和70年代初,国营的巴西石油公司采取了增加它在市场分配方面所占份额的政策,与此同时它参与了以国家、国内私营公司和外国资本相结合的"三脚架"战略为基础的几个新的石油化学工业项目。但是,到那时为止,其陆地石油开采的成果是十分有限的,因此,增加国内石油生产是十分缓慢的过程,实际上所有新的未来石油开采成果有赖于深海勘探。

由于国际市场的石油价格上涨,巴西的外贸逆差增大,1974年达到47亿美元,1977年贸易支付状况才有所好转。与此相联系,1974年以后,军政府为了维持经济快速增长,举借大量外债。这样,就产生了一种滚雪球效应,日益增长的利息从1974年的5亿美元,增加到1978年的27亿美元以及1979年的42亿美元。外债急剧上升:从1970年的55亿美元,到1975年的222亿美元,再到1980年的608亿美元,直到1985年的958亿美元。

70年代第二场石油危机的爆发再次冲击巴西经济。同1974年石油危机之后那段时期相比,美国名义利率已升至峰值(15%以上)。由于巴西依靠向外国大量借款来渡过第一次石油危机的难关,所以其财政已处于极端脆弱的状况。1982年8月,墨西哥因国际收支失衡而宣布延期偿债之后,巴西在11月也宣布将寻求获得国际金融援助,与国际货币基金组织进行谈判。在危机的过渡阶段,美国财政部、国际清算银行和债权银行向巴西提供了资金支持。1982年11月的选举结束后,巴西政府同意向国际货币基金组织提交一项财政改革计划。此外,巴西向国际私营银行借贷44亿美元,为1983年的8年期分期偿债提供资金。1983年年末,巴西与"巴黎俱乐部"官方债权人的谈判结束。但是,巴西国内的紧缩政策继续实行。这种财政和金融状况必然对经济活动带来负面影响:实施紧缩政策导致生产活动在1981—1983年出现下降。工业生产在1983年出现尤为剧烈的下降,其降幅超过10%。对于70年代末和80年代初巴西的经济状况的恶化,一位英国学者作了以下概述:"1979—1980年第二次石油危机(和应对危机采取的经济政策)导致国际利率上升和1982年债务危机,结果,1981—1983年间,巴西经济陷入了整个20世纪最严重的衰退。历经近40年的不间断的经济增长(除了1963—1967年这一时期)之后,1981年,巴西的国内生产总值出现剧烈下降,1983年再度下降(降至1978年的水平),1982年近乎零增长"。在债务危机爆发后,从1975年起,通货膨胀再次上升,到1984年飞涨到惊人的230%。

实际上,早在70年代中期,军政府中比较敏感的官员已开始对某些经济和社会问题进行冷静的评估:军队和技术专家尚未找到实现经济稳定发展的模式。面临日趋严重的危机,军政府还是决定举借更多的外债,来缓解危机的压力,而避免采取任何的结构性改革。这种苟延残喘的做法反而加重了危机。最终,他们意识到自己没有办法来应对新的挑战。因此,在他们面前只有一条出路:从明显的政治控制中撤退出来,经济形势恶化之日正是其政治"减压"之时。这样,菲格雷多将军主持了国家返回民主的过程,但是同时他也见证了经济的衰退。

作者点评:

1964—1985年期间,巴西在军队高级将领领导下,组成军人与技术专家共管的独裁统治政权。在政治上,该政权镇压左右两翼的激进反对派,抑制民众运动;在经济上,主要借助外资和先进技术,国家干预,全力推动工业化和农业技术现代化,发展外向型经济,从而在1968—1974年创造了"经济奇迹"。但是,这种发展模式是不可持续的,因为它造成了社会贫富两极严重分化,同时其外部受到石油危机的冲击和债务危机的困扰,这样,巴西经济趋向衰退。最终,到80年代中期,在内外各种因素作用下,军人不得不"还政于民",退出政治舞台。21年的历史表明,军人政权没有找到使得国家稳定地持续发展的道路。

第七章 政治民主化与社会经济文化

一、政治民主化的初期历程

从20世纪80年代末90年代初起,在内外各种因素作用下,巴西军人终于回到兵营,并退出国家的政治舞台。由此这个南美大国开始了比较稳定的政治民主化进程。也就是说,巴西能够依据宪法,顺利地实现从一个民选文职政府向另一个民选文职政府的平稳过渡。

1989年11月15日——共和国建立100周年纪念日,总统选举举行了。据统计,选民为8 200万人(当年总人口约1.5亿人)。由于18—30岁之间选民投票是强制性的,因此投票率高达88%。共有7 230万人投票,其中70%的选民都是人生第一次为总统选举投票。几乎所有主要政党都推选了本党总统候选人。从极右到极左共21人参与竞选,但只有5人获得了5%以上的有效选票。其中有来自东北部阿拉戈斯州传统的寡头政治家族,作为新近成立的国家复兴党候选人费尔南多·科洛尔·德梅洛。还有路易斯·伊纳西奥·卢拉·达席尔瓦,他是工会领导人、劳工党奠基人和领袖、联邦众议员,同时也得到巴西社会主义党和巴西共产党的支持。另一位是莱昂内尔·布里佐拉,曾经担任南里奥格兰德州和里约热内卢州的州长,也是民主工党的领袖。

在第一轮投票中,科洛尔·德梅洛和路易斯·伊纳西奥·卢拉·达席尔瓦两人胜出,他们一起进入第二轮角逐,于12月17日进行决战。在投票前的民意调查中,卢拉和科洛尔的支持率持平,但是电视宣传披露的两件事带来了广泛的争议,并造成形势变化。第一件是科洛尔在他的一次自由选举宣传时段向观众介绍了卢拉的一位前女友,她也是卢拉的两个女儿的母亲。该女子在电视上宣称卢拉曾经建议她堕胎。第二件事是环球电视网的全国新闻栏目对最后一轮总统竞选辩论的转播方式有明显的倾向性。节目在辩论的隔天播出,但是电视画面剪辑明显倾向于科洛尔。有人认为,这两件事对科洛尔最终的胜利起到了决定性作用,但另一些人觉得这很难说清楚。然而有一点是确凿无疑的,就是卢拉的竞选最终功亏一篑。科洛尔以53%的有效选票(3 510万票)击败了卢拉(47%,3 110万票)。这样,没有一个强大政党支持的科洛尔,仅靠一份基本的反腐计划赢得了较多选民的选票。

1990年3月15日,费尔南多·科洛尔·德梅洛就任巴西总统,任期5年。但是,上台伊始,他的执政能力将面临严重的挑战:当时国家的经济处于失控的状态,萨尔内执政时期的最后一个月(2月份)通货膨胀率高达84%。此外,科洛尔在议会的根基很弱,众议院由巴西民主运动党、巴西社会民主党、民主工党和劳工党等反对党强势控制,只有约20名议员从其他党派转投到科洛尔所在的国家复兴党。他除了依靠90多名自由阵线党成员和30多名社会民主党成员不稳定的支持之外,没有其他可依赖的力量,参议院共有17名议员支持总统科洛尔(占总数的21%),其中13名来自自由阵线党,3名来自社会民主党,1名来自国家复兴党。因此,科洛尔想要顺利执政,就必须同其他政党协商。

科洛尔执政第一天就宣布实施一项工资和物价冻结计划(后被称为"第一科洛尔计划"),所有银行存款都被冻结(短期的充公),但是这一举措显然是不可行的。到了8月份,政府不得不解冻所有存款。由于通货膨胀严重,此时货币已贬值30%。1991年1月,政府又推出"第二科洛尔计划",但也以失败告终。到了3月末,每月通货膨胀已再一次超过20%,由于反通货膨胀计划失败,经济显现衰退趋势:1991年国内生产总值仅增长1%,而1992年则下降0.5%。与此同时,多名部长被指控腐败,因此科洛尔总统的声望日薄西山,而民众对政府的所作所为越来越感到失望。

正是在这种极其不利的政治经济形势下,一桩重大腐败丑闻被曝光,连总统科洛尔本人也牵扯在内,这引起了社会的巨大反响。1992年5月10日,总统的哥哥佩德罗·科洛尔借助《贝雅》杂志披露了一个庞大而复杂的精心谋划的计划,其中涉及敲诈勒索、收取回扣、贿赂、选举舞弊,以及偷税漏税。该计划是由一个名叫保罗·塞萨尔·法里亚斯的人暗中策划的,

第七章 ● 政治民主化与社会经济文化

而此人正是总统科洛尔竞选活动的经理和财务官。为此,国会专门成立调查小组展开3个月的调查活动。8月26日,由参议员阿米尔·兰多负责完成了最终调查报告。该报告指控总统科洛尔完全了解,且参与密谋计划,他从中获取了数百万美元的利益。报告明确指出科洛尔的行为与"作为一国之首应有的庄严、荣誉和自尊"相违背。

随着上述计划被揭露,科洛尔逐渐身败名裂。正是在这一背景下,民众愤怒地"反对这位当初举着伦理旗帜当选的总统","抗议腐败的游行在全国范围铺展开来"。在一些大城市,反腐败游行都是由高中生和大学生来领导的,人们要求罢免科洛尔。9月29日,众议院以441票对38票的结果通过决议,启动对科洛尔的弹劾程序。10月2日,副总统伊塔马尔·弗朗哥临时担任总统一职。12月29日,参议院最终确定弹劾总统科洛尔。在审议开始没几分钟,科洛尔宣布辞职。尽管如此,参议院仍然按照原定程序进行并通过了对科洛尔的弹劾(76票对3票,另有两人缺席)。同时,科洛尔被剥夺政治权利8年。次日,伊塔马尔·弗朗哥正式就任科洛尔剩余两年任期内的总统职位。

科洛尔因腐败而遭弹劾这一案例,对于巴西民主体制的巩固具有多重积极意义,正如美国学者所指出的,"我们已看到,巴西的法制之所以如此不稳固,一个主要原因就在于公民认识到政府官员在司法行政中不能做到公正无私,更有甚者,官员经常触犯法律却免受惩罚。就此而言,对科洛尔总统的弹劾算得上是民主程序的一次胜利,也可看作抵制'免罚'的第一次重大胜利"。从国家的各政治要素的作用来看,关于弹劾程序,值得强调的是,处于民主的多重危机之中时,巴西共同体的各个主要部分都完成了其基本的民主任务。首先,对科洛尔政府贪污的指控,各大报纸和杂志在市民社会中进行了充分的报道。然后,在民主体制中作为三权之一的中坚力量,巴西议会并没有漠视此次指控,也没有去寻求军方的帮助,而是正确地承担起展开详细调查的责任。政府也扮演了适当的角色。首席检察官重组了办公室,开展独立的审查。司法部长也准许联邦警察执行某些必要的官方调查。随着多方调查的公开,市民社会这次通过大众示威的方式,呼吁政治社会表决通过弹劾提案,反对免罚。另外,整个过程没有外来势力的插手,国内的军方也不愿卷入其中去阻止或推动民主程序的运作。确实,这是巴西共和国历史上第一次在没有军方直接干预下通过法律和宪法途径弹劾了一位总统。可以说,这是巴西政治民主化的一个重要成果。其民主体制经受住了一次考验。

伊塔马尔·弗朗哥就任总统后,决定就巴西政治体制问题举行一次国民公投。按照1988年《宪法》草案第二条,5年之后全国进行一次公投,这有两个目的:第一,确定巴西是维持总统制还是转变为议会制;第二,确定巴西是否继续以共和国的形式存在,还是恢复1889年之前的君主制。1992年9月7日—1993年4月21日期间举行了国民公投。由于此次是强制性的,所以最后投票率达到74%。据统计,55%的投票者支持总统制,25%的投票者选择议会制,还有20%的投票者毁坏了选票或投了空白票。66%的人选择共和制,10%的人选择了君主制,另有24%的人投了空白票或无效票。

此外,1994年5月《宪法》修正案通过并施行,其中政治影响最大的一条修订是将总统任期从5年减为4年,这是为了防止以下情况的出现:"外行人"被选为总统(比如,1960年雅尼奥·夸德罗斯和1989年费尔南多·科洛尔),同时其任期内又没有国会选举,那么总统的政党(或政党联盟)想要在国会确保多数力量就会极其困难。此次,修正案决定缩短总统任期的目的就是想要减少所述情况出现的可能性。

在两年的任期内,弗朗哥总统给巴西留下了两笔财富:首先是经济方面的,1994年7月他实施了一项稳定计划,即雷亚尔计划(Plano Real),最终将年通货膨胀率降到了个位数。其次是政治方面的,他为巴西民主化进程带来了稳定因素,弗朗哥与3位军事部长保持了良好关系,军队一直保持着非政治角色。

至此,我们可以回顾一下巴西实现民主转型的最初10年期间的经济政治状况,能够体味到其民主化进程并不十分顺畅。一方面按照西方民主准则:"民主政治社会必须完成的一项首要任务是,民选政府必须积蓄足够的民主力量,有效地解决社会面临的许多主要问题以调和各种利益。"但是,事实表明,1985—1992年期间7项稳定计划的失败,可看作巴西经济和民主力量不足的标志之一。

在这一时期,尽管巴西经济没有崩溃,但是危机不断。据有关数据,1992年墨西哥的贸易逆差为228亿美元,而巴西则有150亿美元的贸易顺差和200亿美元储备。然而,由于国内政治危机频发,前两任文职总统的稳定政策无法得到民众的支持。工人的实际收入持续恶化,最终导致国家陷入金融危机,由于巴西被确定为无信用国家,它只能借短期高利率的贷款,1992年的实际利率接近于30%,这就使得私人部分的投资异常昂贵,同时

第七章 政治民主化与社会经济文化

也导致政府国内债务负担更加沉重，能为公民提供的公共物资日益减少。这样，从1985年到1993年，财政拮据的巴西政府无法解决金融危机，保持经济平衡。而要获得立法机关的支持，一般都要付出代价，即不把财政改革提上议程，或者给议员和州长的选民发放专门的补助。

另一方面，西方政治学家认为，"巴西是一个不巩固民主的范例"。其中部分问题可归因于民主转型时期军人政权所施加的种种限制，以及持续发生的债务和金融危机。然而，如果民主遭到进一步的破坏，在很大程度上就是由于巴西的民主体制无法解决转型后出现的问题所致。有关学者指出，巩固民主需要5个要素：作为公民的一种资源而存在的法律和司法系统，能够明确表达要求的市民社会，能够调和各种需求的政治社会，提供必需的集体物资的政府，以及获取税收和财富的经济社会。然而，每一个层面都存在选择因素，相关政策的制定会有利于状况的改善。因此，对于巴西来说，民主的崩溃或是民主的巩固都存在不确定因素。

1993年，一些有影响的分析家开始研讨巴西民主前途问题。然而，在巴西特定的背景下，军人已不再被视为合法和可能的统治者，国际和国内主流思潮支持民主化进程；与此同时，也没有任何重要组织投入大量人力物力来动员民众支持军人政变。因此，科洛尔遭到弹劾后，巴西能按照宪法规定，实现权力的和平转移。

正是在所述的政治与社会基本稳定的形势下，1994年10月3日，巴西如期同时举行了总统选举、州长选举、国会两院和州议会选举。据统计，9 470万人前去登记，其中7 790万人投了票（82.3%）。共有8位候选人竞选总统，很快其中两人脱颖而出：一位是巴西社会民主党的费尔南多·恩里克·卡多佐，代表即将离任的政府竞选；另一位是劳工党的路易斯·伊纳西奥·卢拉·达席尔瓦，是主要的反对党候选人。据有关资料，"卡多佐是一位具有国际声望的杰出的社会学家。作为政客，他具有无可挑剔的民主资历和先进的社会民主理念"。卡多佐最初担任伊塔马尔·弗朗哥政府外交部长；1993年5月调任财政部，实际上他在一批优秀的年轻经济学家的

费尔南多·卡多佐

建议和总统的支持下，规划并实施了"雷亚尔计划"。正是因为这一计划的实施取得了明显的成果，所以卡多佐的支持率一路飙升。新的货币雷亚尔从1994年7月1日起开始流通。只经过几个星期的时间，卡多佐在民意调查中的支持率就迅速升至第一位，最终于10月赢得大选。

1995年1月1日起，费尔南多·恩里克·卡多佐就任巴西总统，最初的任期是4年。他的执政环境比较优越：首先，他第一轮投票就以多数票当选，因此可以认为他得到了民众的强大支持；其次，在国会两院中卡多佐的支持率都达到了60%，可以直接批复需要更改宪法的改革方案；最后，实施成功的"雷亚尔计划"保证了宏观经济上的稳定。

正是在这些有利于顺畅施政的条件下，卡多佐推行一系列经济、行政和社会的改革计划。首先，他实施经济自由化改革。国营电信公司实行私有化。有人认为，这是拉丁美洲历史上最大的私有化。此外，巴西国家石油公司在上游的石油和天然气勘探和下游的炼油生产环节允许私人参与，这样，40年来国营公司的垄断被打破。其次，1998年6月通过了行政改革的提案。公务员不再是"铁饭碗"，在机构过于臃肿或个人表现欠佳的情况下，他们有可能被直接解雇。然而，属于政府的3个部门公务员工资设上限的提议没有获得通过。最后，卡多佐政府提出的社会保障制度改革也遇到多重困难。各种各样的《宪法》修正案和法案在国会中没有一项得到批准实施。最终仅退休后福利条件获得了修改，其不再按照雇佣时间长短而是按照真正有贡献的年数来确定。

尽管卡多佐的政绩是有目共睹的，但是他提出有关修改总统选举规则的设想在头两年却遭到反对。众所周知，1988年宪法只允许总统一届任期。从1996年年末起，各部部长在总统的支持下，赞成对《宪法》有关条款进行修改，以让各级行政人员（总统、州长和市长）有可能连选连任。这样，1997年2月17日，在众议院的第一轮投票中，它便得以通过（336票对17票），6月得到正式批准生效。但是，这个批准过程是极富争议的："有谣言称，部分众议院代表（据说是来自阿克里州的5名代表）收受钱财而投了赞成票。"

1998年10月，总统、州长、众议院、参议院2/3席位以及立法议会的大选举行了。共有1.06亿人前往登记，其中8 330万人投了票。共有12名候选人参加总统竞选，但只有3位获得了5%以上的选票：费尔南多·恩里克·卡多佐、路易斯·伊纳西奥·卢拉·达席尔瓦和西罗·戈麦斯。卡多

第七章 ● 政治民主化与社会经济文化

佐在竞选过程中民调支持率一直领先,他敏捷地利用了其第一任期的政绩,获得民众的广泛支持。这样,卡多佐重现了1994年的胜利,在第一轮就以3 600万票获胜,占有效选票的53.1%。

卡多佐的第二个任期(1999—2002年)开始之时,巴西正经历严重的金融危机,主要是由俄罗斯债务危机所带来的负面影响引起的;与此同时,在"雷亚尔计划"实施期间货币兑换政策比较僵硬,因此不利于化解严重的金融危机;此外,伊塔马尔·弗朗哥州长拖延不偿还其州欠联邦政府的债务。这一切给卡多佐施政带来重重困难。

20世纪末期,巴西一直遭受高通货膨胀率的压力,然而象征性的降低物价的措施反倒抑制了经济增长,且同时造成失业率上升。1994年,政府通过"雷亚尔计划"才逐步降低了通货膨胀率。然而,由于实行同美元挂钩的货币政策,所以虚高的货币在国际市场上容易受挫,从而迟滞了巴西的经济增长。同时,政府在解决巨额的财政赤字问题上,不得不保持高利率。1998年国际货币基金组织向巴西提供了415亿美元的援助资金,但是仍然无法阻止巴西货币贬值。到了2000年,虽然巴西经济尚未得到恢复,但是其经济已开始缓慢上行,该年的增长率为4.4%。此后,在阿根廷危机,严重的干旱和美国"9·11"恐怖袭击事件等国内外不利因素的影响下,2001年,巴西经济增长率仅为1.5%。虽然货币与股票市场欣欣向荣,但是围绕2002年总统选举而产生的政治不稳定,给经济运转带来了负面影响。因此,卡多佐政府不得不马上处理巴西的公共债务问题,实际上多年累积的债务总额已占国内生产总值的60%。与此同时,在维持物价基本稳定的前提下,政府必须实施促使经济增长的计划。

这一时期,政府还必须面对其他的社会和经济问题,它们早在1985年实现民主转型之时就已经存在,现在已积重难返地影响着国家的发展,比如,巴西人希望能够采取一种可持续发展的方式,来开发亚马孙地区丰富的资源。然而,如今不得不面对环境恶化的挑战。此外,多年来,由于工业化快速发展,巴西的生态环境逐步遭受人为破坏,因此,巴西人更关心自己呼吸的空气质量和饮用水的质量问题。另一个重大的社会问题是给农民提供耕种的土地,由此产生了无地农村工人运动,就是旨在呼吁政府关注农村贫困人群恶劣处境的抗议运动。在这个问题上,卡多佐确实采取了措施,使得更多的农民家庭获得了耕地,他所提供的土地比之前任何一届政府都要多。此外,在就业、医疗、教育等方面,政府也通过社会政策来努力减少社会不平等现象。

经过8年的执政,卡多佐曾对自己作出评价:"我的总统生涯最根本的初衷其实就是努力让巴西成为一个稳定的国家。"确实,在国家的经济和政治稳定方面,卡多佐作出了自己的贡献。除了宏观经济实现稳定之外,"卡多佐留下的最根本的成就确实是通过巩固巴西民主所取得的政治稳定"。1998年年末,卡多佐在正式担任第二任总统之前几天,颁布了一项法令,奠定了巴西军民关系的新模式:"创建国防部并提名由平民来担任第一任部长。"卡多佐执政时期,没有发生严重的制度危机事件,也没有出现大规模的民众动员运动,因此是巴西共和国有史以来政治最稳定的时期之一。

不过,按照美国学者所作的社会调查资料,巴西在实现民主转型后,民众对民主所持的态度是复杂和多样的。1982年,据在全国最大城市的一项调查数据显示,民众对于军方参与政治的反对声音在显著增多:1972年为1/5,而1982年是1/2;同时支持直接选举的比例则从57%增至82%,到1989年年末,愿意接受民主政治的人占54%,而选择支持独裁统治者的人仅占14%,还有16%的人认为何种政体并不重要。

一般来说,巴西民众是支持民主政治的。受到良好教育的中等阶级群体明显倾向于支持恢复民选的民主政治制度,但是他们认为民众不大会聪明地投票,同时不大支持给文盲以投票权。相反,一些文化程度不高的工薪阶层则希望实行更广泛的投票权。而对于一些贫穷者来说,支持民主通常是有条件的,他们觉得,从民主制度所得到的承诺应当比民主过程更重要。

巴西实现民主转型后,部分民众对民主制度的信任感已趋消退。在1989年总统选举后,有39%的接受调查者表示相信国会,41%的人相信总统的政府;而在2000年仅有19%的人仍然相信国会,信任总统的人只有25%。2002年一份调查显示,仅37%的巴西人同意"同其他形式的政府相比,民主是更可以接受的制度"。此外,只有21%的巴西人对民主运作表示满意,62%的人并不介意非民主政府上台执政。

二、国家经济与社会发展及其问题

20世纪90年代,巴西经济经历了一次大转型,就是从国家主导的经济体制转变为市场导向的经济体制。在80年代和90年代前期,国家通过保护和规制市场来发展经济,同时承担沉重的债务,这就带来了居高不下的

第七章 ● 政治民主化与社会经济文化

财政赤字和通货膨胀的后果。此后,政府开始拆除贸易保护的壁垒,并放松价格管制与减少财政支持。在这一过程中,克服顽固的通货膨胀是十分艰难的,直到1994年才有所突破,当时政府实施了"雷亚尔计划"的金融改革,逐步取消了经济指数,并把全部价格同美元挂钩。就在该计划实行的前一年,巴西月度的通货膨胀率平均为39%;计划实施后,年度的通货膨胀率下降到个位数,并一直延续到2002年。政府希望成功地抑制通货膨胀,能够有利于公共部门的改革,同时可以刺激外国投资和私有化进程。

从1995年起,针对外国投资的壁垒已被拆除,因此外国的直接投资激增。从1996年到2000年,巴西吸引的年均投资为210亿美元。此外,重要的国营企业的拍卖(国家矿业公司、多家电力公司以及诸多的港口)和对外资一系列的重大让步(如电信领域的妥协)在1997年之后也给国家带来了1 030亿美元的资金。然而,在公共部门推进的改革却是缓慢的。在卡多佐总统执政的后期,关键问题在于:放松国家行政管理雇员的工作期限,控制社会安全保障、改革税务方式,控制州一级政府的赤字。而行政管理的效率提高不快,养老改革、财政改革毫无进展,限制州政府和农村地方政府的财政开支的方案出台迟缓。因此,国家的财政改革仍然是任重道远。

经过第二次世界大战后数十年的经济较快增长,从宏观经济层面来看,到20世纪末巴西已不再单纯是一个农业大国,不再是以种植业为主的社会,而是一个工业大国,它可以出口轻型飞机、汽车和军火。全国大约有21%的劳动力受雇于制造业和建筑业,农业只有17%的劳动力,而62%的劳动力在商业和服务业工作。实际上,农业总体上也比过去先进得多。政府财政公开承诺,补贴用于大规模使用农业机械、杀虫药、化学肥料等支出费用,同时也为农业生产技术革命进行补贴。据估计,到21世纪初,农业经济产值约占国内生产总值的1/4强;巴西正是世界产橘子汁、甘蔗、咖啡、大豆、肉类、水果和玉米产品的大国之一。过去,佃农和租借耕作农是农村的主要生产关系要素,而现今农业生产主要雇佣临时的工资制工人。

美国学者认为,这些经济变化也同时改变了巴西的社会。有关材料显示,"妇女于20世纪70年代和80年代整体进入劳动力市场,女性经济行为的比例从18.5%翻番到了36.9%。到2002年,有44%的妇女参与了经济活动。1940年有32%的人口集中在城市的中心区,有68%的人口居住在乡下农村地区;到1980年,这个比例刚好颠倒过来。21世纪初,不到17%的巴西人住在乡下农村,超过25%的巴西人住在31个人口超过50万的城市里。

巴西人还有更大的热情享受现代交通工具。1995年，81%的家庭已经普及了电视机"。

20世纪后期，实际上巴西已从一个以农业为基础的社会转变成为一个城市化占主导的社会。21世纪初全国城市人口高达85%左右。由于城市化发展迅猛，而且缺乏规划，所以各个城市本身产生了难以解决的各种问题。很多人已认识到，过快的城市化已带来了"城市病"。据有关报道，面对来势汹汹的城市化，巴西各地政府在医疗服务、中小学教育、住房、城市基础设施等方面无法提供配套的公共服务。现实情况是，大量农村新移民涌入城市后，由于没有住房，他们就在公共土地或绿化地上搭建简易房屋，从而形成了一个个贫民窟。新移民由于没有文化，很难找到工作，因此生活十分贫困。同时，他们的子女上不了学，长大后也找不到工作，其后果是，这些孩子沦落街头吸毒贩毒，或偷盗抢劫。这一切导致里约热内卢、圣保罗等大城市治安状况不佳。另一个严重问题是大量人口集中在特大城市，给交通造成巨大压力。比如，拥有2 000万人口的圣保罗，整个城市交

圣保罗的贫民窟

第七章 ● 政治民主化与社会经济文化

通几乎一直处于拥堵状态,人们每天上下班在路上需要花费2—5个小时。除此之外,巴西大多数城市由于规划缺失和人口密度大,所以缺少足够的广场、公园和公共绿地。有的城市只有一个公园,每到周末、节假日或傍晚,公园里面人山人海、拥挤不堪,因此城市难以做到绿色低碳。

由于上述种种问题,人们已经认识到,到20世纪末期,巴西的大都市区域内部增长的动力日益耗竭,因此,城市人口加速从中心向城市外围地区迁移。"城市边缘"一般聚集着极端贫困的群体,他们实际上处于社会的边缘。因此,有些学者十分关注这一现象:"贫困的'边缘化'和社会排斥几乎在整个巴西都变得非常普遍,因为交通、住房和卫生服务等方面不足的贫民窟在巴西所有地区的大小城镇中弥散开来,当然在一些较大的城市,这种现象最为显著,问题也最严重。比如,20世纪90年代中期,在南美洲最大的城市圣保罗市,有将近20%的居民生活在贫民窟;240万圣保罗人生活在非法定居点,150万人住在不合标准的住房里。显然,这些问题的实际严重程度及其对城市治理和社会共存造成的影响,特别是暴力方面,使得贫民窟成为21世纪巴西将面临的最大挑战之一"。

除了快速的城市化带来社会经济的失衡问题之外,全国各地区的发展也出现了新的不平衡现象,巴西一般被划分为五大地区:东北地区、北部地区、东南地区、南部地区和中西部地区。东北部包括九个州:马拉尼昂、塞阿拉、皮奥伊、北里奥格兰德、帕拉伊巴、伯南布哥、阿拉戈斯、塞尔希培和巴伊亚,它们都位于炎热干旱和极度贫困的地带,其人口约占全国总人口的28%,1999年该地区仅贡献了国内生产总值的13%。北部地区(包括亚马孙地区)和中西部(巴西的边疆地区),都是人口比较稀少、发展落后于沿海的地区。全国最发达的地区主要是圣保罗,有人认为,它或许是第三世界最为发达的工业化中心。此外,还有东南部的3个州,米纳斯吉拉斯州、里约热内卢州和圣埃斯皮里图州,据估计,该地区集中了全国43%的家庭,拥有全国经济和财富近3/5,并贡献出社会保障份额的2/3。

第二次世界大战后,巴西的工业经历了重大的结构变化。起初,其工业尚处于初级阶段,主要是传统型的,生产用于直接消费的商品,包括服装、纺织品和食品。此后,许多投资集中在耐用消费品,特别是汽车业上。这一发展阶段需要大规模投资和现代化的生产方式,使用尖端技术,雇佣受过训练的人员,进行专业管理。从工业的地理分布看,大多数现代工业主要集中在圣保罗市周围地区,它们充分利用企业集中的优势和当地拥有的各种资源，这样进一步突出了地区之间的不平衡。据有关材料显示，大部分汽车产业及其相关联企业都位于圣保罗大都市区的边缘，特别是著名的圣保罗ABC地区（按照3个周边城市的第一个字母：A，圣安德烈，Santo Andre；B，圣贝尔纳多－杜坎普，Sao Bernardo do Campo；C，南圣卡埃塔诺，Sao Caetano do Sul）。随着现代化工业企业数量的日益增多，拥有较高收入的中等阶级队伍也日益扩大，这样他们推动了消费品市场的扩展。但是，由此产生了一些新的问题。

  巴西圣保罗大学城市规划专家阿莫林教授指出，20世纪末和21世纪初，随着工业化和城市化的快速发展，全国出现了一个拥有4 000万人口的新中等阶级。其成员原先属于贫困阶层，但在政府的家庭补助计划、现金发放、提高最低工资和其他社会福利政策的帮助下，他们逐步摆脱了贫困，进入低端中等阶级行列。在政府优惠政策的恩泽下，这部分人几乎不用纳税，这样就有较多的钱购买电视机和冰箱，还有人甚至买得起中高档消费品，也有钱在国内旅游。

  阿莫林同时指出，这个新的中等阶级是通过新的路径形成的，不是通过接受良好的教育来提高自己的工作能力和发奋努力，而是借助政府的优惠政策来提高自己的消费能力。因此，他们的社会地位不是很稳固。从巴西教育状况看，公立学校的教师工资很低，学校因此留不住优秀的教师。在政策的鼓励下，新的中等阶级的子女大量入校读书，因此公立中小学学生人满为患，教育质量没有保障。在这种情况下，老的中等阶级和有钱人只好自掏腰包，把孩子送到学费昂贵的私立学校去接受更好的教育。此外，老的中等阶级原先看病来到服务质量好的公立医院，但是在政府给穷人和新的中等阶级提供免费医疗后，公立医院因此病人人数大增，这样有钱人宁愿自费到私立医院接受更好的医疗服务。上述情况表明，由于政府力图构造一个消费型社会，老的中等阶级传统上须缴纳很多税费，而现在他们的"蛋糕"被新的中等阶级分享了，由此在部分民众中产生了今不如昔的不满情绪。

  在当代巴西农业方面，资本主义生产和经营方式得到明显的扩展。这反映在以下方面：就业人口持续下降。1960年农业的就业人口占全国就业人数的50％以上，但是到了1980年不到30％。此外，大规模生产出口的谷物、甘蔗（用作酒精燃料）和牛肉的中西部农业地区扩大，这些农业企业的用工模式发生了很大的变化，对长期工的需求减少了，而对临时

第七章 政治民主化与社会经济文化

工、季节工的需求增加了。特别是在德国和意大利移民后裔居多的巴西南部资本主义型的家庭小农场,他们采用先进的技术,模仿大地产主从事出口型产品生产,如家禽密集型饲养,同时还采用专门化生产流程。除此之外,它们经常通过合作机制,专门生产那些高附加值的产品。南部家庭小农场的现代化,在20世纪70年代向中西部大规模扩展,从而带动了那里的现代化。

据巴西学者的调查研究,尽管农业现代化的趋势加强了,但是土地占有制度的不合理性有增无减,"土地高度集中进一步强化了"。面积不超过10公顷的微型地产,在1940年占全部农户地产的34.4%,这时仅占农业用地总面积的1.5%;另一方面,1940年面积在1万公顷以上的大地产仅占全部农业地产的0.1%,这时却占全部农业土地的16.4%。1980年,上述情况依旧。因此"土地的获取和占有不平等依然是巴西社会的基本特征之一"。

除了上述社会经济的不平等之外,不同种族及其社会地位和经济收入也有明显的差异。美国学者指出,"巴西的社会是按照肤色、阶层与地区进行分层的"。按照巴西官方的统计,根源于19世纪奴隶制度的黑人人口在2000年约占总人口的6%,而另有39%为各种混血种人,分别被称为棕褐色人(Parda)、黑白混血种人(mulata)、印欧混血种人(mestica)、马梅卢卡人(mameluca)、黑人和印第安人的混血儿(cafuza),还有单纯的印第安人后裔。这些有色人种占巴西东北部人口的2/3,占东南地区的36%,占南部地区的15%左右。此外,亚洲裔人口占巴西总人口的1%不到,然而,圣保罗拥有一个除日本本土之外的世界上最大的日本文化社区。

在当时,黑人群体一般比较贫穷,往往会受到警察的粗暴对待,在社会各个领域他们得到升迁的机会不多。各有色种人的文盲率同白种人相比,要多两倍以上,但是他们所得的工资仅为白人的一半不到。从全国人口的构成看,黑人占总人口的40%以上,其中有6成生活在月最低收入线上。1998年,男性黑人工人每月所得的工资只有白人男工平均工资的46%,而黑人女性工人平均工资仅占白人女工工资的40%。此外,种族歧视在司法制度方面也有体现。比如,在圣保罗州审判的暴力犯罪案件中,同其白人伙伴相比,黑人被告在悬而未决的案件中更有可能被拘留,被判有罪,受到从严惩处。

从殖民地时期至今,印第安人的生存状况类似于黑人所处的极其恶劣的境况。从一开始葡萄牙殖民者及其后裔仅需要和利用印第安人的劳动力、土地及其木材和矿产。长期以来葡萄牙人力图把印第安人整合到巴西社会中。直到1988年,印第安人的集体权利,包括其土地开发、环境保护,以及物质和文化的再生产等权利,才得到宪法保障,这样印第安人的处境才得到一定的改善。同人口众多的非洲裔黑人相比,当代巴西的印第安人口十分稀少:拥有200多个印第安族群,但他们总共只有25万人。有多达3/4的印第安部落,其人口不到1 000人,只有瓜拉尼族的人口超过2万人,大部分印第安人都生活在亚马孙地区。

不过,英国学者认为,"巴西根本没有严格的种族分类,而通常被'肤色'概念所取代"。但是,另一些人却认为,"巴西根本不存在明显的肤色边界,因为肤色认同在某种程度上是不确定的、不稳定的、模糊不清的,然而这些特征明显不足以证明有关社会不平等的结果是错误的。另一方面,这些研究获得的证据还表明存在着一种强烈而亲密的种族联络,即依据肤色划分的不同群体之间存在着巨大的社会连通性。实际上,甚至可以说,在巴西讨论肤色分组是不合时宜的,因为种族/肤色并不构成社会团结的基础,故而似乎不存在(至少目前没有)政治动员和行动的坚固基础"。

然而,按照某些社会调查资料,不同肤色的人口在空间分布上存在明显差异。亚裔人口,特别是人数众多的日本裔人口高度集中在东南部,特别是圣保罗州。此外,据1997年统计,将近一半的各混血种人口生活在东

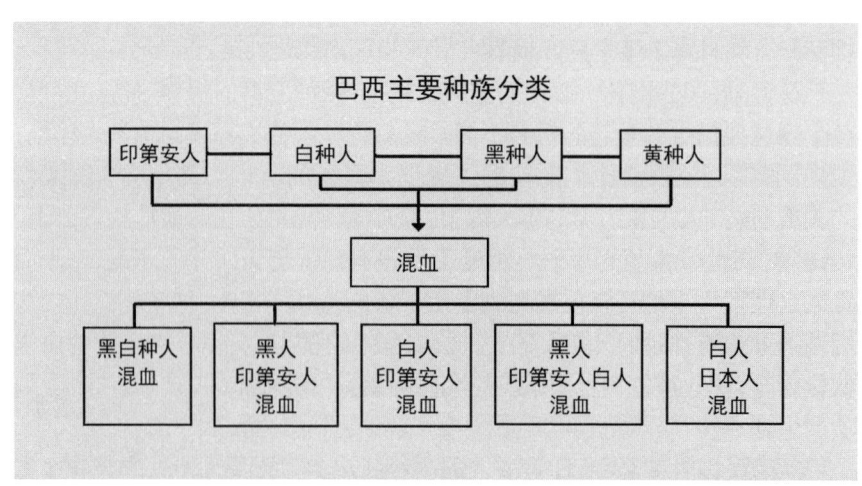

巴西种族分类

北部,而那里全部人口中白种人仅占15%。与此相反,在比较富裕的东南部和南部地区,白种人占75%,其余为各混血种人口。与此同时,黑人人口的65.6%都生活在这一地区,而只有28.5%生活在东北部。

在20世纪末的巴西社会,各个群体或阶层的收入不平等以及贫困现象持续存在。据英国学者的调查显示,20世纪80年代,特别是1986年之后,不平等大幅增加了,到1989年达到了历史最高峰。该年,10%的最富的人占总收入的份额,比40%的最穷的人高出30倍。1989年之后,这种趋势出现了下降,减至23倍,同80年代初的水平一样。然而,这种不平等现象长期存在。比如,90年代期间,自由职业人士的劳动收入大约比家庭女佣高15倍;妇女的劳动收入平均仍不及男性工人的70%,而黑人和混血种人的收入不足白人一半。

按照英国学者的资料,20世纪末,巴西共有5 300万穷人,约占全国人口的1/3。在占总人口近30%的大都市区,穷人的比例为21.5%,绝对人数是1 140万人。由于20世纪80年代剧增的这种所谓的"贫困的城市化",一般的城市成为贫困人数最多的地方。除此之外,大都市的贫困现象也十分突出,快速的城市化并没有消除贫困化现象。另一方面,虽然农村人口的比例逐步减少,1999年仅占全国总人口的20.4%,但是农村地区仍有1/3的人可归入"穷人"一类。

从穷人的地区分布情况看,按照有关的统计资料,1999年,占全国人口5%的北部地区占全国穷人的比例为6.6%,可见这一地区的贫困率相当高(44%),只有东北部超过这一比例。确实,东北部是全国最贫困的地区,该地区占全国人口的29%,但是穷人比重占全国的51%。1999年,东北部城市贫困人口的绝对数量超过了农村。该地区一半的城市人口是穷人,而在农村,这一比例上升到3/4。与此同时,中西部地区的穷人仅占全国的5%,他们多数人集中在城市。其贫困率,城市为21%,农村是36%。东南部是巴西人口最稠密的地区,其人口超过全国总人口的2/5,是仅次于东北部的第二大穷人集中区,占全国贫困人口的26%。由于东南部地区的城市化水平较高,所以大多数穷人都集中在各大城市中。在该地区的1 100万城市贫民中,有610万贫民生活在三大都市区:圣保罗、里约热内卢和贝洛奥里藏特。最后,占全国人口15.3%的南部地区生活着全国的11.4%贫困人口,他们多数人生活在城市。

贫困人口比例大反映出全国的贫富差距日益扩大,其原因之一是个人收入分配不公平。在这种分配体制下,富人越来越富,而穷人长期摆脱不了贫穷。据美国学者的资料,国家收入很大一部分被占总人口10%的最富有的人所享有,他们所享受的份额从20世纪60年代的40%升到70年代的47%,到80年代又升至51%和1989年的52%。而最贫困的20%的人只占有2%的份额。1995年,最富有的10%的人口享有的份额缓慢下降到48%,而基尼系数在1989年达到高峰值的0.64之后有所减小。1999年,该系数下降到0.6,但仍然是世界上第三高值的国家,仅比南非和马拉维好一点。如果以10%最富有者和40%最贫困者之间的平均收入比例来衡量的话,巴西是世界上收入分配最不公平的国家。

然而,在20世纪末期,巴西的各个层次教育体系得到了持续的扩展,取得了令人印象深刻的成果。比如:成人文盲率从1980年的24.5%,降至1990年的19.1%,2000年又进一步降至14.8%;年龄在10—14岁之间的少年儿童文盲率从1992年的29.1%,快速下降到2002年的8.7%,而同年南部各地只有1%。同时在北部地区,教育也取得了进步,但是各地存在明显的差异:2002年,塞拉亚州的儿童文盲率仅为7.3%,但是邻近的皮奥伊州却高达15.5%。

在20世纪的最后几年间,巴西基本上实现了初等教育的普及。小学教育的入学人数从1970年的近1 600万人增至1998年的3 550万人。7—14岁的少年儿童净入学率从1970年的67%增到1980年的80%;而1991—1998年则分别升到86%和95%。由于完成初等学业者的比例提高了,所以25岁以上巴西人接受教育的平均年限从1992年的4.9年增至2002年的6.1年。

但是,不同肤色、不同性别和出身于不同收入家庭的孩童之间依然存在着严重的不平等。按照英国学者的调查材料,1998年,白人孩子接受初等教育的年限比有色种人(黑人和各混血种人)高2.1年。此外,1976年,女孩接受初等教育的年限略低于男孩,分别为3.7年和3.9年。1986年,男孩和女孩接受教育的年限基本相当。而到1998年,女孩接受教育的年限平均比男孩高3.6%。此外,从家庭收入造成的不平等来看,1976年,人均家庭收入最富的20%的人和最穷的20%的人在接受初等教育的平均年限之间,存在着明显的差异,分别为6.8年和1.4年。而到1998年,两者之间尽管存在严重的不平等,但是两大群体的收入水平呈现趋中态势。

20世纪末期,由于主要由州政府分配更多的教育资金和实施具体的教育政策，中等和高等教育都快速发展，在90年代它们分别增加了134%和68%。1999年，有240万学生完成了中等教育学业，其中80%以上是在公共教育系统完成的。高等教育在21世纪初也得到快速发展：1994—2001年间，其年入学增长率是12.8%，而2000—2001年就增加了19.1%，2002年入学总人数为3 479万人。

三、精神生活与文化创造：文化民族主义与世界主义倾向共存

20世纪中后期，巴西民族经济的持续发展，为民族文化的成长提供了物质基础，并注入新的活力；与此同时，在巴西文化中也存在世界主义倾向，由于各种族长期混居，所以形成不同种族文化习俗的混合和相互包容的传统。这就为持续不断地吸取外部文化要素提供了有利的条件。

从人们的精神生活方面看，从殖民地时期起巴西就是一个深受天主教影响的地区，到现今它已是世界上天主教信徒人数最多的国家。尽管如此，巴西的天主教会并不像西班牙语美洲的教会那样强势，其宗教仪式一直保持着传统的低调，虽然天主教堂遍布全国各地，广泛地影响到人们的精神生活。天主教会也没有对学校和教育制度产生深远的影响；与此同时，教派的不同或宗教的分裂并没有引起政治的分裂或对抗。在历史上，有关宗教问题并没有影响到经济和政治体制的正常运作。因此，尽管1964年军事政变之前天主教会曾经坚持保守的倾向，它得到政府和统治精英的支持，但是这一事实并没有导致社会的分裂，教会没有试图对极其保守的政治秩序施加影响。

然而，从20世纪60年代中后期起，天主教会的政治走向发生了明显的变化，众所周知，1962—1965年在罗马举行的第二次梵蒂冈全基督教宗教会议，标志着天主教会史上的一个转折点。宗教会议审视了教会的传统政策，并为它勾画了新的行动纲领。在会议上革新派占优势，他们力争教会活动现代化，增强在解决社会问题方面的活力，加强同科学进步的联系，实现同其他基督教会及一切宗教的和解，促进同"第三世界"的友谊。正是在这种变革的氛围下，1963年巴西主教们在全国大会上通过的一份咨文中规劝政府改变社会不公正状况，维托里亚大主教莫塔坚决主张，以特殊的方式培养僧侣，让他们同工人和穷人生活在一起，因为"我们，主教们不

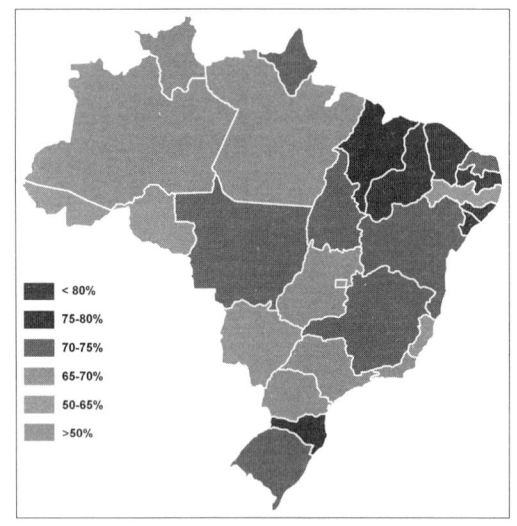

巴西天主教成员分布情况

懂得理解穷人,就像他们不了解我们一样,因为我们生活在他们生活的边缘"。随着教会寻求变革的潮流发展,到20世纪60年代末,在南美洲出现了解放神学理论,"从根本上看,它是把基督教的教义同穷苦人和被压迫者的生活联系起来的一种努力。这种神学阐明被压迫者的悲惨处境,为的是减轻他们生活的困苦"。在教会革新思想影响下,"1964年以后,巴西天主教会赢得了世界最进步教会的声誉。在巴西,很多社会阶层同牧师、修女共享一个教区,展现了面向穷人的'大众'教堂的特征"。

在军人独裁统治时期,教堂成为反对独裁统治的重要而有效的场所,教堂为遭受军政府迫害的,具有不同信仰和家庭背景的受害者提供庇护场所。70年代后期,教堂还保护过工人。天主教会的成员帮助组织了70年代的劳工运动和80年代的劳工党活动,他们甚至支持该党的总统候选人。直到21世纪初,天主教会的解放神学理论仍然激发了广大教徒的政治行动,教堂继续发挥着十分活跃的作用,它们帮助一些社会组织为贫困教区的居民争取并捍卫物质和精神利益。

在巴西,从军人政府向民主体制转型的过程中,大众教堂或进步教堂通过自身的参与和实践,创造了一种新型的社区活动组织形式:"教区基础社区"(Eclesiastical Base Communities,简称CEBS),这是一种组织规模较小、匀质化、基层性的教徒群体活动单位,一般有10—40人定期聚会,每周或每两周一次,参加者阅读和评论《圣经》,按照"福音书"反思他们的日常生活。从巴西高级教士对这种基层活动形式的态度来看,350位主教中约有80位主教积极支持罗马天主教保罗二世的改革,并进行他们在巴西的宗教活动革新的试验。有的学者认为,梵蒂冈的宗教活动改革的目的是试图加强教会的社会实践参与,要求减少一些仪式,增加一些对坚定信仰有意义的活动,以应对牧师人数短缺的现实。在"教区基础社区"里,参加者通过直接学习《圣经》,了解并接受宗教教义,而过去是在教堂里通过牧师向教徒阐释福音书的教义的。天主教会声称,通过"教区基础社区"的

第七章 政治民主化与社会经济文化

活动,可以达到在教堂内外传播天主教教义的重要目的,甚至还能了解到活动的参加者对不同社会阶层和社会权威的态度。例如,一个名叫阿祖莱卡·桑帕约的"教区基础社区"参加者,她积极参与这种基层社区活动,逐步成长为新伊瓜苏市的居民组织的市级主席,而该市拥有150万人口,其居民主要是工人。同桑帕约的情况相似,其他一些"教区基础社区"的参加者,也在参与教区群体活动中逐渐获得了自信心和领导经验。社会学家认为,这种组织形式除了有利于巩固宗教信仰之外,还让其成员参与更广泛的社区事务、邻里组织运动、妇女运动,甚至政治运动,这些都是非常必要和有益的,曾经参加有关"教区基础社区"问题调查研究的两位社会学家指出:"我们观察过数不清的会议,在会议上,曾经有发音不清的男男女女上台讲话和分享经验。他们的能力在群体之中得到锻炼,在朋友或邻里的支持下得到展现,任何人都会对其他的事务产生影响——从农业技术到储蓄,从个人关系到婚姻模式,从学校到政治。那些一度羞于表达的人们,现在却变得自信并充满活力;那些过去甚至没有自己权利发展概念的人们,现在则站出来争取权利"。

据美国学者的调查研究的材料,到21世纪初,巴西全国大约有10万多此类"教区基础社区"。在一项全国性的调查统计中,有40%的妇女和31%的男子确认自己属于某一社区。宗教活动的革新也带来政治文化的某些变化:一方面,在宗教仪式的和正规的自愿性社团成员中,以及政治参与者之间的联系方面,仍然保持着积极有力的特征。另一方向,21世纪初"教区基础社区"所传达的信息正在发生变化,其活动的范围已经缩小。在20世纪90年代,罗马教皇趋向限制解放神学理论,同时削弱了具有进步倾向的主教的影响力。对此,罗马教皇采取两种措施:任命新的主教和削减巴西主教全国大会(National Conference of Brazilian Bishops,简称CNBB)的权力。巴西的"教区基础社区"不再是教会优先考虑的对象,而是使之从广泛拥护进步政治生活中退出。

而美国学者认为,"教区基础社区"这一宗教活动形式逐渐淡出是有其客观原因的,"来自其他宗教的竞争也迫使教会领导重新审视福音的宣讲和心灵的熏陶"。在历史上,黑人来到巴西后把罗马天主教同非洲原始宗教信仰融为一体,从而创造出一种混合性宗教。这一宗教传统延续至今,因此巴西天主教徒中一些黑人一直保持着非洲宗教的某些要素,他们大多属于乌姆邦达派(Umbanda)或甘多姆布勒派(Candomble)。此外,在当代巴西，在那些贫穷、没文化、无能力阅读《圣经》的人中，五旬节的新教教义产生了很大影响力。新教是对巴西天主教宗教领导地位发起挑战的最强有力的宗教派别。据有关的社会调查材料，巴西的天主教徒已大规模地皈依新教。1950年，巴西至少有90%的人只是名义上的天主教徒，而到2000年，认同罗马天主教的人数降为74%，传统宗教和五旬节福音派信教者占总人口的15%；除此之外，还有2%的人相信招魂术、乌姆邦达派和甘多姆布勒派，7%的人表示自己无宗教信仰。正是在这种信仰变化的背景下，巴西尽管已变成世界上第一大天主教国家，但是它同时还有大量的新教教徒和其他宗教的信仰者。因此，有位学者认为，这是"在这个国家的历史上，第一次对巴西天主教国家这一概念发出了严重的挑战"。

在现当代巴西文化创造领域，文学艺术和现代化传媒的发展首先是同本国的自然环境以及经济转型、政治变局、社会变革等因素紧密联系在一起的。它们是推动巴西民族文化成长壮大的重要力量。与此同时，在这些文化创造活动中，巴西人追随西方文化的重要流派，并借鉴和采用其创作技巧及方法，因此，其作品呈现出一定程度的世界主义倾向。

特别是巴西现当代小说作品体现了这两方面特点，是其民族文化的重要代表作。从20世纪30年代起，如同拉丁美洲其他国家一样，巴西涌现出一批优秀的地区主义小说。它们描述各地区的民族一体化的发展，是文化民族主义的重要表现手段。对此，一位学者作了中肯的评述：巴西，"这个庞大的葡萄牙语共和国，本身就是一块大陆，它在语言上与西班牙有所区别，而且，非洲文化对它具有特殊的影响，区域主义的脉冲在巴西具有独一无二的重要意义，其唯一的原因是由于民族方面综合作用至今尚远未达到。19世纪里约热内卢古典运动已预兆了在20世纪早期将会接替它的圣保罗式的多种多样的现代主义形式；然而，当20世纪30年代和40年代，重心再一次转移到明显衰退着的东北部边缘地区，并产生了巴西叙事文的一个黄金时代，这在文学艺术体系上更令人感到震惊"。

开地区主义小说先河的作品，是若泽·阿梅里科·德阿尔梅达（1887—1980）的《甘蔗渣》，它描述了大庄园体制的现代化。作者德阿尔梅达在20世纪20年代与尉官派运动有密切的联系，曾是"1930年革命"的领导人之一，且在1930—1934年担任过瓦加斯政府的部长。他在《甘蔗渣》中描写了1898—1915年干旱时期的甘蔗地带，不仅描写了自然条件的

第七章 政治民主化与社会经济文化

恶劣,还涉及蔗糖生产的现代化过程,从劳动密集型生产转向机械化生产的过渡时期的情景。评论者认为,《甘蔗渣》是一部有浓厚社会学特点的小说,它仍然受到法国孔德派实证主义和左拉自然主义的影响,"其书名本身对19世纪末其他叙事文作品就起到了号召的作用"。其故事梗概是:在旱灾期间,女主人公美丽的女孩索莱达德在逃亡中遇到青年学生卢西奥及其父亲,故事就在他们之间展开。最终,蔗糖大王、卢西奥的父亲夺走了年轻人的女友,并使其子关于社会进步的梦想破灭。除了这条主线之外,小说还涉及一系列社会经济问题,诸如糖厂、旱灾、灾民、土匪等,展示了东北部错综复杂的社会面貌。

女作家拉克尔·德·凯罗斯(生于1910年)是一位法官的女儿,15岁时就成为一名合格的教师。其第一部作品、1930年出版的小说《1915年》描写了结束于1915年的巴西东北部旱灾的悲惨后果:它造成了无数灾民陷入乞食、缺水和失业的绝望境地。这部小说出版后她又写了三部小说,此后选择了创作戏剧作品和撰写纪实文献。她的作品具有新现实主义的

古老的糖厂

若热·亚马多

《味似丁香、色如肉桂的加布里埃拉》

特点,成功使用日常通用的语言,善于洞察各种社会问题,特别是妇女的情况。正是在20世纪30年代,她投身于政治活动:首先成为一名共产党积极分子,1937年又成为一名托洛茨基分子,为此她被判入狱3个月。由于她的创作成果和政治经历,不久她便成为巴西较有名气的人物,然而后来她改变了写作路线,致力于写作民间传说和传统,而不是当时的社会热点问题。

另一位著名小说家若热·亚马多于1912年出生在盛产可可的巴伊亚州伊列乌斯市的比朗吉镇。他的前半生同巴西的政治变迁紧密相连。他的作品不仅富有民族特色,而且描述了巴西的经济社会发展的独特历程。他的第一部小说《狂欢节之国》(1931年)描写了因在世界经济危机时期追求民族主义理想失败,而陷入绝望失落的一代。1932年亚马多加入了巴西共产党。这一时期他深受苏联新文学和美国现实主义小说的影响,且深入到巴伊亚州和塞尔希培州内地收集创作素材,于1933年撰写并出版了其成名作《可可》。这部小说以巴伊亚州可可种植园为背景,揭露了种植园主毫无人道地剥削农业工人,真实地揭示了农业工人的悲惨境况。它被评价为20世纪30年代巴西文学代表作之一。此后数年,亚马多又以萨尔瓦多为背景,每年创作一部小说:反映城市贫民生活状况的《汗珠》(1934年)、讲述一个黑人拳术师的生活及其遭遇的《拳王的觉醒》(1935年)、描述渔民生活的《死海》(1936年)和涉及流浪儿童生活的《沙滩上的船长们》(1937年)等。它们均从不同角度揭示了下层民众的贫困生活,批判了社会的不公正、不平等。从1936年起,若热·亚马多因参加政治活动多次被捕。

第七章 政治民主化与社会经济文化

1947年共产党被取缔后,他被迫流亡国外,其作品也多次被当局查禁和焚烧。但是,亚马多没有辍笔,40年代又连续发表了以巴西农村为背景的《无边的土地》(1943年)、《黄金果的土地》(1944年)和《饥饿的道路》(1946年)三部曲。1952年他结束流亡生活回到巴西,继续其小说创作,1954年出版了由《苦难的岁月》、《黎明前的黑夜》和《地下的曙光》组成的"自由在地下"三部曲,描述了圣保罗城市无产阶级在巴西共产党领导下所进行的斗争。然而,若热·亚马多于1955年退出巴西共产党,同时转变写作方向,"撰写了一系列适合于西方资本主义国家广大普通读者阅读的作品,其中的第一本是《味似丁香、色如肉桂的加布里埃拉》(1958年),成为全世界最畅销的小说"。1959年亚马多被选为巴西文学院终身院士。

在拉丁美洲小说创作领域,继20世纪20—30年代流行的社会现实主义之后,在50年代到70年代又兴起了魔幻现实主义小说。这个文学术语最早是德国艺术评论家弗朗茨·罗在评论20世纪20年代欧洲后期表现派绘画时使用的,后来经过西班牙《西方》杂志译载,这一术语才应用于文学领域。据有关学者的解释,"魔幻现实主义就是给现实披上一层光怪陆离的外衣,并使它具有浓郁的魔幻色彩,但又不使现实失去其本来的面目。魔幻现实主义是用来表现拉丁美洲的历史、政治、社会、文化和生活等现实以及拉美人气质的一种特殊的艺术手段。所以,魔幻现实主义所要表现的,不是魔幻而是现实,是通过魔幻境界的折射,间接地反映严酷的现实生活"。

巴西魔幻现实主义作品创作的先行者是马里奥·德·安德拉德(1883—1945)和奥斯瓦尔德·德·安德拉德(1890—1954)。他们两人没有亲戚关系,但是在20年代现代主义兴起时期曾是伙伴,然后又分道扬镳,然而在文化活动中一直彼此尊重,并相互支持。他们的文学作品是巴西魔幻现实主义的先声,主要通过想象、梦幻、神话等手段来表现和描述历史和现实。

奥斯瓦尔德生于圣保罗,1912年去欧洲旅行,深受欧洲现代文艺思潮影响,1924年在欧洲发起"巴西木"乡土运动,1925年发表诗集《巴

马里奥·安德拉德

奥斯瓦尔德·安德拉德

西木》。他的"巴西木"诗歌的序言内容就是一系列殖民编年史者的诗歌摘要,追忆着他们的直接对话和照片式的画面。他在此前创作"巴西木宣言"的口头公告中声称,长期以来欧洲从巴西输入蔗糖、咖啡和橡胶,并从中获益,现在巴西的诗歌必须排上日程表。奥斯瓦尔德和其他作家合作编纂的带有"食人生番"观点的"食人生番宣言",使得"巴西木"论文既激进又原始化。有的学者认为,作者从西方的野兽派和未来主义中得到启发,但主要是从达达主义中得到启迪。作者认为,"对于巴西人来说,食人者是历史事实,而不是为了消遣。也就是说,一旦把图皮人视为巴西的最初居民,其食人习性就不再是野蛮的、异域的或只是食人生番的好奇心。这种食人习性已经成为现在印第安人吞噬敌人的力量的一种仪式,有时也是针对欧洲入侵者的"。

据安东尼奥·坎迪多在《各种作品》(1970年)中的见解,奥斯瓦尔德的生活和作品象征着一名永远的旅行者,"旅客的瞬间美景"是把迅速捕获的碎片合成一个预见到的梦境。此外,他用诗歌来讲述巴西帝国时期的历史,使人们感觉到十分简洁和形象。比如,用以下方式讲述巴拉圭战争:一个新兵对他的心上人发誓,他就是死了也要回来听她弹钢琴,但他却永远留在了巴拉圭。或者一个奴隶带着他的小女儿跳进了帕拉伊巴河,使这个女婴免遭苦难。或者一个封建主说:"如果佩德罗二世/前来/喋喋不休/我就把他锁起来。"奥斯瓦尔德的作品涉及多个历史主题。政教合一的国家机制铸就了巴西文明、家庭社会及其道德标准,救世主的梦幻,亲欧洲知识分子的思想情感,以及掩饰西方殖民者的恶行和被统治者的苦难的印第安主义。在其去世后,奥斯瓦尔德的著述仍然激励着20世纪60年代末期兴起的巴西热带运动;与此同时,还引起历史学家对有关问题的关注。

他的《魁伟的六翼天使》(1933年),把读者引上了"神话般"的旅程,使之体会到了文化的剧烈创伤:圣保罗派资产阶级着迷于精致的欧洲,而亚马孙地区的"土著人"则迷恋于工业城市圣保罗。这两种情况是以法国作家拉伯雷式的荒诞、色情和淫秽的语言表达出来的,其目的是试图打破巴西的文学均势,过度描述情感的倾向。面对世界上出现的文明与原始的碰撞，奥斯瓦尔德试图应用"食人生番"原则：在印第安土著小说中"高贵野人"必须服从"坏野人"。这些"坏野人"需要别人的骨髓和蛋白质，也就意味着剥夺敌人过去的文化。

马里奥·德·安德拉德是作家和音乐理论家，生于圣保罗，毕业于圣保罗戏剧音乐学院，为"巴西现代艺术周"的倡导者，巴西现代主义文学运动的中心人物之一。他的第一本现代派诗集是《精神错乱的圣保罗》（1922年）或《产生幻觉的城市》（圣保罗）。他在现代派破碎的梦境中十分欣慰，但是在一些问题上他心甘情愿地服从传统。比如，他抒发对圣保罗的感情，但是，他的参照总不是未来派的无人性城市物力论，而是"自我"：他把该书献给他"深爱的"老师——马里奥·德·安德拉德。在其前言中他宣称，以自己的方式歌唱。作者以幻觉般的方式，深入揭示事物的本质。在圣保罗的"物质同一性"被商业和工业掩盖之时，这座城市把人们带入了一个古老的狂欢节般的景象：灰色、金色、烟灰、金钱、忏悔、贪婪。在诗人的世界，他不是作为一名超现实主义者那样超脱，也不是让自己分裂为碎片，而是为自己出了一个谜：他感到，借助梦幻、客体和隐士的融合体，通过丑角形象象征古代的神话和孤独的自我，狂欢和悲痛、愚蠢和智慧，这个谜是很难解开的。这样，他的诗歌带有很强烈的浪漫主义成分。

移植到巴西的"外界"历史，给予了马里奥更加平静的优势地位，可以去思考所有时代的艺术，比那些仅仅在"中心"去欣赏艺术，觉得自己应当废弃、重塑艺术的人更加平静。他所受到的挑战是殖民地时期印第安教堂的建造者未来派风格，他们在一代人的时间里回顾了从原始罗马式建筑以来的欧洲建筑发展原理，从而在巴西的土地上创建了新的教堂形式。

马里奥在魔幻现实主义方面的成就主要体现在《马库纳伊马》（1928年）一书中。马库纳伊马，这位以其祖先命名的巴西平民，辗转遍游巴西，从原始到现代而又返回。作者借此探索了某些神秘的主题，诸如图腾崇拜、部族制文化、食人肉的恶习，以及魔幻状态。而马里奥诙谐地解释他的作品的社会意义："巴西人没有什么特点，因为他既没有自己的文化，也没有传统的意识……他还只是一个20岁的孩子。"为此，奥斯瓦尔德·德·安德拉德作出了评价："马里奥写出了我们的《尤利西斯》，一举成功，在后继的50年里与他的诗社伙伴共同创造那个史诗英雄和民族的诗体形式。"在小说结尾时有一个意味深长的情节，马库纳伊马在与一个巨人搏斗时，失去了知觉，他"爬上了那只独木舟划到内格罗河口去寻找他的知觉,它落在后面留在马拉帕塔岛上。你猜他找到知觉没有?没有,完全没有一点指望!于是,我们的英雄抓到了一个西班牙美洲人的知觉,把它塞进自己的脑袋,安上正合适"。人们认为,"这也许就是巴西开始成为拉丁美洲一部分的时刻"。这一寓意深刻的情节表明马里奥是发展中国家敢于严肃和无畏地利用神话和魔幻手法,来描述自然世界以取代西方科学和艺术技巧的第一批作家之一。

到了20世纪60年代,随着工业化和城市化的发展,受到良好教育的中等阶层读者成长起来,人口也日益集中于大城市。人们需要精神文化食粮。面对这一现实,拉丁美洲作家开始创作所谓的城市小说作品。正如有的学者所指出的,"在文学史上的这个时刻,巴西一度与西班牙语美洲发生的一些大事步调颇为一致"。巴西作家若奥·吉马良斯·罗萨(1908—1967),生于米纳斯吉拉斯州的一个庄园主家庭。早年学医,1932年当军医。从1956年起担任边境划界局局长,罗萨由此获得了丰富的写作素材。他创作的《巨大的半沙漠地带:条条小路》,以半沙漠地带为背景,由一个名叫里奥瓦尔多的人讲述小说情节:他以前是一个来自半沙漠地带的牧童和强盗,现在则是一个地主,他回忆自己20世纪以来驰骋在广漠草原上,过着悠闲而激情的生活,同时也有奇遇和困惑。这一切促使读者思考这个幅员辽阔的热带国家的历史文化特点:在其自己的思想意识方面依然受到"三个可悲的种族"的控制——"葡萄牙人,怀着他们的乡思,仍然惦念着欧洲;非洲人,仅仅在100年前才脱离奴隶制度,极其想念他们有魅力的过去;而印第安人,则凝视着太空,渴望着他们久已失去的文化天地。这个组合至今没有产生出成功的民主社会;但是资本主义通过外人,包括来自世界各地的乐观的移民的努力已经扎下了牢固的根基。毫不奇怪,这个地区的最大的共和国呈现为这样一种错综复杂的形象,即它是一个具有与众不同的打动外人的民族特性的国家,而巴西的艺术家和知识分子本身却继续坚持认为,这个极其特别的国家不知怎么地,对它自己来说也仍然是个谜"。

在巴西,叙事小说的正常发展被1964年的军事政变打断了。因此,此后十几年几乎没有什么公开的政治或历史作品问世。但是,也存在少数几个具有重要意义的例外。比如安东尼奥·卡利亚多(1917年生)创作的两本有关乡村和城市的英雄小说:以巴西印第安人的一种宗教仪式命名的《夸鲁普》(1967年)和《堂胡安的酒吧》(1971年)。马西奥·索萨(1946年生)撰写的《加尔维斯,粗暴的皇帝》(1975年),后者是一个讽刺军事

第七章 政治民主化与社会经济文化

独裁政权的作品。这使他失去了一份文职。此外，还有伊纳西奥·德洛约拉·布兰道（1936年生）撰写的《零》（1974年，在巴西遭到查禁）、鲁维姆·丰塞卡（1925年生）创作的《伟大的艺术品》（1983年）和《布福和斯帕兰萨尼》（1985年）。它们都试图以各种方式，含蓄地描述在巴西横行的军人独裁统治。然而，在马里奥·德·安德拉德的《马库纳伊马》之后，还没有人能把巴西的历史与文献用一部宏大的叙事性著作完整地描述出来。但是，在20世纪80年代中期，若奥·乌巴尔多·里维罗（1940年生）创作了巴西叙事文历史上最具雄心壮志的小说《巴西人民万岁》（1984年）。这部700页的巨著描述了巴西漫长的历史发展时期：从17世纪前期荷兰人占领东北部，直到20世纪70年代后期。尽管它集中描写了巴伊亚周围的沿海地带，但是它也象征性地包容了整个巴西。该著作的开头文字出其不意地带领读者回到20世纪20年代有关食人生番的主题中："卡波罗法人津津有味地吃着荷兰人。"它以一阵从海洋吹进来的风暴作为尾声："没有什么人抬起头来看，因而也就没有什么人看见，在那风暴中间，人的幽灵迷失了方向，但是仍然充满希望，在大海湾没被照亮的海水上面徘徊着。"作者以寓意深刻的文字，表达出巴西人民将在大风大浪中摸索着前进。

如同文学创作，巴西的现当代音乐的发展也具有双重特点，既具有鲜明的本民族特点，又具有世界主义倾向。有位学者指出，"作为文化的一个方面，在20世纪上半时期，音乐没有摆脱在拉丁美洲各共和国的社会—政治生活中迅速发展的民族主义的影响。虽然在大约1930年以后音乐民族主义在欧洲失去了它的重要性，但是它直到50年代在拉丁美洲还依然是一种可行的潮流。然而，拉丁美洲的民族主义无法用一段词语来下定义；它的表达、意思和作用因每个作曲家个人以及特定的地区、国家甚至城市的具体的社会—音乐条件而异"。巴西音乐的民族特性是在殖民地时期奠定其基础的：是葡萄牙和印第安的成分中加入了黑人音乐的要素。特别是在1580—1640年西班牙和葡萄牙合成一个国家时期，来到巴西的西班牙人传入了他们的波莱罗舞、方丹戈舞和塞基迪亚舞，从此这些舞曲便同起源于巴西的法多民歌那种凄婉的乐曲流行于民间。

19世纪，随着大批意大利移民的到来，意大利音乐的影响逐渐增强。与此同时，由于巴西帝国政府大力推动艺术的发展，多座城市组建了管乐队和管弦乐队。1841年，巴西国歌的作者弗朗西斯科·曼努埃尔·达席尔瓦创办了国立音乐学院。1858年，创办了帝国音乐学院和国家歌剧院。歌剧院的主要功能是演出翻译过来的意大利、法国和西班牙的作品；此外，每年至少演出一次由巴西作曲家谱写的作品。巴西作曲家埃利亚斯·阿尔瓦雷斯·洛沃（1834—1901）创作的第一部歌剧作品是《圣若望之夜》，于1860年在里约热内卢上演。19世纪拉丁美洲最重要的作曲家就是巴西的印欧混血种人卡洛斯·戈麦斯（1836—1896），其最著名的歌剧《瓜拉尼人》尽管受到意大利风格的影响，但是具有明显的巴西民族音乐的特点。该剧使用意大利文剧本，曾于1870年在斯卡拉大剧院公演。据说，戈麦斯在那里受到威尔第的称赞，因此当他回到里约热内卢时，受到像欢迎英雄那样的款待。有学者指出，到19世纪末，巴西的音乐民族主义已经自成体系，赢得了支持者，并主导着这个艺术领域。巴西的现当代音乐正是在上述民族传统基础上发展起来的。

　　到20世纪前期，民族主义音乐继续得到发展。其有力的推动者就是巴西最优秀的作曲家之一埃托尔·比利亚－洛沃斯（1887—1959）。他致力于提高作品的美学价值，且推动本国的民间音乐实现普及。他采用让·勒里在其《巴西之行纪事》（1578年）中记录的印第安旋律，谱写了700多首包括各种体裁的作品。在这些作品中，最突出的是他的《巴西的巴赫组曲》。创作于20世纪30—40年代的9部作品被构思为组曲，每一组有着前奏曲和咏叹调。作者试图对具有某些巴洛克传统手法的巴西民间音乐与流行音乐进行灵活改编。比利亚－洛沃斯认为，在巴赫某些对位的和有节奏的传统手法与巴西的民间音乐及流行音乐的传统手法之间，存在明显的关系。除了个别例外，《巴西的巴赫组曲》的每个乐章都有两个名称，一个是与巴洛克组曲有关的形式主义的名称，另一个则是民族主义的名称。它们的旋律倾向于抒情，和声则倾向于古典特色，但音调很强。由于这部作品既有鲜明的巴西民族特性，又有世界主义倾向，所以在国际上受到赞誉。

　　音乐民族主义潮流追随者的队伍，在现当代持续扩大，其中突出的音乐家有卡马戈·瓜尔涅里（1907—1993）和弗朗西斯科·米尼奥内（1897—1986），他们都创作了大量的民族主义作品。瓜尔涅里的第一批成果具有明显的民族主义特点，比如《腹地之歌》（1928年）和《巴西舞曲》（1928年）。巴西现代主义作家和音乐民族主义的代言人马里奥·德·安德拉德称赞瓜尔涅里创作的《奏鸣曲》（供钢琴用）是一位特别富有想象力的作曲家的作品。在20世纪30年代的室内音乐作品中，瓜尔涅里因受巴西流行的"乔罗"（Choro）的启迪，而创作出了系列曲。他与马里奥·德·安德拉德的

第七章 政治民主化与社会经济文化

交往则推动他创作了一部独幕歌剧《佩德罗·马拉萨尔特》,马里奥为它写了歌词。瓜尔涅里的全部歌曲作品表现出他对于巴西的黑人和印第安人民歌的借鉴和利用。在40—50年代,他创作了最优秀的管弦乐曲:3部交响乐、1部《协奏序曲》(1942年),以及多首管弦乐组曲,如《巴西之歌》(1950年)、《400周年纪念组曲》(1954年)。这些作品的风格都是以民族主义美学为基础的,在创作技巧上含有大量的民族要素。

而弗朗西斯科·米尼奥内的许多作品几乎涉及所有的西方传统的音乐流派。约从1929年到1960年,他把民族特性同后浪漫主义派和新古典派风格结合在一起。在这种方向的作品中,他采用了巴西的非洲裔人的音乐主旋律和民间与流行舞曲的风格。从50年代后期起,米尼奥内在作曲方面追求一种更加折中主义态度,而不太直接关心民族主义表现手法,对试验新的音乐技巧逐渐产生了兴趣,如同在《寻求主题变奏曲》(1972年)中所表现出来的那样。

1960年后,巴西的音乐活动发生了剧烈的变化。音乐活动在多个主要城市逐渐开展起来,如里约热内卢、圣保罗、桑托斯、累西腓、萨尔瓦多,此外还有贝洛奥里藏特、巴西利亚和库里蒂巴等。与此同时,创设了多个宣传音乐思想的团体,如在桑托斯和圣保罗的新音乐团体、在里约热内卢的音乐革新团体,以及在萨尔瓦多十分活跃的桂冠作曲家团体等。20世纪60—70年代,里约热内卢举行了多次先锋派音乐的音乐节。1964—1982年,桑托斯举行了18次新音乐音乐节。

在20世纪后期,不少巴西音乐家开始追随西方的音乐流派,改变了创作风格和技巧。比如,克劳迪奥·桑托罗经历了深刻的风格转变。在60年代后期胡乱堆砌程序进入了他的乐曲《哀歌大合唱》(1970年);在其70年代的作品中则出现了电子音乐和传统乐器的结合,还涉及随机作曲法。另一位音乐家埃迪诺·克里格尔(1928年生)起初追随欧美潮流,但是不久便形成了偏向民族主义的新古典派音乐语言。约从60年代中期起,他随意地利用一些序列音乐组织和其他先进的技巧。从1980年起,他任国家艺术基金会音乐研究院院长,在巴西当代音乐方面发挥了积极的作用。

在60—70年代期间,马洛斯·诺夫雷(1939年生)是活跃在里约热内卢的先锋派作曲家。在风格上,他早期音乐混有不和谐风格和对民族主义的关注,后转变为十二音技巧、带有本土主义陪音的随意的序列主义和胡乱堆砌法程序。他的很多作品具有比利亚-洛沃斯作品所具有的自然洋溢的情感。1960年后，在新首都巴西利亚出现了著名的作曲家豪尔赫·安图内斯（1942年生）。他既是一位训练有素的物理学者，又在迪特利亚学院、乌特雷奇特大学，以及在巴黎与音乐团体一起学习电子音乐，并由此对这一新型音乐产生了浓厚的兴趣。正是在这一背景下，他率先创作了巴西的电子音乐乐曲《星际圆舞曲》（1962年）、《关于布宜诺斯艾利斯风景的自画像》（1969年）、《一个民族的历史》（1970年）。约从1965年起，他开始创作所谓的"整体艺术"或混合手段的音乐，其中不仅包括声音和色彩，而且也有气味和味道，如《气氛》（1965年）。

在20世纪前期，有三个事件为现代造型艺术的形成提供了有利的条件。第一件是来自立陶宛的画家拉萨尔·泽加尔（1891—1957）于1913年在里约热内卢举行画展；第二件是女画家阿尼塔·马尔法蒂（1896—1964）展览她在1917年创作的作品；最后一件是1922年一群艺术家和知识分子"发现"雕塑家维克托·布雷谢雷特的作品。后来，著名的现代艺术讲座于1922年2月在里约热内卢举行。一批先锋派艺术家，在一些有影响力的富裕的艺术爱好者的赞助下，在市政厅大礼堂举办了一届持续三个晚上的艺术节，其中有各种节目：诗歌朗诵、音乐独奏（独唱）、讲座以及视觉艺术展览等。由此诞生了一个艺术集团，由音乐家、诗人、作家、建筑师和造型艺术家组成。他们试图达到马里奥·德·安德拉德所设想的目标："争取实现美学探索、巴西艺术界知识分子现代化以及建立民族性创作意识的永久性权利。"

与此同时，在巴西现代艺术初创时期，圣保罗也发挥了积极的作用。20世纪30年代，圣保罗的一批艺术家创建了圣保罗艺术之家，他们在里约和圣保罗两大城市举办展览。同时，贝利亚斯·圣保罗艺术沙龙也开办了，随后又创设了艺术家联盟的五月沙龙（1937—1939）。这些艺术交流形式是1951年创建的圣保罗两年一届展览会的先行者，它们都推动了巴西现代艺术的起步。这些活动培育了一批本国艺术家。但是，直到20世纪40年代，巴西的艺术活动仍然受到客观条件的限制。当时，几乎没有什么美术馆，而且艺术家们不得不寻找第二职业以维持生计，最好的情况是当教师。

随着经济的发展，有实力的企业主开始投资于有关的艺术设施。1947年，富有的报业业主阿西斯·夏多布里昂建造了圣保罗艺术博物馆；1948年，圣保罗工业家弗朗西斯科·马格拉佐·索布里尼奥建立了现代艺术博物馆（现今为当代艺术博物馆）。

第七章 ● 政治民主化与社会经济文化

圣保罗当代艺术博物馆

　　1951年马格拉佐又创办了圣保罗绘画双年展,它成为拉美最重要的此类艺术展。1948年,里约热内卢也建立了现代艺术博物馆。

　　60年代初期,艺术趋向政治化:许多人认为,艺术应首先具有社会现实性,然后才谈得上美学问题。然而,这种政治化过程因1964年军事政变而中断了。在军人统治下,由于政治化艺术被视为颠覆言论而遭到禁止,形象派艺术重新出现,其中包括像"偶然事件"这样的公开示威。在军事政权时期,主要公开示威包括:1965—1966年,在里约热内卢现代艺术博物馆举办了"民意展览会";1966年,在贝洛奥里藏特举办"巴西先锋派"展会;1967年,在里约的现代艺术博物馆举办"新客观主义流派展览会"。有人认为,后者是一次形象派的展览会,它是以批判的目光分析技术和效用方面的趋势而进行组织的。其中包括客体、环境甚至让画展的观众作为创作者。同时,会展强调从"客体"跨进"想象",也就是所谓的"从视网膜跃进心灵",其名称就是"概念派艺术"。

　　这一时期,为绘画而绘画的艺术流派仍然十分活跃。比如,安东尼奥·恩里克·阿马拉尔（1935年生），出生于圣保罗。他运用北美风格的超现实主义的手法，杰出地在画作中注入爆炸性的政治内容。一开始，阿马拉尔发现了香蕉的主题：剥开的、切成片的、成串的，画家设法使之再现为极大的、千头万绪的形象。在观赏时，这些画作与它们看上去的形象有不同的含义。若昂·小卡马拉（1944年生）出生于累西腓，被巴西人评论为热衷于政治的形象派人物。其作品是以政治或性为主题的长系列画幅。有学者认为，它们的目的已超越了清规戒律，几乎已沦为小册子的艺术水平。

在现代造型领域值得一提的是雕塑家维克托·布雷谢雷特（1894—1955）。他是现代艺术的先驱之一，出生于圣保罗。1913—1916年居留于罗马，此后在巴黎又度过3年。在法国他受到了罗丹、布代勒和梅什特罗维奇几位大师的综合影响。他先是采纳了一定程度的装饰守旧风格，后来才转向了纪念性的雕塑。1920年，他展出了他所创作的16世纪末到17世纪游走于巴西内地的"圣保罗捕奴队"纪念群像的模型。这项巨型雕塑1936年开始制作，最后于1953年在圣保罗竣工揭幕。他是一位善于制作密集而具有各式人物群像的雕塑大师，其人物由准确无误的弧线、光滑的形体组成。这位雕塑家既能制作室内小型作品，又能创作巨型纪念碑和塑像，同时还能把青铜像转换成平滑或纹理粗糙的石像。

在建筑艺术领域，巴西曾是拉丁美洲建筑现代派在20世纪赢得世界性声誉的唯一国家。不过到当代，它的成就并不显著。巴西的现代主义源于圣保罗，最初是由一群知识分子和艺术家发起了一个运动；到1922年，组织了著名的现代艺术周。在建筑领域，运动是由马里奥·德·安德拉德的文章和一位俄罗斯建筑师格里戈里·瓦恰夫奇克（1896—1972）的理论和实践发动的。后者于1923年来到圣保罗，并仅在两个月后就发表了两篇保卫"理性主义"的宣言。他在1927年建造了一座革新性的房屋，不久又在帕卡埃姆布建造了"现代主义理念"的房屋（1930年），并以塔尔西拉·多阿马拉尔和拉萨尔·塞加利两位艺术家的绘画作为装饰。

20世纪30年代瓦加斯执政时期，在声望极高的建筑师卢西奥·科斯塔的指导下，先前对抗的两种趋势：新殖民时代主义和现代主义走向统一。由此，现代巴西建筑的要素逐步显现，它是一种带有当地特色的独特功能主义，如采用彩砖、注意适应热带气候和热带植被等。这一时期著名的欧洲建筑师勒·柯布西耶两次访问巴西，为理性主义原则奠定了传播和胜利

第七章 政治民主化与社会经济文化

的基础。在他的影响下,按照气候条件,建筑物采用桩基和遮阳板,实际上这已成为热带建筑物不可缺少的要素。在20世纪中后期,理性主义建筑的样板不断出现:教育和文化部大厦(1937—1943年),位于里约热内卢,是由卢西奥·科斯塔领导建造的,并由勒·柯布西耶参与指导;贝洛奥里藏特的潘普利亚住宅小区(1943—1944年)是由奥斯卡·尼梅尔建造的;此后,位于里约热内卢的巴西现代建筑的两大经典作品:佩德雷古略复式结构住宅(1950—1952年)和现代艺术博物馆(1954—1958年)是由阿丰索·爱德华多·雷迪领导建造的。

同一时期,在圣保罗也开展了现代派运动,但是它同里约热内卢的潮流有一定的差别。该地的两位主要人物是里诺·莱维和若昂·维拉诺瓦·阿蒂加斯。后者不仅创办了一所建筑学院,并制定了圣保罗的城市规划(1961—1968年),而且还指导建造了该城市的主要建筑物。它们的主要特点是朴实无华,且无夸张外表。但是,60年代早期以后,巴西的建筑公司趋向商业化,逐渐失去自己的特色。例如,在里约热内卢建成的巨型阿维尼达中央塔楼,只不过是另一座美国式的摩天大楼。尽管如此,著名的建筑大师塞尔吉奥·贝纳德斯设计的作品仍富有自己的特色,其中有里约热内卢的花卉市场和福塔莱萨的政府宫(1966年),还有若昂佩索阿的坦博饭店(1971年),它是一座较低矮的环形结构的建筑群,除了面向海洋的一边之外,都是封闭型的结构。

在巴西另一个重要的文化领域电影事业方面,20世纪60年代初曾兴起一场"新电影"运动,据著名的电影制片人格劳贝尔·罗沙的解释,"新电影并不是拍摄一部影片,而是发展影片的总体,使之唤起人民大众认识自身的苦难所在"。当时,大多以里约热内卢为基地的制片人采用了不同的制作风格,然而他们都表达了其激进的民族主义的观点,一致反对新殖民主义文化制度。在电影界有影响力的理论机构巴西高等研究所为此提出了一种发展的民族主义。正是在这一思想影响下,在1964年军事政变之前,关键性的影片重点主要放在农村,特别是东北部的荒芜地区,也就是内地的荒漠,以及那里人们的贫困状况,还有与此相联系的神秘社会的盗匪"渣滓"及其救世主式的领袖。1963年有三部影片——佩雷拉·多斯桑托斯拍摄的《贫困的生活》、鲁伊·格拉的《枪》和格劳贝尔·罗沙的《黑色的上帝,白色的魔鬼》,都是表现东北部地区社会的贫困落后,并探索了发展失衡的性质和不同形式的压迫。其中,格劳贝尔·罗沙在作品中采用了东北部大众文化的形式和结构,包括民谣和民间文学短篇神秘故事。还有卡洛斯·迭格拍摄的《雄松鸡桑巴舞》(1963年),它以17世纪的帕尔马雷斯逃亡黑奴社会为基础,反映黑奴的生活和斗争。

正如某些学者所指出的,1964年军事政变终结了文化领域左翼和民众的梦想,但是左翼文化并没有消失,只是军政府将其限制在一定的范围之内。军政府也对文化活动进行投资,并于1966年创办了全国电影协会,提供津贴,并对国产影片实施强制放映的措施。正是在这一复杂的情况下,格劳贝尔·罗沙采用比喻讽刺的手法拍摄影片《令人痛苦的土地》(1967年)。一位评论家认为,该影片分析了"一位投身社会活动的艺术家的思想矛盾,他错误地把自己看作社会权力斗争中的一位决定性人物,而在那种不发达的环境下,他却被迫面对自己有关的不切实际的'农村生活'幻想,并且发现在权力的小圈子里,他不过是处于外围的地位。这位失败了的艺术家宣布了他的幻想状况的痛苦,将他那不合时代的错误观点宣判死刑"。

《马库纳伊马》

1968年军人政权加强了独裁统治,一些文化人将这一时期的权力和压迫的性质比喻为"食同类者的热带主义"阶段。为了逃避迫害,一些制片人,诸如格劳贝尔·罗沙和鲁伊·格拉被迫流亡国外,而其他一些制片人则转向间接的批判形式。例如,若阿金·佩德罗·德安德拉德改编了马里奥·德·安德拉德20年代所写的小说《马库纳伊马》,以食同类主义作为暗喻的核心,随着骗子马库纳伊马从亚马孙来到现代城市圣保罗的旅行过程,主人公进行了激进和社会性的改革。此外,佩雷拉·多斯桑托斯拍摄的《我们的法国小子胃口多么好》(1971年),表现了16世纪时巴西土著图皮南巴族人接待了法国人,此后又继承了法国殖民者的权力。到70年代,新电影的导演在政治上趋向妥协,而军政府逐渐占据了主导地位。

20世纪70年代,军人政权在"环球电视"(TV Globo)中发现了对其推行的国家工业化、引进外国投资和经济现代化政策的天然支持者。与此同时,这家电视台拥有先进的技术、外来的知识和受欢迎的大众产品,它可以为军政府提供理想的通信系统。因此,在军人统治时期"环球电视"享有特权,它能利用军政府在全国的远程通信基础设施和广告方面的大量投资。1970年,巴西在广告上的投资为3 500万美元,到1979年增至15亿美元。据估计,到1985年"环球电视"的受众达到8 000万人,"是世界上第四大电视联播网,它生产了巴西生动的和技术精良的节目的90%,并将电视小说出口到整个拉美和欧洲"。巴西实现民主转型后,这个电视台成功地实现了从军用到民用规则的转变。

到20世纪90年代,巴西的广播和电视事业得到快速的发展,同时引进一系列先进技术,这样其受众的队伍持续扩展。按照有关统计数据,1994年全国设有2 917个广播电台,开设了付费电视、超高频率电视和320家电视台。286家无线电视台中的大多数组成6个国家商用联播网,广播台分布于4 000多座城市,并开始建立无线电联播网。与此同时,巴西广播系统经历了一系列技术变革,如引进调频、立体声和数字录音技术。全国所有大型广播和媒体集团,如环球、旗帜、砍刀、SBT等都是私营公司。

作者点评:

20世纪末期,巴西先后实现了政治和经济的两个重大转型:其一,80年代中期实现了从军政府执政转变为民主体制。这样,各任民选总统得以比较顺利地交接政权,基本上保证了国家政局的稳定。其二,90年代中期起逐步实现从国家主导的经济体制转变为以市场为导向的经济体制,同时大力吸引外国投资和推动国营企业的私有化进程,这使得经济在一段时间内恢复了增长的势头。但是,经济和社会中的一些顽症长期存在,难以根治,比如:东南沿海地区与东北部及中西部的经济与社会发展的差距,贫富两极分化,城市化过度发展及其带来的问题,通货膨胀的问题,这些难题长期困扰着巴西。

不过,从1889年共和国建立起,直到20世纪末,经过一百多年的发展,巴西不仅拥有比较发达的农业,而且形成了比较齐全的制造业和服务业,还有富有热带特色的民族文化,因此,它已成为世界上有影响力的发展中大国。

第八章 卢拉的社会改革及其大国梦

一、卢拉政府的中左温和改革路线

路易斯·伊纳西奥·卢拉·达席尔瓦1945年10月27日出生在巴西东北部伯南布哥州内地的一个贫穷的农民家庭,7岁时随全家移居圣保罗。卢拉只上了5年小学,很小就到街上擦皮鞋,12岁在洗染店当学徒,14岁成为一家五金厂的正式工人。在此期间,他挤时间完成了车工课程。1966年,在巴西共产党员哥哥的带领下,卢拉开始积极参加工会运动。1980年2月,卢拉与一些工会领袖、学者和知识分子创建了劳工党,后当选党主席,并使该党很快发展成为巴西最大的反对党。1983年,卢拉参与组建"劳工统一中心"。他领导的工会运动为加快军人在1985年"还政于民"作出了重要贡献。1986年卢拉以高票当选全国立宪议会联邦众议员。卢拉曾于1989年、1994年、1998年3次竞选总统。2002年10月,他第四次参加总统选举并获胜。2003年1月1日,巴西当选总统卢拉·达席尔瓦在国会大厦举行的隆重仪式上,从卸任总统卡多佐手中接过代表巴西国旗的红、黄、绿三色总统绶带,正式成为巴西联邦共和国第40任总统。

路易斯·伊纳西奥·卢拉·达席尔瓦

第八章 卢拉的社会改革及其大国梦

卢拉受命于危难之际,迫切希望短期内在内政、外交上有所建树,重塑巴西大国形象。2006年10月29日,卢拉击败巴西社会民主党总统候选人阿尔克明获得连任。在2007年1月1日举行的新总统就职仪式上,卢拉正式宣誓就职,他也成为巴西历史上第二位通过直接选举获得连任的总统。

卢拉是位坚持中左温和的改革路线的平民总统。卢拉不仅是巴西100多年共和政体以来第一位选举产生的左翼总统,而且还是巴西历史上第一位工人出身的总统。因为自幼家庭贫困,卢拉小小年纪就开始沿街擦鞋,帮助邮差送信。这段艰难的生活使卢拉后来经常受到巴西上流社会的嘲讽和挖苦,但也拉近了他在从政生涯中与穷人的距离。在巴西政坛,卢拉一直被视为穷人的代言人,卢拉在国会发表就职演说时曾动情地说:"如果在我任期结束时,全体巴西人都能够吃上早餐、午饭和晚饭,我就完成了自己一生的使命了。"

2002年10月,卢拉第一次当选巴西总统前,由于巴西受亚洲、俄罗斯和阿根廷金融危机的冲击,货币狂贬、股市暴跌、物价上涨、经济下滑、失业增加,人民生活水平普遍下降,外资纷纷撤离,经济形势十分严峻。2003年新年伊始,卢拉走马上任。迎接新总统的除了当选之初的鲜花和掌声之外,一系列的困难和考验也摆在他面前。事实上,卢拉接手的可以说是一个"烂摊子"。这个拥有1.75亿人口的南美大国虽然早在10多年前就实施了自由市场改革,但结果却不尽如人意,甚至是令人失望的。

卢拉上台后审时度势,放弃了前任的激进主张,推行务实路线和积极稳妥的经济政策,将实行初级财政盈余、浮动汇率和控制通胀作为稳定经济的三大支柱,大力发展经济,鼓励投资和出口,从而恢复了国内外投资者的信心,使巴西经济从困境中逐步恢复。巴西国家风险指数在卢拉上台不到半年的时间里持续下降了500多点,国家金融和经济形势也渐渐走入正轨。2005年12月,巴西向国际货币基金组织(IMF)提前两年偿还了2007年到期的156亿美元的贷款,受到了该组织的高度赞赏。与此同时,卢拉主张改变使巴西经济陷入恶性循环的新自由主义政策,建立以推动社会发展为核心的发展模式,通过降低利率、税制改革、增加出口、加大基础设施投资等措施恢复经济增长,减少对外资的依赖。他承诺严厉打击腐败现象,大力解决就业、教育、卫生、住房、社会治安和贫富悬殊等社会问题。尤其值得一提的是,卢拉上任后将缩小贫富差距作为其执政重点,并取得了成效。卢拉刚上台时，也有不少西方人士担心他会推翻巴西原有的经济政策，拒偿所欠发达国家的外债。也有不少人对卢拉能否医治处于危机中的巴西经济创伤表示怀疑。但在不到半年的时间里，这些担心和怀疑就在事实面前不攻自破。在较短的时间内，卢拉就在世界面前成功地树立了温和成熟的改革派形象。在其执政时期（2003—2010年），卢拉推出了一系列社会改革政策措施，在一定程度上缓解了社会矛盾冲突。主要表现在以下几方面：

一是"零饥饿计划"。

由于历史上的诸多因素，巴西收入分配一直呈两极分化严重的特点，基尼系数位居世界前列。为解决这一难题，虽然巴西近几届政府都作出了很大的努力，但收效甚微。贫困问题不仅成为影响巴西政局稳定的隐患，而且也是其现代化进程的"瓶颈"。关于巴西贫困人口数，有几种不同的说法：劳工党的统计数字是4 400万人；而政府统计数字是2 200万人；另外一些研究数据竟达5 400万人之多。据巴西地理统计局和联合国人口基金会公布的统计资料，2001年巴西贫困人口占总人口的32.1%，有5 400万人生活在贫困线以下，人均月收入低于半个最低薪（即100雷亚尔），其中500万人在2001年没有任何收入。根据巴西人口调查局资料显示，在巴西7—14岁的儿童中，就有35%处于贫困状态。

另外，巴西贫困人口呈现出地域分布不均的特点。就全国5个地区而言，东北部的贫苦人口比例最高，约占全地区人口总数46%，占全国穷人总数的45%。其后依次为北部地区（前述两种指数分别为43.2%和5.3%）、中西部地区（24.8%和5.9%）、东南部地区（23%和33.4%）、南部地区（20.1%和10.4%）。

多年来，贫困问题严重威胁巴西国家稳定安全，社会治安状况呈不断恶化趋势。伴随着城市化的发展，巴西贫困人口也大量向城市迁徙，这给一些大城市的治安带来巨大的压力。圣保罗、里约热内卢等大城市暴力、抢劫事件时有发生。为维持2003年里约热内卢狂欢节的治安，巴西政府甚至动用了政府军队。

在贫困问题最严重的农村，从19世纪中叶起，农民为争取土地的斗争不断升级。尤其是近年来，成立于1985年的"巴西无地农民运动"力量不断壮大，业已成为巴西目前一股不可忽视的政治力量。该组织经常号召无地农民在公路两侧安营扎寨，造成公路堵塞。他们通过强占企业以及机关

第八章 卢拉的社会改革及其大国梦

用地，形成全国范围的轰动效应，借以引起政府对贫困问题的关注。2002年年初，他们甚至一度占领总统卡多佐的庄园，局势一度失控。"无地农民运动"的兴起和壮大反映出巴西贫困问题的严重。

巴西的贫困问题由来已久，究其原因主要在于殖民时期留下的大地产制。由于土地的高度集中，广大农民无法分到土地，进而没有商品参与现代市场经济，教育水平的低下更恶化了农民的就业水平。随着城市化进程的加快，大批农民涌入城市，造成城市就业状况的进一步恶化，收入分配两极化则更为明显。

自20世纪70年代以来，巴西政府一直在为解决贫困问题实施一些改革。但均因资金不足，成效甚微。为解决贫困百姓的吃饭问题，巴西政府从1993年起陆续推出"最低收入保障计划"，发放"互助券"、"上学奖励金"和"食品卡"等。"零饥饿计划"是卢拉在总统竞选期间提出的口号。"反饥饿"主张为卢拉赢得了大多数中下层选民的支持，加之出身的贫贱，卢拉几乎成为广大巴西中下层民众改变现状的"救世主"。新政府急需从解决贫困问题入手，贯彻其社会和经济协调发展的执政理念，为巴西重新步入良性发展轨道创造条件。面临当时巴西国内的政治经济形势和国际复杂局势，"零饥饿计划"是卢拉当选后宣布的第一个重点施政计划。

2003年1月10日，刚上任的总统卢拉率领29位内阁成员赴巴西东北部贫困地区视察，这标志着"零饥饿计划"的启动。视察期间，卢拉向当地贫民表示："即使在《圣经》上也不存在一个人在三四天内不吃饭的事情，在巴西更不允许这种情况的出现"；"作为总统现在不是承诺什么，而是要行动起来"。他要求各个部门立即行动起来，开展一场"道义和道德革命"。在内阁的设置上，卢拉政府新设了粮食保障部，旨在组织、协调和落实国家的食品营养政策，保证巴西人的粮食供应。这体现了消除饥饿在卢拉政府中的重要地位。卢拉多次强调，消除饥饿是其执政的首要目标，因为在这样一块富饶的土地上，没有理由剥夺贫民的食物。新政府上台伊始就旗帜鲜明地围绕反饥饿、消除贫困及扶贫全民动员三大主题，利用政府拨款和社会资助，着力解决饥饿和贫困问题。该运动在巴西国内产生了重要影响。

"零饥饿计划"的主要内容有：发放食品救济卡、基本菜篮子工程、扶贫教育、对土著人的救济、在干旱地区修建储水地窖、扶持家庭农业、基本药品援助计划等，使全国2 369个市的500万贫困人口受益。"零饥饿计划"

包括60个不同项目,在已公布并实施的10个项目中,"食品卡"制度备受关注。该计划首先在皮奥伊州试行。该地区每个贫困家庭可凭政府发放的"食品卡"每月在州银行领取14美元,作为购买食物的费用,但禁止购买诸如酒、烟、饮料和其他不健康食品。

为解决日益严重的贫困和社会不公正问题,卢拉政府还确立了2003年度的部分改革项目。其中包括:将17个州的20.3万公顷废耕地分给5 500户家庭;重新启动东北部开发管理局;规定牛奶的最低价格,帮助100万户养牛家庭;增加对玉米和高粱等农作物种植的资金援助;减少农村合作社的税额;鼓励私人银行向小农场和合作社提供贷款等。除此以外,卢拉政府还将以前各种救助扶贫措施统一整合为"家庭救助金计划"。

据统计,巴西每年"家庭救助金计划"的财政拨款约有65亿雷亚尔(约合37亿美元),仅占国内生产总值的0.35%,占巴西家庭总收入的0.69%。但这笔钱在贫困家庭收入中所占的比重高达43.6%。该计划对贫困家庭来说无异于雪中送炭。政府还希望借此实现不再让贫困家庭子女失学或做童工的目标。

随着"家庭救助金计划"覆盖范围的加大,巴西的扶贫成果显著:贫困家庭人口在全国总人口的比重从1998年的32.4%下降到2008年的22.6%,平均每年下降约一个百分点。2003—2008年,全国有1 950万人摆脱赤贫。2005年,巴西提前实现了联合国的千年发展目标。当时,为扩大"家庭救助金计划"的社会效应,巴西政府考虑实施进一步的措施,计划提高家庭救助金额,并将受益贫困家庭再增加200万户,争取到2015年将全国绝对贫困人数再减少1/4。

"零饥饿计划"扶贫的规模之大和力度之强皆属巴西历届政府之最,其特点引人瞩目:

首先,政府调动国内外资源保证该运动的贯彻实施。"零饥饿计划"构想初见于卢拉总统的竞选纲领。上台后,卢拉把"零饥饿计划"作为其致力解决社会问题的一面旗帜,在政策和财政上给予大力支持。巴西政府在"2004—2007年发展规划"中特别强调了"零饥饿计划"对解决巴西贫困问题的重要性。2003年新政府上台面临资源紧张,在实施严格财政措施的同时,卢拉批准增加"零饥饿计划"的投入,又在2004年公共财政中将该运动预算由原来的53亿雷亚尔提高至70亿雷亚尔。此外,卢拉在各种外交活动中不遗余力地宣传"零饥饿计划",不仅获得国际社会道义上的支持,更

第八章 卢拉的社会改革及其大国梦

促使世界银行、美洲发展银行及联合国粮农组织纷纷解囊相助。

其次，发动群众，开展全民扶贫活动。政府网站开辟了"零饥饿计划"专栏，及时公布活动开展情况，并接受民众监督和信息反馈。全方位的宣传使扶贫活动深入人心，受到巴西社会各界欢迎和支持。目前已有近1 000家大企业注册参加运动，55个企业和单位得到认证，成为"零饥饿计划"的成员。全国300多个市设立了34 252个食品收集站并投入运营。

再次，着眼发展，推行可持续扶贫。政府除向贫困户直接分发救济金和食品之外，还通过加大对贫困地区基础设施的投入改善生产生活条件，扩大对小农户的小额信贷，向其提供技术支持和收成保险。该运动重视物质扶贫与教育扶贫的有机结合，加大对贫困人口的教育力度，规定享受食品救济卡的贫困居民必须参加扫盲培训班，还必须接受食品消费教育，以更好地了解政府"零饥饿计划"的初衷。这些措施都有利于培养贫困人口自主脱贫的意识和能力。

最后，设立专门机构以保证扶贫工作正常运转。为推行"零饥饿计划"，政府增设粮食保障和反饥饿部，该部由总统直接领导，负责制定方针政策和部署工作。另由13名政府部长及来自社会各界的49名代表组成全国粮食安全委员会，作为政府"零饥饿计划"的咨商机构。除此之外，政府在相关州、市建立扶贫机构，具体落实政策和培训工作人员。

"零饥饿计划"之所以得到各方面支持，一方面反映了巴西贫困和饥饿问题的严重性；另一方面也体现出民众要求改变这种状况的迫切要求。该计划的两根"支柱"是：直接向低收入家庭提供食品以及为穷人创造就业机会。虽然这一计划因多方面原因而未能彻底完成，但巴西穷人受益匪浅。据权威研究机构瓦加斯基金会的调查，2003—2005年，巴西贫困人口减少了19%。3年里贫困人口下降的绝对数量超过前10年的总和。这些成功的措施为卢拉赢得了巴西基层民众的广泛支持。

卢拉反复强调社会改革将是未来改革重点，而消除饥饿是其社会改革项目的重中之重。可以肯定的是，卢拉会尽一切努力来实现"零饥饿计划"的初步目标。这可以从他上任后进行的一系列财政开支的精减上得到验证。另外，在议会和国内，卢拉一直保持着极高的支持率，这为其推行反贫困计划提供了有利的国内环境。一方面，民众和议会将会对政府提出的改革方案表示支持；另一方面，巴西民众会对卢拉政府的反饥饿计划的实施保持耐心，减缓政府施政的压力，便于政府推行着眼长远的改革计划，从而避免急功近利的做法。国际上对卢拉反贫困计划的肯定也尤为重要,计划成功与否也还有赖于国际援助。

但是,制约改革计划的一些不利因素仍然存在。巴西经济状况是制约实施"零饥饿计划"的最大障碍。2002年经济动荡,通胀率居高不下,利率一再提高。客观地说,要实现"零饥饿"的目标,恢复并促进经济的发展是关键因素。但是在利率和通货膨胀率的双重影响下,较快地恢复经济仍有着相当的难度。另外,为支援"零饥饿计划",卢拉削减了大批投资项目。这种做法太过急功近利,不利于政府的长期规划。"要实现到2015年贫困人口减少一半的目标,卢拉必须使巴西经济保持每年3.7%的增长率"。另外,伊拉克战争不仅使"零饥饿计划"面临资金上的难题,更将使巴西的经济形势雪上加霜。但卢拉以其卓越的改革魄力,在其第一任期,就使巴西的贫困问题得到了一定的改观。它成为考察卢拉政府政绩的主要参数之一,也是其4年后能够连任总统的关键性因素。

"零饥饿计划"也暴露出很多不足,2004年民意调查显示,62%的民众认为巴西贫困问题未得到根本解决。作为庞大的系统工程,贫困问题的解决受制于国家经济发展、社会体制等因素。

巴西经济不景气使扶贫资源匮乏。2003年巴西经济持续低迷,仅增长不足1%。以控制通货膨胀为目标的严格财政措施严重限制了生产性投资,导致失业率居高不下。庞大的公共债务占国内生产总值的59%,已成政府"不能承受之重"。宏观经济形势不容乐观,政府虽有心全力扶贫,却难为无米之炊。巴西有识人士指出,经济的发展才是彻底解决贫困问题的基础和关键。

此外,巴西政府经验不足也是一个客观原因。组织结构运营不畅。统管运动开展的巴西粮食安全和反饥饿部属于新生部委,工作模式无例可循,加之社会性质的各种扶贫委员会组织较为涣散,各项措施无法得到有效落实。

配套服务不力。"零饥饿计划"在未完成具体政策制定之前便匆忙上马,为设立机构、雇佣和培训人员,先期投入过高,占用了大量扶贫资金。甚至动用社会捐款,严重影响到扶贫部门形象。后勤保障系统的缺乏延误了物资分发,政府事先未与银行部门沟通,无法接受企业捐款;各地扶贫站点不设粮库,各大农业合作社万吨捐赠粮食无处放置;没有有效利用金融系统资源来发放粮食救济卡。

第八章 卢拉的社会改革及其大国梦

政府更迭也影响到扶贫政策的连贯性。巴西上届政府已经开展了一系列的扶贫活动,政权交接未能使现政府有效利用已有扶贫资源,贫困户登记造册等基础性的重复劳动耗费了大量资源。此外,两届政府一些具体扶贫政策的差异也引起了民众的争论。

综上所述,虽然"零饥饿计划"取得了一定成绩,树立了卢拉政府亲民的形象,进一步坚定了卢拉贯彻扶贫计划的信心,但同时也应看到巴西经济增长势头缓慢,贫困问题积重难返,卢拉要实现其就职演说中"保证全体巴西人民三餐无忧"的诺言任重而道远。

二是粮食收购计划(PAA)。

受到殖民地时期大土地所有制影响,在20世纪90年代以前,巴西历届政府在农村经济发展方面仍然以发展单一农作物及加工业为主,专注于甘蔗、咖啡的生产和巴西木的采伐。21世纪初巴西政府推行了所谓的"绿色革命",支持小生产者和家庭农业的发展,保护脆弱的生态环境,解决饥饿和粮食安全问题。但是"绿色革命"仍然以不放弃大规模的商业化农业生产为基础。

绿色革命中的水利设施

卢拉政府上台前一系列的数字统计表明:发展可持续农业刻不容缓。在2001年,据估计,约有930万个家庭共计4 600万人受到了粮食安全问题的困扰。贫困问题、粮食安全问题严重影响了巴西的社会稳定和经济发展,是卢拉政府迫切需要解决的重大问题。

在此背景下,2003年卢拉政府上台后,由卢拉总统本人签署的"零饥饿计划"是巴西为发展可持续农业制定的一个最主要的措施,而粮食收购计划则是仅次于"家庭补助金计划"的最主要的组成部分。其主要内容包括:鼓励家庭农业,促进社会和经济包容性,鼓励农业的可持续的生产、加工,促进粮食产业化,促进农业创收;促进家庭农业生产的食品的消费;有效提高粮食的产量和质量,充分认识食物安全是一个人享有的基本权利;通过国家、州、市三级政府机构保障粮食供应,在学校和相关公共区域建立食品服务的公共部门;构建农村粮食储备体系,支持由合作社和其他形式的家庭农业组织建立的农业仓库储备体系;加强地方区域的农产品贸易网络;促进作物多样性,发展有机食品和生态农业;以及在地方区域层面鼓励形成健康的饮食习惯;支持成立农业合作社和农业协会。

具体来说,地方政府通过采购农产品保证小生产者在当地市场中的销售需求来解决贫困、饥饿以及粮食安全问题。粮食购买计划的核心是"购买",它被认为是带动农村经济发展的战略途径。该计划还有4个要点:首先,限定粮食收购的范围,只收购小农户、失地农民、土著人、原黑奴定居点等生产的农产品。其次,政府应当在平均市场水平基础上,以公平的价格收购。再次,建立政府直接从农业家庭收购粮食的方式。最后,由政府6个部门相互配合,监督实施这项政策。卢拉政府的粮食收购计划首先从巴西东北部最贫困地区开始实施。截至2011年,已经覆盖了全国5 564个大都市中的2 466个,以及45%的农村地区。

卢拉政府一般通过两个机制来实现上述计划。首先,巴西农业发展部和社会发展部成立国家食品供应公司(CONAB),并从农民家庭中直接收购农副产品。其次,农业发展部和社会发展部向各州和大城市提供资金直接为学校、医院等公共服务机构购买粮食。而通过上述公司实行的粮食收购是最主要的形式。

巴西国家食品供应公司与农村合作社、农民协会或者独立的农业家庭签订合同(一般以一年为期限),以固定的价格收购农产品。贫穷农户通过粮食收购计划能够与那些直接通过市场交易的农户一样有效地增加收入。同时,食品供应公司也可以将农业发展部和社会发展部提供的资金提供给合作社和农协直接从个体农户购买粮食,建立粮食储备。这些粮食可以储存12个月之久,当市场上粮食价格上涨时,则可以随时予以出售。因此,该项目还发挥着价格调节的作用,当农产品价格过低时,通过项目采购,价格会得到保障,避免农户遭受大的损失。有些时候,政府与农户提前签订合同,确保农产品的销路。此外,上述计划还具有资金管理和计划的作用,以及协调农业协会与合作社之间关系以便获得市场准入的功能。

这一计划的内容也并不是一成不变的。巴西政府在计划实施的过程中逐渐调整和扩展了所述计划的内容。比如从学校着手,"学校膳食计划"作为所述计划的子计划,改变了学生的膳食结构,为学生提供不同种类的、高质量的、新鲜的食物。2010年,巴西政府确定"粮食收购计划",支持有机农业的发展以及提高妇女参与所述计划的比例,保证所有人公平地享受所述计划带来的实惠。

这一计划被看作一个粮食市场工具和通过有效的对农民家庭的支持来加强家庭农业的国家计划。此计划不仅增加了受益农民的人数,而且在计划的管理和操作过程中,获得了丰富的经验和资源。7年中,投资额超过30亿雷亚尔,并且每年家庭农场中有1 400万个农民作为提供者受益,同时有1 500万人通过接受粮食捐赠而受益。正因如此,多年来,这个计划一直被当作巴西政府良好地支持农民家庭和促进粮食安全的公共政策范例。尤其是在联邦政府的承诺和许可下,对家庭农业给予最大限度的优先权。同时,强调粮食和营养安全,是这个计划诸多创新点中的一个。

巴西政府按照这项计划,以特别优惠的价格从家庭农业生产者那里收购粮食,以保障小农生产的收入稳定。联合国粮农组织总干事迪乌夫说,"巴西不仅关心粮食的生产,而且还直接收购小农生产出来的粮食,保障了市场和价格",并认为,"巴西的经验可以帮助全世界生产出更多的粮食,是全球扶贫的样板"。巴西重视粮食安全的制度化,从联邦政府到地方政府都建立了专门机构来帮助扶贫事业。尤其是巴西政府实行的有条件的现金转移支付计划、家庭补助金计划,获得了广泛的关注和好评。但是也有批评者认为这些措施在促进了出口导向型的农业企业发展的同时,使专门用于大豆和其他出口农产品生产的土地更加集中,并对环境产生了负面影响。但是,从现实来看,这些措施发挥的积极作用显然更大。

三是其他社会计划。

颁布"第一次就业计划"。为了使年轻人早日就业，2003年7月1日，卢拉政府宣布实施"第一次就业计划"，对16—24岁的青年就业给予支持。劳工党政府一方面向希望自己创业的年轻人提供低息贷款；另一方面对吸纳年轻人就业的企业予以补贴。在开始的半年内，政府向每位青年就业者提供最低工资的83%，企业只需支付17%。此外，政府负责对企业的青年进行免费的技能培训。2003年和2004年，政府分别投资1.39亿雷亚尔和4.189亿雷亚尔，通过部分减免税收或发放补贴等方式鼓励企业招聘无工作经验的年轻人，着重解决首次进入劳动市场的低学历和贫困青年的就业问题。据估计，该计划实施的第一年约有25万青年人受益。

颁布和执行扫盲计划。根据2002年统计，在巴西14—64岁年龄段的人口中，只有25%的人识字，67%的人为半文盲，8%的人为全文盲。在巴西人口中，有60%的人没有读完八年制的基础教育。卢拉就任总统后不久，便颁布和执行巴西扫盲计划。根据计划，到2006年巴西将为1 800万的成年人扫盲。政府扫盲计划预算资金为2.78亿雷亚尔。联邦政府与市政府、非政府机构和企业签署协议，推动成人教育活动的开展。

制订经济适用房计划。为解决贫困阶层的住房问题，2003年11月，卢拉政府制订并公布了经济适用房计划，在未来4年中，政府将投资215亿雷亚尔，兴建120万套经济适用房，主要提供给收入在5个最低工资以下的贫困家庭。据巴西城市部部长披露，当时巴西住房短缺660万套，其中城市短缺520万套，农村短缺140万套。此外，还有1 020万户家庭住房缺少水、电和排污设施。

进行养老金制度改革。2003年出台的养老金制度改革是卢拉政府着力推行的一项重要改革。其主要目的是使养老金制度更加合理和公正，减少政府的财政负担。目标是在未来的20年内减少560亿雷亚尔（约177亿美元）的政府开支。这项改革的主要内容是：提高领取养老金的最低年龄，男性由53岁提高到60岁，女性由48岁提高到55岁；男性交纳社会保障基金的年限必须够35年，女性为30年；政府减少对寡妇和鳏夫的养老金数额，减幅为30%；减少对军人子女的资助，此前规定军人子女可以终身享用养老金，现规定军人子女在年满24岁后停止享用养老金；对每月养老金在1 440雷亚尔以上者，每月征收11%的养老金税。此项改革于2003年12月经巴西国会通过。

第八章 卢拉的社会改革及其大国梦

综合巴西的政治经济形势，卢拉改革计划的实施存在着以下有利因素。

在议会力量对比上，卢拉所在的劳工党已经成为众议院第一大党，在众议院513个席位中占据97个席位。在参议院81个席位中，劳工党占有14个席位。卢拉政府内阁组成几乎包括了竞选中所有的联盟党派的成员。在内阁成员中只是缺少参议院第一大党、众议院第三大党巴西民主运动党的成员。缺少民主运动党的支持，卢拉政府将面临在参、众两院都不能得到多数席位支持的尴尬局面。为了团结民主运动党，卢拉将参议院议长和议会主席的职位交给该党主席、前巴西总统萨尔内，从而在议会内部实现了占多数席位的目标。另外，反对党社会民主党一直没有明确表示反对卢拉政府的改革计划，因为他们认为卢拉所推行的改革计划没有偏离卡多佐时期的方向。这样，在议会内部卢拉面临着较为有利的局面。

在内阁内部，卢拉得到了各个部门的支持。在内阁的组成上，劳工党基本上占据了所有重要职位，诸如财政和计划等重要部门都由劳工党人掌管。在26位部长中，有13位来自劳工党，7位来自党派联盟，6位属于无党派人士。内阁组成结构有利于卢拉改革计划的实施。在反饥饿问题上，卢拉得到了各部门的有力支持。卢拉上任后不久，国防部就支持政府作出的暂缓购买12架空军超音速战机的计划，并将节省下来的7.6亿美元支持"零饥饿计划"。随后交通部也取消了60项新的公路建筑项目，节省开支达到50亿雷亚尔。全国一体化部也削减了90%的财政开支。而卫生、教育和科技部也分别削减了10%的财政开支。据统计，卢拉上任后不久共削减了议会2002年所批准的80%的新投资项目，削减金额达41亿美元，只有39亿美元的投资项目继续执行。

卢拉的"零饥饿计划"得到了大多数地方官员的支持。2003年2月22日，26个州的州长同卢拉签署一项意向书，支持政府的税收、退休制度和"零饥饿计划"。州长的立场势必将对各州议会议员产生影响。另外，在上任前，卢拉同企业家和工会在实现稳定方面达成了共识。巴西最大的私人银行"巴德斯科"（BANCOBRADESCO）银行行长马·西普里亚诺表示："共识意味着所有巴西人都应该为国家尽自己一分力量，我们将为减少社会不公正现象和促进经济的发展出谋划策。"

卢拉反贫困计划赢得了国际上的肯定和认可。早在卢拉当选总统后不久，国际货币基金组织就派观察团与卢拉会晤，其对卢拉的经济政策表示了肯定,尤其对"零饥饿计划"表示了赞赏。2002年12月19日,该组织总裁说:"卢拉政府的计划堪称楷模"。2003年1月底,在巴黎与卢拉会面后,科勒尔表示对巴西的经济前景"非常乐观",并对"新左翼总统在遵守财政原则基础上致力减轻贫困的计划"留下了深刻印象。他说:"有充分理由对巴西保持乐观,促进经济增长和保持社会进步的基本点在巴西已确立。"对卢拉政府改革计划的肯定无疑有利于该组织给巴西300亿美元贷款的到位。联合国粮农组织(FAO)也给巴西提供100万美元的援助,同时向巴西提供"零饥饿计划"的技术支持。2003年2月14日,在与卢拉会晤时,粮农组织总干事迪奥夫表示:"该项贷款是对巴西的第一笔援助,其目的是促使巴西'零饥饿计划'尽快启动。'零饥饿计划'不仅是巴西,而且是整个国际社会和粮农组织的重要举措。"世界银行在2003年2月底确认向巴西提供为期10年的5.05亿美元的优惠贷款。世界银行巴西部主任托马斯表示,贷款不附加任何条件,是对巴西经济改革及教育、医疗、社会救济等社会改革计划的支持。另外,卢拉因重视南美洲社会不公问题及推行"零饥饿计划",获得2003年诺贝尔和平奖提名。这也可看出国际社会对卢拉政府所推行的改革计划的肯定。

尽管卢拉政府改革存在上述有利因素,但不可否认的是,巴西国内外的一些因素将给卢拉政府实施改革计划带来一定的难题。

首先,卢拉面临劳工党内部激进派的反对。在内阁组建问题上,卢拉与劳工党激进派发生了较大的分歧。激进派反对向任何右派政党屈服。另外激进派反对任命梅雷耶斯为中央银行行长,认为他过于取悦国际货币基金组织和市场。据《圣保罗州报》统计数字,在众议院91个劳工党代表中,有25位属于激进派别。激进派的主张无疑将会对政府未来的政策形成一定的影响。尤其是经济领域,卢拉在财政改革等方面也遇到很大的阻力。巴西实行三级分税制,该税收体系以税种多、税率高、偷税漏税严重和征税效率低而闻名。卢拉曾多次试图用法律程序来改革税收体系。然而,由于税制改革涉及面广、难度大,加之巴西的经济问题政治化历来很严重,因此,卢拉在第一任期内未能实施真正意义上的财政改革,这也使他多次遭到反对派的诟病。

其次,劳工党和劳工党政府的威信下降。自2004年年初起,劳工党主要领导人以及在政府和国会任要职的一些劳工党党员涉嫌贿赂丑闻,致使劳工党和劳工党政府在民众中的威信和支持率下降,舆论惊呼"劳工党和

第八章 卢拉的社会改革及其大国梦

卢拉政府出现了政治危机"。许多人甚至要求弹劾他本人。卢拉为此曾多次公开道歉。

2004年2月13日晚，巴西《时代》周刊杂志网站公开了劳工党议员进行贿选的"录像带"。录像中记录了劳工党议员迪尼兹在2002年地方选举中为本党两位州长竞选人非法筹集竞选资金，借以换取政治支持的证据。此事的曝光使一向自称是"巴西黑暗政治中最干净"的劳工党陷入严重的信任危机，使卢拉总统的民意支持率迅速下跌。事发后数小时，卢拉总统解除了迪尼兹的职务。

2005年6月，巴西工党主席、联邦众议员热费尔松披露劳工党为让执政联盟中其他政党的议员在议会投票时支持政府，每月给那些议员3万雷亚尔（约合1.25万美元）的贿赂款，劳工党主席热诺伊诺等其他领导成员积极参与了向议员贿赂的活动。因涉嫌贿赂丑闻，热诺伊诺于2005年7月9日在圣保罗举行的劳工党全国领导机构会议上宣布辞职，成为该党内第三位因贿赂丑闻而辞职的高官。除劳工党主席热诺伊诺外，此前，劳工党党员、政府第二号实权人物、总统府办公室主任迪尔塞乌，劳工党总书记佩雷拉和劳工党司库苏亚雷斯均因涉嫌贿赂活动相继辞职。巴西国会随后成立了调查委员会，联邦警察也参与调查。有关人员接受了调查委员会的质询，并进行全国电视直播。

再次，国际形势限制卢拉政府实施改革的空间。随着伊拉克战争的爆发，巴西改革面临的国际局势日趋严峻。其一，由于巴西是石油净进口国，战争必将使国际石油价格上升。其二，随着战争的临近国际投资机构可能延缓对巴西投资，甚至抽走对巴西的部分投资项目。

最后，也是最重要的一点，巴西经济增长长期处于低迷状态。对于巴西经济增长低迷的状况，卢拉表示有信心予以扭转，他在2006年10月8日举行的总统候选人电视辩论会上公开表示，巴西已具备经济快速发展的条件。为此而无需新的改革，无需压缩政府开支，也不用通过私有化来终止国家规模的扩大。巴西经济年增5%是一个最低目标。只有在这种情况下，巴西才能在产品与劳务增加的同时增加就业和完成减贫的任务。但是，对巴西经济在未来几年年增长率能达到5%的指标，多数专家持怀疑态度。原因在于经济的持续高速增长是需要高投资率作支撑的。自1997年以来，巴西的投资率为19%，与那些经济持续高速增长的发展中国家高达40%左右的投资率相比较，存在相当的差距。巴西在短期内难以达到这种水平。鉴于这种情况,巴西国内外专家提出了诸多解决方案。其中,降低利率是重要的一条。自实行"雷亚尔计划"以来,巴西一直以维持高利率政策作为反通货膨胀的工具,从而形成利率长期居高不下的局面。降低利率可以降低生产成本,刺激企业进行投资;降低利率还可以减少政府公共债务利息的支付,以更多的资金用于基础设施方面的投资和卫生与教育事业的发展,达到刺激经济发展的目的。但降低利率与巴西政府的控制通货膨胀政策是相悖的。但是,卢拉政府在第二任期内不会轻易改变控制通货膨胀的目标。近年来,反通货膨胀的政策取得了明显成绩,所取得的宏观经济稳定成果得到相关国际组织的赞誉。在条件不具备的情况下,卢拉政府不会进行激进的经济改革。因此,下调利率只能在有限的范围内进行,达不到较大程度地刺激私人投资的目的。此外,作为一个左派政府,卢拉在国有企业私有化方面的作为也是非常有限的。2006年8月,7位诺贝尔经济奖得主列举了制约巴西经济快速增长的7项因素:劳动力质量低;官僚作风严重和章程烦琐;利益集团掣肘;大多数农民贫困;国内市场狭小,巴西至今尚是一个封闭性较强的国家(在所调查的157个国家和地区中,其经济自由度位居第81位);缺乏一个可以信赖的国民储蓄机制;政治上有民众主义主张的负面影响等。上述问题从不同方面影响了巴西的经济发展。可见,卢拉理想中的经济快速发展目标难以在短期内实现。

二、大国梦与巴西外交活动

"未来之国"和"永远的潜在大国"是世人给巴西的两张国家名片。"未来之国"意指巴西国土辽阔、资源丰富,是上帝生活的国度。"永远的潜在大国"则在强调巴西现有实力不足以支持巴西发挥大国的作用。但是,这种情况发生了变化,巴西正在从南美大国成长为全球性大国,已经步入世界事务的决策圈。巴西翻天覆地的变化很大程度上要归功于卢拉。卢拉在2011年离任时依然拥有85%支持率,被称作"巴西历史上最好的总统"。

如果说卢拉的国内政绩还存有争议的话,那么,他在外交方面的"作为"则是有目共睹的,以至于其政敌抨击说,卢拉花在外交上的精力比花在国内的多。自卢拉执政以来,巴西外交之活跃为该国历史上前所未有,而其数次"出手"、纵横捭阖,推动拉美一体化和共同应对强大的美国——推

第八章 ● 卢拉的社会改革及其大国梦

行积极的外交政策,提升巴西在拉美和世界中的国际地位,也是卢拉最可圈点的政绩之一。卢拉政府大力加强与拉美邻国特别是与南美洲国家的关系。卢拉政府积极推动南美洲国家的自由贸易谈判和基础设施一体化,同时还积极推动南美洲国家建立安全合作机制。在巴西的积极推动下,2004年10月18日,南方共同市场和安第斯共同体正式签署自由贸易协议;12月8日,第三届南美洲国家首脑会议宣布成立南美洲国家共同体。该共同体的12个成员国共有1 760多万平方千米的领土、3.6亿人口、近1万亿美元的产值、800万平方千米的森林面积以及占世界总量27%的淡水,其出口总额超过1 800亿美元。这一国际组织的出现被当时的委内瑞拉总统查韦斯评论为实现了"解放者"玻利瓦尔当年提出的"美洲联邦"的梦想。此外,卢拉支持美国的"死对头"委内瑞拉加入南方贸易共同体,赞同委内瑞拉的安理会提议,批评美国不听巴西和德国、法国等的劝告对伊拉克发动单边的军事进攻,等等,这些都使这个拉美最重要国家的总统在国际上赢得了左派的声名。也正是由于卢拉以及查韦斯和其他一些拉美国家领导人的反对,美国提出在2005年1月1日建立美洲自由贸易区的设想终于未能成为现实。反对的原因在于巴西和委内瑞拉等拉美国家,担心美国通过

南美国家联盟大楼

美洲自由贸易区来控制拉美政治经济命脉。在这一场斗争中,卢拉可以说是发挥了非常重要的作用。

卢拉政府积极发展同非洲地区发展中国家的关系。2003年9月,在世界贸易组织坎昆会议期间,卢拉政府发起成立了旨在推动农产品贸易自由化的20国集团。2005年5月10—11日,卢拉政府倡议的首届南美洲——阿拉伯国家首脑会议在巴西首都巴西利亚举行。卢拉政府重视发展同美国和欧盟国家的关系,上台后不久,便于2003年6月访问美国。巴西和美国在一些问题上有分歧,巴西反对美国对伊拉克发动战争,同美国在建立美洲自由贸易区的谈判中存在不少矛盾和分歧,主要矛盾和分歧是农产品的补贴问题。2005年11月5—6日,布什总统访问了巴西。在美国不取消或削减农产品补贴之前,巴西不同意重启美洲自由贸易区的谈判。巴西劳工党执政以来的实践表明,它推行的是一种务实、稳健和渐进的经济、社会与外交政策。这种政策是对新自由主义经济政策的反思和替代。卢拉政府的政策虽然仍面临许多难题,但它为拉美其他国家的左派政府提供了一个样板,也将对拉美地区左派运动的发展产生深远的影响。

卢拉在他的第二个任期中,想进一步提高他的国家在世界舞台上的地位。他为他的国家所赢得的新的国际地位始于2009年"金砖四国"峰会的启动,巴西、俄罗斯、印度和中国的元首齐聚前斯维尔德洛夫斯克(Sverdlovsk),吁求建立一种全球储备货币。次年,卢拉在巴西主办了"金砖四国"峰会。从理论上看,在欧美统治权之外的这4个最大国家似乎代表了至少是对欧美统治的一些抑制因素,如果不是代表了另一种选择的话。更为显著的是,在这4个国家中,巴西本身并不是主要的军事力量,但却是至今为止唯一在具有重要战略意义的问题上公然反抗过美国意愿的国家:卢拉不仅承认巴勒斯坦的国家地位,而且还拒绝对伊朗的封锁,甚至邀请艾哈迈迪－内贾德(Ahmadinejad)访问巴西。巴西这样做实际上是宣告其外交上的自主性。在卢拉的带领之下,巴西已经成为一支全球性力量。

总的来说,卢拉政府的外交政策与传统左派的激进的反帝国主义霸权、反全球化的做法不同,也有别于推崇新自由主义的右派的外交政策,其外交政策更加务实、灵活。卢拉政府反对发达国家在国际事务中的霸权行为,批评现有的发达国家主导的国际政治经济秩序,但并未对此进行直接挑战,而是努力协调双方的分歧和矛盾;注意维护发展中国家的利益,同

第八章 卢拉的社会改革及其大国梦

时采取联合其他发展中国家的方式处理与发达国家的关系,积极参与全球化;积极开展多元外交,谋求地区领导地位和世界大国地位。与传统左派的立场相比,卢拉政府的外交政策更加务实,更易取得成效。

卢拉政府对美国的外交政策是"斗而不破"。

在巴西外交中,如何处理与美国的关系至关重要。巴西作为拉美地区最大、最有影响力的国家,其一举一动都牵动着美国的神经,巴西对地区内部事务和国际事务的处理在一定程度上会受巴美关系的制约。同样,这些因素也会影响巴美关系的发展。作为左派领袖,卢拉对美国的霸权主义行径持批评态度。但早在竞选期间,卢拉就表示不希望在拉美出现另外一个古巴或委内瑞拉。他执政后也并未公开与美国发生正面冲突,转而采取了较为灵活的策略。

卢拉早年受古巴社会主义革命和拉美左派思潮的影响,曾是一位激进的"反美"、"反资"斗士,对美国和资本主义一直持敌视态度,毫不留情地大肆抨击美国所代表的资本主义。前3次总统竞选中,卢拉激烈的"反美"、"反资"言辞让华尔街大亨感到恐惧,使在巴西多有投资的国际金融机构和大型跨国公司心存忧虑。他们想方设法,动员一切力量反对卢拉当选。然而,卢拉在吸取前3次竞选的教训后,在2004年的第4次竞选中,开始主动改变自己激进的左派代表的态度,放弃了激烈的"反资"、"反美"言论,不再抨击美国主导的全球化和自由贸易经济政策,承认美国与国际货币基金组织(IMF)对巴西经济的作用,主动改善与美方的关系。还选择中间偏右的巴西自由党领袖做竞选搭档,以争取美国和国内外商界的认同。

在卢拉政府之前的卡多佐执政时期,巴西经济严重依赖国际贸易市场和国际金融市场,巴西外交的首要任务是参与经济全球化,吸引外资,扩大对外贸易。因此,巴西注重发展与美国、欧盟以及亚洲一些经济发展水平较高的国家的关系,也积极争取国际货币基金组织的支持。那时的巴西被美国等发达国家视为伙伴。例如,2002年,在美国的支持下,国际货币基金组织与巴西达成一项为期15个月的金融援助计划,同意向巴西提供300亿美元的贷款。但在促进地区一体化方面,巴西似乎并不热心。2001年11月,巴西违背南方共同市场的成员国不能与第三国签订双边贸易协定的规定,与墨西哥重开双边贸易谈判。巴西的货币贬值政策也遭到南方共同市场(简称南共市,包括巴西、阿根廷、乌拉圭和巴拉圭4个成员国,智利、玻利维亚2个准成员国)其他成员国的诟病,有些成员国甚至认为巴西的举动会使南方共同市场退化为一个自由贸易区。巴西从20世纪80年代末开始全面实施新自由主义政策。在卡多佐任期内,新自由主义发展模式基本确立。卢拉在2002年以反新自由主义斗士的面目当选总统,他要反对的就是新自由主义和发达国家主导的全球化。

执政后,面对严峻的经济形势和巴美关系的客观现实,卢拉采取更加温和、务实的态度处理巴美关系。这是因为:首先,巴美传统联系密切,作为南、北美洲两个最大的国家,为了维护各自的根本利益,都有战略需求。卡多佐政府时期,巴美基本保持了较为密切的关系。其次,巴西与美国经济关系十分密切,利益共存。21世纪初美国是巴西第一大贸易国和最大债权国,双边贸易额达400多亿美元,是巴西外贸顺差和外来投资的最大来源国。最后,巴西严重的经济衰退、金融动荡和巨额外债,决定了巴西需要美国和国际货币组织的援助。保持与美国和美国掌控的国际货币基金组织的关系对恢复巴西经济增长至关重要。有鉴于此,卢拉开始以务实的态度与布什政府打交道。早在2002年7月,卢拉就派遣经济顾问访问华盛顿向美国政府和所述组织解释未来的经济政策以换取支持。12月,他亲自出访华盛顿,会晤布什总统,重申承认债务、稳定经济的承诺,争取美国为巴西的"零饥饿计划"提供贷款。上台后,卢拉任命了符合美国和国际金融界意愿的财政部长和央行行长。在美巴有争议的美洲自由贸易区问题上,卢拉态度已有所软化,从坚决拒绝,到同意进行自由贸易区谈判。

面对卢拉对美态度转向温和务实,并且卢拉支持率一直居高不下,当选已成定局的现实,美国对卢拉的态度也来了一个180度的大转弯,从开始"打压",进而"默许",最后"拉拢"。美国对卢拉态度的转变,根本原因是其在巴西拥有巨大的经济利益。美在巴西约有4 000家企业,共近400亿美元资产。而且美国绝大多数国际性金融机构和大型跨国公司在巴均有投资和贷款。其中未收回的贷款就有150多亿美元。同时美国判断巴西经济复苏尚需时日,卢拉短期内只会关注国内问题,无暇与美争斗,加上卢拉有求于美国和国际货币基金组织援助贷款,不敢与美翻脸。因此,布什在第二轮选举结果尚未完全出来前就提前给卢拉致电祝贺,充分表明美国也开始以务实的态度处理与巴西的关系。

不过,巴西作为拉美最大国家,谋求拉美领袖的目标不会动摇,维持南

第八章 卢拉的社会改革及其大国梦

美洲"龙头老大"的决心不会改变。而美国为了保持后院稳定,维护美国在西半球的霸权,不会允许任何一个强权向其挑战。因此,巴美两国之间存在着利益冲突。卢拉政府可能在地区事务和美洲自由贸易区问题上,为了维护巴西和南方共同市场的利益,与美国发生摩擦,但这种摩擦不可能影响巴美保持正常关系的大局。

贸易是巴美关系中的关键问题,决定着巴美关系的走向。卢拉当选总统前,对美国提出的建立美洲自由贸易区的设想不屑一顾,称之为"吞并拉美的美国计划",2002年9月,巴西劳工党甚至参与发起了一个非官方的集会,坚决反对巴西加入美洲自由贸易区。卢拉执政后,卢拉政府依然对美洲自由贸易区的计划有所怀疑和抵触,但已开始与美国进行谈判。卢拉政府宣称,巴西在贸易问题上想要的是"协商而不是对抗"。巴西与美国在建立美洲自由贸易区的谈判中的主要分歧是农产品补贴政策。美国、巴西和阿根廷是美洲最大的农产品出口国,美国等发达国家的农产品补贴政策压低了世界范围内的农产品价格,削弱了巴西等较有竞争力的发展中国家的出口创汇能力,增加了巴西经济的不稳定性。因此,巴西联合一些南美国家与美国在此问题上展开了谈判。2003年6月,卢拉总统对美国进行了上任后的首次正式访问,主要目的就是协调巴美之间在建立美洲自由贸易区问题上的分歧。2003年9月,世界贸易组织第五次部长级会议在坎昆召开,以巴西为代表的发展中国家在农业补贴问题上与美国分歧甚大,坎昆会议无果而终。但是,卢拉政府并未就此放弃与美国的谈判。2003年11月20日,在迈阿密召开的美洲自由贸易区第八次部长级会议就通过了美国和巴西提交的联合声明,提出了一份灵活的"自助餐式"协议,这为美洲自由贸易区的谈判带来了一线曙光。2004年3月,巴西联合其他南美国家的外长和贸易代表共同协调在美洲自由贸易区谈判中的立场。贸易是巴美关系中最易引发冲突的领域,卢拉政府在此问题上与美国既斗争又谈判,斗而不破,并没有坚决抵制美洲自由贸易区的建立。

影响巴美关系的另一个重要因素是美国的反恐战争。"9·11事件"发生后,当时的巴西政府曾倡议美洲国家组织举行特别会议,谴责恐怖主义行为,支持美国的反恐战争。2003年3月20日,美国未经联合国授权对伊拉克动武后,卢拉政府则表达了其反战态度。巴西外长阿莫林在当天就发表声明,表示对美国的行为感到遗憾。但卢拉政府的反战言行并未像古巴和委内瑞拉那样强烈,卢拉政府只是适度表明了自己的立场。而且,卢拉政府在反对战争的同时，也表示巴西需要稳定与和平来实现社会公正下的经济发展，这对巴西是最重要的。巴美两国的关系并没有因巴西的反战而受到影响。卢拉政府认为，没有迹象表明巴美两国的商业和政治关系会受到影响。4月10日，美国国务卿鲍威尔在接受巴西一家电视台采访时，认为巴西是西半球一个重要的经济体，称赞巴西的民主制度是西半球其他国家的典范，并表示美国欢迎巴西为伊拉克重建作出贡献。2003年6月，卢拉访美，他是当时唯一被邀请访问白宫的反战国家的领导人。

巴西和古巴的关系也影响着巴美关系。尽管古巴主席卡斯特罗对卢拉当选总统表示高兴，但卢拉执政后在处理与古巴的关系上还是很注意分寸的。卢拉一方面保持着和卡斯特罗的友谊，支持古巴的社会主义事业；另一方面又小心翼翼地避免刺激美国。2003年9月，卢拉访问古巴，表示他与卡斯特罗的个人友谊是根深蒂固的，并反对美国在联合国提交的关于古巴的人权报告，称他不会对他国内部事务妄加评论。但同时，卢拉似乎并不愿此举激怒美国，他对古巴的访问在1天内就结束了，并要求避开古巴的反美示威，也没有和卡斯特罗探讨任何政治问题。

此外，卢拉与卡斯特罗、查韦斯两人的亲密关系，也让美国有所担忧。因为古巴占据重要的战略位置，委内瑞拉拥有美国所需要的石油资源，巴西经济实力在拉美"独一无二"（占拉美国家总产值的40%），若这三者联手抗美，将使美国难以对付，必将极大地损害美国在拉美的战略利益。美国担心未来的巴西在卢拉的领导下会成为美国在拉美的潜在对手。

卢拉政府在处理巴美关系问题上，并没有像传统左派那样与美国势不两立，斗争到底，但也没有像右派那样与美国通力合作。卢拉政府在巴美关系问题上所持的基本立场就是在反对美国的霸权主义的同时避免激怒美国，努力协调双方的分歧和矛盾，避免冲突。

卢拉政府对拉美地区其他国家的外交政策是夯实"领头羊"地位。

2003年上台以来，卢拉政府一直将南美置于巴西外交政策的优先位置，巴西精英阶层从实践中认识到，要实现崛起，首要目标应是成为地区大国，通过整合南美国家的力量，有效地参与国际政治经济事务。卢拉总统国际事务特别助理加西亚指出："在当前国际环境（美国持单边主义作风，欧盟地位强化，中国、印度、俄罗斯崛起）下，巴西要么选择单独参与国际事务，要么寻求一种与本国有相似历史背景、共同价值观且经济互补的邻国实现联合。毫无疑问，巴西只有选择后一种途径。"他认为，巴西国际战略

第八章 卢拉的社会改革及其大国梦

的根本目标是实现本地区的团结。巴西外交部秘书长吉马良斯也认为,南美洲是巴西外交的优先目标,南美洲应朝经济一体化、政治和社会合作方向发展,对于巴西政府来说,充满机遇和挑战的南美地区理所当然成为巴西外交的优先地区。外交决策层对南美洲重要性的认识决定了卢拉将加强与南美洲国家的关系、实现地区一体化作为巴西对外政策的重中之重。其与申请联合国安理会常任理事国、和世贸组织谈判一起被称为卢拉政府对外政策的"三大目标"。

深化南方共同市场、重塑大国形象、巩固拉美"龙头老大"地位,成为卢拉政府外交政策的首要目标。南方共同市场一直被巴西多届政府视作对外战略的依托。2002年,南方共同市场因受阿根廷危机和拉美金融动荡的冲击,成员国间贸易急剧减少,内部一体化进程处于停滞不前状态。鉴于此,卢拉政府提出了深化南方共同市场一体化进程的新构想,即仿效"欧盟"模式,建立南方共同市场中央银行,发行统一货币,成立共同议会,统一外交政策,"用一个声音说话",并最终在所有成员国中实行共同的政治、社会、文化政策。卢拉立足南方共同市场,旨在提高巴西在美洲自由贸易区谈判中的筹码,减少对对美贸易和外资的依存度。同时,鉴于巴西近年国力下降,从世界第八大经济体下滑到2002年的第12位,甚至排名落后于墨西哥,卢拉政府决心加强与拉美国家的交往,增强地区影响力,重塑大国形象。为此,他不顾美国反对,加强与拉美两个左派政权——古巴卡斯特罗和委内瑞拉查韦斯的友好关系。卡斯特罗是卢拉年轻时十分崇拜的人物,古巴政府曾善待巴西军政府时期流亡在古巴的许多劳工党领导人并提供过帮助,故卢拉与卡斯特罗私交甚笃。卢拉特派外交顾问前往古巴邀请卡斯特罗出席其就职典礼,公开表示要学习古巴在解决医疗、教育等社会问题方面的经验,并扩大两国的交流范围。卢拉与查韦斯因志趣相近,关系非常密切。查韦斯对卢拉领先第一轮大选最先致电祝贺。而卢拉不仅盛情邀请查韦斯出席其就职仪式,还在第二天最先接见查韦斯并与之共进早餐。当委内瑞拉因国内石油工人罢工导致能源供应接近中断时,卢拉批准向委内瑞拉运送52.5万桶燃料并派遣油轮和石油工人帮助委内瑞拉装运石油,还答应促使美洲国家组织调停委内瑞拉国内政治危机,支持查韦斯的民选总统地位。此外,卢拉对哥伦比亚内战局势恶化和巴拉圭政局动荡都表示关注。

其地区战略主要包括巩固与南美国家的合作,加强南方共同市场建设,拓宽南美地区一体化,实现南方共同市场和安第斯共同体自由贸易,促进巴西对南美国家的投资,等等。通过这些措施,将南美洲建成一个"权力极",并以集体力量参与国际事务。概括而言,体现在以下几方面。

一是加强与阿根廷的战略关系。

卢拉和基什内尔都是在2003年就任各自国家总统职位的,虽然卢拉和前任卡多佐在地区政策方面保持着较高的连续性,但基什内尔与梅内姆在对外政策上的不同立场决定了卢拉—基什内尔时期的巴阿双边关系与卡多佐—梅内姆时期两国关系存在较大区别。基什内尔与梅内姆的区别在于:前者强调拉美的重要性,将包括巴西在内的南方共同市场国家作为最重要的伙伴加以对待;而后者则几乎无条件地追随美国。卢拉和基什内尔的外交立场的趋同为巴阿关系的发展创造了有利环境。

2003年1月14日,刚上台执政的卢拉便与时任阿根廷总统的杜阿尔德发表联合申明,强调南方共同市场是一个战略性计划,决定深化区内贸易自由化、加强关税同盟建设、实现共同市场的目标。基什内尔当选阿根廷总统后,两国政府就深化两国关系、推进南方共同市场建设、协调共同利益保持密切协商。2003年10月16日,卢拉和基什内尔针对《华盛顿共识》联合发表了《布宜诺斯艾利斯共识》,内容涉及加强拉美团结,加强南方共同市场建设,应对美洲自由贸易区谈判,反对单边主义,实现建立在减贫、教育、卫生、就业等社会目标基础上的国家发展等22项内容,《布宜诺斯艾利斯共识》体现了两国实现经济社会发展模式转型、加强地区一体化的共同愿望,翻开了巴阿关系的新篇章。

外交重点的趋同为巴阿关系的深化提供了基础。从2002年10月当选总统至2008年年底,卢拉访问阿根廷的次数共达11次,而基什内尔夫妇出访巴西的次数也达6次,其中基什内尔出访5次,克里斯蒂娜出访1次。在首次出访阿根廷时,卢拉对两国关系作出新定位:阿根廷是巴西的战略伙伴,巴阿应一起重振南方共同市场,两国在与美、欧谈判时保持一致。基什内尔在首次出访巴西时则回应,两国关系处于"历史时刻",两国应"为地区邻国和世界做出榜样",两国合作是实现地区一体化的关键。卢拉也强调"如果两国缺乏共识,地区一体化不可能实现"。

2005年是巴阿双边战略关系建立20周年,两国总统再次强调巴阿合作的重要性:巴阿是南方共同市场和南美共同体的核心。卢拉还表示,巴西希望加强与阿根廷的贸易关系。与此同时,基什内尔政府对巴西提出的

第八章 卢拉的社会改革及其大国梦

南美洲发展战略表示认同,即通过基础设施一体化、能源一体化、产业链条化(工业、产业政策和地区投资)等手段实现地区发展。

二是平衡与委内瑞拉的关系。

卢拉的首个任期内,巴西在巴委关系中是处于主导地位的。巴西对查韦斯的支持,帮助后者渡过了国内社会危机和国际信任危机,而查韦斯政府在巴西"入常"问题上也对巴西给予了支持。2002年年底,当反对派大罢工使查韦斯政府面临困境时,巴西在2003年年初向委内瑞拉援助大量石油,并提供数亿美元贷款。2004年的委内瑞拉公民投票结果公布之后,巴西坚决支持查韦斯政府的合法性。在2005年举行的第35届美洲国家组织大会上,委内瑞拉、巴西等国联手反对美国建立民主监督机制,使这一干预色彩浓厚的提议未能进入大会宣言之中。另外在这一阶段,双方展开了多领域的合作:2005年2月,委内瑞拉提出购买巴西战斗机,与巴西签署在巴西东北部地区联合兴建炼油厂的协议,并共同开发委内瑞拉奥里诺科石油带的石油;2005年5月,巴西、阿根廷和委内瑞拉三国签署了能源合作协议,决定成立南方石油公司,联合开展石油勘探、加工、运输和油轮建造项目;2006年,两国政府提出兴建一条途经巴西境内,连接委内瑞拉与阿根廷的天然气输送管道;同年7月,南方共同市场成员国批准委内瑞拉成为正式成员国,这使南方共同市场不再局限于"南锥体"范围,而成为真正面向整个南美洲的一体化组织。除此之外,卢拉政府对委内瑞拉提出的组建南方银行、南方电视台等建议也表示了支持。

巴委关系的拐点始于2007年3月美巴总统互访,以及两国在乙醇燃料发展方面建立的战略联盟关系。巴美关系的改善引起了查韦斯的不满。自此开始,巴委在拉美能源合作领域展开了一场"能源合作模式竞争",委内瑞拉凭借丰富的石油资源,给本地区贫油国提供优惠的石油,以此增强本国的地区影响力;而巴西则主推生物燃料,帮助中美洲和加勒比国家发展生物燃料,努力使生物燃料成为自由流通的产品。

时任美国总统布什访问巴西

尽管巴委在经济发展理念和一体化构想上存在一定分歧,卢拉政府仍尽力将巴委关系维持在一种平衡状态。在巴西政府看来,虽然委内瑞拉在地区一体化中与巴西存在主导权的竞争,但如果要实现南美洲一体化的战略目标,委内瑞拉是巴西不能舍弃的伙伴,巴委合作是实现南美一体化的关键,如果两国在一体化上缺乏协作,南美洲一体化不仅不能实现,而且还将面临地区矛盾激化的危险。基于上述考虑,卢拉政府对查韦斯持忍让态度,确保南美一体化在两国关系中的核心地位,这体现了卢拉政府对外政策中"局部关系服从整体战略"的政策构想。

三是建设南方共同市场。

对巴西而言,南方共同市场的重要性在于它为巴西国际战略的实施提供了一个重要平台,巴西希望通过南方共同市场实现南美国家利益的整合,进而提升巴西在国际事务中的地位。巴西外长阿莫林曾明确表示,南方共同市场的最大意义体现在与第三方谈判时立场的一致,这是维护整体利益和成员国利益的需要。为此,卢拉坚持南方共同市场在巴西外交中不可替代的位置,南方共同市场对巴西来说是极其重要的,这不仅出于贸易考虑,更出于政治考虑。卢拉政府在南方共同市场问题上的考虑主要有以下几点。

首先,改善南方共同市场内部不平衡。

巴西外交部秘书长吉马良斯认为,巴西的发展与邻国是相互依存的,巴西对邻国的帮助有助于巴西自身发展。为实现该目标,他主张消除邻国产品进入巴西市场的障碍,增加向邻国的贷款,改善邻国基础设施,实现区内贸易本币结算体系,扩大旨在消除不平衡的基金规模。

2005年6月19日,第28届南方共同市场首脑会议设立南方共同市场结构趋同基金(Fondo de Convergencia Estructural,FOCEM),以解决南方共同市场成员国间的发展失衡问题,增强南方共同市场小成员国的经济竞争力,通过基础设施一体化增强南方共同市场成员国间的凝聚力。该基金额由巴西、阿根廷、乌拉圭和巴拉圭4国按不同比例分摊:巴西占70%,阿根廷占27%,乌拉圭占2%,巴拉圭占1%,而4国受益比例则为巴拉圭占48%,乌拉圭占32%,阿根廷和巴西各占10%。2007年1月该基金正式运行,第一年共有23项计划获基金资助,巴拉圭和乌拉圭获资助的项目分别为13项和6项。2008年12月16日,卢拉将巴西在南方共同市场该基金的数额从原来的7 000万美元增至1.4亿美元。

第八章 卢拉的社会改革及其大国梦

另外,卢拉政府还提议设立两个以巴西为主的南方共同市场新基金,其一为南方共同市场中小企业基金,鼓励成员国中小企业实现生产一体化。该基金由4个成员国的公共和私有银行集资而成,初始资金约1亿美元,成员国资金分摊比例与南方共同市场结构趋同基金一致,但成员国各占基金25%的使用权。另一个新基金为"南方共同市场家庭农业基金",该基金旨在为成员国政府间合作计划提供融资渠道,基金总额包括6万美元的固定资金(4个成员国各出1.5万美元)和30万美元的分集资金(成员国比例与南方共同市场结构趋同基金一致)。

其次,完善南方共同市场内部机制。

自1994年南方共同市场建成以来,随着区内贸易的迅速增长,成员国间的贸易纠纷也呈递增趋势,完善内部机制建设成为南方共同市场发展亟待解决的问题。卢拉执政初期,由于阿根廷和巴西都面临不同程度的经济危机,加之巴拉圭和乌拉圭对区内贸易失衡的不满,南方共同市场在卢拉执政初期面临严峻挑战。

为巩固南方共同市场,抵制北美自由贸易区影响向南美洲扩展,巴阿两国政府意识到加快南方共同市场内部机制建设的紧迫性。在两个主要成员国的积极推动下,南方共同市场内部机制在随后几年有了较大完善:相继建立了南方共同市场常设代表委员会(2003年)、南方共同市场仲裁法庭(2004年)、南方共同市场议会(2005年)等机制,并提出了诸如建成共同市场、实现关税同盟、协调成员国宏观经济政策、建立南美洲共同体、避免双重征税、实现南美能源输送和基础设施一体化、成立南方银行等主张。

再次,扩大南方共同市场。

在促进区内贸易增长的同时,南方共同市场的另一目标是加强与拉美其他国家的经济联系,邀请南美其他国家加入共同市场,最终建立以南方共同市场为核心的南美自由贸易区。智利和玻利维亚在2003年前被接纳为南方共同市场联系国。卢拉执政后,秘鲁、哥伦比亚、厄瓜多尔相继成为南方共同市场联系国,墨西哥也成为南方共同市场的观察员国家。

2006年7月4日,在南方共同市场第22次首脑会议上,委内瑞拉提出成为正式成员国的申请获得了批准。2007年2月,卢拉向议会提出同意委内瑞拉加入南方共同市场的决议案,2008年12月18日,巴西众议院最终批准了这一决议案。巴西政府表示,委内瑞拉加入南方共同市场是南美洲一体化进程的标志性事件。如果委内瑞拉加入南方共同市场的申请最终获得巴拉圭议会的通过,南方共同市场5个成员国将组成人口超过2.5亿人、面积达1 270万平方公里、总产值超过1万亿美元、外贸总额超过3 000亿美元的经济集团。而更为重要的是,委内瑞拉的加入将为实现南美洲一体化奠定坚实的基础。

四是发展南美洲一体化。

自20世纪90年代末以来,实现南美地区一体化成为南美国家追求的共同目标。在内部贸易得到发展的同时,加强地区政治一体化也被提上了议事日程。其成为该地区主要大国的外交重点。这一点在巴西对外政策中体现得尤为明显。阿莫林认为,如果巴西受困于不稳定的南美洲,它不可能在国际舞台上收获更大影响力。早在2000年9月,在时任巴西总统卡多佐倡议下,首届南美国家首脑会议在巴西举行。这次会议不仅提出了实现地区基础设施一体化设想,巴西还首次表明了要建立南美洲国家共同体的愿望。

卢拉在秉承卡多佐的南美政策传统的同时,加快了地区一体化步伐。在卢拉的第一任期内,巴西的南美政策呈现"以我为主"的特点,这种"家长式作风"引起了邻国不满。为此,卢拉在获得连任后调整了其南美政策风格:一方面,不强调巴西的领导身份;另一方面,向邻国提供力所能及的支援。概括而言,卢拉政府的南美政策主要包括以下几个方面。

首先,发挥巴西经济社会发展银行(BNDES)的作用。

2003年开始,该发展银行在巴西的南美政策中扮演着重要角色,尤其是在帮助南美国家发展基础设施项目方面发挥着重要作用。巴西外交部南美副秘书处负责人马塞多·苏亚雷斯(Macedo Soares)曾表示"该银行不仅是巴西的发展银行,同时也是地区一体化的发展银行"。一方面,该银行提高面向南美地区发展业务的出口商、建筑公司贷款额度,加强巴西与南美国家的经贸关系;另一方面,该银行直接向南美邻国的基础建设项目进行融资。1997—2008年的12年时间里,该银行共向南美国家提供33.36亿美元的贷款,21世纪头10年该银行在南美国家还留存有16.08亿美元的贷款余额。该银行推动了南美地区的基础设施一体化建设。它与美洲开发银行、安第斯开发银行一起成为南美国家在基础设施建设方面的主要融资机构。通过该银行的融资渠道,巴西在地区一体化中实际上发挥着领导作用。而反过来,该银行也成为巴西政府推行其南美政策的有效手段。

第八章 卢拉的社会改革及其大国梦

其次,积极参与地区事务。

积极参与地区事务是巴西政府发挥其地区大国影响力的主要手段之一。主要途径包括:与地区邻国一道斡旋于地区局部争端,在本国与邻国的某些分歧上采取适当让步,积极推动南美地区一体化建设。通过这些政策手段,巴西一方面履行其地区大国的责任,维护地区双边和多边关系的平衡和稳定,避免地区局部冲突的进一步扩大,以"地区事务地区内解决"的原则阻止其他国家在南美地区扩大影响力;另一方面将南美国家团结在实现地区一体化的目标之下,避免内外因素阻碍南美一体化的发展。

2002年年底,委内瑞拉发生社会危机。2003年1月,巴西倡议成立了由美国、智利、墨西哥、西班牙和葡萄牙等6国组成的"委内瑞拉友好国家小组",协助解决委内瑞拉国内危机。在哥伦比亚问题上,卢拉政府在征得哥伦比亚政府同意的前提下,积极促成联合国和哥伦比亚主要游击武装组织进行谈判,积极推动哥伦比亚的和平进程,并且协调哥伦比亚与委内瑞拉之间的关系,努力在两国之间维持一种平衡。在阿根廷与乌拉圭之间的造纸厂冲突上,巴西的态度是:如当事双方提出请求,巴西愿意协调两国争端。对玻利维亚,巴西鼓励对方向巴西出口高附加值产品,免除对方4 800万美元债务。在玻—巴天然气争端上,卢拉最终采取退让方式,接受对方的提价要求。在玻利维亚驱逐美国大使问题上,卢拉表示,如美国的确幕后支持玻利维亚反对派,那么莫拉莱斯的决定就是正确的。另外,巴西达与阿根廷、智利等9个南美国家就玻利维亚的严重政治危机举行磋商,呼吁玻利维亚反对派结束暴力对抗,实现与政府对话,反对任何破坏玻利维亚宪法秩序的行动。

在边境安全方面,为防止外部势力以"反对恐怖主义"、"扫毒"等借口向亚马孙地区渗透,卢拉政府积极推动亚马孙地区国家的政治经济及安全合作。2004年9月,巴西、玻利维亚、哥伦比亚、厄瓜多尔和秘鲁等国的国防部长在秘鲁首都利马举行会议,讨论共同面临的毒品、恐怖主义等问题,以及西半球安全、相互信任和安全体制下的合作等问题。2004年9月,巴西还组织召开了亚马孙合作条约组织(OT-CA)第3次外长会议,发表了《马瑙斯声明》,通过了亚马孙合作条约组织"2004—2012年战略计划"。

再次,推动南美一体化。

2003年,卢拉上台的第一年便邀请所有南美国家领导人访问巴西,上台后的头两年里,卢拉遍访了全部南美国家。高频率互访的目的在于增强南美国家在一体化上的共识,加快地区一体化进程。2004年12月,在第三届南美洲国家首脑会议上,巴西促成了"南美洲国家共同体"的成立,使南美一体化从单纯的自由贸易向政治联盟和基础建设领域扩展。"南美国家共同体"的成立是巴西大国外交战略的重大成果。2008年5月,在巴西利亚举行的南美洲国家首脑会议上,与会国家共同签署《南美洲国家联盟宪章》,南美洲国家联盟宣告成立。卢拉认为,《南美洲国家联盟宪章》的签署标志着南美一体化取得里程碑式的胜利,是"朝着正确的方向迈出了历史性的一步",南美国家从此将以一个共同身份出现在国际舞台上。巴外交部秘书长吉马良斯强调,南美洲国家联盟是南美地区规范本地区国家内外行为的机构,维护本地区国家的共同利益。

另外,巴西提出建立只限于南美国家参加的南美防务委员会的倡议。巴西国防部长内尔松·若宾表示,南美洲防务委员会是一个政治概念,主要作用是协调南美各国在地区军事和国防事务上的立场、促进地区军事工业一体化、推动成员国间军事人才交流以及组织联合军演等。2008年11月17日,若宾在访问阿根廷时强调南美防卫委员会的重要意义,"这是属于我们自己的委员会,是地区内部交流的平台"。在巴西政府的积极推动下,南美防务委员会在2008年12月16日召开的南美洲国家联盟首脑特别会议宣告成立。南美防务委员会的成立,是对由美国主导的美洲国家组织在解决地区争端方面的无效的一种回应,其深层含义是巴西希望以此为基础加强地区政治、军事领域的一体化,一方面淡化美国在地区安全事务上的主导色彩,另一方面强化本国在南美地区一体化中的领导作用。

三、卢拉执政时期的中巴关系

1974年,巴西与中国建交。1993年,巴中建立了战略伙伴关系,是世界上第一个由两个发展中国家建立的战略性关系。值得一提的是,卢拉一直主张对华友好,重视发展巴中关系。2001年5月,卢拉曾以劳工党名誉主席身份率领该党代表团访华,回国后他多次高度赞扬中国的快速发展和巨大变化,呼吁巴西学习中国的经验。卢拉在其2003年的就职典礼上表示要加强同发展中国家的关系,中国是他提到的第一个国家。2004年5月,卢拉首次以总统身份对中国进行国事访问,中国是其自2003年开始的外交攻势的压轴之作。同年11月,胡锦涛同志也对巴西进行了正式国事访问。一年内成功互访,这在中巴两国交往史上还是头一次,充分说明了双方对发展彼此关系的高度重视,并使得卢拉越来越看到了加强同中国合作的必要性和迫切性,使他对发展对华关系寄予厚望,明确将其确定为对外关系的重点。卢拉2008年参加了北京奥运会的开幕式。他2009年年末的来访已是其就任以来的第三次访华。这不仅显示了卢拉本人对中国的浓厚友情,也表明了对华关系在巴西外交战略中的重要性。2009年是中巴建交的第35个年头,两国之间合作的内容早已超越双边关系的范畴。正如巴西外交部长阿莫林所说的,中巴关系远远超出双边贸易的范畴,早已达到进行政治对话和多领域国际合作的程度。

首先,中巴战略伙伴关系有其扎实的基础。

巴西对外关系的走势,从总体上决定了中国与巴西双边关系广阔的发展前景,然而更深刻的原因还在于两国的对外关系原则是相近的。巴西现行《宪法》把主权独立、维护人权、人民自决、不干涉他国内政和各国地位平等作为政府对外关系的原则。它致力于维护世界和平,以和平方式解决纷争,反对恐怖主义行为,反对种族歧视,加强各国人民之间的合作,共同促进人类发展。中国政府认同上述主张与做法。巴西外长阿莫林认为,巴中两国都具有多边主义世界观,寻求建立世界新秩序。这是两国关系发展的重要政治基础。

对巴西而言,中国首先是一个巨大的市场。这一市场对包括巴西在内的所有国家和地区都是开放的。中国市场之巨大不只因为中国幅员广阔、人口众多,而且中产阶级正在成长和壮大,主要还在于中国的市场随着国民经济的持续增长而不断扩大。中国需要不断增加对工业原材料和工业制成品的进口,同时也需要增加农产品供应。中国为巴西创造了市场和发展机遇。据德意志银行的一份研究报告称,在未来15年内,中国从巴西进口的原材料将以每年10%—20%的速度增长。近年来,两国贸易额增长迅速。2006年两国贸易额已达160亿美元。巴西企业界看好中国市场,2006年参加广交会的人数同比增长30%。"鼓励中国企业走出去"是中国政府发展经济的重要指导思想。巴西可以利用中国资金发展它所需要重点投资的项目。除了中国宝钢与巴西多西河谷公司早已进行的合作外,2006年两国又签订了许多合作项目。例如,中国出资在巴西南里奥格兰德州的坎迪奥塔建设火电厂，巴西CSN水泥公司与沈阳重型机械集团和成都设计院在巴西阿尔科斯建厂。这是中国企业首次进入巴西水泥市场。中巴两国政府已签订基础设施建设合同，中国企业将广泛参与巴西的水电和天然气管道建设。

  对巴西而言，中国又不仅仅是一个普通的市场，巴西的发展在某种程度上需要中国发展的拉动。2005年巴西出口2 000万吨大豆，其中35%出口到中国，2006年这一比重可能达到40%。由此，中国每年约从巴西进口700万吨粮食。为促进巴西粮食向中国出口，中国已着手在巴西的产粮区马托格罗索州建设公路、铁路和粮库。巴西多西河谷公司铁矿砂产量的25%左右出口到中国。巴西铁矿砂产量目标的确定主要依赖于中国建筑业的发展规模。

  对中国而言，巴西也具有重要战略地位。第一，巴西是一个幅员辽阔、人口众多的国家，以上两个因素是成为世界大国的重要条件。2004年11月，阿根廷著名作家马丁内斯在接受《请看》杂志记者采访时，形象而准确地描述了巴西的现在与未来。他说，巴西是一个紧跟其后的巨人，有朝一日这个巨人会跑到你的前面。它太大了，以至于你那时将不知道如何同它相处。在截至2005年6月30日的1年中，巴西的国内总产值为7 944亿美元，墨西哥同期为7 657亿美元，巴西重新夺回了由墨西哥占据数年的拉美第一把交椅。巴西是南美地区大国，在该地区拥有一定的影响力。在对待重大国际问题上，它与中国有相同或相似的立场。在国际政治领域，中国可以与它进行广泛的合作。

  第二，巴西是世界上少有的资源大国。经济外交已是中国外交的重要内容。巴西的矿产资源在一定程度上与中国拥有的矿产资源有较强的互补性。巴西的土地资源尤为丰富，其领土面积的30%已被用作农业与牧业生产，但至今仍有1 106亿公顷可耕地尚未开发利用。不仅如此，巴西的农业技术也相当发达，巴西对中西部的草原土壤进行改良，把温带作物大豆的种植区扩大到热带，就是充足的证明。预计到2017年巴西大豆产量将占世界产量34%，其产量的46.15%将用于出口。此外，巴西还是世界第六大棉花出口国。

  第三，巴西已建成了完整的工业体系，它的某些工业产品的产量和质量在世界上居领先地位。巴西的某些技术，诸如深海探油、酒精生产、水坝建设、支线飞机制造以及生物柴油生产等技术均居世界前列。中巴合作可以达到互利共赢的目的。

　　此外,卢拉作为巴西左派代表人物,对社会主义中国有着"天然的阶级情谊"。东向发展,加强同中国、俄罗斯和印度的关系,减少对美的依赖,是巴西新政府的战略选择。不过,在20世纪80年代中国改革开放之初,卢拉和巴西的一些左派政党,曾对中国共产党产生过误解,对中国改革开放有过成见。但是90年代以来,随着中国经济建设飞速发展,取得举世瞩目的成就后,巴西左派的观点发生转变,开始关注中国的改革成就,理解中国坚持走有中国特色社会主义道路。2001年5月,卢拉亲率劳工党代表团访华。通过对中国的实地考察,卢拉对中国发展模式非常感兴趣,赞赏中国在促进经济高速增长的同时,又能保持相当程度的社会公正,呼吁巴西学习中国的经验,表示若当选总统,将在第一任期内保持现有发展模式,并作适度改良与调整;在第二任期内虽仍不会搞社会主义,但将为之作一些准备与探索;在第三任期内会走类似中国的社会主义道路。

　　卢拉认为巴、中是世界上很有影响力的两个发展中大国,21世纪将是巴、中和广大发展中国家进一步崛起的世纪。两国应当共同反对霸权主义,实现国际关系民主化,促进世界多极化进程,维护世界和平,推动相互发展。当选总统后,卢拉主动向中国政府发出邀请,邀请代表团出席其就职典礼。卢拉向专程赴巴的中国政府特使率领的代表团表示,巴西非常重视发展与中国的友好关系,将全力推动两国在政治、经济、科技、文化以及国际事务等各个领域的友好合作,进一步深化两国的战略伙伴关系,并重申将继续支持中国在台湾、人权等问题上的立场。

　　中国的发展速度和模式已成为巴西人和经济学家的热门话题。巴西实用经济研究所的努内斯先生表示,每次去中国,都能感受到中国的巨大变化,用日新月异来形容中国的发展一点也不过分。

　　共同发展的经济模式确实是发展中国家,尤其是贫穷国家走向富强的必由之路。中国开始走入巴西民众的视野,无论是政府官员、记者,还是普通百姓,都对中国的发展表示钦佩,对中国文化表现出浓厚的兴趣。有的巴西人提起中餐眉飞色舞;有的竟可以大谈孔孟之道;有的喜欢上了有关中国历史的书籍,琢磨起许多深奥的问题。

　　近年来,巴西媒体对中国经济的快速发展也进行了大量的报道,普遍认为中国的经济改革和发展模式取得了很大成功,既帮助了巴西,也为巴西今后的进一步发展提供了机遇。据中国海关统计,中巴两国贸易额从

2000年的28.45亿美元猛增到2004年的123.59亿美元。中国已成为巴西第三大贸易伙伴,特别是中国对巴西的铁矿石和大豆等产品的需求,拉动了巴西经济增长,为巴西连年取得贸易顺差作出了贡献。

巴西工商贸易发展部长弗兰认为,巴西的经济发展速度落后于中国和印度,一个重要原因就是缺乏长远的发展计划。中国虽然实行了市场经济,但国家宏观、微观调控措施仍十分有力,对未来的发展思路清晰,提出并制定了到2010年将国内生产总值翻一番的发展目标。中国"五年计划"的制定和实施有利于吸引更多的外国直接投资。

其次,中巴有共同诉求。

作为两个具有全球战略力量的新兴发展中国家,巴西和中国都有改革现存国际秩序的意愿与能力。

随着经济实力的增长,两国都表现出对现有国际规则和秩序的失望之情。卢拉在2009年访问中国时曾在中国社会科学院发表演讲时称:"尽管金融危机的'震中'也许位于发达国家,但伦敦峰会让我们清楚地看到,如果没有发展中国家的参与,克服危机无从谈起。为此,巴西和中国这样的国家应该更多地参与到诸如国际货币基金组织和世界银行等机构的决策过程之中。"

除了提出要对经济组织进行改革外,卢拉认为还应对包括联合国安理会在内的国际安全机构进行民主化改革,以适应近几十年来国际格局的变化,从而使国际决策机制更加与时俱进。

中巴两国在事关全球经济社会发展、南南合作、千年发展目标、消除贫困、多哈回合谈判、国际金融体系改革、气候变化等重大问题上持相同或相似的立场。在世界贸易组织坎昆会议上,中国与巴西等20个发展中国家组成"G20集团",强烈要求美国和欧洲降低农产品补贴和进口税。在联合国改革的问题上,两国都主张增加联合国安理会中发展中国家的席位。巴西赞成中国加入美洲开发银行,支持中国成为美洲国家组织观察员,支持中国中央银行提出设立一种新的货币。

除了承认中国完全市场经济地位,在中国最关心的台湾问题上,巴西也给予积极支持,明确表示坚持一个中国的立场。2007年8月,巴西外交部发表新闻公报,重申坚持一个中国政策,反对台湾"入联公投"。中国则鼓励巴西更多地参与亚洲发展进程,加入亚洲开发银行,支持巴西候选人竞选世界贸易组织总干事职位。

第八章 卢拉的社会改革及其大国梦

中巴建交以来,双边经贸关系取得了长足发展。据巴西的统计数据:2003年中巴双边贸易额突破50亿美元,达到66.81亿美元;2005年突破100亿美元,达到121.88亿美元;2007年突破200亿美元,达到233.67亿美元。

2009年,中巴贸易在巴西对外贸易中的分量也稳步上升。从贸易地位来看,近几年来,巴西一直是中国在拉美最大的贸易伙伴,也是中国从拉美地区进口最多的国家。中国是巴西在亚洲的第一大贸易伙伴,全球范围内的第三大贸易伙伴。另外,据巴西外贸秘书处的统计,2009年4月份,中国已成为巴西第一大伙伴国、最大的出口目的地和第二大进口来源国。与迅速增长的双边贸易相比,中巴相互投资却未有太大起色。截至2008年9月,中国在巴西实际投资2.1亿美元,仅占巴西外国直接投资总额的0.05%。

但中国与巴西所拥有的广阔市场和巨大的发展潜力仍让人们对以后的发展抱有信心。未来中巴投资合作的重点领域包括基础设施领域、能源与资源领域、农业领域等,以矿业能源及森林资源的开发领域为例,中巴存在着广阔的合作空间。巴西是贫煤国,每年需要从国外进口大量的焦炭和原煤。中国作为世界第一产煤大国,与巴西正好形成互补。21世纪初已有巴西钢铁企业向中国企业表达了成立炼焦合资项目并专门出口巴西的愿望。在林业资源方面,巴西是一个林业大国,森林面积居世界第二,而中国每年都需要从国外进口大量木材及其制品,是一个森林资源较为缺乏的国家。与巴西在林业资源开发方面的合作,可以进一步扩大中国木材进口的来源,实现中巴双方的资源互补。另外,巴西石油储备巨大,在深海石油开采技术方面处于世界先进水平。21世纪初,中巴石油合作主要包括合作开发深海石油和合资铺设油气管道。2004年5月卢拉总统访华期间,巴西石油公司与中石化签订了"战略合作协议",双方将在石油销售、勘探、生产、提炼、管道、工程服务和技术合作等方面进行全方位合作。

再看中巴关系中存在的一些问题。

现阶段的中巴关系处于非常好的状态,合作和共赢是主调,但也存在着一些问题,特别是在经贸领域,中国的经济崛起对包括巴西在内的拉美国家来说,既有积极的一面,也有消极的一面。

对于巴西来说,中国是一个非常有吸引力的市场。随着经济的发展,中国对能源和农产品的需求在急速扩张,而这两个领域恰好是巴西经济的主要增长点,因此对巴西来说至关重要。另一方面,中巴两国由于处在相似的发展阶段,在一些领域如纺织、玩具、制鞋、电子等行业存在着直接竞争的局面。在巴西国内,某些产业部门抱怨"中国制造"给他们带来了"威胁",由此产生贸易保护的要求。自1989年12月巴西对中国产品发起第一次反倾销调查以来,截至2006年年底,巴西共对中国产品发起31起反倾销调查案件。仅2006年一年,就有11起。品种之多、频率之密集令人注目。

尽管近两年来情况有所好转,但形势仍不容乐观。在巴西频繁采取反倾销行动的背后是国内弥漫着对"中国制造"的恐惧,残留着"中国经济威胁论"的土壤。在2006年总统大选中,中国与巴西的关系也成了此次辩论的一个重要内容。社会民主党总统候选人阿尔克敏公开批评卢拉政府在对华关系上投入了太多热情,而收效甚微。他认为,卢拉对中国市场经济地位的承认,造成中国商品在巴西的泛滥,给中国带来就业的同时,却使巴西尝到失业、破产的恶果,因此,巴西应对中国商品设限。虽然卢拉政府对这种说法予以了否认,但持这种看法的人仍为数不少。这一方面是由于双方缺乏对对方政策和法规的了解,另一方面也与两国之间缺乏对对方文化的深入了解有关。目前中巴之间的合作大多属于政府层面,虽建交已有36年之久,但两国民间的交流并不密切。一些巴西人依然认为中国是"神秘和古老"的,而许多中国人对巴西的印象依然停留在足球、桑巴舞上,这与双方"战略伙伴关系"的定位相距甚远。

对此,卢拉强调对华关系是将重点放在中巴经贸关系上,他认为,中国对巴西来说更多的是一种"机遇"。"很难与那些认为我们还生活在冷战的人展开讨论,非常明显,他们根本不知道巴西在与中国的贸易中存在较大的顺差",随着巴西对中国出口的增加,巴西也可以实现更多的就业。"我们需要的不只是一种纯粹买卖的经贸政策,我们需要的是一种互补的政策"。此外,巴西与中国还可以在20国集团内部,以及在卫星发射等高技术领域展开合作。

对于中巴关系的未来发展,总体而言,中巴之间积极面大于消极面。中巴合作的层级应由经贸拓展到全球金融体系重建等多个领域。正如卢拉所说,巴中双方合作的潜力要比现在的双边贸易还要大10倍。在当前新的世界格局下,巩固和发展两国战略伙伴关系具有特别重要的意义,它对加强发展中国家的团结、建立更加公正合理的国际政治经济秩序将产生积极的影响。

第八章 卢拉的社会改革及其大国梦

作者点评：

21世纪初，卢拉成功推行了"中左温和改革路线"，其基本特点是在宏观上强调发挥市场的作用，在微观层面实施社会改革政策，力图维护社会公正。与此同时，在国际舞台上怀有"大国梦"的卢拉积极构筑大国外交基础，他主张加强南方共同市场，推行周边友好外交，加强同中国、俄罗斯和印度的经济贸易关系，在同西方大国关系层面坚决捍卫巴西的利益。

第九章 罗塞夫政府下的巴西：发展与难题

一、罗塞夫政府的经济社会改革及其艰难性

迪尔玛·罗塞夫1948年生于巴西东南部的米纳斯州，父亲是保加利亚移民。在20世纪60—80年代的巴西军政府执政时期，罗塞夫参加了反独裁地下组织和以武装推翻军政府统治为目的的游击队。1970年1月，罗塞夫在圣保罗市被捕入狱，次年年底出狱。巴西民主政体恢复后，罗塞夫开始研修经济，并投身政坛，先后出任阿雷格里港市财政局长和南里奥格兰德州能源厅厅长。2001年，罗塞夫加入劳工党，后在卢拉政府中任能源部长。2005年，她被擢升为有"首席部长"之称的总统府民事办公室主任，成为卢拉的"左膀右臂"，帮助卢拉出台多项民生政策，并最终被卢拉"钦定"为接班人。罗塞夫作风强硬，素有"铁娘子"之称，深得巴西前总统卢拉的信任。2009年，她被劳工党提名为候选人参加2010年的总统选举。

2010年10月31日，罗塞夫成功当选新总统，开启了巴西首任女总统时代。当选之日，罗塞夫在首都巴西利亚表示，自己将继续坚持前任总统卢拉政府既定的治国方略和发展战略，以推动现代化进

迪尔玛·罗塞夫

第九章 ● 罗塞夫政府下的巴西

程、加快向全球性大国迈进为主要目标,以促进经济增长、减少贫困和促进社会进步为施政重点,采取可持续发展的长期战略,致力于推动国家经济稳定和持续发展,提高经济发展质量,巩固经济发展成果。罗塞夫还表示,在她执政时期,将强化国内市场,减少对发达国家的经济依赖;加强教育、卫生、治安等方面的工作;打击腐败,推动透明执政,造福于社会。

在经济领域,罗塞夫政府继续实施一系列改革措施,来推动经济社会发展。

首先是降税减负重整工业。

虽然卢拉政府执政8年期间就一直强调要降低税收,但是巴西一直是全球榜上有名的重税大国。罗塞夫为了实现当年的竞选诺言,振兴巴西日渐衰弱的工业,上台第一年就颁布实施了新工业政策。新工业政策包括一系列具体措施。

减轻赋税。政策规定,巴西纺织、鞋业、家具和计算机软件等劳动密集型产业部门,将不再缴纳相当于职工工资总额20%的社会性赋税。对于汽车、家电等耐用消费品的生产,将延长一年的减免税收优惠。同时,建立出口工业品退税制度。

提供低息信贷。巴西经济社会开发银行将提供20亿雷亚尔的低息信贷,支持企业科技创新、研发新产品和更新技术设备。

政府采购优先考虑国内企业产品。特别是医疗保健、国防建设、纺织服装、皮革制鞋、信息通讯等工业部门的企业产品,并给予25%的价格优惠。

保护本国贸易市场。继续强化对进口产品的质量认证,扩大需要加强监管和审核的进口产品品种,例如继对家电的插头进行新技术规范规定之后,巴西政府又要求进口汽车配件必须适应巴西技术标准。

加强反倾销调查力度,对南方共同市场区外进口产品加强征税管理,制止进口商虚报来源地和入关产品低报价等。在能源建设方面,在卢拉政府时期担任过能源部长的罗塞夫上台后执行了比卢拉政府更"左"的能源政策。她更加提倡政府控股,并要求巴西最大的能源公司巴西石油公司必须主要使用巴西本国生产的钻井平台。

其次,罗塞夫致力于消除贫困。

消除贫困是摆在历届巴西政府面前的又一项重中之重的民生任务。根据巴西统计部门的最新数据,全国约有1 650万人处于赤贫状态,占全国总人口的8.58%。作为对卢拉政府时期消除贫困计划的继承和提升，2011年6月，罗塞夫宣布了一项名为"巴西无贫困"的新计划。这是继卢拉时期的"零饥饿计划"之后，罗塞夫重拳推出的新一轮消除贫困计划，它在保证粮食安全、寻求社会公平和消除饥饿的基础上，集中力量努力帮助赤贫人口脱贫。罗塞夫表示，要在自己4年任期内使1 650万巴西人摆脱绝对贫困状态。

新计划规定了4项核心扶贫任务：第一，通过收入的再分配，抑制贫富差距过大带来的一系列社会问题；第二，向贫困地区提供应有的如电力、排水、医院、学校等公共服务设施；第三，对于赤贫居民进行基本生产技能培训，政府将对巴西170万18—65岁的人实施培训，为他们提供掌握一技之长的机会；第四，重点加大对农村贫困家庭提供资金、技术以及建立农产品销售渠道等内容的帮扶政策。

最后，罗塞夫还强调加强基础设施建设。

2012年8月，巴西政府宣布了一项1 330亿雷亚尔（约合665亿美元）的铁路、公路基础设施投资计划，以解决当时经济发展中遇到的瓶颈。此外，为迎接2014年世界杯和2016年奥运会，巴西对机场、港口和城市交通进行大规模改建。巴西发展、工业和贸易部长费尔南多·皮门特尔表示，巴西从2013年开始将步入一个投资高潮期，计划到2016年共投资3.8万亿雷亚尔（约合1.9万亿美元），用于提升巴西基础设施水平。投资将主要用于一系列基础设施项目建设，如公路、铁路建设及机场、港口改扩建工程。政府将为这些项目提供主要贷款，同时还会以极为优惠的特许经营制，吸引私人资本参与，外国投资也将成为完成这些项目的重要辅助力量。其后每年巴西吸引外资将在650亿—700亿美元。罗塞夫2013年12月11日进一步表示，2014年巴西将继续通过特许经营权转让推动大规模基础设施改造，而建设覆盖全国的铁路网将成为2014年的重点。罗塞夫在第八届全国工业大会上发表讲话说，基础设施落后已成为巴西经济的瓶颈问题，并严重制约着未来的发展。政府采取特许经营权转让的做法，既为基础设施项目吸引了必要资金，又为国内外私人资本的参与敞开了大门。根据计划，巴西将在未来30年内吸引910亿雷亚尔（约合396亿美元）投资，建设11 500公里标准轨距的铁路干线，形成覆盖全国的网络。其中，长达4 000公里的南北干线及1 700公里的东北部干线将成为铁路网的核心工程。

此外，罗塞夫政府还出台大规模的经济刺激政策，希望通过扩充物流

第九章 罗塞夫政府下的巴西

巴西铁路干线

网络和改善交通状况来提高企业的竞争力。虽然巴西经济近年来保持了相对较快增长，但其基础设施建设，尤其是交通运输基础设施建设基本上没有什么进展，是限制经济发展的瓶颈之一。对此，罗塞夫2012年8月曾表示，巴西将加快基础设施建设进度，通过发放经营许可的方式鼓励企业投资1 300亿雷亚尔用于公路和铁路建设。另外，联邦政府将在其后5年内投资1 000亿雷亚尔用于公路和铁路建设，并允许私人企业参与。该计划拟新建公路5 700公里，许可有效期为25年，新建铁路8 000公里，许可权有效期30年，以此来"争取基础设施建设与经济发展相符合"。

在社会和政治领域，罗塞夫政府持续开展反腐行动，构建网络安全体系，并拍卖港口权。

首先是重拳出击治腐败。

贪污腐败问题长期以来一直是巴西政府面临的"老大难"问题。与卢拉执政进行内阁改组替换部长不同，虽然罗塞夫基本上沿用了卢拉内阁的原班人马，但她执政后短短10个月的时间，就有6个部长因为腐败问题被迫下台，这在巴西历届政府中实属罕见。2011年，原总统府民事办公厅主任安东尼奥·帕洛西、交通部长阿尔弗雷多·纳西门托、农业部长瓦格纳·罗西均因为贪腐问题陆续离职。8月,警方逮捕了包括副部长达科斯塔在内的33名旅游部官员,他们涉嫌集体贪污了1 900名员工的培训款185万美元。就连最受巴西民众喜爱的前总统卢拉,也因被指在总统任期内滥用公共资金,为一家私人银行牟利,而遭到反腐败机构的立案调查。随着罗塞夫执政步入正轨,巴西政府内阁在民众一次次的抗议声中进行了一场漫长的名为"清洗运动"的反贪腐大行动。2011年,罗塞夫政府用于预防与打击腐败的费用达到5 050万雷亚尔(约合2 800万美元),比前一年上涨1.2%。

　　罗塞夫政府出台了更多措施推动透明执政,增强政府反贪腐的预见性,提高反腐败的现代化水平。比如建立透明网站,除政府各部委需要设立各自的透明网站,并将预算履行情况、合同、采购招标及各项行政开支公之于众之外,各州、市的拨款和对大型工程及社会项目的投资使用情况也被要求在网上公布。

　　其次是加速构建网络安全体系。

　　近年来,经济处于上升态势的巴西引起了外国情报机构的重视,针对巴西的窃密活动数量陡升。2013年,有关美国国家安全局针对罗塞夫及其助手的窃密行动被媒体披露,引起罗塞夫和巴西舆论的不满,她不仅取消了原定的访问美国与奥巴马总统会见的行程,而且在联大会议的讲坛上公开呼吁各国"要脱离美国人控制的互联网,并尽快发展本国自己的、有防火墙的网络系统"。她更进一步强调,这样做的结果"将有利于本国各类公司的商业利益,有效防止外来势力的刺探与窃取"。罗塞夫说,美国安全部门的行为已经超出了合理范围,是不可接受的。罗塞夫指出,巴西石油公司的电脑网络系统被美方监控。美国的行为完全是获取工业和商业以及战略情报的间谍活动。

　　巴西国防部长塞尔索·阿莫林2013年9月13日在访问阿根廷期间,与阿根廷国防部长阿古斯丁·罗西签署声明,在两国的防务合作中增加网络安全内容,强化两国在网络安全上的合作,减少安全漏洞。

　　巴西《网络民法》草案早在两年前就提交给巴西议会众院,但由于巴西网络公司和电信企业的"不理解"而搁浅。2013年9月,巴西内阁召开会议,分析了巴西信息安全状况,并提出应加速立法。罗塞夫强调,应在巴西国内建设信息数据库,将此前保存在国外的数据信息放在国内。巴西此举可谓"一箭双雕",一是为了摆脱美方的监控,确保巴西互联网的安全;二

第九章 ● 罗塞夫政府下的巴西

是以此来带动巴西的互联网及其储存技术的发展。

除加强与本土通信硬件制造商的沟通外,罗塞夫政府还承诺加大对本土产品的支持力度,考虑实施一项计划,即强制所有的电话公司使用本地制造的设备在其境内开展业务,并预计3—5年内达到相关的技术水准以实施这一计划。这些措施无疑将给巴西互联网、数据储存等相关行业的技术发展提供巨大机遇。此外,为避免美方的监控,巴西邮政计划提供加密的电子邮件服务,作为Gmail和雅虎的替代品。为了在互联网方面对外界有所隔离,巴西开始构建自己的海底电缆,直接与欧洲、非洲和南美相连,从而避免经由美国的电缆。同时,巴西通过自己的邮政系统建立国际网络交换点,使未来的网络电子邮件能够自动加密。巴西也在要求外国的技术公司,像脸书和谷歌,把数据库尽量建在巴西境内。2014年4月23—24日,互联网治理全球多方会谈在巴西圣保罗举行。

最后是拍卖港口权。

巴西港口已经处于饱和状态,通道阻塞,设备陈旧,管理中的官僚主义严重,腐败现象时有发生,如再不解决港口的管理和结构问题,在未来几年内巴西将可能发生港口危机。因此,巴西政府开始采取积极应对措施。罗塞夫政府2013年8月在总统府首次召开港口开发咨询会,研究首批港口的经营权拍卖事宜。其中有桑托斯港和帕拉州的港口,计划投资额为30亿雷亚尔(约12.6亿美元),开发区域30多处。

政府采取两种竞标方式:一种是提供港口最大吞吐量的企业获胜,对这种情况,政府将限制收费的最高标准,避免歧视性价格;另一种是按收费情况确定,收费最低的企业获胜,在这种情况下将对最低吞吐量进行限制。政府希望将帕拉州的港口和桑托斯港的吞吐能力再提高4 800万吨/年。桑托斯港将对11个货运码头进行拍卖,这些码头带有仓库以及粮食、糖、肥料、纸浆、车辆及集装箱的装运设施,投资额预计为14亿雷亚尔(约6亿美元)。港口目前吞吐能力为1.05亿吨/年,政府希望再增加2 700万吨/年。巴西政府确认的港口投资回报率平均为7%,如果企业表现好,收益还将扩大。如果企业满足了收费和货物吞吐量要求,它可以自由扩大其利润,补偿必要的开销。政府不会规定企业回报率和投资利润,因为港口经营权拍卖的目的在于提高运力。

此外,总统罗塞夫还签署了《港口临时法案》,规定了港口开发与经营新标准。通过签署使用权转让合同,鼓励私营企业经营公有港口的货运码头。政府的目的在于扩大投资,对码头进行现代化改造,进而降低物流成本,提高巴西经济竞争力。

与此同时,巴西不断修改矿业法来调整矿产资源勘查开发与有关经济活动的法律关系,不断修改外国投资法,制定有利于外国资本进入本国开采的法律法规和优惠政策,从而减少政府行政的干预,简化办事程序。矿产投资的主要瓶颈还在于运输,因此巴西政府鼓励国际矿产船业投资,把过剩产能转移,结合矿产和港口的利好政策,把整个产业链的主动权掌握在手中。

在科技领域,罗塞夫政府加大财政投入,力图提高创新水平。

金砖国家的科技发展世界瞩目。全球经济蹒跚前行,科技竞争却愈演愈烈,作为金砖国家之一的巴西,其政策、研发趋势、追踪热点乃至最终呈现的科技指标,都表明其相当确定并奉行一个宗旨——科技创新。它已成为重塑现代产业体系、改变国际分工格局的最重要力量。2012年,巴

桑托斯港口

西科技部预算为88亿雷亚尔,同年9月公布的2013年科技预算投入达到102亿雷亚尔,比2012年增长15%以上。罗塞夫倡导科技与创新预算的增长,并将其作为政府的一个结构性变化,以提高巴西在国际上的科技创新水平。

2011—2014年新的工业政策——"强大巴西计划",提出"创新产生竞争力,竞争力促进增长"的科技政策口号,将科技政策的重心转向加强科技创新和科技成果的产业化。同时,政府加大科技投入,鼓励私人科技消费。

"强大巴西计划"主要包含三方面的内容:一是扩大创新的金融支持。"强大巴西计划"要求国家经济与社会开发银行向科技部所属科研与项目基金提供20亿雷亚尔资助,主要用于支持科研机构提高科技创新投入,加大科研成果的产业化。二是单列重点科技支持项目和计划。在"强大巴西计划"中,政府明确将信息和通信技术设备、混合动力汽车等列为重点科技项目,通过和企业联合攻关,提高整个工业创新能力和竞争能力。三是加大创新人才的培养。推出"科学无国界"项目,通过为学生提供出国攻读学位的奖学金制度,鼓励本国人才出国深造,为国家储备创新能力。"强大巴西计划"中规定,到2014年将为巴西学生提供7.5万个奖学金名额。

2012年年末,巴西国家科技委员会通过《国家科技创新战略规划2012—2015》,明确了该国科技创新优先领域为:信息通信、医疗卫生、石油天然气、国际航天、核能、生物、纳米、绿色经济、可再生能源、生物多样性、气候变化、海洋海岸、社会发展等。罗塞夫政府逐年加大研发投入。这促使巴西科技产出增加,专利数量不断上升。

罗塞夫政府2013年3月15日颁布一项为期两年的科技创新计划。根据这项计划,政府将提供329亿雷亚尔(约合170亿美元)信贷,用于巴西企业提高技术创新能力。

在329亿雷亚尔信贷资金中,约285亿雷亚尔直接来自联邦政府和政府所属的开发银行和科技创新基金等。另外约40亿雷亚尔来自与政府合作的机构。这笔信贷投资主要用于7个具有战略意义的经济部门,即农牧业、能源、石油天然气、医疗卫生、航空航天与国防、信息技术以及可持续发展。

罗塞夫强调,"巴西有条件加强技术创新。我们必须将全部注意力集中到科技创新上来,使我们的国家更具建设能力、更具竞争力和提高生产率"。

巴西科技部长劳普指出：提供329亿雷亚尔的科技创新贷款，"这在巴西科技发展历史上还是头一次，并且政府各个部门都积极行动起来，集中国家财力，共同促进企业的科技创新发展"。

为鼓励和支持企业技术创新，巴西政府还计划创立一个新的机构，即"巴西工业创新研究院"，这家国有机构将成为实验室与企业之间的桥梁，为正在实施的科技创新项目提供支持。它类似于巴西现有的"农牧业研究院"，是在工业领域从事科研开发的研究部门。

二、"互惠多样"的巴西外交与巴中关系

外交政策上，罗塞夫政府虽然延续了卢拉政府的大国外交政策，但执行风格上各有特色。"巴西应与世界各国开辟互惠多样的新型合作关系"，这是罗塞夫2011年在参加巴西外交学院的活动上公开提出的，也为巴西政府的外交政策确定了基调。"互惠、多样"体现了巴西外交的一体化和多元化并存的特点。一体化指的是巴西政府致力于加快推进南美区域一体化，特别是借助"南方共同市场"这个地区经济合作组织，强化巴西在南美国家中的领袖地位，为对抗美国、欧元区增加谈判筹码。多元化指的是罗塞夫政府继续加强同发展中国家的联系，以及加大对非洲不发达国家的援助力度。而对于美国，虽然2012年罗塞夫到访古巴时对美国的经济政策进行了批评，但与拥抱内贾德引起美国不满的卢拉不同，罗塞夫还是保持了相对理性的克制。比起不停出访的卢拉，罗塞夫则尽量减少自己的外事活动，从世界军人运动会到联合国可持续发展大会，再到2014年的世界杯，罗塞夫更愿意担任东道主的角色，并借助这样的平台将巴西介绍给全世界。

首先，罗塞夫致力提升巴西的"拉美老大哥"形象。

罗塞夫2012年1月30日开始对古巴和海地进行为期3天的访问，这是罗塞夫就任巴西总统后首次对这两个加勒比海国家进行访问，也是她2012年第一次出访的两个拉美国家。古巴和海地是拉美地区经济最不发达的国家，罗塞夫选择出访这两个国家，目的是通过进一步加强与这两个国家的经贸关系，提升巴西在国际舞台尤其是在拉美地区的大国形象。

拉美媒体普遍认为，罗塞夫此行不仅希望同古巴加强经贸合作，也希望通过此举将巴西不断增强的经济实力转化为地区影响力。

美国对古巴长期实施经济封锁政策，使古巴经济步履艰难。但是，古

第九章 ● 罗塞夫政府下的巴西

巴是巴西的重要伙伴,两国在文化和历史上有着许多联系。在联合国,巴西长期反对美国对古巴的经济封锁,抵制美国对拉美国家的干涉。为了帮助古巴发展经济,巴西最近一些年增加了对古巴的经济合作项目。前总统卢拉执政8年期间多次访问古巴。加强经贸合作是罗塞夫总统这次访问古巴的重点。就巴西与古巴的双边贸易而言,巴西向古巴出口多,从古巴进口少,但是两国贸易关系最近10年呈不断上升趋势。2011年,巴古双边贸易额增加到6.42亿美元,比2010年增长了31%。巴西是古巴的第五大贸易伙伴,也是古巴在拉美地区的第二大贸易伙伴。巴西的目标是,争取巴西成为古巴在拉美的最大贸易伙伴。

近年来随着古巴逐步对外开放,巴西帮助古巴更新经济结构,增加在石油、矿业、农业和旅游领域的投资。如帮助古巴在哈瓦那西部对马里埃尔港口进行现代化改建,包括改建集装箱码头,修建仓库、高速公路和铁路。这一项目被视为两国经济合作的里程碑,改建项目在2013年竣工。从2011年6月开始,巴西与古巴开辟了一条从哈瓦那到里约热内卢的空中航线。近年来,巴古两国不断加强对话,拓展合作领域,两国在基础设施建设、农业、教育等方面都有密切合作。

罗塞夫表示,巴西支持古巴的经济改革进程。在与古巴国务委员会主席劳尔·卡斯特罗的会晤中,双方主要就深化两国经贸合作、提升双边关系交换了看法。罗塞夫承诺巴西将帮助古巴推动经济现代化进程。

罗塞夫同古巴方面还就地区重大问题表达了相同立场,都表示支持拉美地区合作。2011年,拉美和加勒比国家成立共同体。罗塞夫说,拉美和加勒比国家共同体是第一个没有美国和加拿大参与的拉美地区性组织,这对实现地区一体化、促进地区发展至关重要,巴西愿意在该组织内与其他成员国合作。

21世纪初巴西加强了同海地的关系。内战和地震是海地社会与经济的重大破坏者,这个国家长期处于无政府状态。此间一个国际组织的负责人表示,海地的经济比拉美其他国家可能落后20年。出于人道主义考虑,巴西政府为2 000名非法入境的海地移民提供永久居住权。

帮助海地重建是"拉美老大哥"巴西义不容辞的职责。在联合国框架内,巴西从2004年开始向海地派遣1 000多名维和部队官兵,其最高指挥官就是巴西人。巴西帮助海地重建学校和医院,为当地人提供医疗和药品,避免了传染病的大规模蔓延。

拉丁美洲和加勒比国家共同体地图

2012年初,罗塞夫访问海地,其重要内容之一就是宣布在海地南部投资兴建一个水电厂。其主要目的就是要通过加强和扩大合作帮助海地自己站立起来。

21世纪初,巴西已向拉丁美洲和非洲一些国家提供了总额近百亿美元的贷款。有专家认为,这关乎巴西软实力的增长及其在国际上所扮演角色的提升。巴西正在对外援助及金融领域扮演越来越重要的角色,并使自己所扮演的这一新角色引起世界关注。

其次,罗塞夫致力巩固中巴双边关系。

在对中国的外交政策上,中巴两国元首、两国政府高层领导和中巴企业界的积极推动使中国与巴西双边关系进一步得到加强。2011年和2012年更是中巴发展战略伙伴关系成果丰硕的时期。2011年4月,罗塞夫总统访问中国,充分显示了巴西新政府对发展中巴关系的重视。为进一步推动落实卢拉政府与中国领导人签署的《中华人民共和国政府与巴西联邦共和国政府2010年至2014年共同行动计划》,2011年4月,两国领导人制定了《十年合作规划》,明确2012—2021年双方在科技与创新、经济合作及人文交流方面的优先领域和重点项目。该规划在2012年6月正式签订,标志着中国和巴西战略合作伙伴关系进一步得到加强。

巴西是世界上最大的高品质铁矿出口国,同时也是一系列农产品的出口大国,这些农产品包括咖啡、糖类、对中国有特殊意义的"豆制品系列"的大豆,以及石油和玉米粉等。10年来,巴西对中国的出口增长了18倍,尤其是以二级铁矿和豆类产品为主。巴西对中国的出口占了出口总量的12%。2009年,巴西对中国的出口接近210亿美元,中国取代美国成为巴西最大的单一市场出口国家。巴西对中国的出口比重从2000年的2%增加到2010年的12.5%。从出口地区和出口价值来看巴西的出口,我们能看到巴西出口的分段性。对欧盟和美国的出口基本上保持制造成品和原材料的平衡。然而，巴西对其他拉美国家的出口以制造业产品为主，对亚洲国家则主要出口原材料。

除了大豆和铁矿，巴西对中国石油的出口增长是十分显著的，大大加强了巴西对亚洲原材料出口的绝对优势。巴西石油出口的激增满足了亚洲大国对原材料的极大需求。2010年1—10月，中国每天从巴西进口17.95万桶石油，比上年同期增长125%，给巴西带来的财政收入达到31.8亿美元。中国已经成为巴西石油的主要消费国，超过每天从巴西进口15.7万桶石油的美国。

除了优质原料外，合格的劳动力和灵活的产业也是推动巴西进入世界领域的有利因素。净出口在巴西一直到2005年才在国内生产总值中开始起到推动作用。在此之后，投资增长降低了对外部门的重要性。事实上从那以后净出口在国内生产总值的增长上起了负面作用。从总需求角度来说，消费依然是经济增长的重要来源，同时投资也开始发挥更重要的作用。然而，这并不意味着和中国日益加深的联系的重要性在消减。罗塞夫的执政议程要考虑那些可能引起中巴关系长期发展危机的问题。从1989年起，巴西在2008年第一次出现和中国的贸易逆差。2009年再次出现贸易顺差，但这仅仅是因为金融危机造成巴西进口量的急剧下滑。

2010年中国同巴西的交易大部分是商品交易——12亿美元购买了米纳斯吉拉斯州的一个铁矿；71亿美元购买了西班牙雷普索尔公司在巴西的作业的50%；另外310万美元购头由挪威国家石油公司拥有的油田股份公司佩雷格里诺的股份。

巴西商人经常面临与中国商业的竞争。确实，巴西许多部门无法与来自中国的廉价进口商品竞争。中国制造商具有很大的竞争力是因为他们拥有许多优势：低利息贷款、低税收、新的基础设施，这些都是巴西商家所不具备的。巴西的道路正在老化，其利率飙升，其货币跻身世界上那些被高估的国家。因此中国制造商品比当地制造品更具竞争力毫不令人吃惊。

自1994年来巴西的货币一直处于不固定的浮动汇率，而且巴西正一步步地进入全球金融市场。尽管如此，由于政府的高税收和其他限制，以及缺少外资的竞争，巴西的工商业既没有动力也很难具有更高的生产力。因此，要想提高出口，必须使巴西的商品达到国际价格水平和质量标准。

另外，巴西政府的财政收支平衡持续恶化，导致央行不得不将利率维持在高水平，使得投资缺乏动力，同时引起短期资本的流动，这反过来又会导致汇率的上升。

在卢拉政府8年的执政下，巴西经济的稳定增长使得巴西成为中国贸易的新宠。巴西已经赢得了国际社会的信任，现在罗塞夫必须证明她可以完成保持巴西持续发展的任务。

2013年对于中国和巴西双边关系的发展有着重要的意义。2013年是两国宣布成为战略合作伙伴关系20周年，也是两国落实中国巴西《十年合作规划》的开局之年，双边关系取得了跨越式的发展，展现了3个突出的特点：一是双方政治互信的深度前所未有；二是双方利益交融的高度前所未有；三是人文交流的热度前所未有。

2013年双方高层领导交流密切、互访频繁。而且从双方国际多边领域表现出来的更及时、更充分、更有效的交流，都体现了两国关系的战略性和全面性。双方在经济、贸易、金融、投资等各个领域的务实合作在2013年又上了一个新台阶。

2013年11月4日，巴西副总统密歇尔·特梅尔开始了对中国为期6天的国事访问。11月6日，中国—巴西高层协调与合作委员会第三次会议在广州举行。会后，中巴双方签署了《中国—巴西高层协调与合作委员会第三次会议纪要》以及航天、农业、质检等领域合作文件。

此次会议富有成果，双方在经贸、科技等领域取得了30多项重要成果和共识。中巴双方致力于进一步提升经贸合作的层次和水平，强调应充分发挥两国经济高度互补的优势，扩大贸易规模，优化贸易结构，加强质检、海关等领域的合作，抵制贸易保护行为，提高贸易自由化、便利化水平；强调应该改善投资环境，深化能源、矿业、基础设施、农业、金融等领域的投资合作，提升两国经贸合作的层次和水平。

2013年双边贸易达到约903亿美元，这样巴西在对华贸易中，再次超越俄罗斯成为中国第九大贸易伙伴，也是中国在拉丁美洲的第一大贸易伙伴，而中国也保持了巴西的第一大贸易伙伴地位。与此同时，双边贸易关系出现了多样化的新趋势，这是一个积极的趋向。双方该年的经贸往来涉及农牧业、航空科技、基础设施、通讯、新能源等多个领域。

在工业方面，根据统计数据，2013年巴西塑料制品进出口总额18.72亿美元，同比增长8.65%。其中，进口总额14.67亿美元，同比增长10.63%；出口总额4.05亿美元，同比增长2.05%。中国为巴西第一大进口市场。2013

第九章 罗塞夫政府下的巴西

年巴西从中国进口塑料制品3.8亿美元,占比重25.94%,同比增长8.74%;进口数量9.56万吨,占比重34.45%,同比增长7.65%。2013年以来,中国对巴西出口塑料制品增幅有所放缓,但所占比重逐年攀升。中国已成为巴西塑料制品进口的重要来源。

另外,随着近年来中巴关系发展顺利,中国国家工商总局与巴西工业产权局在相关领域的交流也日益密切,特别是在金砖国家合作框架下,双方的交流合作不断深入。2013年8月,中巴签署了《中华人民共和国国家工商行政管理总局和巴西联邦共和国国家工业产权局合作谅解备忘录》。根据合作谅解备忘录,双方将在各自国家法律允许的范围内,交流商标注册领域的相关信息,组织并开展能力建设活动,交流知识产权机构管理和办公自动化以及知识产权数据库建设方面的信息和最佳实践,针对双方都关注的国际知识产权问题联合开展活动,针对各自国家相关商标权人教育内容开展合作,并交流分享商标注册与保护等领域的经验,为保护两国企业的商标专用权,促进两国经济发展作出努力。

在农业方面,"中国是巴西最大的高附加值农产品市场",中巴双方在农产品贸易谈判上所取得的成果,在两国贸易上产生了重大的影响。比如,中国决定进口巴西猪肉,不仅为巴西开放了中国猪肉市场,而且也为巴西猪肉出口到其他亚洲国家提供了方便。原因在于,中国对进口猪肉的卫生检疫要求非常严格。因此,中国决定向巴西开放猪肉市场后,日本和韩国马上也表示可以考虑进口巴西猪肉。"这意味着,中国的决定也为巴西打开了向其他亚洲国家出口猪肉的'窗口'"。另外,巴西和中国双方还在牛肉和禽肉贸易谈判上取得新的进展。

在金融领域,2013年3月中国和巴西签署了货币互换协议,这是与全球多家货币当局签署的20多个协议中的一个。中国和巴西签署的协议旨在通过设立价值约300亿美元(1 900亿人民币)的货币互换途径来支持双边贸易,但该途径仅在发生信用危机时使用。该互换协议的有效期是3年,到期后可以续期。这一安排将为两国之间不断增长的贸易提供保障。虽然该协议预期在日常贸易活动中用处不大,但它将保障不断增长的双边贸易流动不受全球金融状况的影响。从外交视角、从地缘政治视角看,就金砖国家试图团结起来、打造实质性合作的努力而言,这项协议意义重大。

巴西对于人民币市场的发展很重视,有不少企业参与了人民币业务。相较于多样化的中小消费货物,大型进口商主要关注电子和机械产品。业务需求与完整的人民币贸易结算相关,包括财务和运营方面,如融资、外汇、清算和记账。

在能源投资领域,巴西拥有丰富的石油资源。中国作为世界最大的石油消费市场之一,近年来与巴西的石油能源合作十分密切。巴西石油资源尤其是深海石油的储藏量非常可观。中国与巴西自2009年签订100亿美元的石油订单,之后两国石油贸易一直热度不减。巴西在石油生产国家行列当中占着比较重要的位置,特别是盐下层石油的发现,将对巴西石油产业产生巨大影响。中国是石油主要进口国,所以中国企业对参与巴西的能源合作积极性比较高,巴西对中国企业也有期待,希望中国企业参与巴西能源领域的投资合作。

2013年10月21日,西里贝拉石油区块招标会在巴西里约热内卢举行,中国石油天然气集团公司(简称"中石油")、中国海洋石油总公司(简称"中海油")两家中国企业最终与巴西国家石油公司、法国道达尔、壳牌石油等3家企业组成联合体作为唯一投标方中标,获得了勘探和开采权。中国公司中标参与里贝拉的开采,从一定程度上改变了中国在巴西的能源投资格局。此前中国公司的投资大多集中在成熟油田上,这是中国首次在勘探阶段介入巴西石油资源开发。

中国是世界第四大产油国,由于地质结构复杂,中国石油行业对地下石油研究拥有独到见解,但在巴西储量最多的深海油田开发上,中国占有的优势并不明显。中国油企开拓巴西市场的过程是两国石油行业相互交流的过程,也是中国油企向外学习的过程。

教育交流方面,2013年中国与巴西有两大喜事。一是首批由巴西政府出资的留学生赴中国学习。根据两国政府达成的协议,未来10年,巴西政府将出资陆续向中国输送3 000名留学生。二是中巴互换留学生项目2013年正式启动。而孔子学院也在巴西频频落户,数量已经上升至7家,成为拉美国家中数量最多的国家。中巴教育交流的提升是两国政治、经济等领域交流不断深化的体现。

人文交流方面,中巴双方不断提高两国文化交流层次,为两国关系的全面发展作出贡献。它很好地带动了民众交流,为两国人民了解中国文化打开

中国孔子学院院标

了一扇窗口,为两国关系实现长期稳定发展提供了有利条件,营造了良好氛围。

三、罗塞夫蝉联总统后的巴西新政局

2014年10月5日,巴西举行大选,选举出巴西正副总统、27名联邦参议员、全部513名众议员、各州州长(包括联邦区,27名)及各州议员(包括联邦区议员,1 059名)。

第一轮投票的初步结果显示,时任总统罗塞夫赢得了41.6%的选票,处于领先地位。社会民主党的阿埃西奥·内韦斯得票率为33.5%,社会党候选人玛丽娜·席尔瓦(Marina Silva)为21.3%。由于没有候选人在总统和州长选举中获得超过50%的选票,第二轮决选于10月26日举行。最终的争夺在罗塞夫和内韦斯之间进行。第二轮投票:罗塞夫以54 501 118票(51.64%)击败获得51 041 155票(48.36%)的阿埃西奥·内韦斯。罗塞夫成功连任总统。

罗塞夫蝉联总统

一直以来，巴西的政党格局具有碎片化的特点，主要表现为政党数量众多，内部派系林立，政党分化组合频繁，新的政党不断涌现。选举制度的低门槛特点使许多小党可以比较轻松地在国会获得席位，因此任何单一政党都无法在国会两院控制多数席位或是获得执政权。在这种环境下，巴西各个政党逐渐表现出一种新的演变趋势。经过再民主化20多年来的发展，巴西劳工党和社会民主党已经成为本国政党格局中的两"极"。这一点在此次总统选举中表现得尤为明显。

2013年以来，巴西国内经济发展遭遇了较大的波动，部分政府官员腐败问题较为突出，且由于世界杯和奥运会等重大国际赛事的筹备占用了巨大的财政开支，导致民众对执政党劳工党产生了较大的反对意见。2014年巴西大选是巴西在20世纪80年代中期实现再民主化以来的第七次大选，也是选情最为胶着最为戏剧化的一次。历经社会党候选人爱德华多·坎波斯坠机事件、其顶替者玛丽娜·席尔瓦在第一轮投票前后的"黑马"劲势与落败、社会民主党候选人阿埃西奥·内韦斯的士气大振，以及劳工党候选人罗塞夫的峰回路转，巴西此次大选有太多的变数与看点。

罗塞夫最终赢得连任机会，其最基本的成功因素在于她以现任总统的优势借助了劳工党过去执政12年中有效减贫和创造就业的政绩。劳工党政府长期贯彻推动社会各阶层遵循自由市场发展模式的共识，强调对社会利益的保障，采取比较进步的财富再分配政策，力图纠正巴西长期存在的贫富分化问题，使巴西的经济社会结构向着更为均衡的方向转变。因此从支持者收入水平来看，罗塞夫和劳工党拥有收入水平最低民众的坚定支持。

其次，罗塞夫在东南部各州和女性选民中的支持率上升也是她扭转局势的原因。根据巴西民调机构《圣保罗页报》的数据显示，进入选举第二轮后，罗塞夫在东南部4个州的支持率从34%上升到40%。这4个州是巴西人口密度最高、经济发展最为先进的地区，也是社会民主党的传统"票仓"，罗塞夫花费了大量精力在这一地区竞选。另一方面，由于社会民主党候选人内韦斯在之前的电视辩论中多次说罗塞夫举止"轻浮"，得罪了不少女性选民。这些女性选民纷纷表示要将选票投给罗塞夫，罗塞夫团队也借此机会指责内韦斯不尊重女性。罗塞夫在女性选民中的支持率也从42%上升到46%。

此外，罗塞夫团队的竞选营销非常成功。在选举中，罗塞夫表示，她在

第九章 ● 罗塞夫政府下的巴西

连任后将会重启经济,重组政府的经济团队、恢复信心,她的政策核心仍然是政府干预。让劳工党最引以为傲的成就是相较10年前,巴西的中等阶级数量提高了10多个百分点,贫困人口大幅减少,尤其是在贫民窟,中等阶级与日俱增。因此在这一基础上,罗塞夫在竞选中提出了"更多的变化,更好的未来"的口号,承诺不止于先前的改革,全力争取了中等阶级和新兴中等阶级的选票。

最后,前总统卢拉的再度支持也是罗塞夫制胜的一个关键因素。卢拉于当地时间10月22日在巴西东北部最大城市累西腓对民众发表公开演讲,为罗塞夫的竞选提供全方位的支持,向选民明确传递继续支持她的信息。

尽管此次大选罗塞夫的得票率比上次大选有所降低,但考虑到巴西近几年的经济下行,2012年全球经济风暴冲击下的技术性衰退,以及罗塞夫第一任期内政治阶层腐化问题的严峻性,罗塞夫能在本次总统大选中赢得连任可谓巨大的成功。

虽然罗塞夫政府在第一任期的内政外交方面采取了一系列的新政并取得一些成就,但巴西仍需要及时采取几大措施。

一是加快经济增长。近年来,巴西经济增长缓慢,通胀率居高不下。经济表现不佳是罗塞夫未能首轮胜出的重要因素。2011—2013年,巴西经济增长率分别仅为2.7%、0.9%和2.3%。根据巴西统计局公布的数字,2014年上半年巴西连续两个季度出现经济负增长,理论上已经进入经济衰退期,通胀率也超过了政府设置的6.5%的目标,且大宗商品价格下滑令出口收入下降。10月7日,国际货币基金组织再次下调巴西经济增长预期,预计巴西经济2014年仅能增长0.3%,这一预期明显低于7月发布的1.3%。此外,该基金组织还预计2015年巴西经济增长率为1.4%,也明显低于7月预估的2%。10月13日巴西央行发布的报告也称,主要金融机构的经济学家连续第四周调高巴西2014年的通胀预期。因此罗塞夫在连任后将面临加快经济增长的严峻挑战。罗塞夫第一任期的经济政策非常重视国家掌控的大型大宗商品企业,比如国有控股石油企业巴西国家石油公司(Petrobras)和矿业综合企业淡水河谷(Vale),却因此忽视了更具活力的制造业和服务业企业。巴西经济增速放缓,贸易保护主义呈上升趋势,对企业成长不利。罗塞夫颁布了新的工业政策,保护本国贸易市场的纺织、制鞋、家具等一些传统领域,但贸易保护将导致这些企业自身无法得到提升,越来越不具备国际竞争力。新任期里如何兑现其在竞选中承诺的经济政策改革尤为重要。

二是稳定政治生态。巴西劳工党成立于20世纪80年代,其意识形态色彩在经历了1994年和1998年的两次大选失败后日趋淡化。通过重新审视巴西的政治环境,劳工党加速向中左立场靠拢。与此同时,伴随劳工党在地方和全国选举中取得的一系列胜利,一批具有参政经验的温和派党员在党内发挥愈来愈大的影响力,其支持群体也得到日益扩大,逐渐由有组织的产业工人向中等收入选民扩展。卢拉就任总统后,劳工党的力量得到加速扩展。2010年大选结束之后,劳工党不但继续拥有总统职位,还成为众议院第一大党和参议院第二大党。

从卢拉到罗塞夫,劳工党执政12年,经济增长和社会公平并重的"卢拉主义"使巴西中等阶层人口迅速增长。巴西知名智库瓦加斯基金会的研究表明,2003—2012年,4 000多万巴西人进入中等阶层行列,且地域分布日趋均衡,在北部和东北部经济相对落后的几个州,众多居民的收入水平正在快速接近中产区间。到2012年,巴西中产阶层人口达1.04亿人,占总人口的53%,巴西社会收入结构从原来的金字塔形变成"准纺锤形"。在此次选举中发挥最关键作用的中产阶级,虽然享受了增长红利,但他们对于劳工党政府的态度十分矛盾。一方面他们切身感受到巴西经济社会的进步;另一方面他们对于物价水平、基础设施也有所不满,对于前任劳工党领导人卢拉和连任总统罗塞夫的信任也不及从前。罗塞夫连任后如何迅速而有效地稳定民心成为当务之急。

三是反击贪腐。实际上,巴西仍有许多政府部门官僚作风严重,低产低效的办事作风令政府一些积极的方针政策无法及时得到落实。政府官员腐败更是令民众对政客失去信心,丧失了参与政治的积极性。

2014年1月29日,巴西新的《反腐败法》正式生效。与先前的法律相比,新法对腐败行为的惩处更加严厉。之前的法律规定,企业如果行贿或从事腐败活动,接受审判的只有其法人代表。而新法则规定,总经理和涉案的其他人也将受到惩罚,而且涉及范围扩大至其在国外实施的犯罪。新法还规定,将行贿缴纳罚款的最高限额提高至企业年毛收入的20%,或者是6 000万雷亚尔(约合1.5亿元人民币)。新的《反腐败法》曾经在巴西国会搁置多年。但面对严峻局势,巴西国会于2013年6月火速审议通过了该法案,并由罗塞夫在8月正式签署。

尽管如此,2014年年初巴西石油公司爆出的采购贪污案,剑指罗塞夫,并杀伤力极大。前巴西石油公司高级主管柯斯塔爆料,劳工党及政府曾派出40多名高官与政治人物,通过巴西石油公司的采购贪污机制收贿,并指出这个史上规模最大的政治贪污案"大月费"机制(劳工党高层每月向国会议员行贿,换取政治支持)从前总统卢拉第一任期就已经开始,一直延续到罗塞夫任内。对此,当时罗塞夫表示完全不知情。但对于在卢拉任内担任矿能部长、巴西石油公司董事会主席等重要职务的罗塞夫来说,这并不能减轻她的责任,更让民众质疑她的行政管理能力和劳工党的贪腐问题。随着反腐调查的深入,执政联盟已有数十名政治人物牵扯其中。大选胜利后,这是罗塞夫不得不直面反击的重大问题。

此次大选后,尽管执政联盟基本掌握了国会,控制了全国27个州的一半以上,但反对派的14个政党获得了5 100万张选票,成为巴西有史以来力量最为强大的政治反对势力。如何获得日益强大的反对党联盟的妥协乃至支持,特别是如何妥善处理巴西石油公司弊案,对于罗塞夫来说任务艰巨。

除此以外,教育普及度较低,巴西地区发展严重的不平衡,落后的东北部地区与经济快速发展的东南部地区有着很大的差距,令巴西贫富分化仍十分严重。不过罗塞夫政府虽面临重重挑战,但作为拉美第一大国和新兴经济体的重要一员,巴西丰富的自然资源以及强大的国内需求仍将使该国持续位于发展中大国的重要地位。罗塞夫将继续按照既定政策完成新任期。

罗塞夫的新任期,在危机中开局。

2015年1月1日,罗塞夫第二任期就职典礼在首都巴西利亚举行,她成为巴西历史上第一位蝉联总统宝座的女总统。在就职典礼上,罗塞夫表示,她将致力于减少贫困人口,并让巴西经济重回正轨。然而经济还未呈现复苏迹象,巴西石油贪腐案的快速发酵却成为罗塞夫政府面临的最大挑战,使罗塞夫陷入前所未有的困境,声援派与反对派就可能对总统提出的弹劾反应激烈,矛盾一触即发。

事实上,大选中的微弱优势已让罗塞夫清醒意识到自己的不足。因此,罗塞夫就任后明确指出,国家经济增长、教育、肃贪将是她未来4年任期内的主要任务,并承诺她的新政府将更具有包容性。她表示:巴西需要恢复成长,首要任务就是在不影响社会发展的情况下,调整公共开支,坚定投资人信心,促进经济繁荣。在经济方面,罗塞夫提名以自由派经济学家著称的银行家莱维出任财长,组建新的经济班底,平衡财政和降低通胀,并维护一个健康的宏观环境,让市场发挥振兴经济的作用。在政治方面,她在第二个任期内将充分展开"社会对话",推动政治变革,严惩腐败,打造一个廉洁和体察民意的高效政府。针对巴西最大国营企业巴西石油公司高层和政府高官与供货商被控相互勾结、涉嫌受贿行贿等案件,政府将尽力配合查处,绝不包庇姑息。在社会福利方面,罗塞夫称她第二任期的主题就是"巴西,教育家的家园",强调将优先发展教育。政府将增加来源于深海石油开采的社会基金和权利基金来发展教育,增强国民的公民道德意识与爱国主义意识。同时,政府不会放松现行的以"家庭补助金"为核心的社会政策,将加强城市交通网络建设,扩大大众住房计划的覆盖面,继续推行以聘请古巴等外国医生为核心的"更多医生"计划。

作者点评

在罗塞夫执政期间,基本坚持了卢拉政府的治国理念,对外坚持推进拉丁美洲一体化和多元化的大国外交战略,对内降税减负、重整工业,减少对发达国家的经济依赖,在消除贫困,加强教育、打击腐败,推动透明执政等方面作出了新的尝试与努力,尽管效果并不尽如人意,但客观上推动和深化了各项政策实施。与此同时,罗塞夫政府面对复杂多变的国内外环境,大胆改革创新,推出一系列新政,有力推动了国内经济增长、社会稳定、民生改善,并通过积极参与国际事务,使巴西的国际影响力和国际竞争力不断增强。

主要参考文献

阿马多·路易斯·塞尔沃:《巴西崛起与全球新秩序》,《拉丁美洲研究》,2011年6月。

陈笃庆:《中巴建交35年的发展历程与中巴战略伙伴关系》,《拉丁美洲研究》,2009年10月第5期。

董经胜:《巴西现代化道路研究》,北京:世界图书出版公司,2009年版。

"发展中巴经贸合作对策建议"课题组:《进一步加强中国和巴西经贸合作的对策建议》,《拉丁美洲研究》,2007年4月第2期。

[美]E.布拉德福德·伯恩斯著,王龙晓译:《巴西史》,商务印书馆,2013年版。

[巴西]福斯托:《巴西简明史》,北京:社会科学文献出版社,2006年版。

贺双荣:《卢拉政府的外交政策》,载江时学:《2004—2005拉丁美洲和加勒比发展报告》,北京:社会科学文献出版社,2005年版。

[美]胡安·J.林茨、阿尔弗莱德·斯泰潘著,孙龙等人译:《民主转型与巩固的问题:南欧、南美和后共产主义欧洲》,浙江人民出版社,2008年版。

[美]霍华德·威亚尔达:《新兴国家的政治发展——第三世界还存在吗?》,北京:北京大学出版社,2005年版。

[美]霍华德·威亚尔达主编:《非西方发展理论:地区模式与全球趋势——比较政府与政治译丛》,北京:北京大学出版社,2006年版。

［美］吉利斯等：《发展经济学》，北京：中国人民大学出版社，1998年版。

［阿根廷］吉列尔莫·奥唐奈著，王欢、申明民译：《现代化和官僚威权主义：南美政治研究》，北京大学出版社，2008年版。

［美］加布里埃尔·A.阿尔蒙德、拉塞尔·J.多尔顿、小G.宾厄姆·鲍威尔、卡雷·斯特罗姆等著，杨红伟、吴新叶、方卿、曾纪茂译：《当代比较政治学：世界视野》（第八版，更新版）。上海人民出版社，2010年版。

江时学主编：《2006—2007年：拉丁美洲和加勒比发展报告》，北京：社会科学文献出版社，2007年版。

［英］莱斯利·贝瑟尔主编，吴洪英、张凡、王宁坤等人翻译：《剑桥拉丁美洲史》（第九卷），当代中国出版社，2013年版。

［英］莱斯利·贝瑟尔主编，中国社会科学院拉丁美洲研究所组译：《剑桥拉丁美洲史》（第十卷），当代世界出版社，2003年版。

李玉举：《发展中国家参与区域经济一体化》，北京：中国市场出版社，2008年版。

林跃勤、周文：《新兴经济体蓝皮书：金砖国家发展报告》，社会科学文献出版社，2012年版。

龙芳、刘健等：《拉美文化璀璨之谜》，解放军文艺出版社，1995年版。

吕银春、周俊南：《巴西》，北京：社会科学文献出版社，2004年版。

吕银春著：《经济发展与社会公正——巴西实例研究报告》，北京：世界知识出版社，2003年版。

罗伟林：《赤道之南——巴西的新兴与光芒》，北京：中信出版社，2011年版。

［秘鲁］欧享尼奥·陈-罗德里格斯著，白风森、杨衍永等人译：《拉丁美洲的文明与文化》，商务印书馆，1990年版。

［美］普沃斯基：《民主与市场：东欧与拉丁美洲的政治经济改革——政治学名著译丛》，北京：北京大学出版社，2005年版。

苏振兴主编：《拉丁美洲和加勒比地区发展报告（2008—2009）》，北京：社会科学文献出版社，2009年版。

孙兴杰：《金砖四国之路：巴西翩翩起舞的桑巴》，吉林：长春出版社，2010年版。

王萍：《走向开放的地区主义——拉丁美洲一体化研究》，北京：人民出版社,2005年版。

魏浩:《中国与巴西的经贸关系及其新的发展战略》,《拉丁美洲研究》,2009年12月第6期。

吴白乙:《中巴战略伙伴关系的国际政治意义》,《中国社会科学院报》,2009年5月26日。

吴志华:《巴西的"大国外交"战略》,《拉丁美洲研究》,2005年第4期。

徐世澄:《2002年拉美的政治形势和对外关系》,《拉丁美洲研究》,2003年第1期。

徐世澄:《拉丁美洲政治》,北京:中国社会科学出版社,2006年版。

徐世澄主编:《美国和拉丁美洲关系史》,北京:社会科学文献出版社,2007年版。

张宝宇:《巴西现代化研究》,北京:世界知识出版社,2002年版。

周志伟:《巴西崛起与世界格局》,北京:社会科学文献出版社,2012年版。

周志伟:《中巴关系:历史回顾与展望——纪念中国巴西建交35周年》,《当代世界》,2009年8月。

朱鸿博等主编:《国际新格局下的拉美研究》,上海:复旦大学出版社,2007年版。

朱鸿博主编:《冷战后美国的拉丁美洲政策》,上海:辞书出版社,2007年版。

《巴西大选见证中产阶层崛起》,http://news.xinhuanet.com/2014-10/23/c_1112953380.htm。

《巴西大选决胜局倒计时120小时现任总统罗塞夫支持率反超内韦斯》,http://jingji.21cbh.com/2014/10-22/4MMDA2NTNfMTMyNDU4MA.html。

《巴西石油总公司称在亚马孙发现石油贮藏》,《世界石油》,2010年第29期。http://www.worldoil.com/Petrobras_confirms_oil_discovery_in_the_Amazon.html?LS=EMS465761。

《巴西新政府:问题多,答案少》,《经济学家》,2010年第25期,http://www.economist.com/node/17581645。

谌园庭:《中巴经贸——寒冬里的暖流》,《中国日报》,2005年5月14

日,http://www.chinadaily.com.cn/zgzx/2009-05/20/content_7793107.htm。

廖勤、洪俊杰:《巴西已成为中国不可少的"店家"》,载中国拉丁美洲研究网,2009年5月22日,http://ilas.cass.cn/cn/xstl/content.asp?infoid=10044。

《罗塞夫领跑大选巴西股市恐大跌》,http://news.sina.com.cn/o/2014-10-07/135930953757.shtml。

塞巴斯蒂安:《中巴贸易的重要性》,亚洲经济网,第23期,http://www.financeasia.com/News/239307,the-growingimportance-of-china-brazil-trade.aspx?refresh=on.

斯托特:《中国投资增长重系巴西经济领结》,2010年8月10日,http://www.reuters.com/article/idUSTRE67947R20100810。

威特雷:《中国与巴西:食品与工业用品市场》,《经济时间》,2010年第14期,http://www.ft.com/cms/s/0/6059be3c-edfe-11df-8616-00144feab49a,dwp_uuid=05161284-eaff-11df-811d-00144feab49a.html#axzz16r7WlpZ6。

约翰·保罗:《总统选举仍有许多要做》,《经济时间》,2010年第14期,http://www.ft.com/cms/s/0/8d90d386-edfe-11df-8616-00144feab49a,dwp_uuid=05161284-eaff-11df-811d-00144feab49a.html#axzz16r8qmbX4。

中国驻巴西大使馆经商处,http://br.mofcom.gov.cn/article/jmxw/201208/20120808299233.html。

Agencia Estado, 2010（29）,http://www.estadao.com.br/estadaodehoje/20101129/not_imp646708,0.php.

Azevedo-Ramos, C. Sustainable Development and Challenging Deforestation in the Brazilian.Amazon: the Good, the Bad and the Ugly[J].Unasylva.2008,(1).

Berdegué, Julio A. and Ricardo Fuentealba.Latin America: The State of Smallholders in Agriculture[R].Conference on New Directions for Smallholder Agriculture.January 24-25, 2011.IFAD: Rome.

Brazil Report, 11 February 2003, p. 3.

Brazil Report, 7 January 2003, pp. 1, 6.

Clare Ribando Seelke, Peter J. Meyer, Brazil-U. S. Relations, CRS Report for Congress, 2009. 3.

Coordinación: Pablo Gonzalez Casanova, América Latina: Historia de Medio Siglo. 1. América del Sur. Siglo Veintiuno Editores, México, 1982.

Cristina Soreanu Pecequilo, South America and the Challenges of South-

South and North-South Cooperation: the Case of Brazil, Delivered at the 2009 Congress of the Latin America Studies Association, 2009. 11.

Curralero, Cláudia Baddini and Jomar lace Santana.The Food Acquisition Program in the South and Northeast Regions[Z].Chapter 2 in Evaluation of MDS Policies and Programs–Results.Volume 1: Food and Nutritional Security. Organized by Jeni.

Demetrio Boersner: Relaciones Internacionales de América Latina. Editorial Nueva Imagen México.1982.

FAO[EB/OL].[2013–05–19].http: //www.fao.org/economic/ess/ess-fs/fs-data/ess-fadata/en/.IFAD[EB/OL].

Heinz Dieterich: Neoliberalismo, Reforma y Revolución en América Latina. Tercera Editorial Nuestro Tiempo S.A. México.1996.

http: //www. Aebrazil. com/highlights/2003/fev/28/72. html.

http: //www. brazil. com/2003/html/articles/sep03/p120sep03. html.

http: //www. chinadaily. com. cn/hqzx/2009-05/20/content_7793228. htm.

http: //www. fao. org/english/new sroom/news/2003/13420-en. html.

http: //www. itamaraty. gov. br/divulg/documentacao-diplomatica/publicacoes/resenha-de-politica-exterior-do-brasil.

http: //www. ri. pucminas. br/site/administrador/login_administradores/site/principal/arquivos/formularios/doc_61. pdf.

J. Grigulevich: La Iglesia Católica y el Movimiento de Liberación en América Latina Traducido del ruso por Federico Pita. Editorial Progreso impreso en la URSS, 1984.

Jeffrey Cason, Timothy J. Power, Presidentialization, Pluralization, and the Rollback of Itamaraty: Explaining Change in Brazilian Foreign Policy Making from Cardoso to Lula. Paper prepared for conference on "Regional Powers in Asia, Africa, Latin America, the Near and Middle East", organized by German Institute of Globaland Area Studies(GIGA), Hamburg, 11–12 December 2006.

John Barham, Keeping the Faith, Latin Finance, December 2002, p. 33.

John Will Iamson, Lula's Brazil!, Foreign Affairs, Jan/Feb 2003.

Latin American Economy & Business, February 2003, p. 2.

Lecio Morais and Alfredo Saad-Filho, Lula and the Continuity of

Neoliberalism in Brazil: Strategic Choice, Economic Imperative or Political Schizophrenia?, http: //www. comunicazione. uniroma1. it/materiali/20. 34. 59_Brasil%20HM. pdf.

M.Alperovich, L.SliezKin: Historia de América Latina.Ediciones Quinto Sol, México, 1983.

Mello, Patrícia Campos. CelsoAmorim: Precisamos Repensar NossaRelação Com a China, O Estado De S. Paulo. Agencia Estado 2010 (27), http: //www. estadao. com. br/noticias/nacional, celso-amorimprecisamos-repensar-nossa-relacao-com-a-china, 646239, 0. html.

Meyer, Maureen.A Dangerous Journey through Mexico: Human Rights Violations against Migrants in Transit [J].WOLA, 2010, (10).

Mónica Hirst, Andrew Hurrell, the United States and Brazil: a Long Road of Unmet Expectations, Oxon: Routledge, 2005.

Naumann, Marla, and Espindola Dayse.Demanda Chinese Pode Ajudar Brasil a Superar Crise, Dizem Especialistas.Opera Mundi.2009-5-22, http: //operamundi. uol. com. br/noticias_ver.php?idConteudo=519.

Naumann, Marla. Relações Comerciais Brasil-China: Exportações Como Fator De Inserção Internacional. Monography. Pontifícia Universidade Católica Do Rio De Janeiro, 2006.

Oscar Schmieder: Geografia de America Latina. Traducción de Pedro R.Hendrichs Perez y Hildegard Schi lling. Fondo de cultura Económica, México, 1980.

Pablo Acosta, Pablo Fajnzylber, and J. Humberto López.Remittances and Household Behavior: Evidence for Latin America.Remittances and Development: Lessons from Latin America Eds [M].World Bank: Washington, DC, 2008.

Paulo Fagundes Vizentini, The G-3 and the G-20: Brazil and the New International Coalitions.http: //www6. ufrgs. br/nerint/folder/artigos/artigo62. pdf.

Paulo G. Fagundes Visentini, Analúcia Danilevicz Pereira, The African Policy of Lula's Government. http: //www6. ufrgs. br/nerint/folder/artigos/artigo61. pdf.

Peter Hakim, The Reluct ant Partner!, Foreign Affairs, Jan/Feb 2004.

主要参考文献

Programa de Aquisio de Alimentos vai beneficia 270 mil agricultores familiaresem 2012[R].Ministério do Desenvolvimento Agrrio.January 3, 2012.

Pyne, Solana, and German Erik, Global Post, 2010(1), http://www.globalpost.com/dispatch/.brazil/101101/brazil-president-dilma-rousseff.

Pyne, Solana. China's Brazilian Shopping Spree. Global Post, 2010(22), http://www.globalpost.com/dispatch/brazil/101118/chinaforeign-investment-trade?page=0, 0.

Raúl Zibechi, Brazil and the Difficult Path to Multilateralism.http://americas.irc-online.org/pdf/reports/0603BrazilMultilateralism.pdf.

Relator: Roberto Segre: América Latina en su Arquitectura. 5a edición Siglo Veintiuno Editores Sa. México.1983.

Ronald H. Chilcote, The Left in Lat in America-Theory and Practice!, Lat in American Perspectives, July 2003.

S. de Lima, M. Regina, M. Hirst, Brazil as an Intermediate State and Regional Power: Action, Choice and Responsibilities, International Affairs, 2006.

Saraiva(ed1), Constituico da Repcibtica Federativa do Brasil, 1997.

Thomas E. Skidmore, Brazil: Five Centuries of Changes, London: Oxford University, 1999.

TSE aprovacalendário e divulgadatas das eleições de 2014. Terra. 22 May 2013. Retrieved 2 December 2013.

Tulio Halperin Donghi: Historia Contemporanea de América Latina.A lianza Editoriai, México,1981.

Vaitsman and Rmulo Paes-Sousa, Secretariat for Evaluation and Information Management, Ministry of Social Development and the Fight Against Hunger, 2007: 65–92.

Walter Belik, Mauro Del Grossi, Brazil's Zero Hunger Program in the Context of Social Policy[R], 25 th International Conference of Agricultural Economists in Durban, South Africa, August 2003.

Weekly Report, 12 November 2002, p.532.

Weekly Report, 18 February 2003, pp. 77–80.

Weekly Report, 7 January 2003, p. 5.

Woodrow Wilson International Center for Scholars, New Directions in

Brazilian Foreign Relations. http://www.wilsoncenter.org/topics/pubs/english.brazil.foreignpolicy.pdf.

www.aebrazil.com/highlights/2003/mar/05/25.html.

www.berkeley.edu/news/berkeleyan/2000/03/01/brazilian.html.

www.sluff.co.nz/stuff/0,2106,2166618a12.

www.wanshingtionpost.com/wp_day/articles/A7932-2003/Jan3.html.

http://www.ruralpovertyportal.org/web/rural-poverty-portal/region/home/tags/americas#mexicoca.[2013-05-19].

图书在版编目（CIP）数据

巴西通史 / 刘文龙，万瑜著 .— 上海 ：上海社会科学院出版社，2016
 ISBN 978-7-5520-1654-3

Ⅰ.①巴… Ⅱ.①刘… ②万… Ⅲ.①巴西—历史 Ⅳ.①K777

中国版本图书馆CIP数据核字（2016）第289227号

巴西通史

著　　者：刘文龙　万　瑜
责任编辑：王　勤　张广勇
封面设计：周清华
出版发行：上海社会科学院出版社
　　　　　上海顺昌路622号　邮编200025
　　　　　电话总机 021-63315947　销售热线 021-53063735
　　　　　http://www.sassp.cn　E-mail: sassp@sassp.cn
排　　版：南京展望文化发展有限公司
印　　刷：上海市崇明裕安印刷厂
开　　本：710毫米×1010毫米　1/16
印　　张：21.25
字　　数：334千
版　　次：2017年8月第1版　2023年4月第2次印刷

ISBN 978-7-5520-1654-3/K·375　　定价：78.00元

版权所有　翻印必究